哲學門

第八卷（2007）第一冊

總第十五輯

北京大學出版社
PEKING UNIVERSITY PRESS

图书在版编目(CIP)数据

哲学门(总第十五期)/赵敦华主编.—北京:北京大学出版社,2007.9
ISBN 978-7-301-12739-1

Ⅰ.哲… Ⅱ.赵… Ⅲ.哲学－文集 Ⅳ.B-53

中国版本图书馆 CIP 数据核字(2007)第 141343 号

书　　　名:	哲学门(总第十五辑)
著作责任者:	赵敦华　主编
特 邀 编 辑:	黄伟虎
责 任 编 辑:	田　炜
封 面 设 计:	奇文云海
标 准 书 号:	ISBN 978-7-301-12739-1/B·0706
出 版 发 行:	北京大学出版社
地　　　址:	北京市海淀区成府路 205 号　100871
网　　　址:	http://www.pup.cn　电子邮箱:pkuwsz@yahoo.com.cn
电　　　话:	邮购部 62752015　发行部 62750672　出版部 62754962
	编辑部 62752025
印　刷　者:	北京大学印刷厂
经　销　者:	新华书店
	787mm×1092mm　16 开本　22.25 印张　352 千字
	2007 年 9 月第 1 版　2007 年 9 月第 1 次印刷
定　　　价:	35.00 元

未经许可,不得以任何方式复制或抄袭本书之部分或全部内容。
版权所有,侵权必究
举报电话:010-62752024;电子邮箱:fd@pup.pku.edu.cn

目 录

论坛　古希腊哲学与西方思想传统

柏拉图的二元本原学说 …………………………………… 先　刚（1）
亚里士多德的伦理学和政治学合论 …………………… 聂敏里（27）
斯多亚主义论 ti ………………………………………… 章雪富（49）
恩典真理论
　　——从《约翰福音》看希腊哲学和希伯来文化的真理问题
　　…………………………………………………… 谢文郁（61）

论　文

《佛祖统纪》诸文本的变迁 …………………〔日〕西胁常记（93）
佛教与数论派轮回观与解脱观的思想探究 ……… 杨翼风（113）
儒家背景下的美德伦理学：关于自我问题 ……… 鲍立德（129）
明末天主教徒群体交往与身份意识：
　　——以李九标与《口铎日抄》为中心 ……… 肖清和（155）
《群魔》中的基督肖像 ………………………………… 洪　亮（175）
后期海德格尔的神圣探索路径
　　——从存在到最后的上帝 …………………… 林子淳（201）
论自由主义 ……………………………………………… 王海明（221）

评　论

《经验论的两个教条》中的分析性概念的分析 …… 叶　闯（241）
成中英的本体诠释学与易学体用论 ………………… 赖贤宗（271）

学术动态

认真贯彻"双百方针" 努力推进哲学繁荣
——纪念"中国哲学史座谈会"五十周年学术研讨会综述
………………………………………………… 杨学功 郁 戈（295）

书 评

戴晖：《尼采的"查拉图斯特拉"》 ………………… 章 林（307）
郝大维、安乐哲：《通过孔子而思》 ………………… 高书文（310）
齐思敏：《物质道德：古代中国的伦理和身体》 ……… 董铁柱（317）
瓦格纳：《语言、本体论和中国政治哲学
——王弼对玄学的学术性探究》 ………………… 蒋丽梅（322）
杨柱才：《道学宗主——周敦颐哲学思想研究》 ……… 许家星（327）
李煌明：《宋明理学中的"孔颜之乐"问题》 ………… 杜以芬（333）
陈苏镇：《汉代政治与〈春秋〉学》 …………………… 李 鹏（336）

书 讯

张祥龙：《思想避难：全球化的中国古代哲理》 ……………… （25）
罗伯特·诺齐克：《苏格拉底的困惑》 ………………………… （26）
安德鲁·迪克森·怀特：《基督教世界科学与神学论战史》 … （26）
亚瑟·伯林戴尔·凯思：《印度逻辑和原子论：对正理派
和胜论的一种解说》 ………………………………………… （60）
倪德卫：《儒家之道：中国哲学之探讨》 ……………………… （91）
陈嘉映：《科学 哲学 常识》 ………………………………… （128）
尼采：《不合时宜的沉思》 ……………………………………… （128）
黄怀信：《逸周书校补注译》 …………………………………… （173）
J. G. 弗雷泽：《金枝》 ………………………………………… （173）
鲍·斯拉文：《被无知侮辱的思想
——马克思社会理想的当代解读》 ………………………… （174）
柄谷行人：《马克思，其可能性的中心》 ……………………… （174）
Dao: A Journal of Comparative Philosephy ………………… （347）

Contents

Forum   Greek Philosophy and Tradition of Western Thought

Plato's Teaching of Dualistic Principle ·················· Xian Gang(1)

On Aristotle's Ethics and Politics ······················· Nie Minli(27)

The Stoics on *ti* ·· Zhang Xuefu(49)

The Concept of Redemptive Truth: A study of Truth
   in the Hebrew Culture through the Gosped according to John
   ·· Xie Wenyu(61)

Articles

Vicissitudes among Various Texts
   of the *Fozutongji* ······························ Nishiwaki Tsuneki(93)

A Study of the Thoughts of Rebirth and Freedom
   in Buddhism and Sāmkhya School ·············· Yang Yifeng(113)

Virtue Ethics in Confucian Context:
   The Problem of the Self ····················· Richard D. Power(129)

The Group Association and Identification of the Chinese
   Catholics in Late Ming Dynasty: Focused on Li Jiubiao
   and *Kouduo Richao* ································· Xiao Qinghe(155)

Christ's Image in *The Possessed* of Dostoevsky ········ Hong Liang(175)

The Search of Deity in Late Heidegger:
   From Being to the Last God ························ Lin Zichun(201)

On Liberalism ··· Wang Haiming(221)

Review Articles

An Examination of the Concept "Analyticity" in Quine's
  "Two Dogmas of Empiricism" ·················· Ye Chuang(241)
Cheng Zhongying's Onto-Hermeneutics and the Theory of Substance
  and Function in *I Ching* ·················· Lai Shen—chon(271)

Academic Information

Carry out the Guideline of "*BaiHuaQiFang,BaiJiaZhengMing*"
  Earnestly, Endeavor to Promote the Flourish
  of Philosophy ·················· Yang Xuegong, Xi Ge(295)

Book Reviews

Dai Hui: *Nietzsche's Zarathustra* ·················· Zhang Lin(307)
Hall, David L. & Ames, Roger T: *Thinking
  through Confucius* ·················· Gao Shuwen(310)
Mark Csikszentmihalyi: *Material Virtue: Ethics and
  the Body in Early China* ·················· Dong Tiezhu(317)
Rudolf G. Wagner: *Language, Ontology, and
  Political Philosophy in China* ·················· Jiang Limei(322)
Yang Zhucai: *Suzerain of the Neo-Confucianism: A Study
  on Zhou Dunyi's Philosophic Thinking* ·················· Xu Jiaxing(327)
Li Huangming: *The Subject of "Confucious and Yan Hui's
  Happiness" in Neo-Confucianism during Sung
  and Ming Dynasties* ·················· Du Yifen (333)
Chen Suzhen: *Politics in Han Dynasty and the Studies on
  "Spring and Autumn Dynasty"* ·················· Li Peng(336)

New Books

Zhang Xianglong: *The Refuge of Thoughts: The Ancient Chinese
  Philosophy and Doctrine Being Globalized* ·················· (25)

Robert Nozick: *Socratic Puzzle* ·· (26)
Andrew Dickson White: *A History of the Warfare of Science With Theology in Christendom* ·· (26)
Arthur Berriedale Keith: *Indian Logic and Atomism: An Exposition of the Nyāya and Vaiçeṣika Systems* ······································ (60)
David S. Nivison: *The Ways of Confucianism* ······························ (91)
Chen Jiaying: *Science, Philosophy, Common Sense* ······················ (128)
Friedrich Nietiezcshe: *Untimely Meditations* ································ (128)
Huang Huaixin: *The Collection and Commentary of* Yi Zhoushu ········ ·· (173)
James Frazer: *Golden Bough* ·· (173)
B. Slawin: *On the Solid Thoughts of Karl Marx* ······························ (174)
Kojin Karatani: *Karl Marx: the Heart of His Possibilities* ············ (174)
Dao: A Journal of Comparative Philosophy ································ (347)

柏拉图的二元本原学说

先 刚

提 要：柏拉图的理念因其多样性和层次之分而不能成为柏拉图哲学真正的本原。对于柏拉图未成文学说的记载表明柏拉图哲学的本原是所谓的"一"和"不定的二"，二者分别代表着形式—质料、规范—无规范、理性—非理性等相互对立而又统一的原则。尽管柏拉图在书写著作里面没有明确地表述出他的二元本原学说，但是我们从他的未成文学说出发则可以揭示出柏拉图在后期对话录中隐晦表达出来的二元本原问题。

关键词：柏拉图 未成文学说 本原学说 二元论 图宾根学派

自从1959年图宾根青年哲学家汉斯—约阿希姆·克雷默发表其开创性的著作《柏拉图和亚里士多德论"德行"》[①]以来，柏拉图的未成文的口传学说成为学术界所长期关注的一个焦点问题，并为柏拉图研究或者古希腊哲学研究提供了一种新颖的思路，以及在某种意义上更丰富、更能令人信服的柏拉图诠释。关于柏拉图的未成文学说存在与否，依据何在，意义如何等问题的争议，我本人在〈柏拉图未成文学说的几个基本问题〉[②]一文中已有所表

先 刚，1973年生，德国图宾根大学哲学博士，现任教于北京大学哲学系。
[①] Hans-Joachim Krämer, *Arete bei Platon und Aristoteles*. Heidelberg, 1959.
[②] 先 刚：〈柏拉图未成文学说的几个基本问题〉，载于《哲学门》第五卷（2004年）第一册，第16—38页，武汉：湖北教育出版社，2004年。

述和论证,这里不再赘述。本文的目的乃是立足于图宾根柏拉图学派的既有成果,对柏拉图哲学的最重要的一些问题——具体在这里是"本原"(*archai*, Prinzipien)问题——进行一些更细致的研究。从方法论来说,我们是将柏拉图的未成文学说与他的书写下来的学说(即对话录里面的内容)结合起来,力图从多个方面来论证和阐发柏拉图哲学的真义。

一、何谓"本原学说"？

"本原学说"顾名思义乃是关于"本原"或"根本原因"的学说。[3] 事实上哲学本身(不管是在希腊、中国还是印度)从一开始都是作为本原学说而诞生的。柏拉图和亚里士多德都认为:"对于人来说,惊诧过去和现在都是哲学思考的开端。"(《形而上学》,A 982b)而惊诧之所以产生,是因为人们在面对各种现象的时候不知道它们的"本原"或"原因"。在别处地方,亚里士多德也指出,所有的人从天性上都是追求知识的,而所谓的知识(*episteme*)正是对于本原或原因的把握(《形而上学》,A 980a, 983a)。比如最开始人可能对日食的现象感到惊诧,但是当他找到日食的原因——月球在围绕地球运转过程中的某个时候恰好处于遮挡太阳的位置——也即获得关于日食的知识之后,他就再也不会对此感到惊诧。诚然,人们又会对"月球为什么要围绕地球运转"感到惊诧,这就要求去知道更进一步的原因。最终说来,尽管人类的知识构成了一个无比庞大的体系,但对于各种"为什么"的追问最终会导向一个(或者少数几个)最根本的本原或原因——这就进入到哲学的专属领域,就像亚里士多德所说的,所有的人都把"最初的原因和本原"看做是智慧(即哲学)的对象(《形而上学》,A 981b)。

泰勒士第一个把"水"理解为这样的本原,此后哲学家们对本原提出了不

---

[3] 在此我们提请读者注意,在古希腊哲学里面,"本原"(arche)、"原因"(aition)、"元素"(stoicheion)这几个概念都是作为同义词而被使用的,彼此之间并没有严格的区分,基本上都是指的同一个东西。诚然,从严格的哲学思维来说,正如叔本华(《论充足理由律的四重根》)在极力区分"理由"(*ratio*, Grund)和"原因"(*causa*, Ursache)时所强调指出的那样,这种混用是大有问题的。但古希腊哲学家尚未具备这样清醒的认识。在论述古希腊哲学的时候,为了行文的方便和清晰起见,我们尽可能地只是使用"本原"这个词,除非是引用的原文自身采用了"原因"或"元素"的说法。

同的、经常是针锋相对的理解,从"无定者"、"气"、"火"、"逻各斯"、"存在"、"数"到"原子"、"地风水火"、"努斯"等等,不一而足,而且其主张的"本原"正是区分各个哲学家立场的最好的标签,因为说到很多具体问题,他们之间倒经常是一致的。苏格拉底虽然从自然转到伦理,但这个求"本原"的信念在他那里还是没有改变的(比如他要在众多具体个别的德行里寻找"德行"的统一性)。不管怎样,在所有这些伟大的哲学家们那里,对于本原的理解无论有多大的分歧都不能掩盖他们在以下几个基本观点上的一致性,即:

(1)本原是万事万物之发生的根据;
(2)本原是杂多现象背后的统一性;
(3)本原是变动不居的世界背后的永恒不变者;
(4)本原无论从存在、认识或是价值等方面看都优先于现象。

本原学说并不止于古希腊哲学,而是整个西方的形而上学传统的基本精神。只需简单举例,无论是柏罗丁的"太一"、中世纪和近代哲学家们的"上帝"、德国古典哲学的"理性"、"自我"、"绝对"、"精神"等等,都是这样的本原。正如莱布尼茨所言,本原思想(所谓的"充足理由律")乃是人类理性认识的两大基本原则之一(另一为"矛盾律",见《单子论》第31—39节)。同样,康德也承认本原思想(即通过不断地"综合"或"统一"达到最根本的"无条件者")是"理性独特的原理"(《纯粹理性批判》,A 307),是隐含在所有哲学家的基本原理中的一个"先验前提"(《纯粹理性批判》,A 651)。而德国古典哲学之作为哲学史迄今的最高峰,正在于她比所有之前和之后的哲学都更透彻和更全面地探究了本原的本质(wesen)和展现(darstellung)。

柏拉图深深地扎根于古希腊哲学的本原学说——或按更流行的说法:自然哲学——的传统,甚至可以说正是他才拨乱反正,保存了古希腊乃至西方哲学的形而上学精神。不管是在柏拉图未成文的还是书写成文的学说里,我们都能找到许多与之前各位哲学家紧密联系的内容,这些内容表明柏拉图的哲学思想来源是丰富多样的,而且柏拉图通过批判地改造和吸收把它们转变为他自己的学说。那么,当我们提出"柏拉图的本原学说"的时候,这个学说的最基本和最重要的特征是什么呢?

迄今的主流学界将会答复道:是"理念"(idea)或"理念学说"。不可否认,长久以来"理念学说"都被看做是柏拉图哲学的精华,甚至在一定意义上成了柏拉图哲学的代名词。这里面最重要的原因无外乎以下几点：首先，"理念"确实是柏拉图首创的新颖思想，它标志着人类理性的抽象思维达到了一个新的高度（"概念思维"）；其次，康德以来的德国古典哲学尤其是黑格尔对于"理念"的解释使这个概念本身具备了一种几乎深不可测的理论内涵，从而反过来加强了"理念"在柏拉图哲学中所显现出来的力量，尽管很有可能柏拉图自己并没有达到这样的理论深度；最后，"理念"在其他精神门类（特别是艺术和美学）里发挥的巨大作用也使其确保了牢固的地位（对此我们可以在柏罗丁哲学、文艺复兴思潮和叔本华哲学那里找到最好的例证）。

我们承认"理念"在思想史上已经产生的巨大影响以及显著无疑的永恒魅力。但是这并不能阻碍我们今天来重新理解"理念"在柏拉图哲学或本原学说中真正的地位，因为这绝不是一个无足轻重的问题。由于我们既已理解到本原学说乃是整个西方形而上学传统的基本精神，所以就必须严肃地追问："理念"在柏拉图的哲学体系里真的扮演着"本原"的角色吗？

上面的追问让人回忆起与理念学说联系在一起的几个主要事实：

首先，理念实际上只是柏拉图的少数几部对话录（主要是《斐多》、《会饮》、《理想国》和《斐德罗》）的重要议题。柏拉图在其中对于理念虽然有较多的阐述，但这些阐述既不充分更谈不上完善，而且不时披上神话故事的外衣，让人费解。

其次，理念在随后的对话录《巴门尼德斯》第一部分里遭到了严峻的质疑。出人意料的是，柏拉图并未给理念提出什么有力的辩护，倒仿佛是幸灾乐祸地站在"巴门尼德斯"的面具下对理念进行了犀利的攻击。关于柏拉图的《巴门尼德斯》的主旨和目的，学者之间有着旷日持久的争论。

再次，在柏拉图后期的对话录里，"理念"这个概念出现的几率大大降低。过去大多数学者认为，这表明柏拉图在思想的发展过程中修正甚至放弃了自己的理念学说，并转向了"通种论"之类学说。但是，所谓的"种"（genos）和"理念"之间究竟有什么本质上的差别呢？④ 实际上像《智者》、《政治

---

④ 《智者》里面所说的"种"实际上不过是"几个较大的理念"（254C），是"挑选出来的一些理念"（255D）。如后面将要讲到的，众多的理念之间有着种属关系的层次之分，所谓的"种"主要是一些位于概念金字塔高端的相对更为抽象的概念。

家》、《斐勒布》等对话录对于"智者"、"政治家"、"快乐"的本质的追问完全是以理念学说为前提的。但如果柏拉图愿意保留理念,那么他为什么从来不在"巴门尼德斯"的攻击之后给理念提出光明正大的有力辩护呢?

不管怎样,前面列出的几项疑难都已经表明,理念在柏拉图的哲学体系里的崇高地位既不是自明的,也不是不可动摇的。我们认为,许多学者之所以在上面那些问题上左右为难,在于他们先入为主地承认了理念在柏拉图的哲学体系里具有最高地位,然后对理念遭到的困难束手无策,更为柏拉图本人的"知难而避"感到颇为尴尬。之所以会出现这些困难,又是因为人们固守于柏拉图书写下来的对话录,而不知道或没有理解柏拉图的未成文的口传学说。正如我在本文开篇提及的〈柏拉图的未成文学说的几个基本问题〉一文中已经详尽表述的,柏拉图的未成文学说并不是柏拉图对话录的简单补遗,而是柏拉图特意在书写著作之外对自己哲学里面最重要最根本的一些问题进行的口头讲授。这些口传学说大多没有直接出现在对话录之内,但它们赋予了对话录本身并不具备的系统性,并且是对话录里许多重要学说的基础和内核。因此,柏拉图的未成文学说的价值和意义不但不逊色于他书写下来的对话录,而且在体系性和根本性等方面显得更为重要。实际上,通过柏拉图的学生对于柏拉图的未成文的口传学说的记载,我们已经直截了当地知道,柏拉图从来没有把理念看做自己的哲学的本原或者说最根本的基础,而是提出了另外的比理念更为根本的本原。但在转向考察这些本原之前,我们将继续停留在对话录,尝试着从柏拉图的对话录自身出发来揭示出理念学说的一些问题,这些问题将表明柏拉图已经向我们暗示理念并不是他的哲学体系的最高者,尽管他把最后的答案保留给口头传授。

二、《斐多》和《理想国》中的理念

柏拉图的理念发现之旅被详细地记录在《斐多》这篇对话录的"第二次航行"(deuteros plous)里。引起这个话题的动机是前面关于灵魂是否不朽的争论,各个交织的问题最终导致"苏格拉底"(即柏拉图)走向那个根本问题:"现在我们必须从根本上研究产生与消亡的原因……即事物为什么产生,为什么消亡,为什么存在。"(95E—96A)⑤可以看出,这正是以前的哲学家所探索的本原问题。然而前人关于本原的各种说法并不能令柏拉图满意,即便是阿那克萨戈拉这样的第一个将理性(nous)确立为最高本原,并因此将目的论引入到对于自然的把握的伟大哲学家,也还经常错误地将最高本原与许多具体的原因或必要条件混为一谈(98C,99D)。如今,柏拉图在第二次航行里却提出了一种"直接的、简单的、或许还有些朴素的方法"(100D),即他找到了概念(eidos)这个东西,借助于它来把握事物的本质。任何事物之所以如此如此,不是因为别的(绕着圈子的漫长的原因追溯),而是因为它分有了某个概念(理念):"每个单独的理念都有一个真实的存在,其他事物则因为分有了这些理念而获得相应的名称。"(102A—B)马之为马是分有了"马"的理念。此外,甲之所以比乙高十公分不是因为"十公分",而是因为甲分有了(100C,101D)"高"的理念,十比八多二也不是因为那个"二",而是因为它分有了"多"的理念。

　　这部分内容为广大学者所熟悉,实无赘述的必要。令人更感兴趣的问题是,这里的"第二次"究竟是什么意思。从希腊文的字面意思来说,这个词不仅有简单的次数上的意思,此外还意味着比最好稍差、第二好等等。之所以称不上"最佳",按照柏拉图研究名家奥托·阿佩特在德文版《斐多》中的注释,乃是因为:"柏拉图在这里不是把他的理念学说看做任务的直接的和真正的解决,而是当做通向解决的一条间接道路。具体个别的理念对他来说不是最高的、真正创造性的本原,而只是一些范型(概念)。"⑥这个说法可以说很有见地,遗憾的是阿佩特在陈旧思维模式的束缚下没有继续追问那"最高的、真正创造性的本原"究竟是什么,尽管这是一个显明的重大问题。图宾根柏拉图学派的雷亚利将阿佩特的这个问题接过来,但是他对于"第二次"这个词的评价恰好相反,认为它不是"次佳"的意思,而毋宁说意味着一种更高的层次上的东西,因为第一次航行代表的是过去的自然哲学的路线,

---

⑤　本文引用的柏拉图依据两种德译本:Platon, *Sämtliche Dialoge*, übersetzt von Otto Apelt, Hamburg,1988; und Platon, *Sämtliche Werke*, Griechisch und Deutsch, nach der Übersetzung Friedrich Schleiermachers herausgegeben von Karlheinz Hülser, Frankfurt am Main,1991. 必要时参照希腊原文。

⑥　Platon, *Phaidon*. Übersetzt und erläutert von Otto Apelt. Leipzig,1923. S. 148.

倚仗于感官和感性知觉,而第二次航行则完全是以理性和概念为桨帆的全新路线。⑦ 在这里,柏拉图宣布了与感觉主义与经验主义的决裂,促成了西方形而上学的最伟大的开端。

其实撇开"次佳"或"更佳"的说法不论,阿佩特和雷亚利的观点是可以结合在一起的,当然后者在问题的探索上要走得远得多。雷亚利的功绩在于,他从图宾根学派的新的柏拉图诠释范式出发,在柏拉图的理念发现之旅里更注意到了理念与隐藏在文字背后的本原学说的关系。在某个地方,柏拉图说道:"如果说还有必要为那个前提(理念学说)自身提供解释的话,那么你将以同样的方式给出解释,即通过建立一个更高的、在这些更高的前提里又算最好的前提,直到你找到这样一个满足所有方面的前提。"(101D—E)可以看出,柏拉图暗示在理念之上还有更高的乃至最根本的本原。那么,为什么理念不是最高的本原呢?问题的关键在于,本身作为统一性原则的理念(比如"马"的理念是所有具体个别的马的统一性原则),又重新陷入到了多样性的范畴中(存在着"马"、"牛"、"兔"、"动物"……等无穷多的理念)。可见,单是这就已经表明,"一"与"多"的问题是理念学说所不能解决的、更为根本的问题。与之联系在一起的更为复杂的问题是,既然有许多理念,那么它们之间是怎样的关系?对此,《斐多》作出了一定程度的(在书写著作允许的范围内)探讨,即讨论各个理念之间相互结合或者彼此排斥的可能性(103D—105D)。比如热、冷、火、雪,"雪"既不能与"热"也不能与"火"相结合,否则就会导致自身的毁灭。确切地说,"雪"不仅不能与"热"相容,而且不能与所有在"热"这个种概念下面的东西相容。同理,对于三个苹果来说,它们不仅分有了"三"的理念,还同时也分有了"奇数"的理念,而且甚至可以说还分有了"数"的理念,因为"三"是奇数,是数。另一方面,奇数的理念是与偶数的理念相互排斥的,所以偶数的理念不仅被"奇数"本身排斥,而且被"三"、"五"、"七"、"九"等所有的奇数排斥。总而言之,这个对立关系不仅仅限定在那个对立本身(奇与偶),而且延伸到所有分有了对立中的某方理念的东西上面。柏拉图的这些表述让我们意识到,理念不仅是多,而且处于不同的、合乎一定规范的层次。英国学者威廉·大卫·罗斯也注意到了这个

---

⑦ Giovanni Reale, *Zu einer neuen Interpretation Platons*. Paderborn, 2000. S. 135 ff.

问题,他说:"令人感兴趣的是,柏拉图在这里似乎是第一次确定了处于'种'、'属'关系中的理念群的存在。这个地方已经预先触及到了后来《智者》里面的'划分'(*diairesis*)问题,以及对于种之间的共通性(*koinonia ton genon*)的讨论。"⑧《智者》中与之相应的说法是,辩证法家(哲学家)应该"把一个理念与许多个别的理念区分开来……把许多彼此不同的理念包容在一个更广泛的理念内,而且反过来把一个整体与许多整体归总为一个单元,最终将众多的理念完全彼此区分开来"(253D—E)。

理念的多样性与统一性的问题也表现在《理想国》里。在第五卷和第六卷的两处地方,柏拉图都将其清楚地表述出来:"就自身而言,每个理念都是'一',但当它们与各种行为、物体以及其他理念联系在一起的时候,看起来,它又是'多'。"(476A)同样地,正如在美的事物,善的事物以及所有事物那里都存在着多样性,"也存在着'美本身'、'善本身',而且在我们凡是能以多来标示的东西那里,都存在着一个相应的'本身'。"(507B)柏拉图在《理想国》里并没有着力强调多个的"本身"(理念)之间的种属关系,而只是借用光的作用来揭示出了理念之间具有的共通性。而光的说法接地导向了太阳的比喻,即对"善的儿子"(508B)的描述。在前面的地方,柏拉图已经暗示他不愿将关于善的知识书写在对话录里,而只愿意就"善的儿子"或"那个很像它的东西"(508C)与格劳孔进行讨论。为什么呢? 我们从下面几段引文可以看出,格劳孔在一定阶段后已经不再适合倾听柏拉图的终极学说:

> 格:……如果你还有什么话要讲,无论如何至少要进一步解释一下日喻。
> 苏:眼下看来,已经足够了,完全足够了。
> 格:你可不能在我们面前保留哪怕一点点东西!
> 苏:眼下看来,我甚至觉得已经说得太多了……(509C)

以及:

> 格:……请说,辩证法的本质是什么? 它分哪几种? 具有哪些方法? 因为这些问题的答案看来或许可以引向漫步者得以休息的地点,

---

⑧ Giovanni Reale, *Zu einer neuen Interpretation Platons*. Paderborn, 2000. S. 190.

达到旅程的终点。

　　苏：亲爱的格劳孔，你很难再跟着我一道前进了，这倒不是因为我这方面不愿意或不希望如此，而是因为现在将要看到不再是我们所谓的单纯的图像，而是真实存在本身了……(532E—533A)

过去的学者将柏拉图在这里的拒绝态度理解为柏拉图不具备善的知识，或这种知识原则上来说是不可达到的。这些理解并不符合事实。柏拉图明白地说道："凡是能够在私人或公共事务中行事合乎理性的人，必定已经认识到了善的理念。"(517B—C)这句话不但明确地指出对于善的知识是可能的，甚至把有此能力的人扩大到任何"行事合乎理性的人"的范围——柏拉图本人当然更不可能排除在外。而不管是线喻还是洞喻都清楚地表明，哲学家(柏拉图)是认识到了善的本质的人。而对此最有力的佐证乃是，亚里士多德告诉我们，柏拉图在学园内讲授最高本原的学说时，标题就是"论善"(*peri tou agathou*)。根据逍遥学派的阿里斯托先诺斯(Aristoxenos)的记载：

　　亚里士多德曾经一再说到，那些来听柏拉图的讲课《论善》的人，绝大多数都是这样的情形：在此之前，每个人都以为会听到通常关于人的福祉(比如财富、健康、体能或其他值得惊叹的幸福)的指导，但是，他们听到的却是关于数学，关于数、几何、天文学的讨论，最终竟然是这样一个命题：善是一。我觉得，对他们来说这是一些完全意想不到的，很奇怪的东西，所以他们有的对这些内容不屑一顾，有的则公开地拒绝它们。(《和谐的本原》II 39—40 = TP⑨7)

亚里士多德本人的记述则是这样的：

　　"那些设定了不动的本质存在[即理念]的人说，'一本身'(*auto to hen*)'善本身'(*auto to agathon*)，因此他们认为，最确切地说来，善的本质就是一。(《形而上学》N, 1091b = TP 51)

这些证词表明柏拉图认识到了善的本质，而且把它规定为"一"，但他只

---

⑨ TP = Testimonia Platonica. Gesammelt in Konrad Gaiser, *Platons ungeschriebene Lehre. Studien zur systematischen und geschichtlichen Begründung der Wissenschaften in der platonischen Schule.* Stuttgart,1963. S. 441-557.

是口头讲授这些关键要点,而不是将其书写下来。可以说《理想国》中的"善的理念"(tou agathou idea,508E,517C)就是那个"一"的代号,但柏拉图在文中只是局限于描述"善"的各种作用和存在方式,而保留了对它的本质界定。在这里需要特别强调的是,"善的理念"尽管还有"理念"的名称,但实际上不能再被理解为一个理念,因为正如我们前面已经指出的,理念还处于多样性的规定之下,而"善"却是绝对的"一",完全与"多"无关。"善"是绝对者——摆脱了其他有限者,不以任何他者为前提的东西。正如线喻所表明的,所有的理念都可以被看做某种意义上的"前提"(hypothesis,510B),但线条最顶端的"善"却是"无前提者"(anhypotheton,511B)——这让我们直接联想到德国古典哲学主张的"无条件者"或"绝对"(das Absolute, das Unbedingte),也只有这个东西才有资格被称为最严格意义上的真正的"本原"(arche,511B,511D)。有意思的是,当柏拉图将"善"描述为"超存在"(epekeina tes ousias,509B)的时候,对话录里的格劳孔惊叹道:"太阳神阿波罗在上!何等的神一般的超越啊!"(509C)在柏拉图的其他对话录中,人们赌咒发誓要么是直呼"宙斯"、"缪斯",要么是"狗"之类,为什么这里要喊叫"阿波罗"呢?雷亚利提醒我们,对于毕达戈拉斯学派来说,"阿波罗"是他们用来代指"一"的象征名字。从词源学来看,Apollon一词的前缀"A—"代表着对于"多"(pollon)的否定。和毕达戈拉斯学派关系密切的柏拉图借用了这个秘密的象征,而且这个传统也保存在柏罗丁那里,后者说道:

> "一"的称呼就是对于多的扬弃,毕达戈拉斯学派之所以把阿波罗当做"一"的象征,是因为这个名字表达出了对于多的否定。(《九章集》,V,5)

也就是说,我们看到柏拉图以一种巧妙的方式让无知的格劳孔嘴里说出了善的本质。虽然我一向反对对柏拉图的对话录作一些故弄玄虚的解释,但这里却不得不佩服柏拉图的匠心独具。当然最先给我们揭示出这个谜底的不是别人,正是柏罗丁。柏罗丁哲学也称"太一"为"善",认为它是"超存在",而存在的层面是从"精神"开始的,或者说与"精神"是一回事。[10]

---

[10] 参阅柏罗丁《九章集》,VI,9.

过去的一段时期(实际上也就是近两个世纪以来)许多人认为柏罗丁的学说是柏拉图哲学的歪曲和改造,但图宾根学派的新范式力排众议,重新恢复了柏罗丁在柏拉图哲学传统中的"真传"地位。

三、柏拉图未成文学说里的本原

按照前面对于对话录中的理念的分析以及亚里士多德和阿里斯托先诺斯的一些记述,我们已经知道柏拉图哲学的本原不是理念,而是"善"或"一",而且《理想国》里说到的"善的理念"或"善的儿子"都是那个"一"的代表,尽管并没有被明白地表述出来。

但实际上,柏拉图的未成文的口传学说里关于本原还有许多更值得注意的重要观点。在进行进一步的讨论之前,我们先列出如下几条重要的证词:

1. "因为理念是其他事物的原因(aitia),所以他相信,理念的元素(stoicheia)也是所有存在物的元素。在此,"大和小"作为质料是本原(archas),而"一"是本质(ousia)。因为由大和小,通过分沾一,就产生出理念、数。他同意毕达戈拉斯派说一是本体……但是他又设定一个二,认为由"大和小"构成无定者……(亚里士多德《形而上学》A, 987b = TP 22A)

2. "柏拉图把"一"和"二"设定为数以及所有事物的本原,如亚里士多德在《论善》中所说的那样。(阿弗罗迪希亚的亚历山大《亚里士多德〈形而上学〉注释》,S. 56 = TP 22B)

3. 看起来,柏拉图是通过追问更高的本原来把握其他的事物:把事物追溯到理念,把理念追溯到数,从数追溯到本原[此处为复数形式]。(特奥弗拉斯特《形而上学》,6b 11—16 = TP 30)

4. 正如亚里士多德在许多地方都提到的,柏拉图把物质称作"大—和—小",那么人们还必须知道,根据波菲里奥的报道,德尔基里德斯在他的《柏拉图的哲学》第 11 卷里讨论物质的时候,引用了柏拉图的学生赫尔谟多关于柏拉图的著述中的一句原话,以便表明,柏拉图所理解的物质就是"无规范"或"不定"。(辛普里丘《亚里士多德〈物理学〉注释》,S. 247 = TP 31)

5. 柏拉图认为……理念并不是存在者的最初本原,因为每个单独的理念就其自身来说是单一,但与其他理念联系起来就成了二、三、四……所以必须有甚至比理念的存在地位还高的东西:这就是数,因为只有通过对数的分有,一、二、三或更多的东西才被陈述出来。……存在者的本原是:原初的"一",通过对它的分有,才可以思想所有能被计数的单元;以及"不定的二",通过对它的分有,所有被规定(被限定)的二才是二。(塞克都斯·恩皮里克《反数学家》,X 258 u. 262 = TP 32)

以上几条证词(这远不是证词的全部)对于那些毕生俯首在柏拉图对话录里的旧学者来说是震惊的、不可思议的,所以他们自然地倾向于将这些说法当做亚里士多德等人的杜撰或讹传。事实上当然不是这样,图宾根学派通过在学理和文本两方面的深入研究,证明亚里士多德等人的记述是真实可信的。康拉德·盖瑟尔搜集的《柏拉图学说记述》(*Testmonia Platonica*)证实了我们在前面通过对对话录本身的研究而得出的一个重要论点:理念并不是柏拉图哲学的最高本原,理念学说也不是柏拉图的哲学研究和讲授中的重点。

然而除此之外更重要的也许是,即使是《理想国》中暗示的"善"或"一"也不是唯一的最高本原,与之并列的另一个本原乃是"二",它另有"无定者"、"大和小"、"不定的二"——甚至"物质"(hyle)等名称。"不定的二"的存在及其地位表明柏拉图的本原学说是二元的。乍看起来,当《理想国》或《论善》里谈到"善"的时候,都不曾给这样一个"不定的二"留下任何地位,"善"仿佛独自就担当了通常本原应该具备的那些功能:正如太阳使万物"产生、成长和得到营养",善也不仅使得知识的对象(即理念)被认识,而且赋予理念以存在(*einai*)和本质(*ousia*)(509A—B)。如果我们借用一下亚里士多德的四因说(质料因、形式因、动力因、目的因),可以说《理想国》中的"善的理念"已经把形式因(本质因)、动力因、目的因包括在内——而它缺乏的恰好是关键的质料因。那么这是否意味着柏拉图的哲学体系本身就缺乏质料因呢?当然不是。如果人们只是把目光局限在书写下来的文本上面,也许会得出这样的结论。但实际上更有可能的情况是,柏拉图在写作《理想国》的时候或者没有把重心放在质料因上面,或者他在这里还没有看到表述质料因的必要。至于纯粹的"一"作为本原乃是孤掌难鸣,这是柏拉图所清楚意识到的。根据新柏拉图主义者普罗克洛(Proklos)的报道:

> ……他们[柏拉图及其学生]相信,如果把"一"分割开来单独进行思考,不考虑其他东西,只是依照它自身来设定它自己而不添加别的本原,那么其他的事物就根本不可能产生出来。因此他们又引入了"不定的二",作为存在着的事物的本原。(《柏拉图〈巴门尼德斯〉注释》= TP 50)

除此之外,前面引用的几条柏拉图学说记述(TP 22A, TP 31)也清楚表明,"不定的二"或"大和小"其实就是质料因,就是"物质"。诚然亚里士多德在《形而上学》(A, 988a = TP 22A)中批评柏拉图只懂得两种原因(形式因和质料因)而不是四种,但他在别的地方也承认:"这三个原因(形式因、动力因、目的因)经常就是一回事。"(《物理学》, 198a 24)所以说到底,形式因和质料因才是最根本的,柏拉图的"二因说"(二元本原学说)虽然没有亚里士多德的"四因说"那么细致整齐,但在本质上并不就比后者不完整。

那么,柏拉图哲学的二因或二元本原是怎样发挥其作用的呢?根据亚里士多德(TP 22A)和特奥弗拉斯特(TP 30)的报道,我们知道柏拉图哲学包含着一个存在的等级结构:"本原—数—理念—数学对象—感性事物"(亚里士多德)或"本原—数—理念—普通事物"(特奥弗拉斯特)。可见理念仅仅位列"第三等级"。同时亚氏和特氏的两种说法是兼容的,亚里士多德专门说到的那种"数学对象"对应的正是《理想国》线喻里所说的可知世界的第一部分,即理智(*dianoia*)的对象。最令人困惑的是,如何理解数(*arithmos*)是比理念更高的存在呢?也许这仍然还是只能从理念的多样性出发来加以解释。当我们说一个理念、两个理念或多个理念的时候,已经把理念放置于数的规定之下。数不但规定着理念的"数目",而且规定着理念的秩序(因为数本身具有不可比拟的理性秩序),赋予后者以理性的确定性。

但是难道数本身不也是处于多样性的状态下吗?毕达戈拉斯学派已经认为万事万物最根本的属性就是数,而柏拉图同样认为万物之间最基本的关系是数的关系(参阅亚里士多德《形而上学》D, 1021a)。在柏拉图的哲学体系里,必须严格区分三个层次上的"数":

第一个层次来的数是指的具体事物的"数目":三把椅子是一个"具体的

3",两个苹果是一个"具体的 2",等等。

第二个层次的数是亚里士多德所说的那种"数学对象",它们的基本特征是"永恒的"、"不动的"。椅子可以坏掉,苹果可以被吃掉,但椅子的"3"和苹果的"2"并不因此而消灭或改变。

第三个层次的数与第二个层次的数的差别可以一个例子来说明。在 3+3=6 这个公式里,"3"出现了两次,如果我们乐意的话,还可以一直计算下去:3+3+3+3+3……这些重复多次出现的"3",就是作为"数学对象"的数。但是"3"这个数本身却只有唯一的一个,是"2"与"4"之间的那个数。这个"3"就是数本身,它才是凌驾于理念之上的那种数。

然则,介于理念和本原之间的数究竟是怎样产生的,就成为柏拉图的本原学说的一个关键问题。我们知道,古希腊人尚未具有"0"这个数的观念(这个数是印度人发明的),同样"1"在他们看来也不是数,因为在希腊人的心目中数总是需要与"多"联系在一起。但是单凭"一"如何能产生出数呢?从绝对的纯一的规定性如何派生出杂多?从思辨哲学的立场(尤其是费希特以来的德国唯心主义)来说,这是最困难的理论问题之一。费希特以绝对自我设定非我来限制自身,用这个方法解释了从"一"到"二"的过渡,此后无论是谢林的"理智直观"或黑格尔的"自我的他在"(Anderssein)在根本上都延续着费希特的思路。但就柏拉图而言,他的思辨显然还没有达到这样的"绝对唯心主义"的地步,而是停留在他那个时代普遍的"形式因—质料因"二元并列的阶段。也就是说,必须同时设定一个绝对地起规定作用的形式和一个绝对地有待规定的质料,才能开始演绎整个世界。演绎的第一步就是数的产生。

根据亚历山大(《亚里士多德〈形而上学〉注释》)的说法:"'2'是第一个数。"(TP 22B)亚里士多德(《形而上学》N4 1091a24)也说:"通过把不相等的东西(即'大和小')弄成相等,他们[柏拉图及其学园弟子]得出第一个偶数'2'。"同样辛普里丘(亚里士多德《物理学》注释)也告诉我们:"柏拉图认为,第一个数的本原[此处为复数形式]就是所有数的本原[复数形式]。而第一个数是'2'。而且他宣称'2'的本原乃是'一'和'大和小'。"(TP 23B)需要注意的是,柏拉图所说的这种"大和小"和他通常在对话录里面说到的"大"或"小"的理念没有任何关系,实际上如果我们乐意的话,也可以称之为"长和短"、"远和近"……等等,因为柏拉图在这个名词下面标示的是那种可大可小,要多大有多大要多小有多小的东西,它可以向着任何相反的规定方向延伸,可以无限地这样或不这样,是一种"不定的二"的关系,是"不定者"(*apeiron*),那本身不具任何确定性和规定性的东西。这样我们才可以理解辛普里丘的意思:"所以他[柏拉图]宣称'一'和'大和小'是'2'的本原。之所以也叫做'不定的二',是因为它分有了大和小或更大和更小,有着更多和更少。它们不是静止不变的,而是按照张力和弛力的不同,过渡到无界限的无规定者。"(同上,TP 23B)

也就是说,当亚里士多德报道柏拉图通过把不等弄成相等而得出第一个数"2"的时候,意思是,设想"大和小"是一个混沌的、游移不确定的、充斥着"不相等"的东西,要在这里弄出"相等",只有把它平均分成"相等"的两份,由此得出最初的确定的数的关系(双倍和一半),也得到最初的偶数"2"。同理,如果人们平均分出"相等"的三部分,就会得出"3",如此等等。我们看到,从"不相等"到"相等"的过程实际上是一个"划分"的活动,分成相等的两份、三份、四份,等等。在这里起作用的是那个"一",因为划分出来的每个部分本身都是"一个、一份",如果没有"一"的介入,"大和小"只是完全的不确定,在里面根本谈不上任何可以说"一个"的东西。所以亚历山大说:"通过'一'而被规定的'无规定的二'成为'2'的数。因此他[柏拉图]把'一'称为'造2的'(*duopoion*)。"(同上,TP 22B)并说:"这个划分就是数的起源。"(同上)数的产生使得众多的理念的存在成为可能。柏拉图在《巴门尼德斯》中说:"如果'一'存在,那么必然得出,数也存在……如果数存在,那么也存在着'多'和无穷数目的存在者。"(143A—144A)但对话录本身并没有指出究竟怎样才能从"一"推演出数,柏拉图只是在学园内部口传的学说中才披露了其中的要点和细节,而正如我们看到的,那个"不定的二"恰好是一个关键,是数之所以能产生出来的两大本原之一。

四、隐含在后期对话录中的二元本原学说问题

在前面的两节里我们分别剖析了理念的地位,追溯到柏拉图哲学体系的两个最高本原,并简要阐述了居于理念和本原之前的数是如何从本原那

里推演出来的。本文的目的不是全面地勾勒从本原出发的推演过程,而是希望让大家对于柏拉图哲学的真正本原获得基本的认识,并进而加深对于柏拉图的对话录本身的理解。因此,在这一节里我们将以柏拉图的几部后期的对话录作为例子,揭示出其中一些重要问题与柏拉图的二元本原学说的关系。长期以来,旧的学者因为对柏拉图的未成文的口传学说缺乏了解,因而要么没有看出对话录中的某些重要问题,要么对它们只有支离破碎的、不够充分的理解。现在,一旦我们知道二元本原学说对于柏拉图的哲学的基础地位,那么我们在研读对话录时立即就拓展了视野。

首先以《巴门尼德斯》为例。除去开篇的导言(126A—127D)之外,这篇对话录大致分为三个部分。在第一部分(128A—E),芝诺表白了他和巴门尼德斯的关系,并重申了后者著名的论点:一切都是"一",而"多"并不存在。(128A)在第二部分(128E—135C),围绕着理念身上"一"和"多"的关系,巴门尼德斯对少年苏格拉底提出了至少七个诘难,并指出后者之所以穷于应付是因为他"还缺乏必要的训练"(135C)就"过早地"(同上)提出了理念。值得注意的是,巴门尼德斯从未正面否认理念的存在,而只是强调少年苏格拉底还没有获得对理念的正确理解。[11] 最后的第三部分(135D—166C)实际上是巴门尼德斯对少年苏格拉底的一次辩证法指导练习,以对八个命题的讨论而展开。[12] 这部分内容是最为枯燥和令人疲倦的,有不少学者甚至因此认为这部分内容与前面部分原初并不是一个整体,是柏拉图年轻时写下来的炫耀其诡辩才华的作品。但当我们冷静地审视这八个命题,尤其是当我们

---

[11] 旧的学者几乎一概将这部分内容解释为柏拉图在晚年批评、修正自己早先的理念学说。而我们认为,《巴门尼德斯》的主要矛头不是指向理念本身,而是希望揭示出理念学说的基础,同时揭露出如果不熟悉这些基础的话将会遭遇怎样的理论困难。实际上说到对于理念的冲击,亚里士多德在《形而上学》(A 990b—991b)里提出的批评要远为全面和尖锐得多(至少有 11 条),但这主要是由哲学立场的分歧而造成的。至于柏拉图对于理念学说的"自我批评",则有着与亚里士多德截然不同的意图。

[12] 这八个命题分为两大组,每组下面分为两组,然后其中的每一组下面又分为两组。概括说来,这八个命题的结构是这样的:

    1. 如果"一"存在而"多"不存在:1.1. 这对"一"来说意味着什么? 1.1.1. 绝对地单就"一"自身而言;1.1.2. 就与他者("多")相关而言。1.2. 这对"多"来说意味着什么? 1.2.1. 就与"一"相关而言;1.2.2. 绝对地单就"多"自身而言。

    2. 如果"多"存在而"一"不存在:2.1. 这对"一"来说意味着什么? 2.1.1. 就与他者("多")而言;2.1.2. 绝对地单就"一"自身而言。2.2. 这对"多"来说意味着什么? 2.2.1. 就与"一"相关而言;2.2.2. 绝对地单就"多"自身而言。

预先已经知道柏拉图的二元本原学说,那么我们将发现柏拉图在这个辩证法训练中真正的目的乃是指出,在正确的理性辩证法里,不仅应该承认"一"存在,而且也应该承认"一"之外的另外一个本原的存在(在这篇对话里被称为"他者"或"多")。

命题 1.1.1.(137C—142A)和命题 1.2.2.(159B—160B)的论证表明,无论是只承认绝对的"一"还是只坚持其反面都是不可能的。因为绝对的"一"既没有部分也不是一个整体,它没有开端、中间和终点,它不在任何地方,既非运动亦非静止,既非不同亦非相同,既非相似亦非不相似,既非相等亦非不相等,不会更老也不会更年轻,不在时间之内,没有存在,也不会被认识……"既不能给它名字和描述,也不可能对它有任何认识、知觉和看法。"(142A)同样,如果没有"一"的规定,与"一"完全脱离开来,那个他者也是既非相似的亦非不相似的,既非相同亦非不同,既非运动亦非静止,既非产生的亦非消灭的,既非大亦非小的东西。我们切不可以为柏拉图在这里宣扬一种现今所谓"否定神学"的学说(尽管这个倾向在后来的柏罗丁那里得到了重要发挥),因为柏拉图的重心是在命题 1.1.2.(142B—155E)和命题 1.2.1.(157B—159A)上面,这两个命题都是将"一"和"多"结合起来进行讨论(这部分的篇幅也是最大的),他始终要求的是对两个本原同时存在的承认及二者的结合,要求的是"确定的概念的统一性"和"确定的一个"(157D—E)。也只有这样,整个存在才真正获得"既是……也是……"的无限的规定性。[13]

也就是说,柏拉图在《巴门尼德斯》里根本没有向爱利亚学派投诚,而恰好是在第三部分的论证中否定了芝诺在第一部分中提出的命题,即否定了巴门尼德斯(爱利亚学派)的绝对一元论世界观,因为"一"不能解释这个世界的多样性。另一方面,主张的绝对杂多的原子论同样不能被柏拉图接受,因为原子论既不能解释世界的统一性,也不能解释每一个原子之作为"一个"。而在绝对的一元论和绝对的多元论之间保持中道的乃是二元论。二

---

[13] 八个命题的后四个相对说来较不重要,它们基本上是重复了前面四个命题的内容,尽管其"前提"似乎针锋相对。实际上"如果'一'不存在"这个前提并不是将"一"认做虚无,而只是调转立场将"一"看做"他者"。

元论承认世界有两个不同的本原,或者说整个世界的现实和存在都具有一个结构,一个"一"与"多"、规定与被规定、形式与质料结合起来的,所谓的"对立统一"的结构。柏拉图的哲学就是这样一种二元论。

而在《智者》里,柏拉图同样对巴门尼德斯的绝对一元论进行了清算。如果说这个做法在《巴门尼德斯》里还只是隐蔽进行的,那么这里已经明确地提出了跟"弑父"(241D)一般严峻的问题:非存在存在(*me on einai*,237A)。巴门尼德斯曾明确宣称:"非存在不可能存在。"然而这究竟是什么意思呢?作为否定前缀的"非"本身具有两种含义,一种是矛盾意义上的(kontradiktorisch),另一种是差别意义上的(konträr)。就"非存在"(*to me on*)而言,如果它真的意味着存在的矛盾,就不能与任何存在——比如数——相结合,所以严格说来,对它既不能用单数(*me on*)也不能用复数(*me onta*)的形式来称呼。推而言之,对它也不能有任何正面的描述,它是"不能思想"(*adianoeton*),"不能描述"(*arreton*),"不能言说"(*aphthenkton*),"不能理解"(*alogon*)的东西(238C)。总之,既非这样也非那样,这和我们前面提到的《巴门尼德斯》中绝对地考察"一"或"他者"的后果是一样的。甚至反驳"非存在"的人也陷入自相矛盾,因为他们不自觉地使用单数或者复数的形式来描述"非存在"。所以,"非存在"并不是存在的矛盾,不是虚无,而只是"不同于"存在的东西,是存在的"他者",它并不比存在更少一点真实性。所以必须承认"非存在"在某种意义上恰好是存在的。(240C)"存在"和"非存在"同样存在,它们只是不同的两个东西,两个独立的本原,"非存在"不是"存在","存在"也不是"非存在",就此而言,可以说"非存在"在某种情况下存在(*esti*),而"存在"在某种情况下不存在(*ouk esti*)。(241D)柏拉图在多处地方指出,"不同"(*heteron*)的本质使得任何与"存在"不同的东西都是"非存在"(*ouk on*)(256E)。概言之,当我们说"非存在"的时候,并不是指存在的对立面("无"),而是指与存在不同的东西,存在的"他者"。

> 陌生人:事情看起来是这样,"差异"的一部分与"存在"的一部分相对立,但是如果人们足够勇敢的话,会说,前者和存在自身一样存在。因为它并不意味着存在的反面,而只是意味着,它和存在自身是有差异的。
>
> ……

泰阿泰德：很明显这个东西就是我们在智者身上寻找的那个"非存在"。(258A—B)

需要指出的是，柏拉图在《巴门尼德斯》里面已经触及到了"非存在"的真实含义。在某处地方他提到，当说"'大'不存在(*me estin*)"或"'小'不存在"的时候，"不存在"(*to me on*)在这里的意思是指一个"不同者"(*to heteron*)(160C)。当然柏拉图只是到了《智者》才对"存在"和"非存在"进行广泛的讨论，这些思想让海德格尔深有感触，以至于他把《智者》中有关"存在"的一段话(244A)放在了《存在与时间》(1927年出版)的扉页上面。但谢林早在1806年发表的《自然哲学导论箴言》里就特意提到了柏拉图在《智者》中对于"存在"与"非存在"的区分的重要意义(VII, 197)。谢林第一个指出了古希腊哲学中"非存在"(*me on*)与"不存在"(*ouk on*)的不同含义，也是他最先将古希腊哲学的"存在(*to on*)—非存在(*me on*)"问题转化为"存在者—存在"(Seyendes-Seyn)的问题，并发展出"非存在—存在"(Nichtseyn-Seyn)、"存在者—非存在者"(Seyendes-Nichtseyendes)等一系列对立统一的二元哲学范畴。"非存在"之所以不是存在着，仅仅是因为这只是一个相对的概念，表述的是一种"他者"的角色："所有的'非存在者'都只是相对的，即当它与一个更高的'存在者'相关而言，而就其本身而言仍然是一个'存在者'。"(VII, 437)从1809年的《论人类自由的本质》直到谢林晚年最后的思考，他都为"非存在"保留了重要的一席之地，"非存在"对他来说始终是一个担当着"实在"或"物质"角色的本原，不依赖于精神或意识的本原。在他看来，《圣经》中所说的上帝从"无/非存在"中创造世界的意思也不过是从"无规定的物质"中创造世界，这和《蒂迈欧》中的思想是一致的。谢林的中期哲学和后期哲学有着浓厚的二元本原学说的色彩，它和柏拉图的未成文学说以及整个柏拉图主义传统的关系仍然有待深入研究。

除了"非存在"之外，通种论也是《智者》所讨论的一个重要形而上学问题。在这里我们更感兴趣的则是，当柏拉图在挑选"最高的种"的时候，几乎都是以二元一组的方式提出来的。在早期和中期的对话录里，我们看到柏拉图已经习惯于在"善—恶"、"奇数—偶数"、"大—小"、"相似—不相似"、"相等—不相等"等二元对立中来考察问题。这种二元对立式的哲学结构显然不是来自于巴门尼德斯的爱利亚学派,而是来自毕达戈拉斯学派。根据亚里士多德的记载(《形而上学》A6,986a 以下),毕达戈拉斯学派有十组基本的二元对立范畴:1. 限定—不定;2. 相等—不等;3. 一—多;4. 右—左;5. 男性—女性;6. 静止—运动;7. 直—弯;8. 光明—黑暗;9. 善—恶;10. 锐角—直角。而在柏拉图那里,因为他对于"十"这样的数字没有特殊的嗜好,所以我们在他的未成文学说和对话录里找到多得多的二元对立范畴。一直以来,柏拉图与毕达戈拉斯学派的关系都是最为引人注目的。后人中屡有指责柏拉图"剽窃"毕达戈拉斯学派之学说者,或谣传柏拉图曾经花 40 个银币(在当时是很昂贵的一个价格)买来毕达戈拉斯学派的菲罗劳斯(Philolaos)的著作,然后改写为自己的《蒂迈欧》。更有一种说法是柏拉图(以及恩培多克勒)利用参加毕达戈拉斯学派内部讲座的机会,将该学派的学说据为己有,从而被禁止继续参加聚会。[14] 古代围绕许多名人而流传下来的轶事多不可信,但与之联系在一起的学理上的问题则应该予以重视。根据现在收集到的毕达戈拉斯学派的菲罗劳斯的残篇,可以看到他们主张以下学说:

> KRS[15] 424:宇宙中的自然由"不定"(*apeiron*)和"限定"(*peras*)结合而成——不管是作为整体的宇宙还是其中的所有事物都是如此。

> KRS 425:所有存在的事物都必然要么是"限定",要么是"不定",或者既是"限定"又是"不定"……很明显,存在着的一切,既不是完全由"限定"的事物构成,也不是完全由"不定"的事物构成,所以宇宙和所有在它之内的东西都是由那些既是"限定"又是"不定"的事物结合而成的。

> KRS 426:如果一切都是"不定",那么就根本不存在认识。

上面的文本(加上前引亚里士多德的记载)表明毕达戈拉斯学派在二元

---

[14] 第欧根尼·拉尔修,《名哲言行录》(下),V:54,87,第 529、548 页。马永翔等译,长春:吉林人民出版社,2003 年。另关于毕达戈拉斯学派在"未成文学说"和"内部口传学说"等方面对柏拉图的影响,参阅拙文《柏拉图未成文学说的几个基本问题》,载于《哲学门》第五卷(2004)第一册,第 16—38 页,武汉:湖北教育出版社,2004。

[15] KRS = G. S. Kirk, J. E. Raven, M. Schofield, *Die Vorsokratischen Philosophen. Einführung, Texte und Kommentare*. Stuttgart, 1994.

对立的思维模式中特别强调其中两个基本本原("限定"和"不定")以及它们的结合作用。在柏拉图的对话录里,《斐勒布》与这些学说有着最为明显的联系。根据柏拉图在这里表述出来的世界观,一切被称为存在者的东西,都由"一"和"多"组成,并且在内部包含着交织的"限定"和"不定"(16D,另见23C 及 27B)。"不定"的特征在于"更多"和"更少",永远没有终结或完满,因为终结或完满即意味着"更多"和"更少"的消失(24A)。另一方面,"限定"的特征则是:表现出一个特定的数与数或者尺度与尺度的关系(25A)。同时柏拉图还更多地强调了二者的"混合的统一性"或"混合",因为只有这样才会产生出一个固定的数的关系,才会产生"对称"(*symmetria*)和"和谐"(*symphonia*)(25E)。四季以及所有美好的东西都是从"限定"和"不定"的混合中产生的。这些学说乍看起来不过是重复毕达戈拉斯学派的观点,但实际上并非如此,因为柏拉图的意义恰好在于对"不定"的本质作出了清晰明确得多的规定,而毕达戈拉斯学派只是停留于泛泛空洞的一个名词概念。也正因为此,亚里士多德(《形而上学》A6, 987b22—27 = TP 22A)一方面说柏拉图和毕达戈拉斯学派一样把"限定"和"不定"作为本原,另一方面又指出柏拉图的特点在于将"不定"解释为"不定的二,大和小"。亚里士多德(《物理学》D2, 209b14—15 = TP 54A)还说,柏拉图在其"未成文学说"里发展了这方面的观点,并与《蒂迈欧》里面谈到的 xora(空间,物质)有关。关于柏拉图对"不定"或"不定的二"的本质的界定,未成文学说中有许多较为详细的记载,在这里我们只引用一段记述来表明它们与柏拉图的对话录的关系:

> 柏拉图把"更多和更少"以及"强烈和虚弱"看做"不定"的本质。在任何包含有它们的地方,不管是往紧张还是松弛的方向,任何分有它们的东西都不是确定的和限定的,而是向着'不定'无限延伸。对于"更多和更少"也是同样的情形,只不过柏拉图不是使用这个称呼而是使用了"大和小"。以上这些都是波菲利奥[柏罗丁的学生]的完全准确的原话,他的目的是准确地分析柏拉图在讲授录《论善》中以难解的方式讲述的东西;而波菲利奥之所以这样做,是因为那些学说与《斐勒布》中所写的相一致。(辛普里丘《亚里士多德〈物理学〉注释》= TP 23B)

在本文的结尾处我们转向《蒂迈欧》,这是柏拉图在历史上影响最大,就其内涵而言也是最困难的一部对话录,其涉及问题之繁多和晦涩都是其他对话录所不能比拟的。我们这里的目的主要是揭示出从二元本原学说出发而在其中看到的一些问题。之前反复提及并已得到验证的二元本原结构,在这里首先显现为"始终存在者"和"始终转变者"的对立(27D)。当然在哪个层面上考察这两个本原,这是需要小心对待的,因为柏拉图随后又列出了"造物主"与"必然性"(*ananke*)的对立,后者与我们通常理解的那种先天规律没什么关系,而是代表着一种完全没有秩序的、非理性的东西,一种不依赖于造物主的存在。造物主是最高的神,但不是唯一的神,他造出了其他的神,也造出了宇宙万物,包括一切生命。但是正如巧妇难为无米之炊,为了做到这一切,造物主需要材料,需要"必然性"的合作。也正是在这里,柏拉图再次表述了之前对话录都反复强调的"混合"或"结合"的观点,他所说的"理性说服必然性"的真义无非就是理性作为"限定"对那个"不定"作出规定:

> 在这个世界产生的时候,"必然性"和"理性"是共同发挥作用的,同时"理性"占有优势,因为她通过说服的方式规定了"必然性",以便把绝大多数产生的事物导向最好……因此如果人们要准确地表述宇宙起源的真实过程,就不能忽视那个无计划的四处游移的原因的影响,就是说按照它自然地发挥其作用力的方式。我们必须再次退回去,从事物的另外一个本原出发。(47E—48B)

这个"无计划的四处游移的原因"或"事物的另外一个本原"所指的就是那个第二个本原,"不定的二"。就它作为质料而言,自然哲学家一直都在研究这个东西,尤其是恩培多克勒明确地主张"四元素说"(四种质料),柏拉图的《蒂迈欧》也接纳了这四种元素,但他同时也指出四元素并不是真正的本原(*stoixeia*),因为它们也是派生出来的,"而迄今为止还没有人揭示出这四种元素是怎样产生出来的"(48B)。在这里,柏拉图以"巨大的困难"为理由没有进一步探究"真正的本原",而是声称保留了"最终的答案"(48C—D)。尽管如此,柏拉图在这里还是描述了这第二个本原的许多特征(就像在《智者》、《斐勒布》等对话录里一样),虽然他并没有明确地界定这个本原的本质("不定的二"或"大和小")。如果说柏拉图在《智者》中是以"非存在",在《斐勒布》中以"不定"来主要描述这个本原,那么它在《蒂迈欧》中的独特代言人则是"空间"(xora)。通常我们将《蒂迈欧》里面的 xora 译为"空间",因为柏拉图确实在多处地方把它说成一种"无形式的"、具有"包容性的"和"接纳性"的东西。⑯ 但在另外的一些地方,柏拉图指出,xora 伴随着万物而改变且显现,对于任何形式塑造都保持为一种"造型材料"(ekmageion)(50B—E)。除了 xora 之外,柏拉图还以多种多样的方式表述出了所谓物质原则的存在。雷亚利以令人叹服的细心在这些段落(《蒂迈欧》47E—69A)中找出了另一个本原的 26 个特征表述,我在这里引用过来,相信这些足以让人对这个第二本原获得清晰的认识:

1)必然性;(47E)
2)无计划的四处游移的原因;(48A)
3)所有产生出来的东西的容器;(49A,50B,50E,51A)
4)这样一种东西,在它之内事物产生出来;(49E,50D)
5)无穷尽的容纳事物的力量;(50B)
6)在根本上始终与自己保持同一的存在着的自然;(50B)
7)没有形式的实在;(50D,50E,51A)
8)以复杂的方式分有精神的实在;(51A)
9)很难理解的、晦涩的,不能看清的实在;(49A,51B)
10)本身不可见,但是在现象中可见的实在;(51A,46D—E,52D)
11)好像收养陌生孩子的女人;(49A,52D)
12)好像母亲;(51A)
13)好像压制材料;(50C)
14)好像能够换转为许多形式的金子;(50A)
15)好像能够塑造成各种模型的软材料;(50E)
16)好像没有气味的液体,但能够接纳不同的气味;(50E)
17)空间或空间的性质(xora);(52A)

---

⑯ 参阅《蒂迈欧》47E,50A,50B,51A,52D 等。

18) 地点、位置（*topos*）；（52B）

19) 事物所产生的位置；（52B）

20) 永恒的不会毁坏的实在；（52A）

21) 不是通过感官知觉，而是通过扭曲的思想所把握到的东西；（52B）

22) 很难让人接受，但不得不相信的实在；（52B）

23) 生成（*genesis*）的原则；（52D）

24) 各种形式和力的混沌结合；（52D—E）

25) 完全没有秩序的运动；（52D—53B）

26) 筛子或者搅拌机。（52E）⑰

可以看出，第二本原的存在是不容置疑的，其诸般特征是显明的。作为确凿的证据我们再引证亚里士多德的一段话：

> 所以柏拉图在《蒂迈欧》里也说，物质（hyle）和空间（xora）是同一个东西，因为包容者和空间是同一个东西。虽然柏拉图在那儿以及所谓的"未成文学说"里以不同的方式提出了包容者，但是他又把方位（to-pos）和空间说成同一个东西。所有的人都说，空间是某种东西，但究竟是什么东西，只有柏拉图一个人去试图解释。如果顺便值得一提的话，当然柏拉图必须说明，为什么理念和数不在空间之内，倘若包容者就是空间，不管是以"大和小"还是物质的名义，如他在《蒂迈欧》里所写的。（《物理学》D2，209b 11—17，TP 54A）

有些人企图否定亚里士多德的报道的真实性，理由是"物质"在柏拉图那里还没有成为一个专门的术语。但是，柏拉图在《蒂迈欧》里就已经提到了"hyle"这个概念（69A），而且把它理解为一般意义上的"材料"，这是确凿无疑的。特奥弗拉斯特也已经证明，柏拉图及其学生用"方位、空旷和不定"来解释"不定的二"。（TP 30）如果我们再回忆起曾经引用过的亚里士多德的文字（TP 22A），即在柏拉图那里只有两个原因，形式因与质料因（它就是那个"二"，即"大和小"），那么问题其实是再清楚不过的。这就是说，无论人们对"空间"或"物质"作怎样的解释，它都代表着那个独立的、与作为理性

---

⑰ Giovanni Reale, *Zu einer neuen Interpretation Platons*. Paderborn, 2000. S. 460-462.

规定性的"一"相并列的本原。[18] 概言之,柏拉图的本原学说是二元论。

《思想避难:全球化的中国古代哲理》

张祥龙著　北京:北京大学出版社,2007年1月第1版

在全球化浪潮席卷世界的今天,中华民族的传统文化面临着不可回避的严峻挑战。中医、易学、传统节日……这些流传千年的宝贵遗产怎样才能抵御西方文化的压迫,以成功地"避难"？本书正记录了作者对面临严峻挑战的中国传统文化的审视和思索,见解深刻,发人深省。

作者将这一主题分为五个问题进行论述,包括"全球化中的中国文化危机"、"中国人的精神"、"中国古学与经典新解"、"中国古代哲理与教化的特质"与"西学及比较"等。(王珏)

---

[18] 迄今对于柏拉图的"物质"和"空间"概念最全面的研究乃是图宾根学者海因茨·哈普(Heinz Happ)的代表作《"Hyle"——亚里士多德的物质概念研究》。Heinz Happ, *Hyle. Studien zum aristotelischen Materie-Begriff*. Berlin - New York, 1971. 该书的第82—120页着重探讨了物质原则(第二本原)在柏拉图的未成文学说和对话录中的表现。

《苏格拉底的困惑》(*Socratic Puzzles*)

〔美〕罗伯特·诺齐克(Robert Nozick)著,郭建玲、陈郁华译

北京:新星出版社,2006年11月第1版

据 Harvard University Press,1997 年版译出

《苏格拉底的困惑》是诺齐克著作中最能体现其"狐狸"式学术性格的一本。五个独立的部分,不仅不在同一个主题,连题材都是不一致的,涉及哲学、政治学、伦理学、甚至包括几篇哲学小说。虽然使诺齐克一举成名的是《无政府、国家与乌托邦》,但诺齐克很快就离开了这个战场,并以其非凡的创造力和敏锐的分析能力不断地开辟新的论域,如他在本书的序言里所表白的:"怡悦我、激发我的,是去追寻新的问题,提出新的看法"。他在本书中的思想冒险正是对他的这种独特学术风格的完美诠释,同时也向我们展示了:研究哲学和阅读哲学可以是如此快乐的一件事。(王珏)

《基督教世界科学与神学论战史》(*A History of the Warfare of Science with Theology in Christendom*)

〔美〕安德鲁·迪克森·怀特著,鲁旭东译

桂林:广西师范大学出版社,2006年1月第1版

据 D. Appleton and Company, U. S. A,1896 版译出

该书是研究宗教与科学关系的经典著作。这一关系在基督教世界里极富张力,怀特的这本书从历史的角度涉及了宗教与科学在生物、地理、天文、医学、语言学、历史学等各领域的论战实例,追溯了其中的演化痕迹,呈现了科学所取得的一系列胜利和宗教对两者的双方面伤害。有意思的是,作者还提出了这样的观点:宗教教条主义神学衰落之时,正促进了宗教优势的发挥。其中的辩证互动启发了我们进一步思考宗教和科学的真价值所在。由于该书在大陆一直没有完整的译本,故此次出版不啻福音。(徐思源)

亚里士多德的伦理学和政治学合论

聂敏里

提　要：本文尝试从伦理生活共同体的视角来对亚里士多德的伦理学和政治学作一个统一的把握。文中详细论述了城邦作为一个伦理生活共同体的本质，并认为这构成了亚里士多德伦理学和政治学的现实基础。在此基础上，本文对亚里士多德伦理学中的至善、德性、伦理德性、中道、选择、实践智慧等重要的概念予以了探讨，表明伦理德性构成了亚里士多德伦理学和政治学的本质相关性的关键，亚里士多德的伦理学和政治学正是依托伦理德性才成为一门统一的科学，伦理德性对于个人来说就是他的自然合宜的生活活动，对于城邦来说则表现为它的生活共同体的习俗，并进一步凝结成为具体的政治体制，由此，本文也对亚里士多德政治学中有关政治体制的思想进行了探讨和分析，把它视为伦理学中所探讨的伦理德性在制度层面上的展开。

关键词：城邦　伦理生活共同体　幸福主义伦理学　伦理德性　政治体制　共和制

伦理学和政治学构成了亚里士多德实践科学中两个重要的部分，在很多时候，我们是对它们分别予以考察的，但是，这样的考察就忽略了这两门科学在亚里士多德那里的本质相关性，而且，这样的考察本身就是置于现代

聂敏里，1971年生，毕业于中国人民大学哲学系，哲学博士。现为中国人民大学哲学系副教授。

学科领域划分的语境下来进行的,具局限性及片面性不言而喻。它实际上完全脱离了亚里士多德伦理学和政治学自身的语境。因此,基于亚里士多德伦理学和政治学自身的语境,从一门统一的科学的两个不同的部分的角度出发,重新对亚里士多德的伦理学和政治学进行解读,显然就是非常有必要的。本文便是这样的一种尝试。

一、伦理学和政治学

伦理学和政治学对于亚里士多德来说是一门科学,但是对于我们来说,却是两门科学,而且是两门完全独立的科学。现代政治学的巨大成就之一就是把自己同伦理学分离开来,并且进一步宣称自己是科学——政治科学。一般公认,这一学科的分化始于14、15世纪的文艺复兴,因为正是在这一时期,市民社会——现代国家的基础——诞生了。它的蓬勃发展使得人们开始逐渐认识到在教会和领主之外存在着第三种合法性的来源。如果说支配着教会的是信仰,而领主的庄园崇奉的是忠诚,那么,市民社会却不是按照这两种原则中的任何一种构成的。也许它最初需要这些,但是随着它的力量的逐渐加强,它意识到即使不借用这两种合法性的资源自身也可以存在,它的存在基础不是别的,就是个体与个体之间的契约关系。正是对人和人之间的契约关系的自觉意识使得人们开始不再从宗教和道德的背景出发来理解人与人之间通过交往所形成的共同生活,而是倾向于把这种生活中立化、进而实体化,看成是一种有着自己独立运行法则的社会存在。现代政治学的两个核心概念——社会(society)和国家(state)——就是在这一基础上形成的。正如昆廷·斯金纳在其名著《近代政治思想的基础》中指出的,政治思想家们开始从社会和国家这两个实体出发来观察人类生活,探讨权利的来源、法律的基础、社会运行和国家治理的规律。[①]

显然,政治学和伦理学的分离是现代学术饶有兴味的现象之一,而这在

---

① 参见《近代政治思想的基础》的"结语"部分。在那里,斯金纳详细地考察了以国家为对象的近代政治学研究的缘起,同时对国家概念的近代意义进行了探讨。(昆廷·斯金纳:《近代政治思想的基础》,北京:商务印书馆,2002年)

古代完全是不可能的。在亚里士多德那里，我们看到，政治学和伦理学统一归属于一门科学，这就是实践科学（ργακτικε）。而在《尼各马可伦理学》中，亚里士多德明确地告诉我们，在实践科学领域，只有一门最高的科学，这就是政治学。以至善作为自己的研究目标的科学不可能是别的，作为最具权威的科学，它只能是政治学。因为，至善不是别的，正是关于城邦整体的善，它规定着城邦的每一个部分的内在目的和价值。伦理学关注的是个人的善，而个人的善和城邦的善，如亚里士多德所说，是同一的，因此，伦理学在根本上不可能不同于政治学，它就是政治学。②

现代政治学和伦理学的分离有着它的现实基础，这就是市民社会的出现和发展。同样的，亚里士多德的政治学和伦理学的统一也有着它的现实基础，这就是城邦。

习惯上，英文一般把 polis（"城邦"）这个希腊词译做 state（"国家"）或者 city-state（"城市国家"）。这两个词无论哪一个都没有切中 polis 的本质。因为，诚如斯金纳所考证的，state 这个词起源于近代，它是近代政治学的产物③，而 city-state 则干脆指的就是 14 世纪兴起于意大利的那些城市国家。state 的政治基础是市民社会，而这更为明确地说，就是个人与个人之间通过契约关系所形成的一种社会组织。而希腊人的 polis 却有着完全不同的特征，它在本质上是一种共同体（koinōnia, community）。

在《政治学》的一开始，亚里士多德就明确地告诉了我们这一点，即，"所有的城邦都是一种共同体"（1252a1）④。而在这句话的后面，他又进一步告诉我们，城邦作为共同体不是现代政治学意义上的一种单纯的政治经济联合体，相反，它是一种伦理生活共同体。因为，作为将各种规模的共同体统一于自身之中的最具权威的共同体，城邦是以至善作为自己的追求目标的（1252a2—5）。很清楚，伦理特性是城邦的一个主要特点，城邦不是一个单纯的经济联合体和在此基础上的权力交换的政治实体，相反，它是一个按照伦理原则，也就是善的生活的原则组织而成的生活共同体。这一点在亚里

---

② 详参《尼各马可伦理学》第一卷第 2 章。
③ 参见昆廷·斯金纳：《近代政治思想的基础》下卷，第 500 页以下。
④ 所有《政治学》和《尼各马可伦理学》中的引文均据相应的 Loeb 本中的古希腊原文译出。

士多德谈到城邦的构成时得到了进一步的明确。因为,亚里士多德说:"城邦是由多个村社构成的最完满的共同体,如所说的,它已经达到了自足的一切终极,它不仅是为了生存而产生的,而且是为了生活得美好而存在的。"(1252b27—30)在这里,不仅善的原则亦即生活的美好被提了出来作为最高的组织原则,单纯的生存原则也降低到了次要和从属的地位,而且更为重要的是,通过指出城邦的基本构成单位是村社,我们明确地认识到,城邦在根本上是一个基于宗法伦常关系之上的生活共同体。因为,如同亚里士多德已经表明的,村社的基础不是别的,它就是家庭或者家族。正是这样一种自然的政治联合,同时正是这种性质的政治联合作为人的一种自然的生存状态达到了完满的终极以至于变得自足而美好,城邦才产生了。这样,毫无疑问,城邦就是一个伦理生活的共同体,构成其基础的不是人和人之间的单纯的劳动交换关系,而是完全自然的宗法伦常关系。城邦便是运行在这一关系的基础上的。按照亚里士多德的意见,它体现着人的最自然的生存(1253a1—2)。我们看到,在对这一共同体的伦理生活的特性予以一再强调之后,亚里士多德便明确地说:"正义(*dikaiosunē*)是属于城邦的[5];因为,城邦共同体的秩序就是公正(*dikē*),而正义就是公正的准则。"(1253a37—39)这样,很清楚,城邦与市民社会根本不同,后者更多地是一个经济联合体,从而规范人们行为的不是伦理而是契约和以契约为基础的法律,伦理沦为私德,属于私人事务。但是,城邦不是一个经济共同体,而是一个伦理共同体,指导它的不是经济原则,而是正义原则,一个单纯经济联合体的城邦在柏拉图的《国家篇》中被称做是一个猪的城邦。

显然,一旦城邦作为一个基于自然宗法伦常关系的生活共同体的性质被挑明,那么,它的整体主义的特点也就显露出来了。这就是说,相对于它的构成部分来说,城邦本身具有至高的权威。在古代社会中,个人在社会构成中没有地位,城邦也是一样。亚里士多德指出,城邦的最小构成单位不是个人,而是家族(*oikia*),多个家族联合成为村社(*kōmē*),而多个村社联合成为城邦。可见,在城邦的构成中,个人连最小的构成单位都不算。个人与

---

[5] 按,此句稍微变通的翻译便是"正义是政治性的",或许这一翻译更能清楚地表明亚里士多德对政治的意见,这就是说,政治问题的核心始终是正义。

个人之间的联合体是市民社会的特征,但不是城邦的特征,城邦是一个以家庭或家族为基础的宗法关系联合体,它相对于生活于其中的个人具有绝对的优先权。亚里士多德明确地表明了这一点,他说:"城邦在本性上先于家族和我们每一个个人"(1253a19),理由就是"因为整体必然先于部分"。在亚里士多德看来,个人是不自足的,而真正自足的乃是城邦。他这样说:"显然,城邦在本性上先于个人;因为,分离的个体是不自足的。"(1253a25—26)而也正是出于这个理由,亚里士多德才得出了"人是城邦的动物"的结论。这句话一般翻译做"人是政治的动物",我们知道,这是出于对 politikos ("城邦的")这个词的现代化的翻译。而实际上这句话的本意不过是要说,人只有在城邦这个自然的宗法伦常联合体中才成其为人,是城邦将人由动物提升成为了人,人一旦脱离了城邦,就不再是人,他要么是神,要么是野兽。从而对于城邦来说,没有个人,只有作为城邦一员的公民(politēs)。"帮助城邦,人人有责",这对于古希腊人不是一句空话。因为,作为城邦的一个公民,城邦的伦常生活就是他的全部生活,这构成了他的本性(1253a29、30),他除了这种公共生活之外再没有什么私人生活。所以,伯里克利这样说:"一个不关心政治的人,我们不说他是一个注意自己事务的人,而说他根本没有事务。"⑥ 这样,与现代政治学"小政府、大社会"的理念不同,古希腊的政治学不仅允许、而且明确主张城邦有权对个人的行为加以规范。在这点上,无论是柏拉图还是亚里士多德都没有不同意见,他们一致主张城邦代表着至善,它负有教育引导每个公民向善的责任和义务。

至此,我们最初的问题也就清楚了。如果说伦理学是同个人生活的善有关,它要指导个人按照善的原则生活,那么,鉴于城邦的这样一种伦理生活共同体的特质,以及个人在城邦中的这样一种从属的地位,显然,伦理学必然是政治学,伦理的必然也就是政治的。因为,个人生活的善体现在一个自然的生活共同体之中。反过来,政治学必然是伦理学,政治的也必然是伦理的,因为城邦整体的善也就是每一个人自然的伦常生活。这样,正是由于城邦作为伦理生活共同体这一特殊的现实基础,伦理学和政治学在亚里士多德那里就是一门科学,而且更进一步,亚里士多德认为,伦理学在根本上就是政治学,伦理

---

⑥ 修昔底德:《伯罗奔尼撒战争史》,北京:商务印书馆,1997年,第132页。

问题在根本上是政治问题。这难道不是极其自然而合理的吗？

一旦我们阐明了亚里士多德伦理学和政治学统一的基础，那么，从这一基础出发，对亚里士多德的伦理学和政治学的核心主题作一个统观的把握，显然就变得迫切起来。而我们首先应当把握的就是伦理学和政治学所共同关注的至善主题。亚里士多德是在他的伦理学中来研究这个问题的。

二、至善

在《尼各马可伦理学》的一开始，亚里士多德借助"每一种技术、每一种研究，同样，每一种实践和选择，看来都在追求某一种善；所以人们说的不错，善正是万物所追求的"(1094a1—3)这句话就向我们摆明了，"什么是善"正是伦理学的核心问题。

而针对这个问题，和柏拉图的研究方法不同，亚里士多德从一开始就采取了另一种途径，这就是逻辑分析的方法。也就是说，撇开了对善本身的研究，而对善的概念进行逻辑的分析。这样，首先针对柏拉图的善的理念，亚里士多德就明确地指出，"善的意义和存在的意义一样多"(1096a23—24)，也就是说，如同存在有多种意义，它根据各类不同的范畴，而分别指不同意义的存在；同样，善也有多种意义，也可以根据各类范畴而分别指不同意义的善。这样，情形似乎就是，关于至善，我们不可能有一门单一的科学来研究它。对此，《尼各马可伦理学》和亚里士多德早期在《欧德谟斯伦理学》中的观点是一致的，都认为善是一个同名异义词，因而需要不同的科学来对它的不同意义加以研究。但是，也正是在《尼各马可伦理学》中，亚里士多德思想发生了一个重大的转变。如同他在其后期的形而上学思想中认为的那样，尽管存在有着多种意义，但是这许多不同的意义却趋向于一种核心意义，即"实体"；同样，在伦理学领域亚里士多德也认为，尽管善的意义是多种的，但是它们却同样趋向于一种核心意义，这就是作为目的自身的"至善"。也就是说，既然"善"构成了一切行为的目的，而目的与目的之间又存在着一种彼此从属的关系，那么，能够仅仅作为自身而存在而不再以他物作为自己存在的目的的目的，当然也就是目的本身，而这就是至善。这样，"什么是善"的问题就转化为"什么是可以作为自身而存在的目的"的问题。而问题一旦发生这样的转化,关于"什么是善"的问题的讨论似乎立刻就变得简单起来。因为,人们通常认为,那是一切行为的最终目的而本身却不再有任何目的的目的不是别的,就是幸福,因为,所有人追求的最终目的不过是生活幸福。这样,"什么是善"的问题就有了一个简洁的答案,这就是幸福,而显然,对"什么是幸福"的探讨也就很自然地取代了对"什么是善"的探讨。

至此,现代的伦理学研究者当然会认为亚里士多德在这里似乎犯了一个显而易见的错误,这就是摩尔在《伦理学原理》中所着力加以批判的所谓"自然主义的谬误"。也就是说,在这里,亚里士多德在"善"和"幸福"这两个概念之间未经反思就仓促地建立起了一种等同关系,从而犯了明显的概念混乱的错误。但是,这不过是对古希腊人的误解,而我们应当从更为具体的语境来理解这一问题,这就是古希腊幸福主义伦理学的传统。

严格来说,古希腊人从来就没有在某种先定的道德的语境中谈论过"善"。荷马说:"一旦奴隶的岁月抓住了他,声名远扬的宙斯就取走了他一半的德性(*aretē*)。"(《奥德赛》17.323—324)可见,"德性"(*aretē*)这个在现代英语中通常被翻译成 virtue("美德")的希腊词,在其本意上并没有道德的含义,相反,从荷马对这个词的用法我们可以看到,这个从 *agathos*("善")的最高级形容词派生而来的、本意乃是"最优"的名词,是和一个人实际生活境遇的好坏密切相关的。也就是说,*aretē* 在古希腊语中通常是与 *eudaimonia*("幸福")——或者不如更为准确地译为"好运"——联系在一起的。不仅 *aretē* 是如此,而且 *agathos* 也是如此,它也更多地是同人实际生活境遇的良好联系在一起的。而在荷马那里,实际生活境遇的良好是有着具体的指标的,它不仅包括血统、容貌、财富、健康和子孙绵绵,而且也包括必要的运气。我们看到,在《奥德赛》中奥德修斯这样说道:"在人群中,我也曾居住在我自己的家室中,是一个富人,拥有许多的宅邸,常常施舍流浪者,……有众多的奴仆,和许多人们因以幸福生活、被称为富有的东西。但克罗诺斯之子宙斯,却将一切化为虚无……"(《奥德赛》17.419—424)在另一处,奥德修斯又针对人的本性的脆弱发了一番宏论:"在呼吸和行走于大地,为大地所养育的万物中,没有什么比人更为脆弱。因为,只要神赐予好运(*aretē*),双膝强健,他便以为他在未来的岁月中永远不会遭受厄运。而一旦幸福的众神降以悲苦,他就又得以强忍的心意,不情愿地加以承受;这就是人类的心灵,就像是人类和诸神的父亲所带来的时日一般。"

(《奥德赛》18.130—137)从这两段话中我们可以清楚地看到,财富、地位构成了良好境遇的必要的因素,但对于本性脆弱的人而言,更为重要的是运气。所以,在古希腊人看来,人由于不能像众神一样享有永恒的幸福,因此人是不完善的。这样,对于希腊人来说,理想的人生乃是奥林匹斯山上众神的幸福生活。荷马这样描写众神的生活:"人们说,神的居所屹立永存,不被风摇,不受雨淋,也没有冰雪覆盖,而是广大的晴空伸展,万里无云,浮动着闪亮的洁白。在那里,幸福的诸神终日欢畅,……"(《奥德赛》6.42—46)⑦这就是神的生活,而这也就是古希腊人的人生理想,即,能够享有神一样的至福,而这也就是至善。

在荷马那里是这样,在其他希腊哲人那里也是这样。德谟克利特这样说:"凡想愉快地生活的人一定不要担负过多的事情,无论是私事还是公事,也不要担负超越他自然能力的事情。他必须谨小慎微,甚至当命运在高处向他招手时,他也要小心对待,仔细考虑,不要涉足那超过他能力的事情。适量的财富比巨大的财富更安全。"⑧在这番话中,似乎缺少了荷马时代英雄们痛享人生的豪情,而多了几分节制和审慎,但是核心却是一致的,这就是幸福。苏格拉底似乎在追求一种更具道德意义的东西,但是了解他对"无人有意犯错"这一著名的命题的论证的人都知道,这一命题预设的前提就是每个人都在追求幸福。而在《尼各马可伦理学》中,亚里士多德这样说:"我们认为神是有福的和幸福的。他们应该有什么样的行为呢?难道是公道吗?说众神去订立契约、退还存款如此等等岂不可笑吗?那么是勇敢,他们能够临危不惧、舍生取义吗?也许是慷慨大方,谁来接受他们的赠与呢?而且要他们为此具有钱财等等就太荒唐了。也许是节制吧?而去称赞神没有邪恶的欲望,岂不是一种亵渎吗?"(1178b8—16)⑨

---

⑦ 以上三段荷马诗句,均从古希腊原文直接译出。
⑧ 《古希腊哲学》,北京:中国人民大学出版社,1989年,第168、169页。
⑨ 在《修辞学》第一卷第5章中,亚里士多德这样说:"几乎所有的人,不论是个人还是集体,都有个目的,为了达到这目的,他们有所为,有所不为。这个目的,概括地说,就是幸福和它的组成部分。幸福的定义可以这样下:与美德结合在一起的顺境;或自足的生活;或与安全结合在一起的最愉快的生活;或财产丰富、奴隶众多,并能加以保护和利用。如果幸福的性质是这样的,那么它的组成部分必然是:高贵出身、多朋友、贤朋友、财富、好儿女、多儿女、快乐的老年;还有身体上的优点,如健康、漂亮、强壮、高大、参加竞技的能力;名声、荣誉、幸运;还有美德。一个人具有这些内在的和外在的好东西,就算完全自足。内在的好东西指身心方面的好东西;外在的好东西指出身高贵、朋友、钱财和荣誉。还要加上权势和好运,这样,他的生活才能完全有保障。"(《修辞学》,第33页,北京:三联书店,1996年)

这段话难道还不能将古希腊伦理学的这种幸福主义的传统彰显无遗吗？因为它明确地告诉了我们至福是最高的人生目的，而这只有神才能够享有，它和我们通常所熟知的道德毫无关系。

在这里，也许只有柏拉图是一个异数。由于从俄尔浦斯教中获取了思想营养，柏拉图明显地具有一种超世主义的倾向，但这是和古希腊的传统格格不入的。所以，策勒在谈到柏拉图的伦理学时这样说："柏拉图的价值理论，由于事实上是受它的非希腊化的二元论形而上学所制约的，这就使他处于与希腊文化本质的、基本的价值相对立的地位。……他对人世生活和一切肉体方面的事物的卑视完全是非希腊化的。"[10]也正是因为这个原因，在古希腊晚期，柏拉图为最初的基督教哲学提供了丰富的思想资源。但是，柏拉图和古希腊的幸福主义伦理学传统的格格不入，不正是从反面向我们说明了这个传统的深厚吗？

这样很清楚，在古希腊人那里，善就是幸福，它构成了一切有意义的行为的最终目的。亚里士多德正是在这样一种传统中来展开他的伦理学讨论，展开他对"善"的追寻的。但是，既然善就是幸福，那么很自然地，问题现在就成为，什么是幸福？亚里士多德指出，幸福就是快乐，而能够作为本己的、自身而存在的快乐按照通常的观点有三种，这就是物质生活中通过物质享受而来的肉体满足的快乐，政治生活中通过荣誉名声而来的精神满足的快乐，以及思辨生活中通过静观沉思而来的理智满足的快乐。那么，这三种快乐究竟是三种平行的快乐，没有高下之别，完全可以并行不悖呢，还是说在这三者之间仍然存在着优劣，从而可以从中判断出何者是最快乐的呢？如果是后者，那么，就有一个判断标准的问题，也就是说，对于这三种根本不同质的快乐，我们能否找到一个进行比较的标准。显然，这是一个问题，而且是幸福主义伦理学必然要碰到的一个问题。对于基督教伦理学便不存在这一问题，因为，基督教根本排斥从单纯的快乐的角度来考察"善"。而分析起来，幸福主义伦理学解决这一问题的唯一的办法只能是首先对不同质的快乐予以形式化的处理，使它们具有一种可资比较的统一的质，然后在此基础上再来分别它们的优劣。亚里士多德正是这样做的。

---

[10] 策勒：《古希腊哲学史纲》，济南：山东人民出版社，1992年，第149页。

在《尼各马可伦理学》第一卷中,亚里士多德从幸福和目的自身的同一性出发指出,三种快乐无论如何不同,都是作为目的自身而存在的,而这就是它们同质的地方,从而也就是可以进行比较的地方。亚里士多德这样说:"如果有多种目的,那么便是其中最完满的。我们断定,就其自身而追求的比起由于他物而追求的更为完满,任何时候都不由于他物而选择的比起既就其自身又由于前者而选择的更为完满,总之,那永远就其自身而选择、从不由于他物的就是完满的。"(1097a30—34)这段话看起来虽然复杂,但意思概括起来却很简单,它所强调的不外就是最终目的的那种自足性,也就是说,最终目的的意思不外就是,它仅仅作为自身而存在,无待而有,而这就是自足,autarkeia。这个词由 auto("自身")和 arkein("满足")而来,指的恰恰就是最终目的的这种自我完满性和无待而有性。可见,在这里,能够为幸福主义伦理学提供形式化的判断标准的不是别的,就是自足,也就是看在不同的快乐之间究竟何者能够真正作为目的自身而自足地存在,显然,唯有这种快乐是最高的幸福,因为它最持久、最纯粹、最完满。所以,亚里士多德说:"我们主张自足的东西便是那使生活成为唯一可选择的并且没有匮乏的东西;我们认为幸福便是这样一种东西。"(1097b14—16)这样,在亚里士多德那里,幸福与自足就取得了同一,幸福就是自足,而自足就是幸福。从而问题至此又发生了转化,即从对什么是幸福的探讨转到了何种幸福是真正自足的讨论。

在《尼各马可伦理学》第十卷中,从第六章开始,亚里士多德便从这一角度出发对幸福进行了比较和分析。他首先指出,幸福就是自足,就是无所短缺,它作为实现活动是以其自身而被选择的,也就是说它自身就构成了活动本身的目的。显然,亚里士多德在这里所强调的正是他在一开始所确立的自足性标准。在明确了这一点之后,他就对享乐活动(*apolaustikos*)、政治活动(*politikos*)和思辨活动(*theōrētikos*)进行了比较。

他首先指出,虽然这三种活动都可以给我们带来快乐,但是快乐却因其纯洁性而存在着差别,善良活动的快乐是高尚的,邪恶活动的快乐是卑下的,视觉所产生的快乐以其纯净而有别于触觉所产生的快乐,听觉与嗅觉又优于味觉。而思维的快乐较之一切肉体感性的快乐更为纯洁(参考 1175b24 以下)。而在一切思想活动之中,哲学活动又以其纯洁和经久而具有惊人的快乐(参考 1177a18—27)。从而就幸福就是快乐这一点而言,思辨活动由于它所具有的快乐远胜于其他两种生活形式,因此更为幸福。

在此基础上,他便针对这三种活动的自足性进行了分析。他指出,无论从哪个方面来看,享乐活动和政治活动都是不自足的,因为它们都更多地依赖于外物,它们虽然看起来是人们行动的最终目的,但是由于它们在本质上是匮乏的,并且因为这种匮乏的本质而使人们在对它们的追求中常常陷于不幸,因此,在根本上不可能真正成为人们行动的最终目的。其中,享乐生活的自足性最少,因为它虽然是从肉体自身中获得享乐,但是却绝对地依赖于外部物品的供应,因此这样的生活实际上常常使我们最终陷入不幸。政治生活虽然不以丰衣足食为满足,但是它的实现却仍旧在很大程度上依赖于外部条件。亚里士多德指出:"对于一个自由人他需要金钱去从事自由活动,对于一个公正的人他也需要这东西以进行报偿……,对于一个勇敢的人,如果他要完成一件合乎这一德性的事,他需要能力,对于一个节制的人他需要机会:若不然谁节制谁不节制怎样看得出来呢?"(1178a28—34)由此他总结说:"实践需要很多条件,而所行的事业越是伟大和高尚所需要的也就越多。"(1178b1—3)这样,政治生活也不是自足的。但是,思辨生活却是充分自足的。针对政治生活所需要的那些外在条件,亚里士多德这样说:"对于一个思辨者他的现实活动却不需要这一类的东西,正如所说,它们对于思辨反而是障碍。"(1178b3—5)但是,这并不是说思辨活动一无所需,亚里士多德指出,我们是作为人而不是神来过一种思辨生活的,从而我们当然也要求有外部条件,这不仅指身体的健康,也包括食物以及物品的供给。但是无论怎样,在这三种生活之中,思辨生活对外部条件的需要是最少的,一个中等的外部供应就可以保证我们从事这种如同神一般的真正高尚而自由的生活。因此,亚里士多德说:"所说的自足,最有可能是与思辨相关的。"(1177a27—28)

同时,出于彻底思考的需要,亚里士多德明确地意识到自足在根本上就是自由,而自由是以闲暇作为自己的最为鲜明的外部特征的。所以,他在分析各种活动的自足性的同时,还对它们是否具有闲暇的特征进行了讨论。针对享乐生活,他以游戏为例指出,如果就闲暇而言,那么游戏显然是最为闲暇的,但是其中却弊大于利。因为它投合的是我们低级的欲求,而且使我们的精神松弛。随便什么人都能享受到肉体的快乐,即使奴隶也不比自由人差,但是我们却不能称奴隶的生活是一种幸福。人应当去追求更为高尚的生活,而这是极端严肃的。从而幸福决不在游戏之中,一生勤勤恳恳,含辛茹苦,说什么是为了游戏,岂不荒唐?幸福是在合于德性的实现活动之中(参考 1176b10 以下)。至于政治生活,他认为其中很少有闲暇,因为它所依赖的外部条件是不能够有闲暇的。例如,勇敢须在战场上体现,但是我们绝不能说战争是出于闲暇和游戏的目的。一个人不能为了表现他的勇敢而去发动战争(参考 1177b4 以下)。因此,上述两种活动在很大程度上不是使我们享有闲暇,相反却将我们投入到劳碌之中,它们不可能构成幸福的生活。但是,思辨活动却不仅需要闲暇,而且本身就体现出闲暇。因为只是在闲暇之中,各门科学才得到真正的进展,它本身就是一种自由的活动。

这样,总结起来,唯有思辨活动是一种最自足的快乐,而这自然也就是最大的幸福。亚里士多德称其为至福,*eudaimonikōtatē*,并认为这种幸福最大可能是属于神的,因为只有神才能充分享有这种幸福,而我们只是因为分享了属神的理智(*nous*),看顾了它,遵照它的指示生活,并且像神一样地运用它来过一种纯然静观沉思的生活,我们才有可能分享这一至福。因此,在《尼各马可伦理学》的最后一卷中,他写下了这样一段光辉的文字,对这种属神的生活、也就是思辨活动进行了高度的赞扬。他说:"这样的生活可能是一种优于人的生活:因为并不是由于他是人他才要这样生活,而是由于在他身上具有某种神圣的东西;这种东西和组合物的差别有多大,这种实现活动和其他德性的实现活动的差别就有多大。如若理智对于人来说是属神的,那么这种合于理智的生活对于人的生活来说也就是属神的。不要相信这样的话,作为人就要想人的事,作为有死的东西就要想有死的事情,而是要尽可能地去追求不朽,并且向着生活凭自身中最高贵的部分去作一切事情;因为即使它体积很小,却较一切具有更多的能量和价值。它看起来就是每一个人,假如它是最主要和较好的部分的话。一个人不去选择自己的生活而去选择别人的,这是令人难以置信的。前面所说的与现在的相一致;因为内在于每一事物本性之中的东西对于每一事物来说就是最强大和最快乐的东西;对于人这就是合于理智的生活,如果人尤其是指理智的话。因此这种生活就是最幸福的。"(1177b26—1178a8)

这样,思辨活动就是最大的幸福,而这也就是至善。至此,亚里士多德就确定了他的伦理学的最高顶点,即一种纯粹思辨的生活。

但是,这只是亚里士多德伦理学的最高顶点,它构成的与其说是一般城邦公民的生活原则,毋宁说是哲学家的生活原则。因为思辨生活不可能是一般城邦公民的日常生活。假如说伦理学和政治学本质相关,那么显然,这种相关就不是在这种至善原则基础上的本质相关。对于伦理学来说,它还必须阐明和城邦生活共同体相关的善的原则,而这恰恰不是在上述亚里士多德对至善原则的论述中阐明的,而是在人们通常所说的亚里士多德的德性伦理学中被阐明的。在那里,通过对德性本身以及人们在各种境遇下的不同德性的论述,亚里士多德便向我们展示了一种真正伦理形态的城邦生活,而这也就为从各种政治体制的角度对这种伦理生活的实体形态——城邦进行进一步的研究奠定了基础。我们现在就来处理这一主题。

三、德性

关于亚里士多德的德性伦理学,一个首要的问题当然就是,什么是亚里士多德所说的"德性",*aretē*？我们在前面多少已经谈及 *aretē* 这个希腊词的内涵。这个在现代英语中通常被对译为 virtue("美德")的词,实际上在古希腊语中并不具有道德的内涵,它在本义上指的是"最优"。什么"最优"呢？事物固有功能的最优。例如,马的固有功能就是奔跑,从而马的德性就是善跑;鸟的固有功能就是飞翔,从而鸟的德性就是善飞;土地的固有功能就是生长万物,因此,如果说土地也有德性的话,那么,土地的德性就是肥沃。这样看来,既然连普通的事物都可以有所谓的"德性",那么,"德性"就决不是一个道德概念。而当这个词用于人身上时,它就不是指的人的道德品质,而是指的人的固有功能的最优,而这也就是人的某一种特长、品质。因此亚里士多德明确地指出,德性的首要意思是一种品质,而人的德性就是一种人由以变得善良、而他的行动由以显得优秀的品质(1106a22—24)。德性伦理学从某种意义上来说,实际上就是一种品质伦理学,它关注的是人的优秀品质的养成。这不是指道德意义上的优秀品质的养成,而是指人在一切方面所表现出来的能力的优秀,在各种境遇下出色地驾驭各种事物的能力。

既然德性并不具有道德的意义,而只是指人的固有功能的完满实现,因此,亚里士多德的德性伦理学就决不是从某种先验的道德的立场出发来展开他的伦理学论证的,相反,却是从人的固有功能在各种实际生活境遇下的完满实现的立场出发来建构他的伦理学体系的,他并不探讨人如何是道德的,而是探讨人如何是优秀的。而一个优秀的人,在亚里士多德看来,也就是一个幸福的人。因为,作为人的固有功能的完满实现,它内在地就含蕴着快乐。

从这一思想出发,亚里士多德就对人所特有的功能进行了探讨。他指出,人区别于万物的一个特有的功能就是人是有理智的,从而理智功能的完满实现,也即思辨活动,就是快乐本身。在这里,亚里士多德实际上已经为他后来第十卷"思辨是最大的幸福"的命题提供了某种程度的论证。但是,理智不是人唯一的功能,正如思辨活动不是人生的全部一样。亚里士多德从他的心理学理论出发,认为人的灵魂除了理性部分之外,还有另一个部分,这就是非理性的部分。这个部分又可以分成两个部分,一个是所谓的植物性的部分,它提供营养和生长的功能,一个是所谓的动物性的部分,它提供感觉和欲求的功能。亚里士多德认为前一个部分是纯然非理性的,但后一个部分却可以部分地分有理性,也就是说,它可以受到理性的支配,根据理性的安排来感觉和欲求。正是根据这一心理学理论,亚里士多德认为人的德性也就可以相应地分成两个部分,一个部分是所谓的理智德性,它是人的理智功能的实现,而另一个部分是所谓的伦理德性,它是人的感觉和欲求功能在理性的支配下的实现。如果说理智功能的完满实现就构成了至善,是前面所讨论的"什么是至善"这一问题所关注的目标,那么人的感觉和欲求功能在理性支配下的完满实现则构成了我们除思辨活动以外的其他各种生活活动的善,它是德性伦理学所讨论的内容。

我们看到,在《尼各马可伦理学》第二卷的一开始,亚里士多德就对这两种不同的德性进行了区分。他指出,德性分为两类,一类是理智德性,一类是伦理德性。他认为理智德性可以通过教育来养成,因为它主要涉及人的认知和思维活动。而伦理德性,也就是人在各种实际的生活境遇中如何调适自己的感觉和欲求以期达到合宜与高贵,则不能仅仅通过教育,而是要通过习惯的养成。亚里士多德为此专门就"伦理德性"一词 ēthikē 进行了分析，指出它实际上是从"习惯"一词 ethous 转拼过来的，这就表明它是在各种具体的风俗习惯中生成的，它和我们的人伦日用相关。由此，亚里士多德便更进一步指出，没有一种伦理德性是自然生成的，因为没有一种自然存在的东西能够改变习性。例如，石块的本性是下落，不能让它习惯上升，即使把它向上抛一万次也不行。因此，凡是自然如此的东西，都不能用习惯改变它。但伦理德性却不然，它不同于我们的自然本性，而是我们在实际的生活中通过习惯、习俗而逐渐养成的。显然，亚里士多德在这里对伦理德性所作的这番说明是非常重要的，即正是由于伦理和政治关联在一起，一种伦理的生活同时也就是一种政治的生活，并且基于风俗习惯而来的德性既是每一个城邦公民的内在品质，同时也是由此形成的城邦共同生活的内在品质，风俗或者习俗既是个体性的，但同时也是共同性的。在这里，个人的善和城邦的善达到了真正的同一。这样，伦理德性所指的实际上就是人们的伦常生活，它具体体现为各种风俗习惯，而这也就是人们在城邦中的共同生活，而这样的生活也就是所谓的政治生活。这样，我们现在便明确了，正是在伦理德性这个概念中，政治学和伦理学具有本质的关联，构成城邦和个人的善的原则的不是别的，就是在风俗习惯中所显现出来的伦理德性本身。

在这里，限于篇幅的关系，我们不可能详细讨论亚里士多德对各种伦理德性的讨论，而仅仅对亚里士多德德性伦理学中几个关键的概念进行简要的分析，这就是与德性相关的中道概念，以及由此而引发出来的选择、实践智慧两个概念。如果我们掌握了这几个概念，那么，对于亚里士多德的德性伦理学的实质也就有了清楚的把握。

首先是中道概念。这个概念是和德性概念密切相关的，从某种意义上说，它们实际上是一个概念，因为它们的所指相同，只不过一个是就主观的方面而言，一个是就客观的方面而言。德性是就主观方面而言的，它是指主体能力的最优，从而我们可以说一个人具有某种德性；而中道是就客观方面而言的，它是指与这种主体能力的最优相联系的感受和行为的最优状态。亚里士多德这样说："德性像自然一样，较一切技术更精确、更优秀，它能够娴熟地命中中间。我是指伦理德性。因为它是关于感受和行动的，在其中存在着过度、不及和中间。"(1106b14—16)在这里，"中间" methos 一词当它作为专有名词 methotēs 来用时，一般就翻译成"中道"。如上所说，它是指感受和行为的最优状态,因此,尽管它从词义上来看并不是"最优",而是"中间",但是它决不意味着一种"两害相权取其轻"的中道,或者一种平均值、中间数,而是指的在特定的境遇下,通过对各种可能性的综合权衡而选取的一种最佳的感受和行为的状态。所以,亚里士多德恐怕这个概念引起人们的误解,特意对它做了一个全面的定义,指出:"应该的时候、应该的地方、应该的对象、应该的目的、应该的方式,这就是中间和最优,……因此德性就是中道,就是对中间的娴熟命中。"(1106b21—28)

但是既然德性在于过度与不及之间的中道,那么显然,在这里就存在一个选择的问题。也就是说,德性是通过对中道的选择而建立起来的。这样,亚里士多德在这里便触及到了道德选择的问题。亚里士多德首先指出选择和自愿不同,所有的选择都是一种自愿,但并不是所有的自愿都是一种选择,有很多我们自愿从事的活动完全是受我们的欲望所支配,而没有经过审慎的选择。这样很显然,选择虽然说到底是一种欲求活动,但是其中却含有明显的理智的成分。它是一种在理智支配下的欲求活动。其次,亚里士多德又指出,作为欲求,选择同意图不同,意图可以指向任何事情,甚至是不可能发生的事情,但是,选择只能指向可能发生的事情,它被严格限制在人类事务的范围之内。再次,亚里士多德又指出,选择不同于意见,我们进行选择不同于我们进行判断、发表意见,这不仅是因为我们可以对超出人类事务范围之外的事情发表意见,而且是因为意见有真假,但选择没有真假,只有善恶,因此,选择在根本上是一种道德实践活动,而不是一种理论认识活动。最后,亚里士多德指出,我们既不可能对必然发生的事情进行选择,也不可能对偶然发生的事情进行选择,因为必然的事情我们不能选择,而偶然发生的事情我们无法选择,因此,我们所选择的只能是那些出于我们、而并非永远如此的事情,是一些通过我们自己的行为所能达到的事情。这样,选择在根本上只与我们的实践活动相关,是对我们的实践活动的选择,通过这样的选择,我们在我们的实践行为中达到最优,也就是具有德性。如此看来,无论从哪个方面来说,选择都是一种基于理智的活动。亚里士多德指出,选择实际上是一种筹划活动,通过这种活动来对我们的实践行为进行安排,而这也就是使我们的实践行为合于理智,受到理性原则的支配,使之达到最优。而能够对我们的实践行为提供这种理性原则的不是别的,就是实践智慧。

这样，实践智慧在德性伦理学中就处于至关重要的地位，因为它直接关系到我们是否能够做到在不同的境遇下都行为优良。

亚里士多德是在《尼各马可伦理学》第六卷中谈到实践智慧的。在这里他指出，如果说灵魂的非理性的部分可以分成植物性的和动物性的两个部分，那么，灵魂的理性的部分也可以分成两个部分，这就是专门用来思考永恒事物的"认识性的"（*to epistēmonikon*）部分，和对可以变化的事物进行思考的"计算性的"（*to logistikon*）部分。前者又可以分成科学认识（*epistēmē*）、智慧（*sophia*）和理智（*nous*）几个不同的层次，实际上就是我们的各种理论思维活动，正是它们为我们提供各种科学的研究和形而上学的思辨。后者，亚里士多德明确地告诉我们，它和筹划实际上是一回事，它是对属人事物的思考和筹划，和我们的实践活动紧密相关。它又划分为两个层次，这就是技术（*tekhnē*）和实践智慧（*phronēsis*），其中技术是和我们的生产制造活动相关的，而实践智慧则直接和我们的行为相关，如亚里士多德所说，它使我们的行为臻于美好。显然，如果说理性灵魂的认识性的部分构成了理智德性的一个部分，它的完满实现构成了我们前面所说的最大的幸福，那么这里所说的理性灵魂的计算性的部分则构成了理智德性的另一个部分，其中的实践智慧是伦理德性生成的关键，它为我们的各种实践活动提供了合乎中道的理性原则。

在这里，只要对"实践智慧"这个词和"节制"这个词之间的关系稍作论证，问题就清楚了。我们知道，节制是古希腊的四主德之一，从某种意义上说，节制构成了古希腊伦理学的一个鲜明的特色，苏格拉底就被公认为是节制的典范。而节制是针对于我们的欲望的，它并不绝对地排斥欲望，而只是使欲望保持在一个合理的限度内。能够做到这一点的人，在古希腊人看来就是一个有德性的人。而"节制"这个词的希腊文 *sōphrosunē*，从其词根 *sōs* 和 *phrēn* 来看，本意就是指"健全的心智"，这和"实践智慧"*phronēsis* 的意思是一致的；而从词源上分析，这两个词又拥有一个共同的词根，这就是 *phrēn*（"心"），即，它们都是从心灵而来的一种能力。由此，我们就可以看到这两个词的内在联系了。而亚里士多德则通过把 *sōs* 这个词根和 *sōzein*（"保持"）相联系从另一个角度诠释了"实践智慧"和"节制"这两个词之间的词源联系。他这样说："我们之所以用这一名字来称呼节制，是由于它保持了实践智慧。"(1140b11)显然,如果说正是节制使我们在实际的行动中成为一个有德性的人,那么我们能够做到这一点却恰恰是通过实践智慧所制定的理性原则来对我们的欲望加以适当的节制。从而实践智慧就在我们的道德实践活动中居于重要的地位,而这也就彰显了古希腊伦理学的理性主义的特征。所以,亚里士多德这样说:"实践智慧必然是一种具有理性的、和人类的善相关的真正实践的品质。"(1140b21)亚里士多德正是从实践智慧的角度出发来对各种境遇下人的行为的善恶原则加以探讨的,而这也就构成了各种伦理德性。

显然,只是在我们阐明了亚里士多德德性伦理学中与德性相关的中道、选择、实践智慧这些概念后,亚里士多德德性伦理学的本质才显露出来了,它同个人的生活活动相关。在这里,通过实践智慧审慎的选择来调适各种实际生活境遇下人的欲望和感受,就将个人的生活保持在了一种自然合理的限度之中,而这也就是属人的自然的人伦日用的生活。这样一种生活,当它以一种生活共同体的形式展现出来,便是城邦,城邦便是一个维持在自然的人伦日用限度之中的伦理生活共同体。很显然,正是在这里,亚里士多德的伦理学和政治学具有了本质相关性,而相应地,从制度的层面对这种伦理生活进行探讨就成为必然。而这正是亚里士多德政治学所要研究的内容。

四、政治体制

亚里士多德是在《尼各马可伦理学》的最后一章,也就是第十卷第九章,表明了伦理学和政治学的这样一种本质关联的。在那里,在讨论完了最幸福的生活以及各种德性之后,亚里士多德提出了这样一个问题,这就是人如何才能够养成这些德性、过上幸福的生活?他指出,有些人认为德性出自天赋,还有人认为德性出自教育和道理。前者是我们不可求的,而后者虽然可求但是却并不牢靠,因为很多人似乎并不服从教育和道理。恰如他在《尼各马可伦理学》第二卷讨论伦理德性时所指出的,"伦理"一词 ethikē 从"习惯"一词 ethous 而来,同样,德性的养成在更大的程度上来自于习惯,而不是教育和说服。而习惯的形成在于立法的强制。他这样说:"习惯应该以某种方式先行内在于德性,喜爱美好,厌恶丑恶。如果不是从青年时起就为这类法律所哺育,那么要通过正确的引导来达到德性就是困难的;因为节制和艰苦地生活对大多数人来说并不快乐,特别是对青年人。因此就应当以法律来规范生活和事务;因为在形成习惯后就不再痛苦了。"(1179b29—1180a1)这样,德性就同习惯、立法联系在了一起,而这在根本上就是将属于个人内在品质的德性同作为风俗习惯的一种伦理共同体的制度形式联系在一起。因为,习惯、立法不是别的,就是一整套实体形态的制度设置,一个人的伦理生活正是在其中才得以展开并得以实现的。显然,从政治体制的角度出发,对这种伦理生活的最自然、最适宜的实体形态加以讨论就是理论的必须。

在《尼各马可伦理学》的最后,亚里士多德明确地提出了他的这种以政治体制为核心的政治学研究的规划。"既然在前面留下了有关立法的问题没有讨论,那么对它们加以考察也许就会更好,而这总体上是关于政治体制的,这样有关人事的哲学就有可能臻于完美。如果要按照某种次序的话,那么我们就应当首先尝试回顾前人所说的善言,其次,依据所搜集的政制汇编来思考何种政制保存或毁灭了城邦,各种政制怎么样,以及由于什么原因一些城邦治理得好,一些城邦治理得不好。因为在思考了这些之后,我们也许会很快地了解何种政制是最好的,每一种是如何设置的,运用了哪些法律和习俗。"(1181b12—23)罗斯指出,尽管《政治学》具有增补的特点,但是,它大体上正是按照在《尼各马可伦理学》中拟订的这个计划来进行的。[11] 同时,如上面的话所表明的,政治体制问题正是《政治学》研究的核心问题。因为习俗和立法的核心正是政治体制。假如说城邦是一个生活共同体的话,那么,政治体制就是它的制度性的体现。人们只是由于生活在一种优秀的政治体制之中,才具有了优良的品性的。从而政治体制理所当然地就成为整个《政治学》研究的重心所在。亚里士多德在《政治学》中用了最大的篇幅对现实的政治体制和理想的政治体制进行了深入的讨论,从而最终完善了他所谓的"人事哲学"。

在这里,详谈亚里士多德的种种具体的研究是没有必要的。我们只需要把握亚里士多德有关政治体制思想的核心就足够了。我们看到,在对政

---

[11] 参见 Sir David Ross, "The Development of Aristotle's Though", *Aristotle and Plato in the Mid-Fourth Century*, edited by I. Düring and G. E. L. Owen, Götbrog, 1960, pp. 7-10.

治体制的讨论中,亚里士多德首先对现有的政体进行了研究,他把它们划分成为六种,其中三种是所谓的正确的政体,即君主制、贵族制和共和制,另外三种是所谓错误的政体,即僭主制、寡头制和民主制。亚里士多德认为,后三种是前三种的变体,其中僭主制是君主制的变体,寡头制是贵族制的变体,民主制是共和制的变体。而区分前三者和后三者的关键在于,统治是否依据德性?统治者是以城邦整体的善作为自己施政的目的,还是以一己的利益作为自己施政的目的?对于亚里士多德来说,构成政治体制核心的依然是德性伦理学中反复讨论的那个概念,即德性。城邦是按照德性的原则来加以组织的,德性是判断一个政体是否优良的唯一准则。依据这个准则,只要统治者是有德性的,那么不管统治者是一个人或一个家族(君主制),还是一些人或一些家族(贵族制),还是许多人或许多家族(共和制),它们都是正确的。因为在这里起支配作用的原则始终是德性而不是其他。所以亚里士多德这样说:"有三类正确的政治体制,而其中由最优秀的人所管理的必然是最优秀的。它是这样的,在其中,要么是某个人、要么是一类人、要么是许多人碰巧在德性上超过所有人,为了这种最值得选取的生活,其中一些人能够被统治,而另一些人能够统治。"(1288a32—37)

但这只是亚里士多德对现实中的政治体制是否正确所提出的较为一般的判断准则。问题在于,亚里士多德自己倾向于何种政治体制?哪一种政治体制在他看来是真正合乎德性的生活共同体形式?从《政治学》的第七卷开始,亚里士多德对他自己心目中的理想的城邦进行了构想。这表明,亚里士多德的政治学绝非如人们通常所以为的是完全经验主义的,即仅仅局限于对现实政治体制的分析和综合,相反,它同样具有理想的层面。和柏拉图一样,亚里士多德也构筑了自己的"理想国"。在这里,问题的核心当然仍旧是政治体制问题,尽管亚里士多德也用相当的篇幅讨论了这一理想的城邦所应当具有的人口和疆域的规模,公民的品性和城邦赖以存在的必要条件,以及它的武装和地理位置等等问题,但我们更应关注的却是他对整个城邦的权力分配的论述,也就是说,亚里士多德心目中的理想城邦的政治体制究竟是怎样的。

在这个问题上,我们看到,有别于柏拉图把整个城邦划分为统治者、保卫者和生产者这三个笼统的社会阶层,亚里士多德则把整个城邦更为细致地划分为六个阶层,即:农民、工匠、商人、武士、法官和祭司。那么,这六个阶层各自在城邦中居于怎样的地位呢?它们是否具有平等的权利呢?在亚里士多德具体的论述中我们看到,在这六个阶层中,真正享有完满权利的只是最后三个阶层,唯有这三个阶层具有公民权,构成了城邦的公民主体。而前面三个阶层,对于亚里士多德来说,只是城邦存在的必要部分,却不是本质部分。因为,正如他一再论述的,城邦作为一个共同体,它存在的目的和本质不是生存,而是美好的生活,而担负实现城邦作为美好生活共同体这一本质的必然不是负责它生存的部分,而只能是负责使它具有完满的德性的部分,而这就是最后三个阶层,因为只有这三个阶层是不从事生产的,因而是具有德性的。这样,我们便可以清楚地看到,亚里士多德的政治理念在本质上和柏拉图是一致的,即贵族制的。在他的心目中,只有贵族制才体现了政治的本质,这就是政权唯有德者居之。权利是按照德性来分配的,而不是按照财富和人数。

但是,我们并不能因此便匆忙断定,亚里士多德和柏拉图一样,是一个彻头彻尾的贵族政制的拥护者。毕竟,在亚里士多德那里,构成统治阶层的不是为数不多的几个哲学王,而是人数可以上万的公民主体,虽然相比于城邦中的奴隶的数量而言,这是一个小数目,但也是一个相当可观的数目。而且在这个公民主体中,并不是只有少数几个人才可以充当统治者,相反,他们是轮番为治的。按照亚里士多德的设想,当公民年青力壮的时候,充当武士,年长富有经验的时候充当法官,最后,年迈体衰的时候充当祭司。总之,所有的政治权力都是分享的,在这里并没有特殊的阶层和只为特殊阶层所享有的特殊权力。如果从这个角度来看,那么显然,亚里士多德似乎又是民主制的拥护者,他对贵族政制并不是完全赞同的。

亚里士多德这样一种看似矛盾的政治立场实际上正显示了他思想固有的折衷的特点。通观《政治学》全书,亚里士多德所心仪的政治制度实际上正是一种混合的政治体制,这就是他用 politeia 这个词来称呼的政治体制。这个词基本的意思便是"政治体制",显然,这是一个普遍名词,似乎可以用来泛指一切具体的政治体制,而并非一个专名。但是,在亚里士多德对政体的划分中,却恰恰使用了这样一个普遍名词来作为专名,专指一种特殊的政治体制,这就是上面所说的共和政制。这说明了什么呢?或许,亚里士多德想要用这种特殊的方法来表明只有共和政制是唯一正确的政治体制。在对共和政制的讨论中，亚里士多德告诉我们，共和政制是一种混合政制，它混合了寡头制和民主制的治理方法，也就是既兼顾到了民主的原则，也兼顾到了财产的原则。在共和制下居于统治地位的是中产阶级，他们的财富既不多也不少，这使他们易于服从理性，从而过一种有德性的生活。亚里士多德认为，凡是中产阶级庞大并且居于统治地位的城邦，其治理都是优良的，从而接近于理想的城邦。亚里士多德的这些观点是在前面他对现实中的政治体制的讨论中谈到的，如果把它和后面他对理想的城邦政制的讨论结合起来，我们就可以清楚地看到，亚里士多德理想的政治体制实际上正是具有这样一种折衷的特点。如果现实中的共和政制是寡头制和民主制的混合，其中兼顾了财产的原则和民主的原则，那么，亚里士多德理想中的政治制度则应当是贵族制和民主制的混合，兼顾的是德性的原则和民主的原则。这是否也是一种共和政制呢？亚里士多德没有给它名称，只是把它作为理想的城邦政制来加以论述和构造。但我们由此便可以清楚地看到亚里士多德自己的政治主张了。

这样，在对亚里士多德《政治学》中有关政治体制的论述进行具体的分析之后，我们就可以说，亚里士多德在政治学中对政治体制的讨论实际上是他在伦理学中对各种伦理德性讨论的进一步展开，他探讨了一种伦理生活的制度层面的问题，他在他的政治学中对理想城邦的讨论和构建实际上是为一种真正合乎德性的伦理生活服务的。它要造就这样一种生活，通过制度的形式将这种生活保持在它的自然合理的限度之内，同时以此来培育每一个生活于其中的公民的内在德性。这也就进一步解释了，为什么在《政治学》的最后一卷——第八卷中，亚里士多德谈到了公民教育的问题。因为说到底，无论是伦理学还是政治学都是为了一种伦理生活的建立，为了这种伦理生活中的每一个主体的内在品质的养成的。

斯多亚主义论 *ti*

章雪富

提　要：本文探讨斯多亚主义的本体学说，从 *ti* 和 *on*、TSG 和 ESG 以及 *ti* 和 *hypokeimena/ousia* 三个层面分析了斯多亚主义的 *ti* 的形而上学。斯多亚主义这种新的本体学说标志着希腊化时期一种新的哲学典范的出现，它是一种走出柏拉图和亚里士多德古典希腊主流哲学传统的新的形而上学。

关键词：*ti*　*on*　TSG　ESG　*hypokeimena/ousia*

斯多亚主义是希腊化时期哲学三大派（另外两大派是伊壁鸠鲁学派和怀疑论）中最具原创性的哲学学说，无论是在自然哲学、伦理学还是在逻辑学上都有独特的建树。与伊壁鸠鲁学派和怀疑论相同，它是走出古典希腊主流哲学传统的新的哲学典范。斯多亚主义的形而上学则是其哲学学说的基础和核心，它在颠覆古典希腊本体论的基础上，形成了一种独特的 *ti* 的形而上学。本文从 *ti* 和 *on*、TSG 和 ESG 以及 *ti* 和 *hypokeimena/ousia* 三个层面，论述斯多亚主义的本体学说，以指明希腊本体论学说在希腊化时期的新的发展趋势。

章雪富，1969 年生，哲学博士，浙江大学哲学系副教授。

一、*ti* 和 *on*

斯多亚主义的本体论探讨是以柏拉图为哲学背景的,也带有回应亚里士多德本体论哲学的意思。无疑,柏拉图区分现象世界和理念世界是为了肯定理念的存在性。《智者篇》所谓诸神和巨人的斗争指的正是这个,"理念的朋友"支持如下观点,"真正的 *on* 是由某种可理知的和无形的理念构成的"①。与此对立,有些思想家"把天上的和看不见的所有事物拉到大地上,像他们的手能够真正地把握到礁石和橡树一样;他们顽固地坚持只有这些事物才是能够触摸或把握的,只有它们才有 *on* 或本质,认为 *on* 和物体是同一的。如果有人说非物体(*somata*)存在,他们就不屑一顾。除了物体,他们听不进任何东西"②。柏拉图称这些人为唯物主义者。这就出现了两种 *on* 的理解:"诸神"/"理念的朋友"认为 *on*(可理知的、无形体的 being)才真正存在;"巨人"则认为唯有当 *on* 与物体同一,才可能谈论真实存在(*hyparksis*)。亚里士多德的本体论学说虽然有所调整,也更加复杂精致,然而与柏拉图在大方向上是相同的,也主张唯有无形体的非物体的 *on* 才真正实存,认为 *on* 是最高的种。亚里士多德的本体论和逻辑学都体现了对 *on* 的上述理解。然而斯多亚主义对 *on* 的理解可以说是迥然相异的。

斯多亚主义关于 *on* 的看法颇类似于柏拉图《智者篇》的"巨人"的立场,然而又不完全相同。在把 *on* 看做物体,看做有形体的存在物这个观点上,斯多亚主义和"巨人"是相同的。"依据他们[斯多亚主义]的看法,无形体的存在不具有作用或者被作用的本性"③,《智者篇》也说"巨人"把运动看做是物体的接触④,因为接触才产生运动,既然如此,那么一切存在就必须是有形

---

① Plato, Theatetus 246B—C., see in *The Diologues of Plato*, Translated into English with Analytics and Introductions by B. Jowett, 5 Vols, Oxford: Oxford University Press, 1931.
② Plato, Theatetus 246A—B.
③ Sextus Empiricus, *Against the Professors* 8.263(SVF 2.363), see in A. A. Long and D. N. Sedley (eds.), *The Hellenistic Philosophers*, Vol. I, 45B, Cambridge University Press, 1988.
④ Plato, Theatetus 246C.

体的存在物。由此，斯多亚主义和"巨人"都认为无形体的存在不是 on，真正的 on 是物体，就是有形体的存在，因为唯有物体之间才可能相互作用。据此，学者们认为希腊化哲学流派尤其重视自然哲学，斯多亚主义所谓的 on 的不定式 einai，最好译为 hyparksis（存在）⑤，表示的是有形体的事物（物体）"存在着"的意思，不应译为巴门尼德、柏拉图和亚里士多德哲学的"是"。这就是说，斯多亚主义是把 on 放在新的哲学典范中进行讨论，他们不再把 on 看做"最高的种"，甚至不再把 on 理解为"种"，而是视为 heksis（状态）。这是斯多亚主义与"巨人"的不同之处。"巨人"还是认为 on 是最高的"种"，只是这个 on 是物体性存在而已。

可见，斯多亚主义有关 on 的讨论不是从《智者篇》中直接引申出来的，它只是间接的引申。⑥ 这可能与斯多亚主义对柏拉图所抱的某种难以置信的尊重态度有关，尽管斯多亚主义的本体哲学确实把柏拉图及学园派作为批评对象，然而他们很少在批评中直接提柏拉图的名字，只是极少次用我们的"先辈"等隐晦所指提到柏拉图，尽管他们对于学园派有尖刻的批评。斯多亚主义可能注意到柏拉图反对把 ti 和 on 分离。柏拉图说，"这也是显而易见的，在谈论某事物（ti）时我们总是谈论 on，因为谈论一个与所有存在完全分离无关联的抽象的某事物（ti）是不可能的"⑦。柏拉图认为应把 ti 和 on 联系在一起。无论谈论哪一者，我们必然同时都在谈论另一者。对于最高的 on，我们只能说它是 ti，而对于 ti，当我们指为 on 时，我们是说它是最高的种，是最高的普遍实在性，就是无形体的不可被规定的至善。

斯多亚主义则反对柏拉图的观点，提出应把 ti 和 on 完全分离。从这个方面来说，斯多亚主义的讨论似乎与亚里士多德有更深入的关系。从逻辑学角度讨论 ti 时，亚里士多德似乎是把 ti 独立拿出来进行讨论；然而从形而上学来关联逻辑学时，亚里士多德也如柏拉图那样把 ti 与 on 联系起来。亚里士多德的《范畴篇》认为存在两种本体，第一本体包含个体事物，如个别的

---

⑤ A. A. Long and D. N. Sedley(eds.), *The Hellenistic Philosophers*, Vol. I, p. 163.
⑥ Jacques Brunschwig, "The Stoic Theory of the Supreme Genus and Platonic Ontology", see in *Papers in Hellenistic Philosophy*, English translated by Janet Lloyd, Cambridge: Cambridge University Press, 1994, p. 118.
⑦ Plato, Theatetus 237D.

人和个别的马等等,它们的规定性是:不能表述任何主词,不在任何基质中;第二本体则指属和种。⑧ 从逻辑学角度讲,第一本体是基础,"如果第一实体[本体]不存在,那么其他一切都不可能存在"⑨。然而从形而上学的角度,亚里士多德把第一本体的概念用于纯形式或者 on 。斯多亚主义把 ti 作为最高的种,是放弃了《形而上学》对于本体的探讨进路,他们采用逻辑学的(亚里士多德的《范畴篇》)"本体"探讨方式,塑造了斯多亚主义独特的形而上学观念。就《范畴篇》的探讨进路而论,"第一本体——或者不如说是第一本体的名称——是指 tode ti 。这个短语的辞典意义是'这里的这一个'(this here),或者用正规英语说,是'this'(这一个)。他[亚里士多德]是这样论证他的论点的:第一本体,例如某一个人,说的就是'这一个'。这是无可争辩的。因为这里所指的那个东西,是个别的,而且数目上是一个。但第二本体就不是如此。例如,当我们说'人'或'动物'时,我们的说法似乎是指'这个',实际上与其说是 tode ti ,还不如说是 poion it [这样一类]。因为'人'或'动物'这些词,并不像'某一个人'那样,背后是一个单一的事物。'人'和'动物'都是表述许多主词的。'属'和'种'的名称都不表示'这个';'这一个'乃是第一本体的名称所指的"⑩。一方面,与柏拉图类似,亚里士多德的 on 的学说也包含着与 ti/tode ti 的关系,只是亚里士多德比柏拉图讲得更有层次。亚里士多德突出 on 作为逻辑主词时要理解为 tode ti ,即完全属个体的存在,在这一点为斯多亚主义所接受。另一方面,与柏拉图类似,亚里士多德也不分 ti 与 on ,他的《形而上学》是这样来表述的,还是从 on 讲 ti 。对于这后一个观点,斯多亚主义则持批评的看法。

斯多亚主义的 ti 本体论学说完全颠覆了古典希腊把 ti 关联于 on 的论说逻辑。他们是从 ti 来讲 on 的,无论是哪种本体,它们都不取 on 的角度,而是从"存在在这里/那里"的限定性来讲,是从 ti 的角度来讲的;他们虽然也同意说概念的存在性,然而不是从柏拉图和亚里士多德的角度来肯定形式

---

⑧ 陈康:〈亚里士多德《范畴篇》中的本体学说〉,见于汪子嵩、王太庆(编):《陈康:论希腊哲学》,第 285 页,北京:商务印书馆,1995 年。

⑨ 亚里士多德:《范畴篇》2B5—6,见于苗力田主编:《亚里士多德全集》(第一卷)(余纪元译),北京:中国人民大学出版社,1990 年。

⑩ 陈康:〈亚里士多德《范畴篇》中的本体学说〉,第 286—287 页。

的实存性,即不是把它看做 on,而认为应该把它们翻译为 ti。Ti 是最高的种。斯多亚主义完全放弃了从 on 或者以 on 确定 ti 的进路,这就把希腊的本体论学说引到了全新的方向。

二、TSG 和 ESG

我们现在需要详细讨论斯多亚主义的 ti 的本体论学说。我们需要确定斯多亚主义是否一以贯之地把 ti 作为本体/最高的种来使用,就是说,ti 的本体论地位是否始终存在于从早期到晚期斯多亚主义近五百年历史的流传之中。这可分出两个方面:(1)从芝诺开始斯多亚主义是否就提出了 ti 的本体论学说?(2)主流的斯多亚主义者是否都坚持 ti 是本体?

我们可以从西方学者们关于第一个问题的争论开始。著名的前辈希腊学者策勒认为芝诺是把 ti 和 on 并用,没有在两者之间作排他性的选择。策勒说斯多亚主义也把 onta 用在所谓的 tina(诸事物)上,他们把每个事物(ti)称为 on。⑪ 新近西方学者的研究得出了不同于策勒的看法,如里斯特(J. M. Rist)就认为,斯多亚主义从它的创建者芝诺开始就已经有 onta 和 tina 之分,芝诺把 on 作为最一般的范畴来使用,而不是作为最一般的种。⑫ 所谓最一般的范畴,是说被普通运用的概念,如同"人"、"动物"和"植物"等,没有哲学的特殊性。

学者们有专门的术语称呼斯多亚主义研究中的 ti 和 on 的争论,就是所谓的 TSG 和 ESG 之争。TSG 是指如下看法的学说:它认为斯多亚主义把 ti 作为最高的种(genikotaton),把 on 归入本体论分类的较低层次。ESG 则是这样的理论假设:如同古典希腊的本体论哲学那样,斯多亚主义依然把 on 作为最高的种。在认同斯多亚主义是持 TSG 学说的西方学者里面,又有各种变种,这里不一一分述,我只提出布伦茨威格(Jacques Brunschwig)的看法。他同意里斯特的部分看法,认为芝诺的文本已经有 ti 和 on 分离的说

---

⑪ J. M. Rist, "Categories and Their Use", see in A. A. Long(ed.), *Problems in Stoicism*, London and Atlantic Highlands: The Athlone Press, 1996, p. 41.
⑫ Ibid., p. 43.

法,斯多亚主义的另一位重要思想家克吕西波则把这种解释固定下来作为斯多亚主义的"正统学说"。在塞涅卡之前,则有一些斯多亚学派的成员抵制把 *ti* 和 *on* 分离。相较于里斯特,布伦茨威格更为坚决地指出 TSG 是斯多亚主义的基本教义,认为它是专门针对柏拉图及学园派提出来的,芝诺已经把斯多亚主义和柏拉图主义的本体论视野之间的不同清楚界定出来了。这意味着斯多亚主义的学说并不是折衷主义的,它有着自己的原创性。"在斯多亚的哲学中,TSG 教义是一种本质的要素。在批评性地思考柏拉图神学的严峻挑战中得到成熟的阐释。"[13]布伦茨威格不同意里斯特的地方还有,他认为斯多亚主义确实把 *on* 作为最一般的范畴,然而第欧根尼·拉尔修在转述斯多亚主义的 *on* 的学说时则比较含糊。[14]

我们需要把芝诺的文本提出来作专门讨论。芝诺下面这段话是针对柏拉图的《泰阿泰德篇》237D 中不把 *ti* 和 *on* 分开的文本的,他认为柏拉图所谓的那种作为理念的观念"既不是 *on* 也不是性质,它只仿佛是 *on* 和仿佛是的性质(*oute ti on oute poion*, *hosanei de ti on kai hosanei poion*)"[15]。这个 *on* 相对于 *ti*,柏拉图的 *on* 并不真的是 *on*,它只仿佛是 *on*。为什么这样说?在芝诺看来,真的 *on* 一定是具体的个体性,是 *ti*。克吕西波表述得要更加清楚,它是通过运用 ST 的观念来抛弃柏拉图的本体论学说的。克吕西波说,"在被决定了的界限内,理念包含着无穷多事物的发生(*ekeinai ton apeiron en perasin horismenois ten genesin prelambanousin*)。"[16]这句话的意思是说,理念就像是一个"界限"或者"范围"(*perasin*)那样,*peras* 是极限、结局和终端的意思。这与柏拉图和亚里士多德把理念看做是形式和 *on* 不同,克吕西波的意思是说所谓的理念只是包含着无穷多个体事物的范围,它本身不具有在先的实在性。如果说有实在性,也只是个殊性存在。类似于"……行走",不可能有一个普遍的抽象的 *on* 在行走,只能说有一个个体在行走,例如"苏格拉底"、"芝诺"和"第欧根尼"等在行走,它可以是无穷的数列。因

---

[13] Jacques Brunschwig, "The Stoic Theory of the Supreme Genus and Platonic Ontology", see in *Papers in Hellenistic Philosophy*, English translated by Janet Lloyd, p. 94.

[14] Ibid, p. 128

[15] Diogenes Laertius VII. 61.

[16] SVF II. 365.

此，不存在着真实的抽象的 on，只存在着具体的 ti。

因此，当斯多亚主义说唯有个体是物体时，他们是要把 on 解释为 ti。如芝诺批评的，柏拉图和学园派的形式或理念没有独立存在的性质，形式或理念是 ennoemata。⑰ 这里需要略为讨论斯多亚主义的概念划分，他们认为概念有三种类型。第一类概念的希腊文是 nooumena，这个词的意思是所设想的项目之一，"项目"的意思是具体的个体。它不同于 ennoemata，后者指准个体的概念性存在。两者的差别是一个个体的人和一个巨人之间的差别，前者是从直接经验（kata periptosin）中被构想出来的，后者是通过中介例如想象力等被构想出来的，是完全虚构的。第三个有关概念的希腊文是 ennoiai，这个语词介于 nooumena 和 ennoemata 之间。与 nooumena 不同，ennoiai 具有 nooumena 所没有的普遍性，前缀 en 是 in（在……里面）的意思，表明某个这种概念是在灵魂里面。它虽然不是直接经验，然而它是从个体的 nooumena 而来的贮藏在灵魂里面的概念。Ennoiai 也不同于 ennoemata，它构成的是 phantasia（表象）而不是 phantasma（幻象）。⑱ 芝诺指出柏拉图及其学园派所谓的 on 甚至还不能算是 nooumena/phantasia，它只是 ennoemata/phantasma。这就是芝诺所说的，错误的概念生于心灵，它们就其本身而言既不是存在的事物，也不是被规定的存在物，只是这些存在物的相似物（oute ti on oute poion, hosanei de ti on kai hosanei poion）。⑲ On 的诸种形式如理念之所以是 ennoemata/phantasma，就是因为它们不具有 ti，它们不是物体，不是存在物。

这清楚地表明，斯多亚主义确是把 ti 作为唯一本体，包含了对古典希腊本体论的激进革新。根据恩皮里柯（Sextus Empiricus）的记载，斯多亚主义认为，"如果这个事物（ti）是可教的，它或者借着不是这个事物或者借着这个事物是可教的，但是不可能透过借着不是这个事物是可教的，因为根据斯多亚主义的看法，这些事物在心灵里面没有实存（hyphestosi）"。⑳ 只有借着这个事物（ti），也就是具体的个体存在物，它才可以被认知，也就是说成

---

⑰ Diogenes Laertius VII. 50.
⑱ Jacques Brunschwig, "The Stoic Theory of the Supreme Genus and Platonic Ontology", p. 100.
⑲ Diogenes Lartius, VII. 50.
⑳ Sextus Empiricus, Against the Professors 10.218(SVF2.331, part), Vol. I, 27C.

为印象的真实内容。反之,那些无形体的概念,它们由于不具有个体性的存在,不可能形成真正的教导。除了个体事物之外,其他事物都包含着被抽象的性质,就是属或者种的性质。在亚里士多德的《形而上学》中,属或种的事物是第一本体,然而斯多亚主义认为具体的个体事物不仅位于属和种之上,甚至还认为柏拉图和亚里士多德所谓的某些属和种还是不存在的。不存在的事物不可能是本体,也是不能教的。这不仅包含了斯多亚主义对于柏拉图本体学说的否定,也包含对亚里士多德本体学说的批评,尽管斯多亚主义没有把亚里士多德的学说当做明显的批评对象,然而它潜在地包含了这一点。学者们把斯多亚主义对于 ennoemata 的批评,也就是对于"不是某事物"(outi)的理论分析称为 NST,因为与 NST 正相反对的理论被称为 ST,ST 学说认为只有物体和标准的无形体事物可以称为某事物(ti)。

那么,什么是标准的无形体事物,为何它们可以被称为 ti？在我们的一般性印象中,斯多亚主义似乎认为"无形体事物"都不是 ti,因为他们的哲学原理似乎只把物体看做 ti。然而,什么是标准的无形体事物呢？斯多亚主义所提到的 nooumena 就是其中之一。它为什么被放在性质(poiotes)的范畴里面,被放在质料客体的范畴里面,而不是放在另外的无形体存在例如 lekta（被意指的）、place（处所）、void（虚空）和 time（时间）中呢？现在的研究还很难找到确切的证据。有一种解释认为这是由于斯多亚主义认为普遍性质是特殊性质的"种",时间则不是任何特殊性质的"种";还有解释认为把普遍性质与构成它们的特殊性质放在一起在方法上是有帮助的,个体存在物是以特殊的方式被规定的质料对象,"普遍性质"只是用来表示一组变化的事物所分有的共同要素而已,它只是名称而不具有本体论的重要性。今人难以理解斯多亚主义的这个观念主要是由于他们对"普遍性质"的理解已经受到柏拉图主义的观念实在性的影响。[21] 就斯多亚主义而言,普遍性质可以称为特殊的存在物共在时的共在关系,离开特殊或者说个体存在物的共在关系,普遍性质就不存在了。因此,斯多亚主义认为某些概念可以是 ST。

现代学者的研究表明,TSG 学说在斯多亚主义的发展演变过程中可能经历过某些变化。并不是全部中期斯多亚主义者和晚期斯多亚主义者都完

---

[21] J. M. Rist, "Categories and Their Uses", pp. 50-51.

全坚持这个理论。证据是塞涅卡的一段话,他说,"有些斯多亚主义者认为'这个/某事物'(*ti*)是第一的种,我想解释其间的原因。他们说,就其本性而言,某些事物存在,某些事物不存在。但是自然包括了甚至不存在的——这些事物进入到心灵里面,诸如半人马、巨人和任何由思想所形成的虚假的事物,它们尽管缺乏实体却有某种形象"[22]。塞涅卡强调说"有些"斯多亚主义者肯定 *ti* 是第一个"种",没有说"我们"斯多亚主义者,也没有说"所有"斯多亚主义者持相同看法。塞涅卡本人则接受 ESG 理论,这就说明晚期斯多亚主义对 TSG 理论有不同的看法。然而受主流传统对于柏拉图和学园派的 ESG 的抵制的影响,绝大多数斯多亚主义者并没有接受柏拉图和亚里士多德的 ESG,也没有在学派内部发展出标准的 ESG 理论。[23] 基本上而言,斯多亚主义自创建以来并且其主流传统是把 *ti* 作为最高的"种",以此对抗柏拉图和学园派的 *on* 的学说。从早期到中晚期斯多亚主义,其本体学说尽管有变化,然而其主流还是坚守 *ti* 的本体学说,例如爱比克泰德,他谈论"神是什么"时,谈论的其实不是"神的本体是什么",而是"神是否存在"。[24] 也就是说,他谈论的不是神的 *on*,而是神的 *ti*。把 *ti* 的本体学说作为斯多亚主义的核心教义,作为其基本原理,这一点应该没有问题。

三、*ti* 和 *hypokeimena/ousia*

ti 和 *hypokeimena/ousia* 的关系也是斯多亚主义本体论学说的重要内容。在这方面,斯多亚主义与亚里士多德哲学也有较深的关系。我们可以从亚里士多德的哲学背景出发,来理解斯多亚主义的 *ti* 的本体论学说的这个方面。

西方学者克里斯坦森(John Christensen)在分析亚里士多德和斯多亚主义本体学说的基础上,认为斯多亚主义的实体(*ousia*)或自然(*physis*)理论回答了亚里士多德所讨论的三种类型的实体论:(1) *hypokeimena/ousia* 是一个具体的特殊,例如我们指着它并说"那里!(*tode*)";(2) 由于除了实

---

[22] Seneca, Letters 58. 13—15(SVF 2. 332, part), see in A. A. Long and D. N. Sedley(eds.), *The Hellenistic Philosophers*, Vol. I, 27A.

[23] Jacques Brunschwig, "The Stoic Theory of the Supreme Genus and Platonic Ontology", pp. 114-115.

[24] 爱比克泰德:《哲学谈话录》,吴欲波等译,2.14,北京:中国社会科学出版社,2004 年。

体之外无物存在,实体就不仅是逻辑上也是物理上独立的;(3)实体是一切事物的主体,是唯一的(不可还原)的主体。㉕ 这正是斯多亚主义的实体观念所指,就是把实体界定为 *ti*。第一个方面是用实体的"空间"来规定"实体"的"个殊",实体只能是"这里"并为"这里/那里"所包围的"这个",因为"实体"完全地占有"空间",它就完全只能是"这个"。第二个方面是对第一个方面的补充,完全地在空间里面的存在物必然是有形的存在物,据此而言,实体必是有形体的物体。斯多亚主义由此把他们与亚里士多德《形而上学》的第一本体区分开来,亚里士多德所谓的第一本体是"形式",是无形体的。斯多亚主义虽然也称被规定的印象是物体,然而不认为它是本体,因为它是依附于对物体的印象。第三个方面则是将 *ti* 的主体性存在概念清楚地显示出来。从逻辑学来说,实体作为"这个"只能是命题的主词,它不能成为规定其他存在物的规定者,这正是亚里士多德的逻辑学的本体观念;从自然哲学来说,实体观念则是其他范畴的核心观念,例如处所、时间和状态等等,这也类似于亚里士多德对"实体"的形而上学分析。然而由于斯多亚主义是从自然哲学的角度来分析,他们就从"实体作为物体"而不是"实体作为形式"的角度作了落实。

以上三个方面都是从 *ti* 来界定 *hypokeimena/ousia* 的。第一个方面肯定 *hypokeimena/ousia* 乃是完全的、有界限的、被规定的具体的特殊个体,就是 *ti* 的"空间性";第二和第三个方面则指出 *ti* 的独一性,在逻辑上它只是主词,在物理学上它是唯一的存在者,在范畴论上它独立地主导着其他范畴。例如被规定性和规定性的首要范畴。学者们指出在斯多亚主义的四个范畴中,除实体之外的其他三个"范畴"即"被规定的"(*poia*)、"以某种方式被排列的"(*pos echonta*)和"与其他事物相关而以某种方式被排列的"(*pros ti pos echonta*)都是形容词或者定语,它们需要名词来支撑,这个名词就是"实体",例如"被规定的"可以称为"被规定的""实体","以某种方式被排列的"可以被称为"以某种方式被排列的""实体"等等。㉖ "实体"是完全的主词,不

㉕ John Christensen, *An Essay on the Unity of Stoic Philosophy*, Copenhagen Mubksgaard, 1962, pp. 20-21.

㉖ Jacques Brunschwig, "Stoic Metaphysics", see in Brad Inwood(ed.), *The Cambridge Companion to the Stoics*, Cambridge: Cambridge University Press, 2003, p. 228.

仅是指着命题说的,也是指着范畴的中心性来说的。这些都是斯多亚主义对于 *ti* 的进一步描述。

从逻辑学的角度,如同亚里士多德强调 *hypokeimena* 只能作为表述的主体而不能作为被表述者来确定"实体"的"某事物/这个事物"的性质一样,斯多亚主义也持类似观点,从类似角度推论 *hypokeimena/ousia* 和 *ti* 的关系。例如在讨论 *lekta* 的时候,斯多亚主义反复指出"主格"和个体性物体的关系。㉗ 在他们看来,例如"苏格拉底走路"、"苏格拉底战斗"确切地表述出主格或者逻辑学主词的个体性,当然他们也认可 *ti* 的系列性质,例如它是由一组个体性物体所表达的主格作为 *lekta* 的主词,例如"……走路"。斯多亚主义认为它必须满足的条件是:……或者所谓的"主目"必须是物体性实体,而作为物体它就已经是"某个事物"了。无论就亚里士多德还是斯多亚主义而言,一个具体的个体(*tode ti*)就是以个体的形式所表示的,在形成它的最原始的存在上我们肯定会注意到严格的"这里—和—现在性(here-and-nowness)",也就是说注意到它被严格固定在时间和空间的状态里面,或者说有完全严谨的时间性和空间性。在逻辑学上这就是维特根斯坦所说的,"逻辑空间中的诸事实就是世界"㉘,"空间点就是一个主目位置"㉙,"不能想象不在空间之中的事物"㉚。这里的空间在逻辑学上都是指逻辑空间。由于斯多亚主义对 *ti* 形成更具体、更严格的逻辑学说明,*hypokeimena/ousia* 在逻辑哲学里面成为逻辑空间的事实性存在,这是斯多亚主义在逻辑学里面所说的世界的必然性,也就是维特根斯坦所说的,"世界是由事实规定的,是由此诸事实即是所有的事实这一点规定的"㉛,因为"事实的总和既规定了发生的事情,也规定了所有未发生的事情"㉜。

然而,斯多亚主义不完全是维特根斯坦式的逻辑实在论者,他们的逻辑

㉗ Diogenes Laertius 7.58(SVF 3 Diogenes 22, part), see in *The Hellenistic Philosophers*, Vol. I, 33M.
㉘ 维特根斯坦:《逻辑哲学论》,陈启伟译,1.13,见于涂纪亮主编:《维特根斯坦全集》(第 1 卷),石家庄:河北教育出版社,2003 年。
㉙ 同上书,2.0131。
㉚ 同上学,2.013。
㉛ 同上书,1.11。
㉜ 同上书,1.12。

学是与自然的实在性严格一致的,关于 *hypokeimena/ousia* 和 *ti* 的关系描述必然与物理学的自然空间和物体论述相一致。从斯多亚主义的物理学角度来说,任何物体作为实体性的某事物,它完全独立和主动。[33] 斯多亚主义完全取实体性的角度来考虑,较亚里士多德的 *hypokeimena/ousia* 相当不同。由于斯多亚主义把"形式"批评为不具有 *ti* 的 *ennoemata*,这个原初的物体就与"形式"完全无关,是完全不受规定的质料(*apoios hyle/ousia*)。这不等于说它没有个体性,也不是如亚里士多德所说的没有实存性、需要形式化才存在为个体。相反,斯多亚主义肯定地认为"实体就是所有存在物的最初的质料"[34],它就其总体来说是不生不灭、不增不减的;就其个体而言,它是由许多实体的片断或者一个个小小的实体构成的,或者说是由特殊的实体构成的。斯多亚主义把这种小小的实体称之为 *ousiai*,具有可分性和混合性。

《印度逻辑和原子论:对正理派和胜论的一种解说》(*Indian Logic and Atomism: An Exposition of the Nyāya and Vaiçeṣika Systems*)

〔英〕亚瑟·伯林戴尔·凯思著,宋立道译

北京:中国社会科学出版社,2006年2月第1版

据牛津大学1921年版译出(Oxford: at the Clarenton Press, 1921)

该书虽反映的只是上世纪初西方印度学研究的水平,但仍和作者的另一部著作《印度和锡兰的佛教哲学——从小乘佛教到大乘佛教》构成了印度佛教哲学研究的双峰。在这部著作中,作者抓住了"正理—胜论"作为宗教解脱"理论—实践"体系的特征,以对《正理经》、《胜论经》的分析为基础,研究了正理—胜论的逻辑学、认识论和本体论,更在其中牵涉讨论了吠檀多派的商羯罗及陈那等论师,对研究中国因明佛学不无裨益之处。(徐思源)

---

[33] Diogenes Laertius 7.134(SVF 2.300,part, 2.299), see in *The Hellenistic Philosophers*, Vol. I, 44B.

[34] SVF187.

恩典真理论

——从《约翰福音》看希腊哲学和希伯来文化的真理问题

谢文郁

提　要：本文涉及的是西方思想史上关于真理问题讨论的重要一支，即恩典真理论。由于这种真理论在西方思想界主要是在基督教神学框架内进行讨论，而中国学术界的西学研究一直受到近代主体理性主义思潮的主导，因而在主体理性真理观的盲点中无法讨论恩典真理论。然而，恩典真理论自从进入西方思想史后，作为一种认识论一直占据着举足轻重的地位。为了推动中国学术界对这个问题的重视，本文对恩典真理论的原始文本《约翰福音》的有关论述进行注释，考察这一真理观的希腊哲学（真理情结和怀疑主义思潮）和希伯来文化（恩典意识）背景，对这一真理观的几个主要概念进行分析，使我们对恩典真理观的基本思路有一个文本上的了解。

关键词：真理　恩典　见证　相信　认识论

恩典真理论是西方思想史上真理问题讨论的重要组成部分。[1]然而，在中国学术界，这一真理概念却鲜有人涉足。我们知道，在恩典意识中谈论真理概念一般地都归为基督教神学话语。在近代主体理性真理观的影响下，

谢文郁，1956年生，山东大学犹太教和跨宗教研究基地教授。

[1] 关于恩典真理论（也称为启示真理论）在西方思想史上的地位，请参阅我的〈基督教真理观及西方思想史上的真理观〉，载于《基督教思想评论》，2005年，第二期。

恩典概念被驱除出哲学讨论范围。这大概是中国学术界忽视恩典真理论的主要原因。不过,现在看来,这种"驱除"缺乏足够的合法性,而且极大地阻碍了我们对"真理"的追求和理解。[2]

这里,我想从哲学史的角度来阅读恩典真理论的原始文本,即《约翰福音》。《约翰福音》两次把"恩典"和"真理"并列起来,和柏拉图在《理想国》中并列"理性"和"真理"形成鲜明对比。我们知道,柏拉图在《理想国》中认为"至善"和"真理"问题是人类生存的关键,并在结束讨论时提出"不断追求至善"的号召。柏拉图的讨论和号召是具有感染性的。但是,当人们响应柏拉图的号召时,却在怀疑主义中完全陷入困境而无法自拔。这一困境也被《约翰福音》的作者所体验到。但是,《约翰福音》的作者确信,"恩典"是我们走出困境的唯一出路。在这一信念的支持下,《约翰福音》讨论了"见证"、"信任"、"接受"等一系列相关概念,提出了一个相当完整的、从恩典出发的认识论体系。我称此为"恩典真理论"。

本文是文本注释性的探讨,主要是对《约翰福音》关于恩典真理论的相关论述进行分析讨论。一般来说,《约翰福音》的写作受到两个传统的影响:希伯来文化和古希腊哲学。我在《〈约翰福音〉和古希腊哲学》[3]一文中,讨论了《约翰福音》和这两个传统之间的关系。简略来说,我认为,《约翰福音》作者认识到耶稣基督作为神的"独生子"或"独传者"给出了一个完整的恩典概念,是希伯来文化中的拯救意识的完成。同时,《约翰福音》作者深信,恩典这个概念是解决古希腊哲学问题的钥匙。在《约翰福音》作者的处理中,对于柏拉图的"追求至善"号召和古希腊哲学在怀疑主义中所陷入的困境,恩典概念给出了令人满意、完整的回答。

---

[2] 当代美国哲学家普兰丁格(Alvin Plantinga,美国圣母大学哲学教授)在他的一系列讨论基督教信念的论著中,在"圣灵感应"(恩典概念的主要规定之一)的语境中谈论真理问题,相当大的程度上改变了分析哲学居主流地位的英语哲学界的真理言说方式。参阅他在牛津大学出版社出版的三部曲:《保证问题的当代讨论》(*Warrant: The Current Debate*, 1993),《保证和恰当的功能》(*Warrant and Proper Function*, 1993),《被保证的基督信仰》(*Warranted Christian Belief*, 2000);以及他关于"偶态"概念的讨论,见 Matthew Davidson 为他编辑的《偶态形而上学》(*Essays in the Metaphysics of Modality*, 2003)。

[3] 见《外国哲学》,第16期,北京:商务印书馆,2004年。

一、真理问题

> 这光照在黑暗中;但黑暗却拒绝光。(1:5)④

光和黑暗的对立是《约翰福音》对人类生存的一个基本观察。除了本节的"黑暗拒绝(οὐ κατέλαβεν)光"外,第 10 节中有"这个世界不认识(οὐκ ἔγνω)他",第 11 节中有"自己的地方不接受(οὐ παρέλαβον)他"。这都是要强调人对真理的隔离状态。这一强调,我认为,来自于作者对古希腊怀疑主义所揭示的真理困境的深刻体会。不难发现,就人无法认识真理这一点而言,《约翰福音》表达了一种极端的怀疑主义立场。为了对这一立场有更深刻的认识,我想对古希腊怀疑主义的发生、发展进行简单追述。

柏拉图在《国家篇》里提出一个"洞穴比喻",谈到人们对善和真理的无知如同人长期生活在没有光照的洞穴里。由于人们习惯于洞穴里中所看到的一切,并认为这就是全部真实的存在,因此,当他们有一天走出洞穴时,发现在光照下的各种事物,就自然而然地根据他们在洞穴中所得到的知识把这些日光下的事物判断为不真实。人们在没有光照的地方不可能知道在光照之下的万物。柏拉图进一步分析到,每个人都有自己的生活环境,并在其中积累知识,进而把这些知识当做"真理"。但是,这些所谓的"真理"其实不过是人们在没有光照之下的知识。要得到真正的知识(或真理),柏拉图认为,我们就必须进入光照的世界。但是,如何才能摆脱洞穴进入光照之地呢?柏拉图提出了一种辩证法,从研究数学开始,进而研究概念之间的关系(理型世界),从而进入真理。辩证法的道路其实是一种建立自己的概念体系的过程。对于思想者来说,一旦自己的概念体系建立了起来,他就进入了理型世界,从而可以宣称拥有了真理。柏拉图深信,只要努力追求真理,人就可以走出洞穴,走向真理。也就是说,人在黑暗中向往光明并可以走向光明。

然而,当一个人建立了自己的概念体系,并宣称真理时,他的"真理"就

---

④ 本文的《约翰福音》引文都是本文作者的翻译。

是真理吗？若真理是唯一的，当人们纷纷建立概念体系，并宣称真理时，在这纷纭的"真理"中，哪一个才是真理？怀疑主义针对这个问题而提出真理标准问题，认为人无法找到真理标准；因为真理标准无法避免"循环论证"和"无穷后退"。⑤ 因此，任何人所宣称的"真理"都无法证明是真理。不过，怀疑主义者并没有因此而否定真理的存在。在他们看来，在真理问题上的正确做法是悬搁对真理的宣称，并进一步追求真理。⑥

逻辑上，古希腊怀疑主义的真理问题论证是不彻底的。一方面，它认为我们无法找到真理标准，从而无法宣称真理。另一方面，它又认为我们可以继续追求真理。如果找不到真理，我们何以能够追求真理？显然，如果找不到真理，我们就永远不知何为真理；在这个语境里，任何关于真理的谈论都一定和真理没有关系。人们可以假设真理的存在，并追求在假设中的真理。但是，这假设中的"真理"除了不是真理以外可以是任何其他东西。如果我们顺着怀疑主义的这一思路，我们只能在逻辑上推导出这一结论：人和真理之间有一条无法跨越的鸿沟。这条鸿沟，《约翰福音》描述为黑暗和光的对立。从这个意义上看，我们可以说，《约翰福音》把古希腊怀疑主义的真理论证推向极端，达到了逻辑上的彻底性。

生存上，当一个人宣称真理时，由于没有共同的真理标准（根据怀疑主义论证），其他人既无法证明，也无法否证他的真理宣称。既然如此，每一个真理宣称者都可以坚持自己的"真理"。也就是说，当其他人（无论是其他真理宣称者，还是怀疑主义者）对他进行否证时，他可以依据怀疑主义论证为自己作辩护，即根本没有真理。所以，他只能坚持他已有的立场。这个已有的立场在他的思想中扮演着"真理"的角色。在这种情况下，如果真理拥有者来到他面前，并向他显示真理时，为了固守自己已有的立场，他有足够的理由拒绝真理拥有者向他显示的真理。《约翰福音》对这一生存事实有深刻的认识，指出，人在固守已有立场时并没有真理，因而是在黑暗中；在黑暗中，人是拒绝光（真理）的。

"拒绝"(οὐ κατέλαβεν)这个词在新国际版《圣经》中译被为 did not over-

---

⑤ 参阅《皮罗主义纲要》第 2 卷。
⑥ 同上书，第 1 卷，第 1,2 节。

come(黑暗没有征服光);吕振中译本则译为"黑暗却没有胜过了(或译做'去领会';或'赶上了')光。"这些译法的不同并不是语言上的,而是神学上的。就语义而言,κατέλαβεν 由 κατε(κατά,向下的)和 ελαβεν (λαμβάνω 的过去式,接受)合并而成,意思是接受或使拥有;加上否定词 οὐ,传统上翻译为"拒绝"(如英文钦定本和中文和合本)。但这个组合词也可以理解为"拿下"、"征服"、"压倒"、或"领会"等。基于这种观察,传统译法和现代译法都能在语言中找到根据。我这里保持传统译法,把 οὐ κατέλαβεν 译为"拒绝",乃是以《约翰福音》的基本观察,即黑暗和光的绝对对立为根据。

我们需要注意的是,作者同时也在犹太先知传统中来体会这一真理困境。《旧约·以赛亚书》对弥赛亚在人间的遭遇的描述(见《以赛亚书》第6、52、53章),在《约翰福音》中被引用来说明耶稣的遭遇(见 12:37—41)。而且,《以赛亚书》甚至也谈到光明和黑暗的对立:"看哪,黑暗遮盖大地,幽暗遮盖万民,耶和华却要显现照耀你;他的荣耀要现在你身上。"[7]然而,对于这一真理困境,犹太先知传统认为出路在于遵守摩西律法,如《以赛亚书》谈到:"谨守安息日而不干犯,禁止己手而不做恶;如此行,如此持守的人便为有福。"[8]如果通过某种努力便可以走出黑暗,那么,黑暗和光的对立就不是绝对的。可以看到,《约翰福音》关于黑暗和光的对立的说法,较之犹太先知传统,是更加彻底了。

总的来说,古希腊怀疑主义和犹太先知传统对人和真理或人和神之间的对立有相当切近的体会和揭示。不过,怀疑主义认为可以通过悬隔判断和继续追求的努力来摆脱,而犹太先知传统求助于守法。无论是怀疑主义还是犹太先知传统,它们都认为,人可以通过某种努力摆脱黑暗,进入真理。对于这种可能性,《约翰福音》持完全的否定,因为人一定是拒绝(或不接受)光的。就如何理解人和真理的对立而言,《约翰福音》既在希腊怀疑主义和犹太先知传统的语境中,又超出了这两种语境,表达了一种完全彻底的立场。

---

[7] 《旧约·以赛亚书》60:2,和合本译文。
[8] 同上书,56:2。

二、见证和真理认识

人在黑暗(即现成的信念体系)中一定是拒绝真理的。这一点在《约翰福音》看来是人类的生存事实。从这一生存事实出发,人应该放弃对真理的追求。实际上,伊壁鸠鲁强调人生的快乐主义,以及斯多亚学派以个人修养作为哲学目的,都是在不同程度上体会到这一推论。但是,人的生存不可能脱离真理。柏拉图的"洞穴比喻"已经指明了这一点:如无真理,人就像生活在洞穴中,只知"影子"晃动。于是,问题就进一步尖锐化了:人和真理在绝然对立中如何能够发生关系?

> 有一个人从神那里来,他的名字叫约翰。这个人来是为了作见证,是为光作见证,使众人因他而相信。他不是那光,而是来见证那光。(1:6—8)

见证($μάρτυς$)是《约翰福音》的重要概念。从作者的思路来看,如果人和真理之间有一条无法跨越的逻辑鸿沟,如果人在生存上是拒绝真理的,那么,人和真理如何才能建立起联系呢?就人和真理之间的鸿沟而言,人无法通过自己的追求而进达真理;就人拒绝真理而言,即使真理来到人面前,人也不可能认出它。于是,人和真理如何建立联系就是一个关键的问题。"见证"便是回答这个问题的关键。在《约翰福音》中,作者至少在三种意义上使用"见证":施洗者约翰的见证、耶稣的见证、天父的见证。本节提到的见证指的是施洗者约翰的见证。在作者看来,人和真理的联系只能通过见证来实现。这一点需要引起我们的注意。

见证的原意是把自己认得或知道的东西指出来。施洗者约翰认出耶稣就是基督,即犹太人一直盼望的救主弥赛亚,于是便向他的听众指出这一点。施洗者约翰在犹太人中建立了崇高的威信,因而他说的话是有可信度的。[9] 当约翰指出耶稣就是基督时,人们就可以通过信赖他而去相信耶稣。这便是施洗者约翰的见证。

---

[9] 关于约翰在当时犹太人社会中的影响力,可参阅《约翰福音》10:40—42。

我们注意到,通过见证和真理建立联系的思路不是古希腊哲学的思路。古希腊哲学一直强调的是认识真理。如果人可以认识到真理的一部分,人就能更进一步认识真理的全部。这样一种认识过程需要预设真理,而不是见证真理。见证是一个启示的动作,涉及两种关系:见证者和被见证者的关系;见证者和听众之间的关系。首先,见证者必须真的见过被见证者。如果见证者没有见过被见证者,那他所作的见证就是假见证。而且,对于这个被见证者,除非接受见证者的见证,听众是无法和它发生任何关系的;否则的话,听众就不需要见证者的见证了。其次,见证者和听众之间还有一种信任的关系。因为听众除了接受见证者的见证以外无法知道任何关于被见证者的事情,所以,对见证者的信任就是听众认识被见证者的关键所在。只要见证者的可信度受到一点点的怀疑,他的见证就是无效的。

《约翰福音》在这一节里所表达的关于见证的理解,有两个条件必须满足:其一,施洗者约翰是可信赖的。如果人们不相信施洗者约翰,那么,他关于耶稣的所有评论都不是见证。这些评论充其量不过是某人的意见而已。我们可以称此为见证的特殊条件。其二,人们必须对真理的自我启示有某种期望。如果没有这种期望,即真理自身将启示自己,那么,无论施洗者约翰告诉人们什么关于耶稣的事情,人们也不可能因此在耶稣身上看到真理。这是一种来自犹太先知传统的文化环境。我们可以称此为见证的一般条件。

可以看到,《约翰福音》作者对古希腊怀疑主义所揭示的人和真理隔离的困境有深刻的体会,并用黑暗和光的对立这种语言来说明这一困境。进一步,作者提出了一条摆脱困境的出路,即:充分体会人和真理的绝对隔离状态,从而寄希望于真理的自我启示,并在相信中认识真理。我们读到,整本福音书都在展示这条认识真理之路。把信任引入认识真理过程这一思路,不难看出,属于希伯来文化中的先知传统。

"相信"(πιστεύω,动词,也译为"信任")是《约翰福音》的主要概念之一。作者在这里首次提到这个词,是和施洗者约翰的见证连在一起说的。我们谈到,见证需要基本的信任;我们必须相信约翰是从神那里来的,他的见证才有效。在作者的写作背景中,施洗者约翰被当时的人们认为是先知。因此,对约翰的信任是不言而喻的。如果人们信任施洗者约翰并进而信任耶稣,耶稣就会赐他们以能力,使之成为神的儿女。所谓神的儿女就是那些认识神的人,也就是那些认识真理的人。这种在相信耶稣中所取得的能力,归结到底,是认识并得到真理的能力。"因相信耶稣而得真理"是《约翰福音》的主题思想之一。

有人或者会问:这一思想的起源何在?我们注意到,古希腊哲学一直强调的是人对真理的理性追求和判断。理性判断有两个特点:其一是判断的自主权,其二是判断的逻辑一致性。巴门尼德(Parmenides,鼎盛年在公元前485年,爱利亚[Elea,在意大利半岛的西部]人)是最早提出真理问题的古希腊哲学家。为了强调真理判断的独立自主权,他告诫他的读者不要被"轰鸣的耳朵"所迷惑(即不要被变化不定的感觉所迷惑),并且要追求在作判断时给出永恒的完满的真理。⑩ 然而,在《约翰福音》看来,由于人和真理的隔离,当人行使判断的自主权时就一定是拒绝真理的。人根据自己的非真理性来判断真理,所得出来的结论就不是真理。也就是说,"因相信耶稣而得真理"这样的思路不可能出于古希腊哲学。

那么,"因相信耶稣而得真理"是否属于犹太先知传统呢?从一方面看,犹太先知传统要求人们相信耶和华的拯救。《约翰福音》的"相信"一字在这一点上和犹太先知传统是相通的。但是,从另一方面看,犹太先知传统认为,由于人和神的隔离,人只能通过先知领受神的旨意。摩西律法是神通过摩西而赐给人的,因此,遵守摩西律法是接受神的救恩的前提。然而,借助于"见证"这个概念,《约翰福音》明确指出,人们只要相信耶稣就能得到使自己成为神的儿女的能力。也就是说,得到救恩的前提不是遵守摩西律法,而是相信耶稣。显然,在这个意义上使用"相信",《约翰福音》已经超越了犹太先知传统。

三、信任作为认识的出发点

我们先来读一段《约翰福音》的文字:

---

⑩ 参阅北京大学哲学系编译的《古希腊罗马哲学》巴门尼德残篇,北京:商务印书馆,1982年。

他在这世界上,这世界也是他造的,但这世界却不认识他。他来到自己的地方,他自己的地方却不接受他。但是,对于那些接待他的人,对于那些信靠他的名的人,他使他们有能力成为神的儿女。这些人的出生不是源于血气或肉欲,不是源于人的意愿,而是出于神。(1:10—13)

这里,在提出"见证"在认识中的作用之后,作者继续强调人在黑暗中"不认识"和"不接受"真理。意图很明显,那就是要对从"见证"中所引申出来的"信任"作进一步的说明。

(1)"相信"是一种信任。人在黑暗中是不认识真理的。因此,当真理来到我们面前("这光照在黑暗中","那光是真光;这照在每一个人身上的真光来到了这个世界")时,依靠我们自己的判断,我们只能拒绝真理。《约翰福音》从这样一种人和真理隔离的生存状态出发,在逻辑上得出了这个结论:人若没有真理,就无法追求真理。但是,人对真理的向往在生存上是不可放弃的。我们注意到,犹太先知传统在守法这一点上坚持着追求耶和华;怀疑主义在"悬搁判断,继续追求"的口号中摆脱不了真理情结。这说明人的生存是一定要追求真理的。人生活在这样的悖论中:追求真理而无法追求到真理。因此,当施洗者约翰站在先知的地位向我们指出真理正在向我们显示时,信任就是使我们走向真理的唯一途径,也是使我们摆脱上述悖论的唯一途径。

(2)信任带来的是对那已经启示的真理(耶稣)的开放心态。《约翰福音》是这样来描述这种开放性的:"对于那些接待他的人"。"接待"的原文是 ἐλαβον,它是 λαμβάνω(直译:接受)的过去式。从文字上看,这是一个日常用语,表示人对某物的接受态度、接受动作、接受过程的完成(拥有)。我这里译为"接待",强调的是接受态度,指称当事人想要了解并接纳某人或某事的倾向。比如,当我们接待某人来自己的家里做客时,我们在意愿上倾向于和这人进行交往并加深彼此的了解。从上下文看,ἐλαβον 在这里指的是一种在迎候客人时的倾向或态度,而不是一种接受动作,更不是接受过程的完成。因此,《约翰福音》用它来描述我们在相信耶稣时面对那向我们显现的真理时所具有的开放性。

(3)在信任中接待耶稣为相信者提供了一条接受耶稣给与的途径:"他使他们有能力成为神的儿女。"人只有在接待耶稣从而向耶稣开放中才能接受耶稣的给予。这一点,我称为基督信仰的开放接受性。人们在谈论"相信"一词时往往注意的是它的主观封闭性。比如,当我说"我相信你"时,意思是说,我根据我的判断而认为你是可以信任的。这里,我的判断是我的信任的基础。由于我的判断是一种固定的规定,而我的信任不可能超出我的判断,因此,这样的信任是一种封闭式的主观意向。然而,《约翰福音》谈论的"相信"是指人在和真理相隔离的生存状态中,真理本身主动向人启示自己,人因着对真理的启示者耶稣所产生的信任态度和开放倾向,去接受真理的给予。人只有在开放状态中才能真正接受。所以,作者认为,向耶稣开放,才能接受耶稣的给予。这样一种在开放中接受的倾向,当然也是一种主观倾向,但它恰好是反主观封闭性的。《约翰福音》谈论的基督信仰乃是具有开放接受性的主观倾向。

关于信任和认识之间的关系,我们再来读一段文字:

> 我实实在在跟你说,我们说的都是我们熟悉的,而我们见证的都是我们亲眼所见。但是,你们却不接受我们的见证。如果你们不信我说地上的事,怎能相信我说天上的事?(3:9—11)

《约翰福音》一直坚持见证的实在性,即亲身经历和亲眼所见。这是恩典真理论认识论的基本要求。在第三章的开始,作者记载了耶稣和尼哥底母[11]的一段对话。当尼哥底母说"这是如何可能"时,他的意思是说:按照他的思维方式,他无法理解耶稣关于重生的说法。尼哥底母的思维方式属于

---

[11] 尼哥底母是《约翰福音》中的一个重要人物,多次出现(见《约翰福音》7:50;19:39)。作者在介绍尼哥底母时用了两个头衔:法利赛人和头面人物。法利赛人是一群专心研究摩西以来的先知文献的学问人,因而他们又行使着教化犹太人的教师角色。他们在人格上备受当时犹太人的敬重。但是,作者还强调他是一个头面人物(ἀρχων)。能被称为头面人物的人必须是当时犹太社会的联席议会(συνέδριον,《约翰福音》首次提到这个议会在11:47)成员。联席议会的雏形大约形成于大安提阿古时期(公元前223—前187年),到耶稣在世时已经基本定型。犹太人一直在外邦帝国的统治之下,而议会则是受到统治者首肯的犹太人的最高自治管理机关。议会由71位成员组成,主要从宗教上的领袖人物(如祭司长)、在道德、知识和法律上的知名人物(如法利赛人、文士等),以及政治上的重要人物(如赛都斯人)等团体中挑选。参阅《天主教百科全书》(*The Catholic Encyclopedia*, 1912)Sanhedrin 词条。

犹太先知传统；这是一种经验和启示混合型的认识论。这种传统十分重视神的启示，认为启示是我们认识事物的一条重要途径；同时也重视经验观察。不过，我们没有读到犹太人从认识论的角度对启示和经验进行分析，因而它属于一种自发的原始的认识论形式。

我们看到，这种传统是在神和人立约的语境中来理解神的启示的。历史上神和人多次立约，最重要的有亚伯拉罕立约[12]和摩西律法[13]；这些约是法利赛人考察一个人是否来自神的重要依据。而且，一个人是否从神那里来还需要在现实生活中表现其特殊能力。神是全能的，因而任何从他那里来的人都必须具有特殊能力。因此，在法利赛人看来，如果一个人在做事时表现出某种特殊能力，同时又能够很好地遵守摩西律法，那么，他就被尊为从神那里来的人。

法利赛人对施洗者约翰的考察（1：19—28）便是这种思维方式的反映。我们看到，这次考察的目的是相当明确的，即法利赛人希望搞清楚约翰是否来自于神。这个目的包含了他们对神的启示的指望，即：如果约翰真的来自于神，那么，他们就可以通过约翰来接受神的启示。约翰在遵守摩西律法方面无可挑剔；而且，约翰号召人们悔改，接受施洗，得到了犹太人的相当广泛的响应。这两件事加在一起，法利赛人认为约翰有资格成为从神那里来的先知。然而，令他们失望的是，约翰并没有宣称自己是弥赛亚，而仅仅认为自己是来为主修直道路的人，他的所作所为都是为了见证弥赛亚。在法利赛人的心目中，别的事情也许他们不会做，但是，究竟谁是弥赛亚这样的问题，恰好不需要他人来代劳。法利赛人认为，他们对摩西律法的努力学习和深入研究使他们具有能力判别谁是弥赛亚。因此，对于约翰所说的见证弥赛亚，他们在思维方式上本能地加以拒绝。这种拒绝使得他们无法通过约翰的见证进而认识耶稣的神性。这也是尼哥底母无法理解耶稣所说的重生的主要原因。

我们可以作这样的分析：在犹太先知传统中，人只能通过先知和神进行交往。因此，古代先知留下的律法就是我们和神交往的主要途径。当先知

---

[12] 参阅《旧约·创世记》第17章。
[13] 参阅《旧约》中的《出埃及记》和《申命记》等。

不在时，我们就只能按照律法来生活。就其本意而言，律法的目的是把人带向神。然而，人在生活中面临各种各样的事情（包括有人自称为先知的假先知问题），因而不能不对它们进行分辨，以便考察是否符合神的旨意。问题在于，人们根据什么来进行分辨考察呢？在法利赛人看来，神的旨意一定是符合律法的；而不符合律法的则一定不属于神。于是，在法利赛人的思维方式中，人们走向这种定式：律法是走向神的唯一途径。一切都在律法中裁定，在遵守律法中领受神的祝福，根据律法来辨认神的带领，甚至通过律法来判断真假先知。进一步，只要符合律法就加以接受，而不符合律法就一概拒绝。于是是否属于神这个问题就搁置一边了。在耶稣和犹太人的来往中，犹太人正是依据律法来拒绝耶稣的。

我们看到，法利赛人的思维方式陷入了这样一个困境：从启示开始，而以拒绝启示告终。启示来源于神，因而只能由神来决定它将以什么方式向人传达。它可以律法的形式，也可以别的方式。人面对启示只能接受，根本没有能力来判断启示将以什么方式出现在人们面前。当法利赛人把律法当做神的启示的判断标准时，神的启示就被限定了。被限定的启示不是真正意义上的启示。因此，在法利赛人的思维方式中，神的启示被放弃了。

摆脱这一困境的唯一途径，在《约翰福音》看来，乃是放弃律法判断，回到启示本身，在见证中认识神。因此，耶稣要求尼哥底母改变一下他的思维方式，即从见证出发来认识神。前面指出，在见证中认识神也就是在相信中观察耶稣的所作所为。耶稣的要求是一种彻底的视角转换；它表达了《约翰福音》对法利赛人的思维方式的深刻批评。

四、恩典和真理

《约翰福音》从见证和信任出发谈论真理认识，这就要求有一位见过真理的人来为我们作见证；当然，这个人是我们必须能够信任的。如果这个人存在，我们就可以在信任中通过他来认识真理。由于黑暗和光的对立，这个见过真理的人必须来自真理（光）；同时，他必须生活在我们中间，让我们信任他。这个人就是耶稣，也就是整本《约翰福音》要谈论的人物。

> 本书所言乃是一个肉体之躯;他和我们一起生活过。我们都见过他的尊容;那是源于天父的独传尊容,充满恩典且完全真实。(1:14)

这段文字是最难解的一段。其中涉及了几个重要概念,如逻各斯(λόγος),尊容(δόξα),恩典(χάρις),真实(或真理,ἀλήθεια),都是理解《约翰福音》的关键词。我这里试对这些概念逐一讨论。

(一)对于 ὁ λόγος σὰρξ ἐγένετο 这句话,中文和合本译为"道成肉身";思高本译为"圣言成了肉身"。英文译法类似,大都译为"The Word became (was made) flesh"。这种译法的前提是把 λόγος 当做一个哲学概念。但是,我认为,作者虽然在希腊思想的语境中写作,并且对希腊哲学的关注和困境有深入体会,但是他(们)无意于把 λόγος 当做一个哲学概念。这里,我把 ὁ λόγος 作最原始意义上的理解:"我们所说的。"我要强调的是,作者是从日常用语的角度来使用它。就日常语言的角度看,作者在 λόγος 前置定冠词,指"所说的",可以指"某人所说的";也可以理解为"神所说的"。就其语气来说,"所说的"隐含了下面要说的各种事情。比较 1:15 的 ὁ εἶπον 用法。施洗者约翰说:"他就是我已说过的(那位)。"εἶπον 是 λέγω 的过去式,加上定冠词后意思是"已说过的",强调的是过去说过的事。值得注意的是,加上定冠词后的 ὁ λόγος 和 ὁ εἶπον 都可以理解为"所说的"。不同的是,ὁ λόγος 没有时间上的隐含。如果我们把这个"所说的"(ὁ λόγος)理解为"神所说的","神所说的"也就是神的话,那么,《约翰福音》应该就仅仅记载耶稣的言论。然而,通篇《约翰福音》并不仅仅是耶稣的言论集;因为它记载了耶稣所做的事。考虑到《约翰福音》是要向会众和大众记载和描述耶稣的言行,因此,我认为,ὁ λόγος 应该理解为"本书所言"。这个词在《约翰福音》的开头就出现了,相当于在开场白里发布宣言,即:我们所说的(耶稣)在本源那里就存在了,而且是和神同在的。(参阅 1:1—2)

作者在这一节要说明的是,"我们所说的"虽然作为创造者而存在于本源,但并不是一种想象或假设,而是在现实中出现过的实实在在的人物;我们这些人曾亲眼见过他,亲耳听过他的教导,亲口和他说过话,亲手触摸过他。

ὁ λόγος σὰρξ ἐγένετο 这句话在基督教神学史上引导了一个深远的本体论问题。在中世纪的神学讨论中常常用 incarnatio 这个词来解释 ὁ λόγος σὰρξ ἐγένετο。拉丁文 incarnatio 的原意是"附身"(希腊文:ἐνσαρκόσις)。古希腊罗马神话中常常有这样的事情:某一神为了和某些人交往而把自己变成人的样子。这种情况叫做"附身"。当一个神"附身"于人时,这个人本质上不是人。人样只是他的外表或假象,是用来迷惑人的眼睛的。就其实在而言,他已经是神了。早期教会出现了不少否定耶稣的人性的学说(最后都被判为异端),比如,"幻影说"(Docetism)认为耶稣的"人样"是一种"幻影"。⑭ 然而,《约翰福音》强调,"我们所说的"耶稣是实实在在的人,决不仅仅是披着人的样子。因此,耶稣虽然在本源中和创造者同在,因而他就是神,但他同时是实实在在的人。这一点和古希腊神话中讲的"附身"是完全不一样的。我们注意到,整本《约翰福音》都没有提到任何能够被翻译为 incarnatio 的词。尼西亚信条使用了动词"成肉身"(σαρκόϑεντα)。Incarnatio 问题之所以后来成为重要问题,乃在于人们从本体论的角度来讨论如何理解耶稣作为神同时又是人这一事件。也就是说,当人们把 λόγος 理解为一个概念时,λόγος 就指称这一个对象或客体。如果这个客体(作为神的耶稣)不是人,他如何能够成为人呢?早期教会曾经对这个问题有激烈的争论,并最后走向用 incarnatio(道成肉身)来说明耶稣既是神又是人。⑮

然而,《约翰福音》并不想讨论本体论问题,所以这个问题对《约翰福音》作者来说是不存在的。在以上的行文中,作者指出了人和神的对立,因而人是不可能认识神的。在 1:18 中更是明确指出"从来没有人见过神"。这就是说,我们无法从本体论的角度去认识神,从而也就无法讨论一个未知的实体成为肉身的问题。但是,作者同时指出,我们是通过耶稣来认识神的。因此,ὁ λόγος σὰρξ ἐγένετο 谈论的是耶稣的现实性,而不是本体论意义上的某实体(创造者、神、或神的话语等)成为人。

我们注意到,把 ἐγένετο 译为"成"(英文为 became 或 was made)是不合

---

⑭ 参阅《基督教思想牛津词条》(*The Oxford Companion to Christian Thought*, ed. Adrian Hastings, Oxford: Oxford University Press, 2000)中的 Docetism 一条。
⑮ 参阅 Alister E. McGrath《基督神学》(*Christian Theology*), Oxford: Blackwell, 1999, pp. 330-343。

适的。参阅 1∶3 注(三)。ἐγένετο 不指称一物变成另一物的过程,而是指一物就在那里了,存在了,或有了。硬是把 ἐγένετο 译为"成",从语言上看是相当武断的做法,在《约翰福音》其他地方使用 ἐγένετο 时看不到这种用法。就语言连贯性而言,这和《约翰福音》作者措辞的严谨性是不相称的。我这里不拟全面追溯《约翰福音》诠释史上对这一译法的来龙去脉。简单来说,我认为,这种处理的根本原因在于人们把 λόγος 当做一个哲学概念来理解,从而不得不处理"λόγος 实体"和"肉体实体"之间的关系。在这一本体论思路中,只有把 ἐγένετο 理解为"成为"或"变成",才能在这两个实体之间建立某种联系。我称此为"λόγος 的本体论误区"⑯。

(二)"尊容"(和合本中为"荣光",或"荣耀";思高本中为"光荣";英文大都译为 glory)的原文是 δόξα。这个词的原始意思是"公开立场"和"公众形象"。目前流行的译法的共同缺点是,无法表达 δόξα 的形象或立场方面的意义。无论中文的荣光和荣耀,还是英文的 glory,都是形容性的名词,缺乏个体性的指称。因此,我认为不是原文的指称。就纯粹语言角度看,当某人在公共场合公开表达自己的想法或立场,而且这个想法或立场被众人认为是这个人的想法或立场时,这个想法或立场便成为这个人的 δόξα。在柏拉图著作中,人的知识分为两类:一类是 δόξα,即关于"可见世界"(τό δοζαστὸν)的认识;一类是 ἐπιστήμη,即关于"可知世界"(τό γνωστός)的认识。⑰ 因此,中文把 δόξα 译为"意见"(肤浅认识或感性认识,与"理智认识"相对)。在一般

---

⑯ 为了避免误解,我这里简单说明一下这里使用的"本体论"的适用范围。本体论的英文 ontology,指的是对 being(存在,是)的讨论;另一种译法为存在论。在西方思想史上,讨论 ontology 问题有两种倾向:实在论和唯名论。《约翰福音》写作时期,哲学家们谈论的存在论只有实在论一种理论形态。在实在论看来,存在着两种东西:独立自在的事物(客观存在)和对这事物的认识形式(主观存在)。任何关于客观事物的认识都是对它的把握;真理是对这客观事物的正确认识。柏拉图的理型论(或理念论)虽然受到怀疑主义的深刻批判,但仍然支配着当时的实在论思潮。在柏拉图看来,客观事物并不是表现出来那个样子,而是由两部分组成,即:感性事物和理型世界。理型世界是客观事物的真实存在;只有把握了事物的理型,才是真正把握了客观事物。因此,真理就是对理型世界的正确认识。这样一种实在论也称为古典实在论。由于这种实在论强调感性事物后面的理型世界,认为理型世界是更为根本的存在,所以这一根本存在在汉语学术界也被译为本体。本体在汉语中相对于"末"和"用",指的是事物的本质存在。因此,将 ontology 译为"本体论"就顺理成章了,尽管这一译法无法准确表达原意。在这个意义上,"本体论"指的是古典实在论,为存在论(ontology)的一支。我这里使用的"本体论误区"指的是古典实在论所引导的误区。

⑰ 参阅《理想国》51A—B。

的用法中，δόξα 是中性的。柏拉图在《国家篇》中认为，当人们坚持自己的"意见"时，意见就成了阻碍人们继续探求真理的主要原因。对于了解柏拉图思想的人来说，δόξα 就可能含有消极的意思。比如，斯多亚学派便把 δόξα 定义为：对对象的不完全把握。[18] 柏拉图等哲学家们的用法当然不是一种普遍的用法。就日常用法而言，这个词并没有消极的含义。任何人都有一定的公开形象和立场，其深浅问题并不重要。其实，当我们谈论的是某一著名人物或权威人物的公开形象和立场，反而不可能不带有尊敬的感情。而且，对于那些没有名望的人的公开形象和立场，人们往往不屑于谈论。从这个角度看，日常用法中的 δόξα 不但不是消极的，反而常常是积极的。《约翰福音》在使用 δόξα 时基本上是在这种日常用法的语境中。就语言表达而言，作者要说明的是，我们要谈论的耶稣是一个实实在在的人；我们和他一起生活过，亲耳聆听过他说的话，亲眼看见过他做的事，等等，即：带着尊敬的感情来谈论耶稣的公开形象和立场。

为了对 δόξα 这个词的用法有更深入的认识和准确的理解，我将比较一下《新约》其他作者对这个词的使用。《路加福音》至少出现了三次 δόξα。第一次是祭司西面在见过婴儿耶稣后，赞美说："这……是照亮外邦人的光，又是你以色列人的荣耀。"[19] 这里的"荣耀"用的是 δόξα，没有定冠词。从理解的角度看，祭司西面意思是，耶稣将展现以色列人在各个国家中的公开形象。第二次出现在 5:26，谈到人们看见瘫痪的人居然能站起来，从而"归荣耀"(δόξαζω，即 δόξα 的动词化形式)予上帝；并说他们看见了"非常的事"(παράδοξα，由 παρά 和 δόξα 合成，意思是"和我们原来的想法，即 δόξα，不同")。路加要说明的是，人们把这个瘫痪人的变化归为上帝的作为，并认为这是表达上帝的事件。第三处在 19:38："在至高之处有荣光。"准确的翻译是"在至高之处的 δόξα"。本意是要说耶稣所表达的形象是在最高处的。《彼得前书》1:11 写道："预先证明基督受苦难，后来的荣耀……"值得注意的是，原文强调的并不是"荣耀"和"苦难"的对立。Τὰς μετὰ ταῦτα δόξας 中的

---

[18] 参阅他们对知识确定性问题的讨论，见 A. Long and D. Sedley,《希腊化时期哲学家》(The Hellenistic Philosophers), 2 vols, Cambridge, 1987, 41C, 41D。

[19] 《路加福音》2:32，译文引自和合本。

μετά 指的是"之后",强调的是,在耶稣做完了这一切(ταῦτα,即经受苦难)之后,他的形象和立场就完全彰显出来了。因此,耶稣的 δόξα 包含了他的苦难,因为他所做的一切都是彰显他的公开形象和立场的。《彼得前书》1:24 提到"他的美容都像草上的花",不难看到,这里把 δόξα 译为"美容",而不是"荣光"或"荣耀",正确地表达了 δόξα 作为一种形象。在《彼得后书》2:10 中我们读到:"他们胆大任性,毁谤在尊位的,也不惧怕。"这里的"尊位",原文是 δόξα。不管是谁的 δόξα,我们都只能从"形象"的角度来理解这段句话。类似的用法在《犹大书》中也出现,参阅《犹大书》1:25。保罗的书信中大量出现 δόξα 这个词,但在用法上和《约翰福音》中的 δόξα 没有区别。[20]

如果耶稣的 δόξα 是一种特别的 δόξα,在基督徒中被认为是尊贵的,那么,它就是值得赞扬称颂和敬拜的。联系前面指出的光和黑暗的对立,我们知道,人在黑暗中所表达出来的 δόξα 当然也是和光对立。耶稣作为光而来到黑暗中,因而他的 δόξα 是带着光的。从这个角度看,耶稣的 δόξα 是作为一种荣耀而彰显于世。根据这一点,我把 δόξα 译为尊容,突出其中的"容"的意思。作者还使用了 δόξα 的动词形式 δοξάζω,如在 14:13 和 15:8 谈到天父(的容面)被彰显;在 17:1,4 谈到子彰显父(的容面);21:19 谈到彼得彰显神(的容面);等等。这些用法都是在耶稣的 δόξα 获得了尊贵性意义以后引申出来的。这样一种关于 δόξα 的用法,最后在西方基督教中形成了对耶稣的 δόξα 的崇拜情结,称为"赞美"(即英文的 doxology,大都译为"赞美诗")。

值得注意的是,作者进一步指出,耶稣的 δόξα 来自于天父。《约翰福音》原文提到"天父"时用的是 πατήρ,直译:祖先。耶稣经常谈到他把他在天父那里所看到的告诉人。因此,耶稣的 δόξα 来自天父这一点在作者心中是没有疑问的。作为引言,作者这里强调的是,耶稣的 δόξα 虽然是一种人的 δόξα,但是,他的 δόξα 并不仅仅是他个人的,而是有渊源的,即可以推溯到创世之初的创造者那里,即最原始的祖先(天父)那里;原因在于他的所说所为都是传达这位创造者的真实形象。因此,耶稣的 δόξα 是对天父的见证(5:36)。于是,耶稣既是实实在在的人,他的 δόξα 可以让人亲眼观看和触摸;同时他的 δόξα 又是彰显创造者(天父)的。因为耶稣所表达的 δόξα 也就是天

---

[20] 参阅《约翰福音》5:41,44 和 7:18 中对 δόξα 的其他用法。

父要向人显现的 δόξα，所以，耶稣的 δόξα 就是天父的 δόξα。这里要强调的是，耶稣表达了完全的神性。

（三）作者还使用 μονογενής 这个词来指称耶稣和天父的关系。英文（新国际版）译为 the only Son，和合本则译为"独生子"。我们同时注意到，在 1：18 有 μονογενής θεός，英文译为 God, the only Son，和合本仍译为"独生子"。从语言上看，μονογενής 的原义是"单独的"、"唯一的"。因为耶稣是唯一的来自天父的人，所以可以译为"独生的"或"独传的"。神的 μονογενής 一方面可以理解为血缘关系，因而译为"独生子"；另一方面则可以从财产所有权的角度，理解为神把他所有的一切都传给了耶稣，因而译为"独传的"。无论作何理解，指的都是耶稣和天父的一体关系。我们只能通过耶稣来和天父建立关系；因此，耶稣是我们通向天父的唯一道路。这一点是基督论的基本出发点。因为是独传的，所以除了耶稣我们无法认识天父；同样因为是独传的，所以天父仅仅在耶稣身上表达他自己。所以，耶稣完全是人，又完全是神。

我把《约翰福音》中的 μονογενής 全都译为"独传的"或"独传者"（参阅 1：18，3：16）。主要的考虑如下：《约翰福音》在谈论耶稣和天父（上帝，神）的关系时强调以耶稣为中心。离开耶稣就无法认识天父，因而所有关于天父的事都只能通过耶稣而传给我们。因此，"独传"是关键所在。但是，当我们用"独生子"这个词时，在语言上隐含着父大于子的意思，强调的是父亲，要求从天父出发或以天父为中心来理解天父和耶稣的关系。然而，由于黑暗和光的绝然对立，人是不可能知道天父的。也就是说，从天父的角度来理解天父和耶稣的关系对人来说是不可能的。而且，在犹太先知传统中，先知都从神那里来，因而都是神的儿子。耶稣当然是神的儿子，但并不是唯一的从神那里来的人。"独生子"的说法给人留下的印象是，耶稣是唯一从神那里来的人。从旧约的犹太先知传统角度看，这种说法必然导致否定其他先知对神的启示的传达。这显然不是《约翰福音》的想法。在《约翰福音》中，耶稣在谈论他和天父的关系时，常常提到他的所作所为都是为了彰显天父；而没有天父，他就什么都做不了。所有的这些说法都是要表明他是天父的独传者。μονογενής 的中心意思是，我们只能通过耶稣才能真正而完全地认识上帝。

我想特别指出，在 3:16 中，作者实际上是把 τòν υἱòν（儿子）和 τòν μονογενῆ（独传者）分开来说的。在耶稣中，儿子和独传者是一体的。独传者包括了儿子的身份。但是，神可以派许多儿子来这个世界，却只有一个独传者。这种区分在理解上有重要的意义。不难发现，在"独生子"的译法中，人们更多注意的是耶稣的儿子身份，而不是他的独传者身份；而这后者恰好是《约翰福音》强调的。

（四）恩典（χάρις）是一个带有情感意义的礼物。它的意思包括"天然的美貌"、"荣光"、"感谢"，以及"献礼"、"献祭"等等；因而还包含了使人愉快，对人有吸引力等的意思。真实（ἀλήθεια）即是实在，也包含了真理的意思。我们知道，《约翰福音》要写的就是耶稣的 δόξα，而这 δόξα 是给予我们的。因此，这是充满恩典和完全真实的 δόξα。

前面已指出，耶稣的尊容就是天父的尊容。由于黑暗和光的绝然对立，由于人和神的绝然对立，人无法和神建立任何真实的联系。从人出发来谈论神的结果最多不过是在概念中设定神，或在想象中造一个神。这样的"神"不是《约翰福音》要述说的神。《约翰福音》认为，如果神自己不向我们显现他自己，我们是没有机会认识神的。在这个意义上，耶稣的尊容乃是神给我们的礼物。我们注意到，当人收到礼物后，出于感激之情，也许想做一些事来回报神。然而，由于人和神的分离，无论人做何种努力，人的回报都不可能达到神那里。也就是说，这个礼物同时又是无偿的、不需回报的。如果说人对神的礼物有所回应的话，那就是不断地接收，并在接收中越加信任神的给予。这便是神的恩典（χάρις）。这个词后来成为西文中"慈善"（charity）一词的词根。在 4:10 中，耶稣还使用了另一个词 δωρεά，指白白地给予。比较起来，δωρεά 强调礼物的实物方面，而 χάρις 则强调礼物的情感性。

一般来说，一个人在接受礼物时对送礼人和礼物本身必须有基本的信任，即：认为送礼人出于好意，礼物也是好的。然而，当一个人收到礼物却不知道送礼人是谁，他对礼物的真实性就会有所怀疑：这"礼物"背后是否有别的意图？如果有别的意图，比如贿赂，那它就不是真正的礼物。判别礼物真实性的简单办法是对送礼人的了解。对送礼人了解越多，就越容易判别所收礼物的真假。但是，《约翰福音》谈到的礼物是耶稣的尊容，它背后的送礼人（即上帝）是我们所无法了解的（参看 1:18）。如果我们无法了解送礼人，我们如何知道耶稣的尊容是真正的礼物呢？进一步，我们只能通过耶稣的尊容来了解上帝，这就要求我们在不了解送礼人的前提下判断耶稣的尊容是不是真正的礼物。这确实是一件匪夷所思的事。然而，这恰好是《约翰福音》所要展现的：耶稣的尊容是真正地来自上帝的礼物。

《约翰福音》继续强调耶稣的尊容和"恩典"之间的一致性。

> 约翰见证他，并喊着说："这就是我已说过的：'那后我而生的反而成了先我而生，因他本来就先我而生。'"因为从他的充足里面我们领受了一切，恩典接着恩典。因为律法由摩西所传，而恩典和真理则在耶稣基督里。(1:15—17)

（一）这里特别强调的是恩典一词。我们在 1:14 中已经看到，恩典意识是《约翰福音》要传达的中心意识。从行文上看，作者是对施洗者约翰的那句话"那后我而生的成了先我而生，因他本来就先我而生"进行说明。耶稣在年龄上小于约翰，如何能够是先生呢？如果实际上耶稣出生较晚，如何能够说他本来就较早出生的呢？作者解释说，耶稣的尊容是神的恩典，我们从耶稣那里所领受的都是神的恩典。如果耶稣是传送神的恩典的唯一通道（作为独传者），那么，耶稣就一定是属于本源的，先于任何人，包括摩西。从恩典的角度来谈论耶稣的在先性是《约翰福音》的基本思路。

这个思路有两点值得重视：(1)恩典是源源不断的。作者用了一种并不顺畅的表达：χάριν ἀντὶ χάριτος。和合本直译为"恩上加恩"。意思是"恩恩相连"。或者可以问，如果我们不知道谁是施恩者，如何能够说恩典会源源不断呢？这是所谓的本体论问题。在本体论思路中，如果能够给出关于施恩者本来状况的理解，比如，施恩者的资源浩大无边，因而可以源源不断供给礼物，那么，我们就可以说恩典是源源不断的。如果对施恩者无知，说恩典是源源不断这样的话就缺乏根据。然而，对于一个从恩典出发进行思维的人来说，这个问题是不成立的。如果思维出发点是恩典概念，那么，在任何一个瞬间出现恩典缺失都会导致整个思路的中断，因为思维在这个瞬间里失去了基础。换言之，恩典的源源不断性是这一思路的基本前提。

(2)面对恩典只能接受。作者对耶稣的 χάρις 和摩西的 νόμος 进行区分。这一区分是基督教和犹太教的分水岭。我们知道，犹太教是建立在摩西律法之上的。根据《旧约》，摩西把犹太人从埃及带出来后，在西奈山下为犹太人立法。摩西的律法所依据的是神在西奈山上给摩西的启示。因此，摩西律法的背后根据是神的旨意。不过，在摩西立法后，遵守律法就是犹太人和神交往的唯一途径了。不难发现，犹太人在摩西律法传统中和神的关系是这样的：一方面，神仍然看顾犹太人，施恩典予犹太人；另一方面，犹太人必须通过守法来领受神的恩典。于是，能否得到神的恩典的前提是人们有没有守法。在这种语境中，恩典是第二位的，而守法才是第一位。我们称这种思路为律法主义。《约翰福音》详细记载了耶稣对律法主义的批评和冲击。

然而，耶稣的尊容是完全的恩典，不需要人们做任何事情来领受。由于人和神（黑暗和光）的绝然对立，《约翰福音》展现了人的绝望的生存境况，即：无论人做什么事情，都无法达到神那里。因此，面对神的恩典，除了接受，人不能做任何事情。如果有人认为必须做一些事情来回应神的恩典，如做一个道德上的守法者，那么，他所做的事除了满足他自己的理想外，是不可能达到神那里去的。《约翰福音》所展示的恩典论是彻底的恩典论。

（二）我们还注意到，作者再一次同时提到恩典和真理。我在1:14一节中把 ἀλήϑεια 译为"真实"，而这里则译为"真理"。从语言上看，当这个词用作形容词时，我把它译为真实，作名词使用时则译为真理。从认识论上看，它们之间的区别是可以忽略的。就事物的自在存在来说，不存在真实或真理问题。一旦提到"真"这个字，就不能避免它的反义词"假"；而事物的自在存在不存在假的问题。真假问题是当我们作为认识主体来谈论或认识事物时出现的。柏拉图在《智者篇》批评智者混淆事实时，提出了在思想史上影响深远的所谓"真理符合论"，认为"真"就是认识和认识对象的符合。[21] 一般来说，"真实"泛指各种认识形式，而"真理"则通常指一种学说或理论。当一种认识符合它的认识对象时，它就是真的；反之，便是假的。

真理问题是《约翰福音》的中心问题之一。[22] 我们指出，真理和错误的对立也就是光和黑暗的对立。如果人无法跨越这一对立，人就无法进到真理中，甚至无法谈论真理。希腊哲学家在这个问题上显然是过于相信自己的

---

[21] 参阅《智者篇》261D—263D。
[22] 参阅谢文郁《〈约翰福音〉和古希腊哲学》的第二部分关于真理问题的讨论。

认识能力。怀疑主义者一方面通过对真理标准的否定,揭示了人对真理认识的无能,深深地打击了希腊哲学对真理认识的自信;另一方面,他们却仍然坚持通过悬隔真理判断来继续真理研究。人们可以问:如果我们无法判断真理,我们凭什么来继续认识真理? 怀疑主义关于真理标准的讨论堵死了人继续追求真理的道路。

然而,作者在提到"真理"时,连续两次都和"恩典"放在一起。这种处理表明作者是要从恩典的角度来谈论真理问题。我们可以称之为"恩典真理论"。归结起来,《约翰福音》的"恩典真理论"有如下几个特点:(1) 真理一定是启示的。根据怀疑主义,人无法通过自己的努力得到真理;如果人仍然追求真理,那么,唯一的逻辑可能性就是真理自己向人显现。在黑暗和光的对立中,作者把人无法追求真理这一思想困境(或称怀疑主义困境)推向极端,并指出这一生存事实:人在追求自己所认为的"真理"中实际上是拒绝真理的。如果人拒绝真理,那么,在逻辑上,人获得真理的唯一途径便是真理自己向我们显示。我们注意到,真理认识的这一途径和犹太先知传统的"启示说"有相同之处,而这一点恰好是希腊哲学所缺乏的。从这一角度看,《约翰福音》是在犹太先知传统的视角上回应希腊怀疑主义困境。

(2) 真理永远在恩典中。我们知道,犹太先知传统也在谈论神的启示。在这种传统中,神通过先知把律法赐给了人,而人仅仅需要遵守律法就能得到神的祝福,因为律法的背后是神的旨意,是把人引向神的。然而,对律法的强调导致了人们赋予律法和神的同等地位。这一赋予的结果是使律法失去了其真理性。不难理解,一旦律法取得其终极的地位,律法就不再把守法者引向神,而把守法者限制在律法范围内。律法主义无法经受希腊怀疑主义的攻击:不同传统有不同的律法,为什么你的律法要优于其他律法呢? 作者对犹太先知传统在法利赛人那里滑向律法主义这一点有深刻的认识,因而着意使"我们所说的"和"法利赛人所说的"进行区别,认为真理不能离开恩典,只能从耶稣那里来。换言之,真理永远是在恩典中给予人的。

因此,(3) 人只能接受真理而不能拥有真理。这个结论在《约翰福音》中不断被强调。比如,门徒腓力求耶稣显现天父,耶稣回答说,只要奉他的名就能得到天父的赏赐。[20] 道理很简单,天父只由独传者彰显,因而只有通过耶稣才能领受天父的真理。腓力的要求是占有真理。当我们直接看见天父时,我们就不需要通过耶稣来认识天父了。然而,耶稣要求门徒在跟随他的过程中领受天父的恩典。很显然,这一结论一方面给希腊怀疑主义困境指出出路,即真理只能在恩典中,因而只能接受,不能追求;另一方面也指出了法利赛人的律法主义盲点,即:被占有的"真理"(律法)不是在恩典中的真理。

《约翰福音》从怀疑主义关于真理认识的基本观察开始,通过"见证"和"信任"指出了人和真理之间的另一种关系,即真理主动地把自己向人彰显而使人认识真理。这便是恩典真理论的基本思路。问题仍然可以提出:神可以通过耶稣,也可以通过其他人来彰显自己。从这个角度看,耶稣的独特性就必须加以说明。

> 从来没有人亲眼见过神;但神的独传者来自天父的怀里,把神显现出来了。(1:18)

我们知道,耶稣的独传者身份是整部《约翰福音》的出发点,也是它的归结点。这句话需要我们特别注意。我们先来看看这里的语言问题。作者把两个名词用主格形式并列在一起:$\mu o \nu o \gamma \varepsilon \nu \eta \varsigma\ \vartheta \varepsilon \delta \varsigma$。希腊文语法允许这种并列。在这种并列中,两个主格名词可以相互修饰,即:"独一的神"或"神的独一性",但和使用所有格的语境相比,这种用法强调两者的相互独立性。参考 3:16 的 $\tau \grave{o} \nu\ \upsilon \grave{\iota} \grave{o} \nu\ \tau \grave{o} \nu\ \mu o \nu o \gamma \varepsilon \nu \hat{\eta}$ 的用法:"儿子的独一性"或"独一的儿子"。3:16 节使用了冠词,而本节没有使用冠词。我这里不拟追究本节不使用冠词在理解上可能带来的歧义。我想,作者使用 $\mu o \nu o \gamma \varepsilon \nu \eta \varsigma$ 这个词时,主要想表达的是耶稣的独一性。我把这种独一性理解为独传者身份。

从神学的角度看,由于黑暗和光的对立,人无论做何种努力都不可能认识神。因此,没有任何人见过神。然而,"我们所说的"耶稣是一个特殊的人:他来自于神,因而认识神;他所传的都是神要他传的,因而他是独传者;我们只能通过耶稣来认识神,因而他的尊容乃是神的恩典。也就是说,我们只要见证了耶稣的尊容就能够认识神。因此,关于神,除了耶稣的尊容告诉

---

[20] 《约翰福音》14:8。

我们的以外,我们是一无所知的。耶稣的尊容自始至终都是我们认识神的唯一来源。无论在任何时候,一旦离开耶稣,我们就丧失对神的认识。我们称此为恩典真理论的认识论。

为了对这种认识论有更深入的了解,我们来考察一下本体论对它的挑战:如果我们不知道神,我们如何知道耶稣的尊容即是神的尊容?如果我们对神的认识须臾不能离开耶稣,我们什么时候才能完成对神的认识而获得真理?本体论关心的问题是本体,即何为本体?本体认识过程一般是这样的:首先设定本体的存在,在此基础上进而寻找途径去认识所设定的本体。这里,认识的起点是本体概念,认识的终点也是本体概念。从起点到终点的道路只是在认识过程中的一个中介或工具;随着认识进展到本体概念,道路已经完成,中介不再起作用,工具则可以放在一边。自始至终,本体都是中心关注,而途径是辅助性的;本体是永恒的,而途径是暂时的。按着这种认识论,人们可以承认耶稣的尊容作为中介(工具或道路),依此而进达到神(本体)那里;甚至可以同意耶稣是通向真理的唯一道路。但是,它强调,认识的终点是本体;一旦本体(神)被认识,作为中介或道路的耶稣自然就失去作用而搁置一边。

早期教会的"灵智主义"(Gnosticism)便是在本体论思路的影响下来理解上帝和耶稣的关系。灵智论从灵魂和肉体(或精神和物质)二分说出发,认为真正的知识在于精神界。上帝是真理之灵,因而对它的认识必须在灵里。耶稣把我们带到灵的世界中,从而使我们能够认识上帝。但是,最终认识上帝需要我们自己在灵里的努力。虽然是耶稣把我们带入灵界,但是只有上帝才是我们的灵智的最终目的。[24] 很显然,灵智论把耶稣当做一个工具或跳板,使我们能够认识上帝。虽然《约翰福音》写作时并没有受到灵智论问题的干扰[25],但是,不久以后,约翰(《约翰福音》的原始材料提供者和原始作者)就注意到这个问题,并十分敏锐地觉察到灵智论对恩典真理论的危害。他在一封信中(《约翰一书》4:1—6)明确地指出,离开耶稣的灵就一定

---

[24] 参阅《基督教思想牛津词条》中的 Gnosticism 一条。
[25] 参阅 Morris 的《〈约翰福音〉注》(Leon Morris, *The Gospel according to John*), Grand Rapids, Michigan: William B. Eerdmans Publishing Company, 1995, pp. 12-13。

不是真理的灵,因而离开耶稣就不可能认识上帝。㉖

恩典真理论以耶稣为中心。耶稣是起点、中介,也是终点。真理是通过启示而给予人的,因而不可能被预设;真理在耶稣的尊容中得以彰显,若不通过耶稣,人就无法见证真理;真理只在耶稣的尊容中彰显。人一旦离开耶稣,即离开真理。可见,恩典真理论不需要本体论的本体预设。当耶稣向我们彰显尊容时,他就是"道路、真理、生命"㉗。

因此,我们关于上帝的认识只能在耶稣的尊容中被定义。这一推论特别需要我们重视。实际上,我们往往会受到本体论思维的影响,认为,如果耶稣的尊容是彰显上帝的,那么上帝的内涵必然多于耶稣的尊容。然而,这种看法是有悖于恩典真理论的。离开耶稣的尊容来谈论上帝存在,我们就不能不对上帝存在进行预设。任何关于上帝的预设都无法避免希腊怀疑主义的诘问:这种预设的根据何在?读者为什么要接受这一预设?然而,怀疑主义无法诘问恩典真理论,因为恩典真理论不预设上帝,而只是要求人们通过见证耶稣的尊容来认识上帝。

五、信仰和理性

怀疑主义认为人没有判断真理的标准,所以不能对真理进行断言。这样做的结果(怀疑主义者未能注意到这一结论)是:人无法谈论真理。很显然,一旦使用"真理"这个词,人就不能不对真理做某种意义上的断言。恩典真理论从真理自身向人彰显的角度谈论真理。一方面,面对真理的给予,人只能在信任中接受,因而人和真理是在一种情感中联系起来的。也就是说,人和真理的关系是一种情感关系,而不是认识论关系。另一方面,认识真理是一个实实在在的人类生存活动。认识者只能是人。在恩典真理论语境中,认识者面对真理的彰显还有一个辨认和接受的过程。如果无法辨认真理的给予,也就无法接受真理的给予。辨认其实就是一种断言。也就是说,人和真理不可能摆脱认识论上的关系。简单来说,问题可以这样提出:认识

㉖ 参阅谢文郁《〈约翰福音〉和古希腊哲学》的第三部分关于 πνεῦμα 的讨论。
㉗ 《约翰福音》14:6。

者面对真理的给予如何认识真理?

在第14章,《约翰福音》记载了耶稣和他的门徒在这个问题上的一段对话。耶稣说他要离开门徒先行到天父那里去。于是,摆在门徒面前的问题是,当耶稣不在他们跟前时,他们如何跟随耶稣?他们信任耶稣,认为跟随耶稣就能到天父那里;耶稣在世时,他们可以毫无问题地跟随耶稣;耶稣要他们做什么就做什么。但是,如果耶稣要先行离开,在门徒看来,除非他们知道了天父的住处,或至少知道天父的样子,否则,他们在耶稣离开他们之后就一定会迷失方向而不知举措。耶稣针对门徒的这些困惑而给出了出乎他们意料的回答。我们来读一读这段对话:

> [耶稣说]:"……我去的地方,你们知道去的道路。"多马对他说:"主啊,我们不知道你去哪里,怎么知道那道路?"耶稣对他说:"我就是道路、真理和生命。不通过我,没有人能够到父那里去。如果你们认识我,就认识我父;认识他之时,就是看见他之日。"腓力对他说:"主啊,让我们看看天父,满足我们吧!"耶稣对他说:"我和你们在一起这么长的时间,腓力,你不认识我吗?看见了我便是看见了父。你为何说:'让我们看看天父'呢?你不相信我在天父里面,天父在我里面吗?我对你们说的话不是凭着自己说的,而是住在我里面的天父在做他的工作。相信我,我在天父里面,天父在我里面;要不就根据我所做的那些工作来相信吧。"(14:4—11)

表面上看,多马的问题好像多余。耶稣明明说他要先行一步到天父那里去,并且说门徒知道去那里的路。多马却说他们不知道耶稣要去哪里,所以不知道那道路。深入分析多马的疑惑,我们发现,两者对"道路"这一概念的理解有一条很深的鸿沟。

我们可以这样来分析。多马认为道路问题是一个知识性的问题。在他看来,如果不知道目的地,人就不可能知道通往那里的道路。这是一条众所周知的认识论原则。遵循这一原则,知道目的地是第一步,在此基础上才能谈论如何去那里,寻找可行途径。"目的"这个概念是在时空中被定义的。如果在空间上能够对目的地进行定位,我们就可以根据我们的地图(积累的空间知识)来确定路线,找到道路。目的也可以是时间上的,比如制定一个目标或建立一个理想,然后提出方案和计划实现目标或理想。目标或理想都是具体的、有规定性的知识形式。人们有时会在幻想或想象中设立目标或理想;但幻想和想象也是某种知识形式的,即:缺乏可靠性的知识。无论以何种方式谈论"目的",它都是一种知识。多马要求知道耶稣要去的地方,无非是要求从时空纬度对他们"以后却要跟着来"的"目的地"进行规定,从而对这个"目的地"拥有知识,然后才能谈论通向它的道路。

然而,耶稣却认为道路问题不是一个知识性问题,而是一个信心问题。他认为,作为门徒,他们不需要拥有关于"目的地"的知识就应该已经知道了通向它的道路。因此,门徒首先知道道路,然后一步一步走向它。耶稣接着说,这是他的独传者身份所决定的:"不通过我,没有人能够到父那里去。"耶稣一直都在宣告他的独传者身份,并要求门徒们相信他的宣告。对此,他们已经认可接受了。然而,他们虽然都相信耶稣的独传者身份,但似乎并没有进一步思考耶稣的独传者身份在道路问题上的深刻含义。在耶稣看来,如果他们相信他的独传者身份,他们就可以自然而然地推导出"你们知道去的道路"这一结论。但是,门徒们推不出在耶稣看来是显而易见的结论。这说明什么问题呢?我们发现,耶稣和门徒之间对"道路"一词的理解风马牛不相及。

我们来分析一下耶稣的"道路"概念。耶稣说:"我就是道路、真理和生命。"我们知道,《约翰福音》在使用"真理"和"生命"二词时,指的是天父在恩典中赐予人的东西。跟随耶稣就是要接受天父的赐予。因此,它们都来自天父,属于目的地范围。按照耶稣的说法,只要到了天父那里,人就将拥有它们。耶稣把"道路"放在第一位,实际上是告诉人们,这是一条没有关于目的的知识作为背景的"道路"。不难指出,无论什么东西,在尚未得到之前,没有人知道它是什么东西。从知识的角度看,因为没有关于目的的知识,这条路可以通向任何地方。耶稣要求他的门徒走向这样的一条道路,对于门徒来说,他们究竟依据什么来选择这条道路呢?这个问题也就是恩典真理论一开始就遇到的问题。耶稣的回答很简单:依据对耶稣的信任,即相信耶稣是天父的独传者。认识到这一点就等于知道了通向天父的道路。对于耶稣的独传者身份宣告,人只能在信心中接受。由此可见,耶稣的"道路"概念是以信心为基础的。

第4—7节中耶稣使用三个有关"知"的动词：οἶδα（知道）是对事实或人的认知（4—5节）；γινώσκω（认识）强调掌握知识的过程（7节）；ὁράω（看见）指亲眼所见或亲身经历（7节）。在耶稣的使用中，"知道"和"认识"都是对他的独传者身份的认识，因而属于一种信心意义上的认识，即相信并接受耶稣的独传者身份（在情感上对耶稣身份的肯定）。而"看见"则是在基督信仰的基础上对神的经历，是一种经验知识。

耶稣要求的是信心，而门徒要求的却是知识。这里的张力能够缓解吗？

从概念定义的角度看，基督徒就是跟随耶稣的人。[20] 但是，如何跟随耶稣呢？耶稣告诉门徒："我去的地方，你们不能来。"（13:33）接着他又说："我去的地方，你们现在不能跟着我，但以后却要跟着来。"（13:36）当耶稣离开之后，人如何跟随耶稣呢？

这是基督徒身份的悖论。"跟随"意味着有明确的指导，比如，耶稣要往北京去，跟随者或紧跟着耶稣一直到北京，或按耶稣留下的路线图随后跟到北京。但是，耶稣说他要去的地方他们不能直接跟着来，同时又不留下路线图；门徒如何能够跟随呢？难怪多马困惑不解："主啊，我们不知道你去哪里，怎么知道那道路？"（14:5）按照多马的思路，如果他手里有一张路线图，清楚知道具体的走法，那么，他就能够找到目的地。在多马看来，在耶稣离开之后保持他的基督徒身份，唯一的途径是拥有这样一张路线图。

然而，在耶稣看来，多马的这一思路是走向放弃基督徒身份的思路。我们这样分析：如果耶稣留下这样一张地图，虽然这张图出于耶稣之手，但是，一旦它被人掌握，它就是属于这个人的。这个属于他的路线图就是他的指导原则。从这个时刻起，他只需要依靠这张图，而耶稣的指导就没有必要了。也就是说，从这个时刻起，他和耶稣可以平起平坐，不再是耶稣的跟随者。多马问题表达了门徒们愿意在感情上做耶稣的门徒，但要求在知识上和耶稣平起平坐。但是，耶稣则要求他们做完全的基督徒，要求他们放弃占有路线图的想法。

看来，耶稣关于信心的一番话并没有满足门徒的知识渴望。其实，耶稣

---

[20] 关于基督徒身份的规定，参阅《约翰福音》1:12；8:24；10:27—28等处。

说得再多，门徒也无法理解。信心是一个感情问题。只有门徒在自己的生存中完全依赖耶稣作为自己的生存道路时，耶稣说的这些话才能真正进入他们的心。只有从信心出发，门徒才能经历神，即"看见"天父。但是，门徒们心里想的还是知识意义上的道路。注意腓力的说话口气："让我们看看天父，满足我们吧！"这里的"看看"（δαξον）用的是命令语气（原形是 δείκνυμι，意思是彰显、显现等。直译这句话："把天父显现给我们看"），表达的是一种强烈要求。腓力似乎对耶稣的回答不太满意。多马问题的根本点是问耶稣要去的地方（天父所在地），耶稣却在谈论道路问题。所以，腓力要把多马问题的焦点突出起来。从信心—知识张力出发来理解腓力的问题，作为读者，我想，应该不会对腓力重复多马问题感到奇怪。

但是，腓力的这一强调却让耶稣不太高兴，以至于耶稣反问腓力："腓力，你不认识我吗？"接下来，耶稣对"认识"（γινώσκω）一词进一步解释。他谈到，门徒跟随他也有多时了，因而可以说认识他。这个"认识"中包含了什么呢？首先当然是他独传者身份，因为这是他一再宣告的身份。知道（οἶδα）了他的独传者身份，就意味着"知道"他只传天父的旨意，"知道"他所说的都是天父要他说的，从而"知道"他和天父是一体的。这些"知道"都不是知识意义上的知道（拥有概念），而是信任意义上的知道（拥有情感）。很显然，没有人"知道"天父；当耶稣说他所说的都是天父的意思时，人没有凭据来判断耶稣所说是否真实，除非人相信耶稣所说。可见，归根到底，耶稣要门徒们明白，跟随耶稣就必须在生存上完全信任耶稣，并以此作为出发点去经历（或"看见"[ὁράω]）神。

第 11 节中的"相信"（πιστεύετε，原型为 πιστεύω）用的是命令语气，大概是针对腓力的强烈要求而发。这一节的后一句话似乎语气不畅："要不就根据我所做的那些工作来相信吧！"原文是 εἰ δὲ μή διὰ τὰ ἔργα αὐτὰ πιστεύετε，直译：要不然，就通过那些工作相信吧！这里的 αὐτὰ（它们）和 τὰ ἔργα（工作）是同位语，在语气上起强调作用。但是，这里的 πιστεύετε 没有宾词。有些学者认为这里的 αὐτὰ 可能是抄写错误，可以改为 αὐτοῦ 或 μοι，如魏斯特卡特（Westcott）的观点。如果这样，这句话的译文就可以是："要不就通过那些工作相信他（或我）。"不过，这样的抄本没有出现。我倾向于认为，这句话的宾词被省略了。

耶稣似乎区别了两种相信方式：一种是直接地相信，一种是间接地通过他所做的工作而相信。我们指出，耶稣要求门徒从相信出发来认识天父，而门徒们企图从经验知识的角度去认识天父。这是两种绝然不同的认识途径。在回答腓力问题时，耶稣充分注意到了门徒在这一点上的困惑，所以一直强调信任在认识天父这件事上的关键性。于是问题回到原始位置上：如何相信？由于耶稣和门徒的长时间相处，耶稣可以要求门徒直接相信他的独传者身份，并从相信出发在生存上进一步体验天父的旨意。所以，耶稣直截了当地反问腓力："腓力，你不认识我吗？"这一反问正是表达了这一要求。但是，人们也可以通过耶稣所做的工作来认识他的独传者身份。这些"工作"都是一些在经验上可以被认识的事件，如治病救人、五饼二鱼、拉撒路事件等等。对于耶稣所做的工作，尽管人们可以从自己的经验知识角度给出不同的解释，但是耶稣做事的目的是彰显他的独传者身份。因此，耶稣认为，只要人们继续认识他所做的工作，他们就能进而认识到他的独传者身份。而且，无论如何，除非认识到耶稣的独传者身份，人们就无法认识天父，因为除了耶稣没有其他道路可达天父。也就是说，无论是直接的还是间接的，只要"相信耶稣基督"成了认识的出发点，人们就能认识天父。

这是我们经常谈论的信仰和理性之间的紧张关系。从认识论角度看，恩典真理论要求从信任出发接受真理的给予，因而要求认识者在信任中放弃判断权，交给所信任者；这样，信任就是认识的出发点。但是，人作为认识者不可能不从自己的判断出发对真理的给予加以辨认；这就要求占有判断权，以自己的理性判断为出发点。这两个出发点在逻辑上是相互排斥的。然而，当它们共存于人的认识中时，就造就了一种紧张关系。我想指出的是，这是恩典真理论所引发的紧张关系。㉖

我们从怀疑主义关于人没有真理标准从而无法作真理判断这一认识论推论开始，发现《约翰福音》所描述的黑暗和光的对立其实是怀疑主义的逻

㉖ 我在〈寻找善的定义："义利之辨"和"因信称义"〉（载于《世界哲学》，北京，2005年第四期）一文中对这两个认识出发点在人类关于"善"的认识所引发的紧张关系进行了历史追踪和现象分析。读者也许可以参阅那里的讨论。

辑结论。这是人类生存的困境。《约翰福音》提出"恩典真理论"来回应这种极端的怀疑主义，认为真理自身主动向人们彰显（作为恩典），使人在接受中认识真理。恩典真理论是一种认识论；它以信任作为认识的出发点，并在人的认识活动中造就了信仰和理性之间紧张关系。我想指出的是，深入体验这种紧张关系在我们认识中的作用，可以大大加深我们对人类认识活动的理解。

《儒家之道：中国哲学之探讨》(*The Ways of Confucianism*)

〔美〕倪德卫(David S. Nivison)著，〔美〕万白安编，周炽成译

南京：凤凰出版传媒集团，南京：江苏人民出版社，2006年11月第1版

据凯勒斯出版公司1996年版(Carus Publishing Company, 1996)译出

该书是"海外中国研究丛书"中新近出版的一部著作，收录了美国著名汉学家倪德卫数十年间有代表性的讲稿和论文，集中体现了这位汉学大家在有关中国古代的道德哲学、孟子哲学、明清哲学等方面的研究成果。

全书分为三部分。第一部分"中国哲学的探索"，由作者在1980—1984年的一系列讲演组成。这部分内容通过对"德"这一概念及其相关思想的分析与研究，提供了全书整体的主题和问题的概观。第二部分"古代哲学"，阐述了对意志无力问题的看法，也有对某些思想家及其著作段落的细致分析。第三部分"最近几个世纪"，包括了倪德卫明清儒学研究的多篇论文。（孟庆楠）

《佛祖统纪》诸文本的变迁

〔日〕西胁常记

提　要：南宋天台僧侣志磐所撰《佛祖统纪》有诸多文本存在，且其间互有异同。为了正确把握志磐的史观与著述意图，本文对《佛祖统纪》诸文本的系统做了整理，并探讨了明初以后文本中存在的删除与改动实例。北京图书馆（现中国国家图书馆）藏《佛祖统纪》南宋咸淳刻本乃祖本，是明代诸大藏经本与"大正藏本"、"续藏本"以及日本古活版的源头。"大正藏本"的底本为嘉兴藏，"续藏本"乃其校本之一。"续藏本"的底本乃兼具嘉兴藏与日本古活版两个文本之要素的"嘉兴藏系统的文本"。两者相比，"续藏本"则优于"大正藏本"。日本古活版保留了祖本的一部分面貌，是可以替代祖本所阙《法运通塞志》的重要文本。因此，我们通过祖本与日本古活版可以接近《佛祖统纪》的原貌。根据日本的《宝册钞》与《神皇正统记》、《华严五教章衍秘钞》的记述，可知《佛祖统纪》成书后不久即传入日本。而明初以后诸大藏经文本中存在的删除与改动，扭曲了志磐的本意，是阻碍我们正确理解《佛祖统纪》的因素。

关键词：志磐　佛祖统纪　文本　大藏经　佛教史书　天台宗

西胁常记，1943年生，日本同志社大学文学部教授。
译者石立善，1973年生，日本同志社大学文学部外国人研究员。

绪　言

　　几年前,佐藤成顺发表了〈佛祖统纪的大日本续藏经本与大正新修大藏经本在文献上存在的问题〉①一文。《佛祖统纪》的单刻本,所谓古活字版或其重刻本在日本国内的图书馆中藏有若干。② 除此之外,在日本供一般阅览的《佛祖统纪》文本则为大藏经所收的两种,即如佐藤文中所述的《大日本续藏经》本(以下略称"续藏本"。然此大藏经亦被称作《卍续藏》、《续藏经》、《日本藏经书院续藏经》,故本文亦有用别称之处)与《大正新修大藏经》本(以下略称"大正藏本")。其论文题目一瞥可知,佐藤论述的是两种大藏经所收《佛祖统纪》文本的异同。在这篇论文中,应当注意的一个地方是佐藤参阅北京图书馆(最近改称中国国家图书馆,拙论暂从旧称)所藏善本《佛祖统纪》的相关记述。此本见于《北京图书馆古籍善本书目》的《子部·释家类》:

　　　　《佛祖统纪》五十四卷,宋志磐撰,宋咸淳元年至六年胡庆宗、季奎等募刻本。沈曾植跋,十四册,十一行,二十二字,小字双行同,黑口,左右双边。③

此本乃天下孤本,难得一见。佐藤在北京对此本做了实际调查,在上述论文中亦利用了这一调查成果。但是,据佐藤自身所言,其不精于版本学,文中并没有言及此本在版本上的重要性。又,佐藤亦未触及此本乃是论述诸大藏经本《佛祖统纪》之际的出发点。可是最近,佐藤在北京亲眼所见的文本被影印收入《四库全书存目丛书》中④,天下孤本从而变得易见。此外,一些

---

① 〈『佛祖統紀』の『大日本続藏経』本と『大正新脩大藏経』本の文献上の問題点〉,《三康文化研究所年報》第31号,东京:三康文化研究所,2000年3月。后收入佐藤成顺著《中国仏教思想史の研究》,东京:山喜房佛书林,2002年12月。
② 此外,还有将《佛祖统纪·法运通塞志》一部分抽出刊行的单行本《法运通塞志》(南京:支那内学院,1934年12月)与《法运志略》(台北:新文丰出版公司,1977年7月)。
③ 《北京图书馆古籍善本书目》,北京:书目文献出版社,1987年,第1629页。
④ 参照《四库全书存目丛书》,《子部》,第254册,台南:庄严文化事业有限公司,1995年9月。又,此影印本未收沈曾植跋文。

大藏经的版本亦被陆续影印出版。于是笔者根据以上诸版本,一边参照佐藤的论考,一边试考志磐所撰《佛祖统纪》的文本变迁。⑤

一、祖本与各种大藏经文本及与"大正藏本"、"续藏本"

作为拙论考察之对象,最重要的文本乃如下数种:

(1)《四库全书存目丛书》所收北京图书馆藏《佛祖统纪》文本(祖本)

关于此本,在通观《佛祖统纪》诸文本之后,将再作详细论述。接下来,举出在以下论考中必须要言及的大藏经,整理有关《佛祖统纪》文本的情报。

(2)洪武南藏(或称建文南藏、初刻南藏)

折装,六行,行十七字。

此乃奉敕命所造大藏经,于南京蒋山寺开版,完成于洪武三十一年(1398)。自"天"函至"烦"函的五百九十一函为经、论、律,自"刑"函至"鱼"函的八十七函为宗乘要典。五百九十一函的经、论、律("正藏")部分是将元代碛砂藏重新编排后的翻刻,八十七函的宗乘要典("续藏")部分收有华严、禅、天台、净土各宗的佛典,完成于永乐十二年(1414)。《佛祖统纪》于此时初次入藏。洪武南藏的版木毁于永乐六年(1408)蒋山寺的火灾。1934年,于四川崇州上古寺发现了此藏经的藏本,自1999年起,花费了四年时间,由四川省佛教协会影印再版。再版之际,为数极少的残阙部分依据其他藏经补足对校。又,虫蛀处亦用计算机处理复原。共二百四十一册(洋装本,27cm),加上记有全书目录等内容的一册,总册数为二百四十二册。

《佛祖统纪》五十五卷被收入第二百三十七册(卷一—五),第二百三十八册(卷六—四十一),和第二百三十九册(卷四十二—五十五)。

(3)明南藏(永乐南藏,或只称南藏,又称南京大报恩寺版)

折装,三十行,行十七字。

---

⑤ 笔者要预先言明的是,在拙稿〈『仏祖统纪』の作者、志磐の考え〉(《历史文化社会论讲座纪要》第2号,京都:京都大学大学院人间·环境学研究科历史文化社会论讲座,2005年3月)中,关于北京图书馆所藏此本《佛祖统纪》,已论及了其存在与意义,论旨与本稿有一些重复之处。

此乃于南京大报恩寺遵奉敕命而造的大藏经。自永乐元年(1403)前后开始雕版事业,至永乐十七年(1419)末为至大致告成。此藏经共收佛典一千六百十二部,六千三百三十一卷,分为六百三十六函。据说,此藏经虽为洪武南藏之覆刻,但所收佛典的顺序与洪武南藏大为不同。因此,此藏经的雕版并非是单纯的版木重刻,而是使用原来的版木重新组成。

1984年至1996年出版的大陆版《中华大藏经》(中华书局)所收《佛祖统纪》文本的底本即此明南藏。

(4)明北藏(永乐北藏,或只称北藏)

折装,五行,行十七字的大字本。

此亦敕版大藏经。开版期间自永乐十八年(1420)至正统五年(1440),六百三十七函,一千六百十五部,六千三百六十一卷。至万历十二年(1584),被续刻的各宗派论著四十一函、三十六部、四百十卷作为续藏经增入其中。

由于《佛祖统纪》没有被收入此藏经,因而明北藏与拙论没有直接关联。

(5)嘉兴藏(径山藏)

方册本,半叶十行,行二十字。

明万历十七年(1589)于五台山开版,不久刻经事业就移至浙江省径山,其后刻经地点进而分散于嘉兴、吴江、金坛等地,此乃募刻而成的民间版大藏经。至清康熙十五年(1676)才得以告成。因嘉兴楞严寺担任此雕版事业的全责,故而被称为嘉兴藏。此藏经由"正藏"(底本为明北藏,校本则以明南藏为主,以宋元版作为参校本)、"续藏"(藏外典籍)、"又续藏"(藏外典籍)三部组成。

嘉兴藏的影印本于1986年由台湾新文丰出版公司出版。据说日本的黄檗版大藏经(1678年告成)即隐元(1592—1673)请来的此方册本的覆刻。⑥《佛祖统纪》被收入《嘉兴藏》之"正藏",但原来《明北藏》不收《佛祖统纪》,因此底本使用的是《明南藏》本。⑦

---

⑥ 大藏会编:《大藏经——成立と变迁——》十七《江户时代の一切经开版》,京都:百华苑,1964年11月,第101页。但据最近的研究,似乎未必可如此断定,参照椎名宏雄:《宋元版禅籍の研究》第三章《明代以降の大藏经と宋元版禅籍》,东京:大东出版社,1993年8月,第344—350页。

⑦ 参照李富华、何梅:《汉文佛教大藏经研究》,第十章〈关于《嘉兴藏》的研究〉第三节〈方册《嘉兴藏》的内容及其学术价值〉,北京:宗教文化出版社,2003年12月,第500页。

上述之中,除了"(4)明北藏"之外的大藏经所收《佛祖统纪》诸文本,与《续藏经》以及《大正新修大藏经》所收文本的关系是我们要讨论的问题。而在考察之前,我们再论述一个文本,即"绪言"中所提及的传承于日本的单刻本。

(6)日本古活版

此乃日本庆长(1596—1615)、元和(1615—1624)年间的活字本。此书形态如下:四周单边,有界,半叶十一行,行二十字,注文双行,版框高 22.7cm,宽 16.8cm,版心记"统纪(卷数)(叶数)",无刊记。⑧

此本作为《续藏经》的校本之一而被视为"古本"。关于这一点,将在下文论及。那么于此,我们回到"(1)《四库全书存目丛书》所收的北京图书馆藏《佛祖统纪》文本",考察《佛祖统纪》的成书与流布。此本受到了藏书家、版本目录学领域之名家傅增湘(1872—1949)的注意,以《藏园群书经眼录》⑨为首的傅氏著作经常提及此本。傅增湘的藏书近八千册,于其辞世数年前由其本人,或身后由遗族赠予北京图书馆,其中亦包括傅氏所藏此《佛祖统纪》文本。傅氏是 1913 年从位于北京隆福寺的聚珍堂购入此本的。⑩

其他各本所载志磐《佛祖统纪序》中的一句,均作:"目之曰《佛祖统纪》,凡之为五十四卷。《纪》、《传》、《世家》,法太史公。《通塞志》,法司马公。"而北京图书馆藏本则作:"目之曰《佛祖统纪》,凡之为类四十卷。《纪》、《传》、《世家》,法太史公。《通塞志》,法司马公。"⑪《佛祖统纪通例》下的《释志》中,关于设立《法运通塞志》的理由,其记述虽与他本相同,但他本所载"作《法运通塞志》十五卷"的部分,唯独此本"十五"二字为阙文,记为"作《法运通塞志》■■卷",其下刻有小字"嗣刻"⑫。根据以上事实,以及傅增湘购入此本时,现今所阙的卷三《释迦牟尼佛本纪》尚存于世,因而我们

---

⑧ 《新修恭仁山庄善本书影》第五十六,大阪:财团法人武田科学振兴财团,1985 年 5 月,第 51 页及第 110—111 页。

⑨ 《藏园群书经眼录》第 3 册,北京:中华书局,1983 年 9 月,第 889—891 页。又,参照前揭拙稿〈『仏祖统纪』の作者、志磐の考え〉,第 10 页。

⑩ 《藏园群书经眼录》第 3 册,第 890 页。

⑪ 《四库全书存目丛书》,《子部》,第 254 册,页 2 上段右。

⑫ 同上书,页 3 下段右。

可知此本乃抛除《法运通塞志》全十五卷而雕于版木的。[13] 作为结论,据沈曾植(1850—1922)之鉴定,此本乃"明刻南藏"即"(2)洪武南藏"与"(3)明南藏"之"祖本"。即《佛祖统纪》的雕版过程为:除去《法运通塞志》十五卷,先开雕其他的四十卷,后来再开雕《法运通塞志》十五卷。这些均被收入后世的大藏经中,并产生了像"(6)日本古活版"那样的单刻本《佛祖统纪》的独特文本。令人遗憾的是,继其他四十卷之后雕于版木的祖本《法运通塞志》全十五卷的单刻本并未传世,而且目前我们连言及此本的记述亦无法找到。

如上所述,《佛祖统纪》祖本在被编入明代各种大藏经之前曾流布于民间,而"(6)日本古活版"则含有极接近《佛祖统纪》祖本的部分。得以证实此事的根据之一就是,祖本文本卷末所见响应胡庆宗等人募刻的捐赠者姓名与捐赠物品、金额的若干部分,以原来的形式刻于日本古活版中。《佛祖统纪》在编入敕撰大藏经之时,这些捐赠者姓名等内容当然被统统删去,实际上"(2)洪武南藏"以下的大藏经所收《佛祖统纪》中不见这些记述。由此我们可以得知,保存了一部分关于捐赠者记载的民间流布的单刻本,是以传承祖本的形式与大藏经文本并存于世。即,我们可以说,日本古活版忠实地保留了祖本的一部分面貌,是可以替代祖本所阙《法运通塞志》十五卷部分的重要文本。

关于流布于民间的单刻本,例如《金陵梵刹志》卷二《钦录集》中可见如下记述:

> 《佛祖统纪》四十五卷[14],宋景定间僧志磐撰,今管藏经僧宝成募缘刊入。[15]

此条资料乃北藏编纂官们于永乐十八年(1420),向永乐帝请示包括《佛祖统

---

[13] 笔者于2005年3月在位于北京的中国国家图书馆(原北京图书馆)阅览了原本,发现在影印此本之际,刻于原本版框上方的文字与手书眉注等均被略去。今举一例,本书《历代会要志》卷二中,"国朝典故"项的第一行与第二行上方的框外(《四库全书存目丛书》所收影印本,页302下段左),自右至左刻有"圣节"二字,此框外所刻他本均无,唯见于"续藏本",但二字被收入版框内(《续藏经》第131册所收《佛祖统纪》卷五十三,台北:新文丰出版公司,1976年12月,页677下段)。
[14] "四十五",盖为"五十四"之误。
[15] 《中国佛寺史志汇刊》第1辑第3册所收《金陵梵刹志》卷二《钦录集》"永乐十八年"条,台北:明文书局,1980年1月,第279—280页。

纪》在内的各种佛典可否入北藏的上奏文的一部分。结果,"明北藏"取消了《佛祖统纪》的入藏。但从此条资料来看,我们可以证实《佛祖统纪》通过民间募缘的方式,在志磐之后亦继续刊行的事实。又,在日本杲宝(1306—1362)记、贤宝(1333—1398)补《宝册钞》中,载有可以证实此事的记述。即《宝册钞》卷三在言及空海时[16],引用了《佛祖统纪》卷三十《诸宗立教志》的相关记载。"大正藏本"卷二十九则作:"元和中(806—820),日本空海入中国,从(慧)果学,归国盛行其道。"[17]《佛祖统纪》的《诸宗立教志》在大藏经文本中被置于卷二十九,而在民间流布的文本中则位于卷三十,因此《宝册钞》的著者所见文本乃后者(当然,此时尚未存在前者大藏经文本)。附言之,《宝册钞》是关于真言宗所依主要经论,就翻译、相承次第、请来、说相等梗概,选择了数十项主题及副题进行问难答释的书籍,东寺观智院藏有贞和六年(1350)的写本。

又,与《宝册钞》同一时期,北畠亲房(1293—1354)著有《神皇正统记》。今亦有相关研究认为,《神皇正统记》的书名,而且包括著者所依据的史观自身在内均受到了《佛祖统纪》的影响。[18] 其论点妥当与否暂且不论,从《佛祖统纪》与《神皇正统记》的记载来看,我们可以确认亲房阅览过《佛祖统纪》。

从以上二例可以证实:成书于咸淳五年(1269)的《佛祖统纪》,在80年后就已在日本被人阅读,其书成书后不久即由东土传入日本。而且,江户中期的僧侣普寂(1707—1781)撰述的《华严五教章衍秘钞》卷一言及华严宗祖法藏时,谓:"其事迹如千里《别传》、静法《纂灵记》、《宋高僧传》第五、《佛祖统纪》三十等载。"[19]此处所引述的《佛祖统纪》亦属于民间流布本系统的文本。

以上,我们论述了"(6)日本古活版"属于承袭了"(1)《四库全书存目丛书》所收北京图书馆藏《佛祖统纪》文本"脉流的单刻的民间流布本系统,并非是明代以后大藏经所收的文本系统。

---

[16] 《大正藏》第77册,页801b。
[17] 《大正藏》第49册,页296a。
[18] 参照平田俊春:《神皇正統記の基礎的研究》,〈木論〉第四篇《正統論の基礎としての佛祖統記》,东京:雄山阁出版,1979年2月,第524—638页。
[19] 《大正藏》第73册,页629a。

那么，日本古活版虽然属于此处所述北京图书馆藏文本，即所谓"祖本"之系统，但并非就是祖本自身。如此断定的根据之一就是，此本卷四十九增入了志磐以后的元明时代的记载。因此我们可以推测：在民间，沿袭志磐所发明的纪传体与编年体相组合的《佛祖统纪》之史书体裁，后人将志磐搁笔以后的天台宗派祖师们的列传与记载编入了《佛祖统纪》。作为这一推测的旁证事例，我们应当举出《续藏经》第131册所收宋代佚名撰《续佛祖统纪》吧。又，最近影印出版的《佛祖统纪》清刻本[20][（附光绪三十四年1908）四月吉日《后序》]，是属于"（5）嘉兴藏"系统的文本，其书末尾作为《佛祖统纪清续》，撰有"清慈邑法师"、"清法化号莲生"、"清开慧号梅岩"、"清妙能号谂"的传记。这些事例表明，在志磐之后，天台祖师的列传亦作于历代，这些列传在某一时期被编入了《佛祖统纪》的民间流布本，而民间流布本则承袭了"（1）北京图书馆藏《佛祖统纪》文本"，即"祖本"的脉流。

最后，我们对以上《佛祖统纪》诸文本与"续藏本"及"大正藏本"所收文本的关联加以考察。

日本于1902年设立了京都藏经书院，开始出版《卍藏经》、《卍续藏经》（"续藏本"），而底本一般为当时在书肆购入的和刻本。此底本的文本现藏于京都大学附属图书馆，其中可见用朱笔标出的文字讹误、正字的变更、训点的补正、记载的增删等具体指示，因此这些底本亦被称做"'续藏本'文本的原稿"。《佛祖统纪》亦于原稿文本的末尾记有：

> 黄檗版其他诸经印刷发卖元
> 京都市上京区木屋町通二条下ル
> 一切经　　　印房武兵卫

由此可知，《佛祖统纪》的底本亦为普通的流布本。

作为与祖本的不同之处，如前所述，"续藏本"文本卷四十九载有南宋宁宗与理宗时代的事迹，继而载有元明的事迹，其眉注记有："明藏本不载嘉禧已下至末卷记事。"[21]"明藏本"是指"嘉兴藏"或其覆刻本黄檗版的文本吧。

---

[20] 扬州：江苏广陵古籍刻印社，1992年3月。
[21] 《续藏经》第131册所收《佛祖统纪》，页622上段。又，"嘉禧"（嘉熙）乃南宋理宗的年号（1237—1240）。

又,"续藏本"文本的"眉注"中,可见到用被称做"古"或"古本"文本所做的校勘记。此"古"或"古本"盖日本古活版文本。那么,既非"祖本",亦非"古本"的"续藏本"的底本究竟是怎样一种文本呢?

此"续藏本"所收《佛祖统纪》文本,在卷首置有杨鹤《佛祖统纪叙》、明昱《阅佛祖统纪说》、志磐《佛祖统纪序》与五名校正者(必升、慧舟、善良、宗净、法照)所属寺院、头衔、僧名,以及《通例》、《目录》、《音释》,卷末则终于《刊板后记》。这些特征与卷四十九载有元明时代事迹这一点,基本上同嘉兴藏文本一致,唯一不同的是《刊板后记》之存在与否。嘉兴藏文本则欠缺《刊板后记》。既载有卷四十九的元明时代事迹,又有刻于卷末的《刊板后记》,兼具此两大特征的乃是"(6)日本古活版"文本。但日本古活版与祖本文本一样,并不载录撰者志磐以外的序跋与音释。因此,笔者认为"续藏本"的底本乃兼具嘉兴藏与日本古活版两个文本的要素的"嘉兴藏系统的文本"。

另一方面,"大正藏本"以"明本增上寺报恩藏本"为底本,此处所云"明本"盖指嘉兴藏而言[22],并以上述"续藏本"作为校本。

二、从祖本文本到勅撰入藏文本

上一章所举的佐藤论文,举出了今日一般容易阅览的《佛祖统纪》文本——"大正藏本"与"续藏本",并对比两者,指出了二者在文本上存在很大的差异。用佐藤的语言来表述的话,则为"有脱落的《正藏》本与有增加的《续藏》本"这样一种差异。佐藤在处理"哪一个文本是《统纪》原型"这一问题时,所采用的方法是"探讨脱落文章的思想内容,从思想内容推论脱落的理由,进而指出脱落形式的特征,以及由于脱落所产生的文章构成上的矛盾"[23]。于此,佐藤放弃了从其他诸版本进行深入探讨的途径。然而今日,于明代首次入藏的《佛祖统纪》诸版本,以及载有南宋末咸淳年间之《刊记》的祖本,并且包括日本古活版文本在内,均以各种形式公开而广为阅览,版本的系统基本得以判

---

[22] 根据椎名宏雄的研究,"明本"盖指嘉兴藏,但似乎亦有例外。参照前揭椎名:《宋元版禅籍の研究》第三章〈明代以降の大藏経と宋元版禅籍〉,第384页。
[23] 参照前揭佐藤论文〈『佛祖统纪』の『大日本续藏経』本と『大正新脩大藏経』本の文献上の问题点〉,第2页。

明。通观诸版本,我们可以判明的是:佐藤所云"有脱落的《正藏》本与有增加的《续藏》本"——"大正藏本"与"续藏本"的差异始于《佛祖统纪》入藏于"(2)洪武南藏"之时,即永乐十二年(1414)。"脱落"与"增加"是"洪武南藏"编纂官的意图还是天台佛教方面的意图,我们尚不清楚,但志磐祖本文本至此发生了很大的动却是确凿之事实,此变动为后世的大藏经文本所继承。

那么,志磐所撰史书《佛祖统纪》的原本失传了吗?事实并非如此。明南藏之祖本——"(1)《四库全书存目丛书》所收北京图书馆藏《佛祖统纪》文本"虽然欠缺了十五卷《法运通塞志》,但其他四十卷乃志磐原本。[24] 又,《法运通塞志》虽然不见于祖本,但保留在属于同一系统的"(6)日本古活版"之中。祖本文本始于志磐的《佛祖统纪序》,继而载有五名校正者所属寺院、头衔、僧名、劝缘邑士的姓名以及《通例》、《目录》等,卷末刻录《刊板后记》而终。日本古活版原封不动地继承了此条主线,并且亦如上文所述,日本古活版还保留了一部分捐赠者姓名与物品、金额的记载。自此文本卷四十九亦载有元明以后事迹观之,祖本文本作为单刻本流通于世而继续为后人所阅读,其间进行了内容添削与改版而成为日本古活版,此乃确凿无疑之事实。而且,在日本按理说失去意义的捐赠者姓名与金额等内容却得以保留,笔者认为这是日本古活版特意不对原本做出增删所致。因此,我们通过合并明南藏之祖本——"(1)《四库全书存目丛书》所收北京图书馆藏《佛祖统纪》文本"与"(6)日本古活版",就可以接近《佛祖统纪》的原本。佐藤文中的研究对象"续藏本",乃具备日本古活版与嘉兴藏两方面要素的"嘉兴藏系统"的文本,因此我们可以断言,与以嘉兴藏为底本、"续藏本"为校本的"大正藏本"相比,"续藏本"则带有接近祖本文本原型的内容。

据以上事实,我们可以说:为了正确地理解志磐所撰史书《佛祖统纪》的

---

[24] 此处根据沈曾植的鉴定。另外,例如祖本文本在各卷末的书名之下,或各叶版心之下,每一卷都刻有刻工姓名,其中可见徐闻、四明徐泳、奉川王冈、王闻、王文、王宏、马圭、奉川章临、章震、章信、姚邑茅梦龙、胡昶等人的名字。据阿部隆一:《宋元版刻工名表》(为《阿部隆一遗稿集》第一卷《宋元版篇》所收,东京:汲古书院,1993年1月)、王肇文:《古籍宋元刊工姓名索引》(上海:上海古籍出版社,1990年12月)以及张振铎:《古籍刻工名录》(上海:上海书店出版社,1996年10月)等研究,上记刻工多为宋代或元代浙中出身,而这些刻工们活跃的时代与撰于咸淳辛未端午日的志磐《刊板后记》(1271)的日期亦相吻合。自此观之,我们将《四库全书存目丛书》所收北京图书馆藏本作为《佛祖统纪》祖本文本盖亦无误。

意图,不能依据明代以后入藏的勅撰与民间版的大藏经文本,而应该采用祖本——"(1)《四库全书存目丛书》所收北京图书馆藏《佛祖统纪》"与继承了祖本脉流的"(6)日本古活版"为文本进行研究吧。如今,如果要选择在日本最容易利用的"大正藏本"与"续藏本"其中之一的话,无疑应当选用"续藏本"吧。

三、删除与改动的实例

作为上文考察之结论,我们论述了为正确汲取志磐撰作史书的意图,应当利用"(1)《四库全书存目丛书》所收北京图书馆藏《佛祖统纪》"与"(6)日本古活版《佛祖统纪》文本"。如无法得见此两本,则当采用"续藏本"。最后我们明示一些实例,来确认以上结论。

关于"大正藏本"与"续藏本",佐藤的结论为"《正藏》本的脱落"与"《续藏》本的增加",但实际上《续藏》本才是接近于志磐原本的文本。《正藏》,即《大正藏》所收的《佛祖统纪》是以嘉兴藏为底本的,而溯此嘉兴藏之源头,乃基于洪武南藏。也就是说,明初首次下勅令编纂大藏经之际,《佛祖统纪》亦得以入藏印行,"大正藏本"所承袭的即此时之文本。笔者以为"脱落"反映了明初大藏经编纂官的意图,或者领会其意图的天台宗派的立场,因此毋宁应当称之为"删除"吧。

这种"删除"见于《佛祖统纪》全书,其大部分出现在全十五卷的《法运通塞志》。以"续藏本"为校本的"大正藏本",一般在各页下方的框外载录校勘记,但内容冗长的"脱落"部分的校勘记却无法全部收入各页下方框外的空白中,遂漫溢于各卷末尾。

关于《法运通塞志》,志磐首先在《佛祖统纪序》中述云:

> 志磐手抱遗编,久从师学,每念佛祖传授之迹,不有纪述,后将何闻?惟昔良渚之著《正统》,虽粗立体法,而义乖文蒇。镜庵之撰《宗源》,但列文传,而辞陋事疏。至于遗逸而不收者,则举皆此失。于是并取二家,且删且补,依放史法,用成一家之书。断自释迦大圣讫于法智,一佛二十九祖,并称《本纪》,所以明化事而系道统也。至若诸祖旁出为

《世家》,广智以下为《列传》,名言懿行,皆入此宗。而《表》、《志》之述,非一门义,具在《通例》,可以类知。既又用编年法,起周昭王至我本朝,别为《法运通塞志》。儒释道之立法,禅教律之开宗,统而会之,莫不毕录。目之曰《佛祖统纪》,凡之为五十四卷。《纪》、《传》、《世家》,法太史公。《通塞志》,法司马公。[25]

在《通例》的《释志》部分,志磐谓:

> 大法东流,圣贤继世,所以住持三宝,不令断绝。然历年既久,或兴或废,此盖世事无常之变,于此道何成何亏邪?考古及今,具列行事,用见法运通塞之相。至若儒宗道流世间之教,虽随时而抑扬,而其事迹莫不昭然可训可戒,作《法运通塞志》十五卷。[26]

在《法运通塞志》起首处的《序》中,记有如下文字:

> 序曰:佛之道本常,而未始离乎世相推迁之际。自释迦、鹤林诸祖继出,所以传持此道,东流震旦,逮于今而不息。大较圣主贤臣,宿禀佛嘱,常为尊事,而儒宗道流之信不具者,时有排毁,然终莫能为之泯没,以此道本常也。夫世称三教,谓皆足以教世,而皆有通塞,亦时使之然耳。列三教之迹,究一理之归,系以编年,用观通塞之相。[27]

透过以上叙述,我们可以清楚地读取志磐撰作《法运通塞志》的意图。即,志磐采用编年体这一史书体裁,将三教之兴隆与衰亡系于岁月之下,以究明其实相。因此,我们认为:志磐先本着其胸中的"正统"观,记录了各王朝之首都、帝王名氏、即位之年至退位之年,并作有类似《历代三宝纪》之"帝年",再于各年之下记入有关三教的事迹。作为具体的事例,现将唐代最初的部分录示如下。此处所用文本为"大正藏本",即嘉兴藏。原文中的小注,均收入括号内。

　　唐(都长安)

　　高祖(李渊,受隋禅)

---

[25] 《大正藏》第49册,页129c。
[26] 同上书,页130c。
[27] 同上书,页325a。

武德元年，诏为太祖已下造栴檀等身佛三躯。以沙门景辉尝记帝当承天命，为立胜业寺。以沙门昙献于隋末设粥救饥民，为立慈悲寺。以义师起于太原，为立太原寺。又诏并州立义兴寺，以旌起义方㉘之功。

二年，诏依佛制，正、五、九月及月十斋日，不得行刑屠钓，永为国式。

三年。

四年，释智岩初仕隋，为虎贲中郎将。……

六年，濩泽县李录事亡。……

七年，上幸国学释奠，……

八年，太史令傅奕上疏曰：……

九年，傅奕七上疏请除佛法。……

太宗（世民，高祖次子）

正观元年，……㉙

以上记载，自唐高祖武德元年（618）至九年（626），继之以太宗正观（贞观）元年（627）。其书先记录一位帝王的即位之年至末年（退位之年）为止，再于各年之下列举有关三教的事迹，无事可载的武德五年则被删去。㉚

作为"大正藏本"的脱落部分，在武德二年条"永为国式"句后附有大正藏编纂者的校勘记："○诏国子学立周公、孔子庙。"㉛此一事迹见于"（6）日本古活版"与"续藏本"㉜。降诏国子监即国立学校，建立祭祀儒教先圣先师周公与孔子的祠庙，此记述事关儒教。而祖本所载的这条记录，在收入明南藏之际被编者删除。

武德六年"濩泽县李录事亡"条，记载了亡故的官吏李录事与宣讲《维摩经》的余法师的事迹。武德七年"上幸国学释奠"条，继而记载了高祖命儒释道三教的代表人物（博士徐旷、沙门慧乘、道士刘进善）分别讲析载有各教宗

㉘ "方"疑为衍文，"续藏本"无。
㉙ 《大正藏》第49册，页362a—页363b。
㉚ "武德三年"亦当删，但不知为何，《佛祖统纪》在被收入明南藏时，添加了此条记述。
㉛ 《大正藏》第49册，页362框下附校勘记[6]。
㉜ 《续藏经》第131册所收《佛祖统纪》，页482下段。

旨的经典——《孝经》、《般若心经》、《老子道德经》。而且,武德八年"太史令傅奕上疏曰"条乃道士傅奕叙述了佛教如何为害于世的上表文。

很明显,从志磐祖本中删除的都是与佛教无关的记载,即儒教与道教或有关其他方面的事迹。贯彻这一编纂立场,例如以下所揭示的唐太宗正观(贞观)十四年有关儒教的记载,则被删去了116字:

> (正观)十四年,上幸国子监,观释奠,命祭酒孔颖达(孔子之后)讲《孝经》,大征名儒为学官。学生能明一经者,皆得补授。增筑学舍千二百间,学生至三千二百六十员。自屯营飞骑亦给博士,使授以经。于是四方学者、高丽、吐蕃皆遣子弟入学,升讲筵者八千人。上以师说多门,命孔颖达撰定《五经》疏,令学者习焉。㉝

似乎《佛祖统纪》在被收入明南藏时,对于祖本文本所做的删除成于仓促之间,因而没有照顾到前后记述的逻辑与构成。㉞ 与佛教无关的事迹,十之八九都被机械地删掉。在祖本文本中,此条记载之前有"正观十三年"的事迹,其后则载有关于《遗教经》的诏书,且继而于其年(正观十四年)十月,记录了迁化的杜顺和尚的事迹。但是,上揭"正观十四年"条以下的那条记载却被机械地删除了,由于欠缺对前后记述的深思熟虑,导致有关《遗教经》的诏书与十月杜顺和尚的迁化事迹,都被编入前一年即"正观十三年"的事迹中㉟,因而致误。全书中,像这样的事例

㉝ 《大正藏》第49册,卷三十九末所附校勘记[1],页371a。
㉞ 在祖本文本被收入明南藏之际,明南藏编纂者所做的仓促且机械的文本删除之例,还有关于天台祖师智顗之兄陈针的记述。《佛祖统纪》卷九《智者旁出世家》载:"陈针,智者之兄,为梁晋安王中兵参军。年四十,仙人张果相之曰:'死在期月。'师令行方等忏。针见天堂门牌曰:陈针之堂,后十五年,当生于此。果后见针,惊问曰:'君服何药。'答曰:'但修忏耳。'果曰:'若非道力,安能超死!'竟延十五年而终。智者尝为其撰《小止观》,咨受修习,夙夜不息。"(《大正藏》第49册,页200a)又,同书卷三十八《法运通塞志》载:"(太建)十年,……师为兄陈针述《小止观》,咨受修习。初,仙人张果相之曰:'死在期月。'师及(笔者注:当作'乃')令行方等忏。针见天堂门牌曰:陈针之堂。果后见针,惊问:'君服何神药?'答曰:'但修忏耳。'果曰:'若非道力,安能超死。'竟延十五年而终。"(同上书,页353a—b)然而卷四十《法运通塞志》关于方士"张果"的如下事迹,却被明南藏编纂者视为有关道教的记载,未对内容进行研讨就删除了:"(开元二十一年)上遗中书侍郎徐峤赍玺书召方士张果入见。时邢和璞善算术,知人寿夭,算果莫能测。师夜光者善视鬼,上与果密坐,夜光不能见。上闻饮堇汁无苦者真奇士(音谨,附子毒也),与之三卮,醺然如醉,顾左右曰:'非嘉酒也。'取铁如意击堕其齿,皆燋黑。出神药,傅夫断寢。顷之,齿粲然如故。后恳辞还山,下制曰:'张果先生,志造高尚,迹混光尘。问以道枢,深会宗极。宜升银青光禄大夫,号通玄先生。'后人恒山,不知所终(果在梁、陈时,相智者兄陈针者)。"(同上书,卷四十末所附校勘记[2],页377b)
㉟ 《大正藏》第49册,页365b。

不止一处㊱。

又，在古代中国的史书中，用"论赞"来表明作者对于所载史事的看法与立场。《佛祖统纪》亦蹈袭传统史书之体裁，以"述曰"作为作者志磐的评语。可是由于上述"正观十四年"的记述被删掉，以致如下所示74字之"述曰"亦被删除：

> 述曰：汉明帝幸辟雍，诸儒执经问难，搢绅之人圜桥门而观听者以亿万计。㊲唐太宗幸国子监，命祭酒讲经，增学舍，召名儒为学官。四方来学，升讲筵者八千人。大哉，汉唐文治之盛！唯二君有焉。㊳

此论赞直接关系到唐太宗时期的儒教兴隆，僧侣志磐是如何看待唐太宗的呢？或者是如何看待儒教的呢？又，南宋的志磐是如何把握汉唐时代的呢？"述曰"中包含了对这些意味深长的问题的回答。删除此论赞的结果，等于删除了与作者志磐的史观有直接关联的记述。

如上所述，一般是机械地删除与佛教无关的记述与论赞，而对于下面一例，编者则例外地进行了复杂的删除：

> 大平真君元年，寇谦之于嵩山立坛，为帝祈福。老君复降，授帝以太平真君之号，谦之以奏，遂改元大赦。㊴

下面的"述曰"被直接附在了上面的记述后，表明了志磐对有关北魏太武帝时代的佛难记述所持有的立场。对利用道士寇谦之谋划废佛的司徒崔浩与听信其言的太武帝，志磐进行了批判：

> 述曰："子不语怪神"㊵，言诚可以为教世之法也。夫老子圣人也，或在天为君主，或分形下教，随时阐化，则有之矣。而寇谦之乃言：于某处某处老君下降，授帝以太平真君之号，嘱以辅佐太平之说。托崔浩以

㊱ 此亦有例外。例如卷35《法运通塞志》第十七之二所载西汉即前汉高祖、惠帝、文帝等事迹见于祖本，而在明南藏以后的文本中则被悉数删去，西汉的记载始自武帝"元光二年"，但于"武帝"条下的小注中却云："自高祖受命，至此为四世。"（《大正藏》第49册，页328c）。
㊲ 参见《后汉书·儒林传》。
㊳ 《续藏经》第131册所收《佛祖统纪》，页482下段。
㊴ 《大正藏》第49册，页354b。
㊵ 《论语·述而》："子不语怪、力、乱、神。"

其书献,诳惑当世之君,何其怪哉!厥后崔浩以释教虚诞之说劝于上,遽起灭僧之祸,此其法运之一厄也。既而崔浩族诛,太武被弑,不令而终。君臣俱遭冥罚,宁不遗恨于谦之乎![41]

在《佛祖统纪》的文本记述中,祖本与明南藏以后的文本之间虽然没有任何删削,但是明南藏的编纂者对于上引"述曰"部分仍做了删改。此处删改反映了明南藏印刻之际,编纂者认为"述曰"代表了作者志磐的意图。祖本文本的原文如下:

述曰:"子不语怪神",言非可以为教世之常法也。然《河图》、《洛书》,天道所以下教于世者,岂当以神怪非之乎!是则老子圣人,或在天为君主,或分形下教,皆随时以阐化也。当老子之下教寇君,授之经法,任以天师,俾除削三张之弊,其言有足取也。至嘱以辅佐太平之说,故能造阙下,以献其书,崔浩引而进之,太武信而纳之,未足为过也。一旦崔浩以恶释之心劝其上,于是遽起案诛沙门之祸。酷哉此时!其法运之一厄乎!既而崔浩族诛,太武被弑,不令之终,足彰其罪。及文成诏复佛法,大建浮图,一翕一张,曾不足以累本常之道也。世或以毁释过谦者,然谦之特受教于老君,以告人主耳,初未尝创毁释之论。毁释自太武、崔浩起也。夫法运之通塞,数也,人心之好恶,势也。执(当作"势"——笔者注)与数合,佛力不能移也。故知太武、崔浩之毁释,势与数合,非谦之之过也。炀帝师智者,及智者亡,弑父窃位,下罢僧、毁寺之诏而卒沮于事,岂智者教之邪?卫元嵩教周武,赵归真教唐武,此诚教之也。君与臣俱遭冥罚,非不幸也。[42]

祖本在字数上多出二百字(前者一百四十七字,后者三百四十七字)。而且此处的删改并非单纯的工作,对表明志磐立场的论赞加以改动,当然也就歪曲了《佛祖统纪》本身。

此处"述曰"乃志磐关于北魏太武帝废佛的见解,我们将祖本文本与有削减、更改的明南藏以后的文本加以比较与探讨,就会发现两者对于道士寇

---

[41] 《大正藏》第49册,页354b。
[42] 《续藏经》第131册所收《佛祖统纪》卷三十九,页466下段—页467上段。

谦之的态度存在着显著差异。在祖本"述曰"中,认为废佛的主谋乃太武帝与崔浩,而寇谦之则为太上老君的"传言者",因此志磐并没有对寇谦之的行动加以评价。而明南藏以后的文本中,寇谦之在废佛运动中所发挥的作用被放大了。废佛的主谋虽然仍是太武帝与崔浩,但文章认为是由于太武帝与崔浩两人听信寇谦之之言而引起的。从"述曰"最后所述"君臣俱遭冥罚,宁不遗恨于谦之乎"一语盖可见之。

这种对寇谦之评价的差异,在两种"述曰"对起首处所引《论语》"子不语怪神"的解释中就已昭然若揭。明南藏以后的文本述云"诚可以为教世之法也",太上老君降赐寇谦之的经戒、《太平素经图箓》以及各种言辞无非是孔子所言"怪"与"神",乃没有任何意义的杜撰,而将这些杜撰传告于世俗之君臣才是过错。寇谦之在成为传达者之际,就已难辞其咎。从这一逻辑中,可以感到编纂者对太上老君即老子,甚至对道教、道士的憎恶。

另一方面,祖本文本虽亦同样引用《论语》,并由此而发,谓"言非可以为教世之常法也",但志磐其后的论点却转向了承认"怪"、"神"的例外意味。志磐出示《易·系辞传》中的"河出图,洛出书,圣人则之",认为此乃"天道所以下教于世者","河图洛书"不就是体现了天之意志的存在吗?如此,则太上老君降赐寇谦之的文书与言辞亦可谓具有同样的意义。而且志磐还为寇氏辩护:将这些文书与言辞传达给世俗君臣的寇谦之,一步未离太上老君传达者的立场,因此寇谦之并无掀起废佛运动的罪责。"述曰"中的一段叙述:"(佛法)一翕一张,曾不足以累本常之道也。世或以毁释过谦之者,然谦之特受教于老君,以告人主耳,初未尝创毁释之论。毁释自太武、崔浩起也。夫法运之通塞,数也,人心之好恶,势也。势与数合,佛力不能移也"�43,此与志磐设立《法运通塞志》的原点相吻合。

我们在前一部分引述了本书《通例》《释志》所云"历年既久,或兴或废,此盖世事无常之变,于此道何成何亏邪?考古及今,具列行事,用见法运通塞之相。至若儒宗道流世间之教,虽随时而抑扬,而其事迹莫不昭然可训可戒,作《法运通塞志》十五卷"�44,可以说:"述曰"中的看法乃《通例》《释志》

㊸ 《续藏经》第 131 册所收《佛祖统纪》卷三十九,页 466 下段—页 467 上段。
㊹ 《大正藏》第 49 册,页 130c。

相同主旨的另外一种表述。

此例将作为展开志磐思想原点的"述曰"之旨趣做了改动，这种改动是否与前述机械式地删除与佛教无关的记述之立场相一致呢？我们认为在人为改动的程度上虽颇有不同，但在改变了志磐原本这一点上并无二致。这两种人为改动都是阻碍我们正确理解《佛祖统纪》一书的因素。

结　语

自北宋徽宗政和年间（1111—1118），天台僧侣元颖将以天台为中心的佛教史书的撰述作为目标以来，在一个多世纪里，有数名作者继承元颖之精神而奋起。1237 年，首先是宗鉴撰述的《释门正统》⑤得以问世。在此之前，中国佛教史书的形式，只有成于律僧之手的高僧传与成于禅僧之手的灯史，而以通史的体裁撰成的中国佛教史，以这位天台僧侣宗鉴的著作为滥觞。作为《释门正统》撰成的背景之一，我们可以举出史学在北宋的兴隆，尤其是司马光《资治通鉴》的成书。意识到《资治通鉴》的存在，并将司马光的史书体裁——编年体运用到自身撰述的佛教史书作者，乃于宗鉴《释门正统》三十余年后撰成《佛祖统纪》的志磐。

志磐在《佛祖统纪序》中述云："《纪》、《传》、《世家》，法太史公。《通塞志》，法司马公。"宗鉴的《释门正统》是从天台宗立场出发，以纪传体撰成的佛教史，因此其书仅止于所谓天台宗史的阶段。《佛祖统纪》中同样以纪传体撰成的部分，具有《释门正统》所带有的宗门史的侧面。例如，志磐对天台宗内的山家与山外的宗派之争做了重点记述⑯，而除了与天台有深切关系的净土宗以外，对天台以外的宗派所花费的篇幅极为简短，禅、律、华严、慈恩、密教均被总括纳入《诸宗立教志》一卷内，加以简单的叙述。《诸宗立教志》当然亦贯彻了天台的立场，其中《禅宗志》的序文述云：

---

⑮ 关于《释门正统》，参照拙稿〈宗鑑『釋門正統』について〉，《中国思想史研究》第 28 号，京都：京都大学中国哲学史研究会，2006 年 3 月。
⑯ 参照拙稿〈宋代（九六〇～一二七九）における仏教史書〉，《中国思想史研究》第 22 号，京都：京都大学中国哲学史研究会，1999 年 12 月，第 81—83 页。

"直指人心,见性成佛",至矣哉!斯吾宗"观心"之妙旨也。谓之"教外别传"者,岂果外此为教哉?诚由此道以心为宗,离言说相,故强为此方便之谈耳。不然,何以出示《楞伽》,令览教照心耶?何以言"大乘入道"、"藉教悟宗"耶?㊼

志磐对于"教外别传"的批判亦立足于天台的"教观"之上。特别在宋代,禅宗亦是天台的仇敌,关于自释迦至达磨的法系,由于天台诸师所提出的异议,以致天台与禅宗之间屡屡掀起论争。关于这些论争,志磐在纪传部分亦有所触及,并沿用天台诸师的论点进行了论述。然而在《法运通塞志》中,志磐对于以禅宗为首的每一个宗派,大体上均做了公正的叙述与评价。㊽

㊼《大正藏》第 49 册,页 291a。
㊽ 兹示一例,关于北宋禅僧契嵩(1007—1072),志磐于本书卷二十一《诸师杂传·子昉传》进行了批判:"法师子昉,吴兴人,赐号普照,早依净觉。嵩明据《禅经》作《定祖图》,以《付法藏》斥为可焚,师作《祖说》以救之。又三年,嵩知《禅经》有不通,辄云传写有误,师复作《止讹》以折之,其略有曰:'契嵩立二十八祖,妄据《禅经》,荧惑天下,斥《付法藏》为谬书,此由唐智炬作《宝林传》,因《禅经》有九人,其第八名达摩多罗,第九名般若密多罗,故智炬见达摩两字语音相近,遂改为达磨而增菩提二字,移居于般若多罗之后,又取他处二名婆舍斯多、不如密多,以继二十四人,总之为二十八。炬妄陈于前,嵩缪附于后,淩乱正教,瑕玷禅宗。余尝面折之,而嵩莫知愧。又据僧祐《三藏记》传律祖承五十三人,最后名达摩多罗,而智炬取为梁朝达磨。殊不知僧祐所记,乃载小乘弘律之人。炬、嵩既尊禅为大乘,何得反用小乘律人为之祖耶?况《禅经》且无二十八祖之名,与《三藏记》并明声闻小乘禅耳。炬、嵩既无教眼,才见禅字,认为己宗。是则反贩梁朝达磨,但传小乘禅法,厚诬先圣,其过非小。'"(《大正藏》第 49 册,页 242a)。此批判依据《释门正统·兴衰志》"仁宗嘉祐二年钱塘长老"条。与此相反,志磐于卷四十五《法运通塞志》云:"(嘉祐)七年,藤州沙门契嵩初得法于洞山聪禅师,至钱唐灵隐,闭户著书。既成,入京师见内翰王素,进《辅教编》、《定祖图》、《正宗记》。上读其书,至'为法不为身',嘉叹其诚。敕以其书入大藏,赐明教大师。及送中书宰相韩琦,以视参政欧阳修。修览文叹曰:'不意僧中有此郎。'黎明,同琦往净因见之,语终日。自宰相以下莫不争延致,名振海内。及东下吴门大觉琏禅师作《白云谣》以送之(《石门文字禅》)。"(同上书,页 413a—b)此记述基于慧洪《石门文字禅》卷二十三所收《嘉祐序》,给予契嵩以很高的评价。又,志磐对慧洪的《禅林僧宝传》则谓:"石门惠洪禅师,寓湘西谷山,取云门、临济两宗,自嘉祐至政和,凡八十一人,为《禅林僧宝传》三十卷。自宁通慧之后,传僧史者唯师而已。"(同上书,页 422a)志磐或云:"端拱元年,翰林通慧大师赞宁上表,进《高僧传》三十卷,玺书褒美,令遍(笔者注:当作'编')入大藏,敕住京师天寿寺。僧传之作始于梁,嘉祥惠皎为《高僧传》十四卷,起汉明,终梁武天监十八年。唐西明道宣作《续高僧传》三十卷,起梁天监,讫唐正观十九年。今《宋传》起唐正观,至宋端拱元年,依《梁》、《唐》二传,分十科:一译经、二解义、三禅定、四戒律、五护法、六感通、七遗身、八读诵、九兴福、十杂学(王禹称有诗赠宁僧统云:'支公兼有董狐才,史传修成乙夜开')。述曰:洪觉范谓'宣律师作僧史,文辞非所长。作禅者传,如户昏案检。宁僧统虽博学,然其识暗,聚众碣为传,非一体。'觉范之论,何其至耶!昔鲁直见僧传文鄙义浅,欲删修之而不果。惜哉!如有用我者,吾其能成鲁直志乎?"(同上书,页 400a)赋予惠洪觉范以很高的评价。又,王禹称赠赞宁诗见《小畜集》卷七《寄赞宁上人》;惠洪觉范"宣律师作僧史"语出《石门文字禅》卷二十六所收《题佛鉴僧宝传》;"如有用我者"语本《论语·阳货篇》:"如有用我者,吾其为东周乎?"

在《法运通塞志》中，志磐脱离宗门立场，不仅对包含其他宗派在内的整个佛教，而且对释儒道三教之浮沉，亦试图在时间的推移中客观地明示其样相，从而采用了编年体的史书体裁。在这个意义上，我们可以说，《法运通塞志》十五卷是超越了宗门的宗教史，即以世界宗教史之视点为最终目标的撰作。因此，《佛祖统纪》是由两大部分构成的史书，——以纪传体四十卷作为天台宗门史，编年体十五卷作为世界宗教史。后世无视这样一种志磐的本意，如第三章所示，删除与佛教无关的记述，篡改志磐的论赞，这些人为改动可以说是封死了通往正确读解《佛祖统纪》的道路。

如前所述，概观自祖本至《大正藏》为止的文本，我们认为改动与删除是《佛祖统纪》被收入明南藏之际所为。与洪武南藏同一时期编纂的《永乐大典》所收《法运通塞志》的一部分文本，最近亦被影印出版。[49] 包含此本在内，我们有必要对《佛祖统纪》做一详尽细致的文本批判，此毋庸待言。又，文本的删除与改动，乃未能理解志磐撰作史书之意图的佛教方面所为，具体地说大概是出于天台僧侣之手。为了得到确切的答案，在文本批判的同时，我们有必要从明初的佛教界，以及围绕着佛教界的政治、社会、儒教、道教等等这些侧面进行彻底的追索，此亦不必待言。

（石立善　译）

---

[49]《海外新发现永乐大典十七卷》所收卷15957、15958，上海：上海辞书出版社，2003年8月。

佛教与数论派轮回观与解脱观的思想探究

杨翼风

提　要：印度古代哲学中的佛教与数论派虽然在历史上出现的时期相近，但由于数论哲学秉承吠陀以及奥义书的思想，因此，对于精神以及物质现象的诠释与迥异吠陀以及奥义书思想的佛教哲学都不相同。本文针对它们思想体系中的轮回观与解脱观进行探究，梳理了二者的相关义理，期能在确切掌握它们的思想脉络后进行比较，以凸显二者在思想上的基本差异，从而获得它们在轮回与解脱方面的思想精髓。

关键词：数论　十二因缘法　自性　神我

数论思想是印度古代哲学体系之一，它的思想系统化出现是在史诗时期①（约相当于公元前6世纪至公元前2世纪）。"数论"，梵名 Sāṃkhya，汉译为"僧佉"，本义是"数"的意思，之所以名为数论，有两种说法：一种说法根据《成唯识论述记》中所载，是"从数起论"以及"论能生数"的原因②；另一种说法根据《百论疏》，认为是一切法都不出二十五谛的缘故。③数论的思想

杨翼风，1958年生，台湾慈济技术学院讲师，现为北京大学哲学系2004级博士生。

① 因为婆罗门教在此时期著作了《摩诃婆罗多》与《摩罗衍那》等史诗，因而此时期被称为史诗时期。
② 《成唯识论述记》："僧佉此翻为数，即智惠数。数度诸法，根本立名。从数起论，名为数论。论能生数，亦曰数论。"《大正藏》卷四十三，页252中。
③ 《百论疏》："僧佉此云制数论。明一切法不出二十五谛，故一切法摄入二十五谛中，名为制数论。"《大正藏》卷四十二，页245上。

源起于吠陀及奥义书④,印度的古代史诗《摩诃婆罗多》以及医书《恰拉格本集》中也有多处涉及数论的思想,数论派于是因为承认吠陀的权威性而被归属为正统派,与不承认吠陀的权威性而被归属为非正统派的佛教,在人我、诸法的体相以及解脱、证悟等见解上,均有很多差异。

在诸多问题中,本文将首先针对佛教与数论派对人生现象的看法——轮回观与解脱观——进行探讨,以揭示出双方不同的特色。接着在对它们轮回与解脱的义理做系统阐释的基础上,比较二者的异同,以期能准确掌握二者在这方面的思想内容。对于数论派相关理论的阐释,以数论派现存最早的系统性经典——《金七十论》——为依据;而对于佛教相关义理的说明,则以十二因缘法为依据。因为十二因缘法以十二支依次缘生的环节来说明轮回现象的出现,并以对十二支的逆行依次还灭来说明解脱的发生,恰恰可与数论派以神我及自性为因,以及缘生之后的二十三谛,来说明众生生死的轮转现象与解脱的因缘,进行直接的对照。

《金七十论》是《数论颂》的释论。"颂"是自在黑于公元3至4世纪所造,而"释论"根据我国的传统说法是由频阇诃婆沙在公元3至4世纪所著,是《数论颂》最早的注释书。由真谛(548—596)在6世纪时译成汉文,并被收录于汉语大藏经中,成为汉语大藏经中两部非佛教经论之一(另一部为胜论派的《胜宗十句义》)⑤。《数论颂》的主体是阐释二元二十五谛的思想,内容涵盖神我与自性这两个实体的特质、如何经由二者的结合导致众生世间的生成与轮回现象的出现、如何通过对它们的分离而导致解脱的达成,等等。由于内容精练,文字古朴,若没有注疏,不容易全面掌握其义理。《金七十论》因为是现存《数论颂》释论中最古老的一本,著作的年代最接近自在黑作颂的年代,所以在思想精神上应与《数论颂》最为接近。

二元二十五谛是数论派的中心思想,因此《金七十论》的全部内容俱是

---

④ 《黑夜柔吠陀》与《泰提利耶奥义书》中就可见数论思想的萌芽。
⑤ 数论与胜论的两部非佛著作会被编入大藏经中,是因为数论与胜论二派的思想,在佛教看来是各种外道思想中的上乘,为让佛教中人能在了解他们的思想之后,不被他们的知见所影响,才将他们编入大藏经中。在大藏经《金七十论》卷上的末尾对此有特别的附注:"此论及胜宗十句义论者,非是佛法。而诸外道宗,以此数胜二论为上。欲令博学而破邪现正之者,先须委悉异之宗,故译出之。恐其失而不传,故编入藏中耳",《大正藏》卷五十四,页1251中。

围绕着二元二十五谛而展开的。二元是指自性(Prakṛti)与神我(Puruṣa),再加上大(觉)、我慢(即自我意识)、五唯(即色、声、香、味、触)、五知根(即眼、耳、鼻、舌、皮)、五作根(即舌、手、脚、男女、大遗)、心、五大(即地、水、火、风、空)等即成二十五谛。自性在数论派中指的是原初物质,内具三德,三德是自性的组成因素或属性,三德彼此保持平衡时,变异不会发生;但是当三德的平衡被破坏时,变异就出现了。于是,自性三德成为一切的生因。但自性三德要产生变异而生出世间,则需与神我结合。神我是一个独立的精神实体,有知的能力[6],但本身是不会变异的,因此不能从神我生出一切的现象。但是神我可使自性中的三德产生变异,然后生大,大生我慢。我慢一方面生五唯,五唯再生五大;另一方面又生五知根、五作根等,由此一切世间现象得以生成。于是神我借自性以行,自性借神我以知,二者相辅相成,关系有如盲者(自性)与跛者(神我),当互相帮助时,即使盲者亦能见,跛者亦能行;若分开后,则各自有不能见与不能行的缺陷。《金七十论》中本颂(以下简称"本颂")第21颂[7]对此说得非常清楚:"我求见三德,自性为独存,如跛盲人合,由义生世间。"[8]

神我与自性既是一切生成的原因[9],因此人我的生成也是依自性与神我而有的。在《金七十论》中对于人我的生成、轮回与解脱等话题的看法,是从第39颂开始至68颂为止的。以下即针对该论对相关话题的论述,进行梳理和分析,并陈述其思想脉络。

一、数论派的轮回观

(一) 细身与粗身

当前生未能得智而得解脱,自性即会回转世间。在轮回的洪流中,由于

---

[6] 《金七十论》中对本颂第19颂的解释有清楚的说明:"我是知者故,余法不如。"参见姚卫群编译:《古印度六派哲学经典》,北京:商务印书馆,2005年,第382页。
[7] 本文未采用大正藏中所收录的《金七十论》文本,而采用姚卫群编译的《古印度六派哲学经典》中所附文本,是因为该书对各颂有清楚的编码。
[8] 姚卫群编译:《古印度六派哲学经典》,第282—283页。
[9] 神我不直接变异,但影响自性产生变异,因此是导致变异的间接原因;而自性由于本身可发生变异而产生一切现象,因此是生出一切的直接原因。

神我与自性的结合,自性即能随己身中三德所占的比例而分别随生三种世间(即天道、人道及兽道)之一。三种世间的生成,是由于自性内部的三德——萨埵、罗阇、多磨——失去平衡所形成的。当某种德支配另外两种德时,自性即会产生变异,而形成具备某德性质的世间。例如萨埵性喜,能令人喜乐、令物轻而光亮;罗阇性忧,能令人不安、令物动摇;多磨性暗,能令人及物沉钝痴暗。因此当自性中萨埵支配另二德时,即显现令人轻亮而愉快的天道世间;当罗阇支配多时,即显现忧苦的人道世间;而当多磨控制多时,即显现痴暗的兽道世间。本颂第54颂对此有清楚的说明:"向上喜乐多,根生[10]多痴暗,中生多忧苦,梵初柱[11]为后。"[12]当自性回转世间后,随即依次生觉、觉生我慢、我慢生五唯而形成所谓的"细身"。细身微细而不会变异,在三种世间中,是山壁也不能阻碍的。[13] 若细身入胎后(此处以人道世间为例说明)即会与受精卵结合,并因此而得到资益。[14] 当受精卵得母体营养滋润后,粗身随即开始逐渐生长,从五唯生五大:声唯生空大、触唯生风大、色唯生火大、味唯生水大、香唯生地大。另外由我慢生五知根、五作根及心根。同时细身也会因为得到粗身的资益,而随着粗身一起成长,于是细身在内,粗身在外,二者形量相同,这就是说细身亦具粗身的各种形相。这个部分在《金七十论》中说得相当明白:"如细身形量,粗身亦如是。细身名为内,粗身名为外。此细身中手、足、头、面、腹、背、形、量人相具足。"[15]而后,当粗身面临死亡时,细身即会舍离粗身,于是粗身即会烂坏,此时细身若没有得智而致解脱,则又将会再入轮回[16],随业而进入天道、人道、兽道三种世间之一。

(二) 轮回的去处

本颂第44颂云:"因善法向上,因非法向下。"《金七十论》中对于此颂的

---

[10] 根生即指兽道,因其为最下生,故以"根生"形容。
[11] 指器世间,如草木山石等,因世间由此荷持,故而名之。
[12] 姚卫群编译:《古印度六派哲学经典》,第406页。
[13] 《金七十论》:"此细身若在兽、人、天道中,山石壁等所不能碍,以微细故又不变异,乃至智慧未起恒不相离,是名为常。"同上书,第395页。
[14] 《金七十论》:"此微细身生入胎中,赤白和合增益细身。"同上书,第394页。
[15] 同上书,第394页。
[16] 《金七十论》:"临死细身弃舍粗身,此粗身父母所生,或鸟唼食、或复烂坏、或火所烧,痴者细身轮转生死。"同上书,第394—395页。

解释如下:"世间中若人能做夜摩、尼夜摩等法,因此法临受生微细身向上生八处:一梵天、二世主、三天、四干达婆、五夜叉、六罗刹、七阎摩罗、八鬼神,是八处由法故得生。若翻此十法而作非法者,临受生时向下五处生:一四足、二飞行、三胸行、四傍行、五不行,是五处非法所生。"⑰因此,根据《金七十论》,若从人道世间的角度来看,在粗身的功能崩解后,细身若与非法相应,则会向下轮转至兽道,成为四足、飞行、胸行、傍行、不行等各种动物。若与法相应时,则会向上轮转至天道,为梵天、世主、天、干达婆、夜叉、罗刹、阎摩罗、鬼神等。在论中所说的法是指夜摩以及尼夜摩等法,对于此二法的内容,《金七十论》中有很清楚的说明:"夜摩者有五:一者无瞋恚、二恭敬师尊、三内外清净、四减损饮食、五者不放逸。尼夜摩亦五:一不杀、二不盗、三实语、四梵行、五无诌曲。十种所成就,是故名为法。"⑱若综合来看夜摩以及尼夜摩,二者主要的宗旨,就是要教导奉行者行善业以及清净的行为,因此是为善法;而违背夜摩与尼夜摩等十法,即为非法或恶法。

二、数论派的解脱观

作为赞成吠陀权威,属于正统派的数论派哲学,虽然认同吠陀所教导的一些祭祀可使人得到生天的果报,但是那些方法却仍然具有不清净、退失或可灭以及优劣或不平的过失。这是因为在有些祭祀中,需要宰杀牲畜,因此是"不清净"的过失;属天道世间的帝释与阿修罗王会无故为时节⑲所灭,从天上退失,属于"退失"的过失;而且,个别天人也会与其他天人比较,当对方较自己为优越时,即会因此心生忧恼,此为"优劣"的过失。以上见解出自《金七十论》对本颂第2颂的说明:

> 复有三过失:一者不清净,如皮陀⑳中说:兽,汝父母及眷属悉皆随喜汝,汝今舍此身,必得生天上。如马祠说言:尽杀六百兽,六百兽少三

---

⑰ 《金七十论》:"临死细身弃舍粗身,此粗身父母所生,或鸟啖食,或复烂坏,或火所烧,痴者细身轮转生死。"《古印度六派哲学经典》,第397页。
⑱ 同上书,第384页。
⑲ 根据《金七十论》,时节为变异别名。
⑳ 即吠陀。

不具足则不得生天为戏等五事……是故不清净。二退失者,如皮陀中说,无故而帝释及阿修罗王为时节所灭,时不可免故。是法若灭尽,施主从天退,故有退失义。三优劣者,譬如贫穷见富则忧恼,丑好及愚智,忧恼亦复然。天中亦如是,下品见上胜,次第生忧恼,是故有优劣。[21]

以此之故,数论派认为另有一种方法因为摆脱了不清净、退失及优劣,所以是较吠陀更好的方法。这种方法就是使用辨别智。辨别智就是指神我具备了区别自身与自性的知识,这种知识的获得,必须通过对二十五谛的静虑修习。当修习成就后,神我即能了知所有一切皆是自性所作,身体及世间是自性所造,而己身是不变异、不造作的,此时神我即能除去我执、我所执以及无执而得到离苦与解脱智慧。对此,《金七十论》在对本颂第64颂的解释中清楚说道:"如是真实义,如前已说二十五义。数习无余故者,于六行中数数修习故。无余者,修习究竟,故智慧得生,因此智慧无执、我执、我所执,此三执及五疑并得灭尽。"[22]从此,自性因为被认知、被区别,因此丧失了创造力,不再产生一切。当神我完备这种知识后,即使仍然与自性相合,却因为与自性不再相关而能对自性三德的活动保持静观而不参与。本颂第65及66颂对此种情况有非常清楚的陈述。第65颂中说:"由智不更生,我意竟舍事,人我见自性,如静住观舞。"[23]第66颂中说:"我见已舍住,我被见离藏,自性我虽合,无用故不生。"[24]但神我的真正解脱,要等到修行者舍身,自性与神我真正分离,不再互相影响时才能获得。《数论颂》第64颂对此清楚说道:"舍身时事显,自性远离时,决定及毕竟,二独存得成。"[25]

综上所述,我们可以得到这样一个结论:即《金七十论》中的数论思想不是以生天为最究竟的解脱,最究竟的解脱是要区分自性与神我。

---

[21] 姚卫群编译:《古印度六派哲学经典》,第369—370页。
[22] 同上书,第411页。
[23] 同上。
[24] 同上书,第412页。
[25] 同上书,第413页。

三、十二因缘法的轮回观与解脱观

(一) 轮回观与解脱观

十二因缘法是佛教中世尊重要的教导之一,此法说明了众生之所以在生死中轮转的因缘。以无明为起首的十二个环节——无明、行、识、名色、六入、触、受、爱、取、有、生、老死,彼此互为因果关系,紧密相连,互相影响,终而成为一个紧紧扣住众生的生死锁链。众生由自性[26]妄起无明而成为生灭流转的第一因,无明在《杂阿含经》卷十二第 298 经对十二因缘的陈述中是以"痴闇"名之,所以无明就是痴,众生有了无明之后,也因此对世间一切现象的出现不能具有正确的知识,自然也就不知道如何可以还灭生死流转的现象而得到解脱。

在十二因缘法中,因无明之缘,众生的自性由无生灭现象的如如不动之境而心念妄生,从而启动身口意诸行,并由此身口意诸行顺生而具有了别功用的六识身。六识身与四大和合并转生识蕴以及行、想、受等三蕴是为名色,继而由名色而缘生六种入世间的官能,即眼、耳、鼻、舌、身、意等。之后并生六触身,根尘识得以和合相接。依触而后则生苦受、乐受、不苦不乐受。于此,因而顺生对欲、色、无色三界的贪爱。接着,对所贪爱的三界产生昧着而缘生取业。由前爱、取所致诸行为缘即能引发后有。生有命终之后,先所引发的即能渐次生起,这也就是说所贪取的三界之一会现前[27],于是进入该

---

[26] 自性在佛教中有诸多异名,对于自性的异名,在《楞伽阿跋多罗宝经》卷二《一切佛语心品之二》中的一段经文有非常清楚的说明:"佛告大慧:我说如来藏,不同外道所说之我。大慧!有时说空、无相、无愿、如、实际、法性、法身、涅槃、离自性、不生不灭、本来寂静、自性涅槃,如是等句说如来藏已。"参见《大正藏》卷十六,页 489 中。在此特别选用自性一名,是为了在后文中,方便与数论思想中的自性做比较。虽然佛教的自性与数论的自性含义不同,但是由于二者汉译的文字相同,若没有深入的探讨,还是很容易将二者混淆。

[27] 这部分在《分别缘起初胜法门经》中有清楚而确切的说明。《分别缘起初胜法门经》:"乐受所起爱为缘故,发生欲取。言欲取者,谓于诸欲妄分别贪,此为上首、此为前行,便有欲界一切烦恼……由此诸见及与欲界一切烦恼,名有欲界爱为缘取。若离欲贪、或离色贪,彼色界爱或无色爱,便有生处。彼于色界或无色界,烦恼转时,发起色界、无色界取。由此诸色、无色烦恼及彼诸见,名有色界爱为缘取及无色界爱为缘取。彼由如是爱为缘取,先得种种行所熏习异熟果识名为有取。彼由如是取所摄受先所积集行等种子,若彼彼处诸爱未断,即彼彼处功能现前,能生后有。"《大正藏》卷十六,页 838 中一下。

界、于其中受生,而得具有该道的五蕴心理特质(阴)、得依报与正报(界、入)以及得命根。最后此身又再造业而产生老、病、死等现象。《杂阿含经》卷十二第298经对整个十二因缘法有完整的说明:

> 云何缘起法法说?谓此有故彼有,此起故彼起。谓缘无明行,乃至纯大苦聚集,是名缘起法法说。云何义说?谓缘无明行者。彼云何无明?若不知前际、不知后际、不知前后际;不知于内、不知于外、不知内外;不知业、不知报、不知业报……若劣、若胜、染污、清净,分别缘起,皆悉不知。于六触入处,不如实觉知,于彼彼不知、不见、无无间等,痴闇、无明、大冥是名无明。缘无明行者,云何为行?行有三种:身行、口行、意行。缘行识者,云何为识?谓六识身:眼识身、耳识身、鼻识身、舌识身、身识身、意识身。缘识名色者,云何名?谓四无色阴:受阴、想阴、行阴、识阴。云何色?谓四大、四大所造色,是名为色。此色及前所说名是为名色。缘名色六入处者,云何为六入处?谓六内入处:眼入处、耳入处、鼻入处、舌入处、身入处、意入处。缘六入处触者,云何为触?谓六触身:眼触身、耳触身、鼻触身、舌触身、身触身、意触身。缘触受者,云何为受?谓三受:苦受、乐受、不苦不乐受。缘受爱者,彼云何为爱?谓三爱:欲爱、色爱、无色爱。缘爱取者,云何为取?四取:欲取、见取、戒取、我取。缘取有者,云何为有?三有:欲有、色有、无色有。缘有生者,云何为生?若彼彼众生,彼彼身种类一生,超越和合出生,得阴、得界、得入处、得命根,是名为生。缘生老死者,云何为老?若发白露顶、皮缓根熟、支弱背偻……造行艰难羸劣,是名为老。云何为死?彼彼众生,彼彼种类没……舍阴时到,是名为死。此死及前说老,是名老死。是名缘起义说。㉘

《杂阿含经》中十二因缘法阐述的重点是在说明众生如何因无明之缘而缘生三界六道世间的,是一种无明缘起论。于是顺无明而下即生生死的流转现象为"生灭门";反之,逆流而上,逆观十二因缘法,最后乃能在破除无明之后而得以解脱的为"还灭门"。因此无明是生死或解脱的关键。在《杂阿

㉘ 《大正藏》卷二,页85上、中。

含经》第 298 经中,世尊并未明说无明的性质,只说无明是痴暗与大冥的同义语,因此可确定无明具有暗钝的性质。而在这种具有暗钝性质的无明除去后,众生即可解脱自在。由此我们可以确认无明是不具体性的,若无明具有体性,即不可能被除。而既然众生在无明除去后可得解脱,我们也可确认众生的自性是本来具足的,若自性本来没有,无明除去后即成空无或断灭,就没有解脱的可能。事实上,后来的大乘经典中均已明确说明了这个事实。如《大般涅槃经》明确说明佛性常在;而如来藏系列的其他经典也说明众生本具自性清净心,是因无明覆盖才不能显现;唯识思想所依的根本经典之一——《解深密经》——则以圆成实相说明自性清净的境界。它说:"如净眼人远离眼中眩翳过患,即此净眼本性所行无乱境界,圆成实相当知亦尔。"㉙经文中是以使眼睛昏花或遮蔽眼睛功能的眩翳比喻无明。从上述可知,诸经说法一贯,于是我们可以确定无明虽是造成众生流转的第一因或根本因,却不是亲因,自性才是亲因。若无自性,而只有虚妄暗钝的无明,诸法是无论如何也无从现起的。由此之故,我们可以得到这样的结论,即自性为因,无明为缘,而妄生众生世间。

目前对十二因缘法的认识,无论是从原始佛说的《杂阿含经》到大乘经典(如《大般涅槃经》)或部派论典(如《俱舍论》)等,均是以欲界生身为例来看十二因缘法,这是因为欲界身最粗,所以易于观察与了解。《分别缘起初胜法门经》对此说得很清楚:"复言,世尊!于缘起中说三种爱,一切皆是生身之缘,何缘处处多分唯说欲界生身?世尊告曰:欲界生身相最粗故,易显了故。"㉚虽然如此,《大般涅槃经》与《杂阿含经》对十二因缘法阐述的角度还是略有不同的。《杂阿含经》主要是侧重叙述众生流转的根本因——无明——的法义与三界受生的因缘,而《大般涅槃经》陈述的重心则是一方面以十二因缘法述说众生在三际中轮转的现象;另一方面则是宣说三界六道众生平等具有十二因缘。《大般涅槃经》卷二十五《师子吼品》第 23—1 是这么说明的:

　　善男子!十二因缘一切众生等共有之,亦内亦外。何等十二? 过

㉙ 《大正藏》卷十六 页 693 上、中。
㉚ 同上书,页 840 上、中。

去烦恼名为无明,过去业者则名为行。现在世中初始受胎是名为识,入胎五分四根未具名为名色,具足四根未名触时是名六入,未别苦乐是名为触,染习一爱是名为受,习近五欲是名为爱,内外贪求是名为取,为内外事起身口意业是名为有,现在世识名未来生,现在名色六入触受,名未来世老病死也,是名十二因缘。善男子!一切众生虽有如是十二因缘或有未具,如歌罗逻时死则无十二,从生乃至老死得具十二。色界众生无三种受、三种触、三种爱、无有老病,亦得名为具足十二。无色众生无色乃至无有老死,亦得名为具足十二,以定得故,故名众生平等具有十二因缘。㉛

此段经文明述了所有三界六道的众生都平等具有十二因缘。色界、无色界以及歌罗逻时的生命,虽然并不具足十二因缘,亦得名为具足十二因缘,实是因为众生随业在三界六道不断轮转时,必有十二因缘出现的机会——"以定得故",所以才说众生平等具有十二因缘。经文中所提及的歌罗逻时,又名歌罗逻或羯罗蓝,是指受生之初父母不净初合的状态,从此时一直到发展至七日之阶段均名歌罗逻时。《大宝积经》卷五十六《佛说入胎藏会十四之一》中,对羯罗蓝有很清楚的说明:"依父母精血因缘合故方有胎生,父母不净成羯罗蓝……初七日时胎居母腹……身根及识同居一处……状如粥汁或如酪浆。"㉜对照现代知识,歌罗逻时应即是现代所谓的受精卵。所以若歌罗逻时死亡,即代表受精卵无法再继续发展成为胚胎,自然就不能具足十二支的缘起。

在三际循环轮回的现象上,《大般涅槃经》以欲界中的人道为例来说明十二因缘法。因为过去的烦恼(无明)与业(行),决定了阿赖耶识㉝的入胎(识),阿赖耶识入歌罗逻时后转生识蕴,识蕴亦名心意㉞是对境了别的基础,接着由识蕴再生行、想、受等蕴(受、想、行等蕴是识蕴的心所有法,因此是依识蕴而起),如此四无色阴(名)与人身之地水火风四大(色)结合而有名色,

---

㉛ 《大正藏》卷十二,页770上、中。
㉜ 《大正藏》卷十一,页329上。
㉝ 《解深密经》卷一《心意识相品第三》:"广慧!此识亦名阿陀那识。何以故?由此识于身随逐执持故。亦名阿赖耶识。何以故?由此识于身摄受藏隐同安危义故。"《大正藏》卷十六,页692中。
㉞ 《大乘五蕴论》:"云何识蕴,谓于所缘境了别为性,亦名心意。"《大正藏》卷三十一,页849下。

因此名色即识的住处。㉟ 由此,人之色身逐渐发育,直至各种领纳尘境的感官发育完成(六入)。接着胎儿出世,根尘识和合而有触生(触),有触即有苦、乐、不苦不乐等受(受),于是开始追逐所贪爱的财、色、名、食、睡等五欲(爱),因为贪求愈盛(取),而导致各种身口意业,由此诸业必有将来的果报(有),以此之故,识相续流注,身口意业造作不断,而导致未来的出生(生),而现在的名色、六入、触、受则是未来老病死的因缘。这是因为有身心承受外境而产生种种感受,才导致贪爱与执取,从而造作种种的身口意行,因此才在未来有老死现象的发生(老死)。这种看法目前广为流传,即十二因缘是说明众生在三际(过去、现在、未来)中流转为两重因果所摄。此三世两重因果是以无明与行二支为过去之惑因,识至受是现在果,此是过去与现在的一重因果;爱取二之支为现在惑因,有是现在之业,缘此惑业而有未来生与老死的果报,这是现在与未来的一重因果,如此即为三世两重之因果。

此外,一般对十二因缘法的认知是认为它是声闻乘与缘觉乘所依的修行方法,尤其是缘觉乘。若缘觉乘行者能逆观十二因缘法成功,即能证入辟支佛果位。但若根据《大般涅槃经》,十二因缘法的意义甚深,不是声闻、缘觉的境界。观十二因缘法的智慧即是阿耨多罗三藐三菩提的种子,即是佛性,因此十二因缘法是诸佛菩萨的境界。《大般涅槃经》卷二十五《师子吼品》第23—1是这样说的:"善男子!是观十二因缘智慧,即是阿耨多罗三藐三菩提种子,以是义故,十二因缘名为佛性……如十二因缘所生之法非因非果,名为佛性。非因果故常恒无变,以是义故,我经中说十二因缘其义甚深,无知、无见、不可思惟,乃是诸佛菩萨境界,非诸声闻缘觉所及。"㊱因为声闻与缘觉修习的目的,只是要解决无始以来对世间诸法的贪爱与因此而导致的轮回及系缚。因此他们逆十二因缘之流而行,是为了在破除无明后,断除贪爱的因与果,解除十二因缘的锁链,从轮回中解脱。然而声闻、缘觉因为长期观照世间法为无常、无乐、无我、无净等,虽能于世法中得入三解脱门,即空、无相、无作或无愿,但却常会执于此境,以为是毕竟解脱。在《法华经·譬喻品》中舍利弗就曾对此慨叹:"我本著邪见,为诸梵志师,世尊知我

㉟ 《佛说长阿含经》卷十《大缘方便经第九》:"若识不住名色则无住处。"《大正藏》卷一,页61中。
㊱ 《大正藏》卷十二,页768中。

心,拔邪说涅槃,我悉除邪见,于空法得证。尔时心自谓,得至于灭度,而今乃自觉,非是实灭度,若得作佛时……是时乃可谓,永尽灭无余。"㊲由此可见,声闻、缘觉的成就只是达到自世间一切法解脱的境界,于非世间一切法(指佛法僧三宝)的境界,则尚未通达。在他们的思维中,非世法与世法一样,也是无常、无乐、无我、无净,因此他们不能得知非世法具有常乐我净的性质。这也就是说声闻、缘觉只能见到世法的体性是空,而不能见到非世法的体性是不空,以此之故,并不得证阿耨多罗三藐三菩提。《大般涅槃经》卷二十五《师子吼品》第23—1对此清楚说道:

> 善男子!若有人见一切诸法无常、无我、无乐、无净;见非一切法亦无常、无我、无乐、无净,如是之人不见佛性。一切者名为生死;非一切者名为三宝。声闻、缘觉见一切法无常、无我、无乐、无净;非一切法亦见无常、无我、无乐、无净,以是义故不见佛性……诸佛世尊见一切法无常、无我、无乐、无净;非一切法见常、乐、我、净,以是义故,见于佛性如观掌中阿摩勒果。㊳

观十二因缘法既然能成就声闻、缘觉的解脱,乃至诸佛菩萨的得证阿耨多罗三藐三菩提,于是十二因缘法的观智就涵盖了佛的大涅槃与声闻、缘觉的涅槃。佛的大涅槃即是证得佛性本有常住之常乐我净的境地,而声闻、缘觉的涅槃则是指惑业已尽,而生死轮转止息的境地。一般而言,若生死惑业已尽,但因果报而有色身尚存,则为有余涅槃。命终之时,有漏之身亦灭,才能契入无余涅槃。

(二)轮回的去处

佛教中,众生的世间被分为三界六道。三界是欲界、色界、无色界。无色界涵盖四天;色界摄含十八天;欲界含括欲界天六天以及以下的人道、阿修罗道、畜生道、饿鬼道以及地狱道。其中天、人、阿修罗三道,因为生命质量较好,因此被归属为善道;反之,畜生、饿鬼、地狱因为身处其中的众生常在受苦,因此被归为恶道。依据佛教,众生在三界六道中随业轮转,若想得

㊲ 《大正藏》卷九,页11上。
㊳ 《大正藏》卷十二,页770上。

生善道,则要修持五戒(即不杀生、不偷盗、不邪淫、不饮酒、不妄语)、行十善业(即不杀生、不偷盗、不邪淫、不妄语、不两舌、不恶口、不绮语、不贪、不瞋、不痴);若是造作恶业,身口意行为与五戒十善相违,则会往生恶道。佛教并认为即使如天界众生寿命长、生命质量高,仍是没有解脱的生命形式,依然是不究竟亦不值得追求。

四、佛教与数论派在轮回观与解脱观的异同

(一)轮回观

佛教与数论派均赞成众生世间的轮回现象是存在的。数论派认为神我与自性结合后,自性即会随着己身中三德不同的状态而随生三种世间:天道、人道及兽道。众生就在此三种世间轮转,与夜摩及尼夜摩相应的就得生较好的世间:梵天、世主、天、干达婆、夜叉、罗刹、阎摩罗、鬼神;反之,即坠入兽道。而佛教则认为自性因为妄生的无明而使众生造业,因此在三界六道中轮转。行善业者即得生善道;行恶业者即得生恶道。

佛教与数论派不同的地方,首先在于对自性的看法[39]:佛教认为自性是本具且清净无染、不生不灭、如如不动的。所有一切的现象均是由于虚妄无明的因缘所造成的。而数论中的自性则具有三德,当自性与神我不能区分,且三德失去平衡状态时,自性就能生成众生的世间。第二则是佛教中众生的世间涵盖三界六道;而数论派认为只有三种世间。此外,数论派所认为善道的八种生命形式,除了前四种:梵天、世主、天、干达婆,在佛教中也归入善道(天道),其他四种:夜叉、罗刹、阎摩罗、鬼神,佛教则将之摄入鬼趣。然而,佛教与数论派并非完全不同:他们均赞成与善法相应则得生善道、与恶法相应即往生恶道。另外,佛教中的五戒十善的内容与夜摩、尼夜摩法有许多雷同之处:二者都认为杀生、偷盗、妄语(数论派尼夜摩法中的实语与无谄

---

[39] 佛教中的"自性"与数论派中的"自性"意义是有区别的,两者的梵文也不相同。在佛教中"自性"的梵文一般是使用 Svabhāva;而在数论派中"自性"的梵文则是使用 Prakṛti。本来不同的两者并没有比较的必要,只是大多数人仅读汉译经典,对数论思想也不熟悉,在这种情况下,是很容易将两者混淆的。因此,本文才将此二者做了简单比较,以使在佛教与数论派中意义不同的"自性"能清晰而明白地呈现。

曲可摄入佛教的"不妄语"中)瞋恚是恶行、是往生善道的阻碍;而佛教的不邪淫、不饮酒应可摄入数论派尼夜摩法的"梵行"中。

此外,在人道生命生成的看法上,佛教与数论派也存在着许多差异。最根本的不同在于,佛教认为执持过去所有身口业记录的阿赖耶识,是轮回的基础,由它入胎而与受精卵和合。阿赖耶识是自性为无明所熏而成,之后,由此无明导致众生对于尘境的虚妄分别,继而众生又因虚妄分别所成而具贪嗔痴三毒的种种身口意业行,使得妄想更为深重,终至堕在生死大海中不得出离。而在数论派的知识体系中,轮回的产生是因为神我未能获得辨别智,所以自性才会回转而生世间。然后经由自性产生大、我慢、五唯等而形成细身,细身接着进入母胎与受精卵结合。接下去是胎儿的发育阶段,在此阶段中胎儿会长成各种内外器官,这个部分数论派与佛教所言差异不大。但二者因为所根据的立论原点不同,因此在之后的环节中,二者所陈述的内容就又有很大的差异。这部分已在前详述,在此不再赘述。数论中所讲的细身中的我慢,其实可摄入阿赖耶识的范畴中,我慢即是自我意识,就是以自我为一切认知、感觉与经验的主体。在《金七十论》对本颂第 24 颂的批注中对我慢是这样说明的:"我慢我所执者,我慢有何相?谓我声、我触、我色、我味、我香、我福德可爱。如是我所执,名为我慢。"⑩在佛教的理论中,阿赖耶识是众生的根本识,众生无始以来依存于这个由无明所缘生的产物所变现的根身与器世间,所以它也因而一直被众生执为自内我。由此之故,数论派的我慢确实可入阿赖耶识的范畴中。世亲在《大乘五蕴论》中对此亦有相应的说法:"阿赖耶识者,谓能摄藏一切种子故,又能摄藏我慢相故。"㊶

(二) 解脱观

在对解脱的看法上,佛教与数论派也有很多不同之处。数论派赞成的是二元论,即神我与自性是两种实体,当二者结合互相辅助时即会产生世间各种现象。所以若要得到解脱,则要将二者分离,使自性三德不再活动、变异,此即是解脱之智。但即使行者得到此智,也将因为过去行力的关系,神我依然具有身体并为身体所束缚,所以依然要承受粗身的种种痛苦,因此还

---

⑩ 姚卫群编译:《古印度六派哲学经典》,第 385 页。
㊶ 《大正藏》卷三十一,页 850 上。

不是真正的解脱。智者真正的解脱只有到生命结束,神我与自性完全分离时才会发生。然而佛教所认为的解脱是以不生、不灭、不动的"自性"摆脱虚妄的无明为关键,因为无明除去之后,即不会再产生以下的各支,因为此有故彼有,此无故彼无。这也就是说,所有由无明所带起的一切虚妄现象将会止息,此时行者即得转舍无明缘起,转而得依真如缘起,而获得解脱。[42] 如果行者在活着的时候能到达此境,即代表轮回之轮已停止转动,行者不会再受后有。但此时的解脱被称为有余涅槃,因为有漏之身尚存,所以行者的有漏之身依然要承受之前业行的果报,即老、病、死苦等。要待此身崩解时,才可入无余涅槃。由此看来,佛教的有余涅槃与无余涅槃的思想同数论派的不完全解脱与完全解脱[43]的思想有些相似,均是以肉身的存在与否作为是否完全解脱的界线。但是,对于佛教而言,自性与无明,一是实但性空、一是妄,与数论体系中神我与自性俱是实不同。因此在佛教中,虚妄的无明只是使自性的功能被遮蔽,从而导致生命的流转现象,一旦被破除后,即了无可得。但在数论哲学中,行者即使区别了神我与自性,但因自性是实体,也只是与它的三德一起从"显"变为"不显",并不会像无明一样完全消解。此外,数论中的神我与佛教中的自性意义也大不相同。数论派中的神我属精神实体,即使在与自性区别之后,保持静观不参与自性三德的变化,却仍是以为自身与自性三德所造的世间为实有不虚。然而佛教中的世间是由无明妄生出来的,因此世间的体性是虚妄不实的,行者一旦证入自性后,虚妄的现象即会消失。佛教中的自性虽然不具虚妄性,但也不是众生因受无明影响而具有虚妄分别性质的思维所认为的真常实体。如前所述,它是属于非世间一切法的范畴,是性空,因此为真谛所摄;它亦是众生本具、成就阿耨多罗三藐三菩提的因。由于它同时涵盖了空与不空两种层面,在佛教中,经常以不可思议来形容它的超越性。

然而,尽管佛教与数论派在解脱的看法上有诸多不同,二者还是有一点相同,即都不以生天为究竟。但是数论派认为只要自生死轮转的现象中脱

---

[42] 唯识思想体系中将解脱称为转依即为此义。
[43] 数论思想中并没有明确提出完全解脱与不完全解脱的概念,这是笔者为了比较和说明佛教与数论派的相关思想所使用的方便说法。

离出来就是圆满的解脱;而佛教则认为不仅要如声闻、缘觉的解脱一般出离生死大海,尚要证入阿耨多罗三藐三菩提或佛的大涅槃,才是圆满的寂灭之道。

《科学　哲学　常识》
陈嘉映著,北京:东方出版社,2007年2月第1版

作为《存在与时间》和《哲学研究》的中文译者,陈嘉映先生在把握欧陆现象学和英美分析哲学方面的功力有目共睹。不过陈嘉映并没有因为对专业问题的钻研而丧失了思考宏大问题的激情。本书正是这些年来作者对科学和哲学问题的思索结集。全书分上下两篇。上篇以历史叙述为引线,概述了希腊哲学的发展、哥白尼革命和近代科学革命;下篇由专论组成,探讨了科学与日常概念的关系、数学发展史和形而上学—物理学之争。作者坦言,对自然界的整体思辨,实证科学已经取代了哲学思辨。因此,今天的哲学应该回到其出发点,以理性态度从事经验反省和概念考察,并努力克服常识的缺陷而形成较为连贯的理解。(雷思温)

《不合时宜的沉思》(*Untimely Meditations*)
〔德〕尼采著,李秋零译
上海:华东师范大学出版社,2007年1月第1版

尼采的前期重要著作不但有影响深远的《悲剧的诞生》,更有文化批评著作《不合时宜的沉思》。这本著作彰显出的尼采,并不是诗意盎然的美学家,而是针砭时弊的文化观察家与批评家。本书由四篇相对独立的论文组成,其中《施特劳斯——表白者与作家》系第一次翻译成中文。尼采通过此书意在猛烈批判当代德国文化而为一种更为激烈的价值判断清扫外围,并为超越和颠覆市民—基督教伦理道德秩序及颓废的文化观进行文化和历史观念的准备工作。本书也是尼采著作中少有的连贯的论文体作品,其中对施特劳斯和历史主义历史观的批判为后来尼采重估一切价值的哲学作了铺垫,而对叔本华和瓦格纳的反思和批判也为理解尼采思想的形成和发展提供了珍贵的线索。(雷思温)

儒家背景下的美德伦理学：关于自我问题

鲍立德

提　要：西方的评论者常常将儒家的伦理观描述成某种形式的美德伦理学。在一些重要的限定之下，这种对照是可以接受的。在本篇论文中，我将西方传统的"自我"观念与儒家的"自我"概念进行了比较。我将论证，占主导地位的西方的"自我"理论是个人主义的和本质主义的，而儒家的"自我"概念却是处境化的、发展的。西方哲学将"自我"构想成一个形而上学化的基础性的本质，这一本质在每一人类个体中都可发现。相比而言，儒家的"自我"则是在限定某人的关键的人际关系中，经由一段时间构建而成。在引起了对这些基本差异的注意之后，我提供了一个对于"德"的说明。"德"在用以理解儒家"自我"的著述中是一个关键术语。我将指出，"德"作为一个人道德发展的核心，在许多语境中最恰当的翻译是"character"（品格）。在西方，品格代表着某种思考或行为的倾向，这倾向在某种程度上有助于人类群体兴旺的实现。这一观念与儒家"德"的涵义的某些方面相符合。最后，我使用了乔尔·库珀曼（Joel Kupperman）的"自我拼贴"（self-as-collage）概念作为这项比较的一种有益工具。库珀曼主张，"自我"就是品格。他对品格的这种处理使得儒家的修身概念与个人成长问题顺利地结合在一起。

关键词：美德伦理学　自我　本质主义　发展的　品格

鲍立德（Richard D. Power），1955年生，美国夏威夷大学哲学博士候选人。

引　论

这篇论文是一次谨慎的尝试，目的是要通过比较哲学的方法达成一种具有创造性的综合。尚待检验的问题是，把儒家的伦理学作为"美德伦理学"（virtue ethics）来考察是否适当。在某种意义上，美德伦理学只是西方学术思想中的一种通常理解。[①] 而在我的研究中，被用来比较的伦理学理论存在着巨大的时间和文化差异。尽管美德理论的源头可以追溯到亚里士多德，但是美德伦理学在当代依然表现出了最新的进展，这主要是英美学者的研究成果[②]，这些最新成果在某种程度上可以被认为是对有缺陷的道义论和效果论的伦理学理论的回应。被挑选来与西方美德伦理学家作对比的儒家思想家生活在中国的春秋时代（公元前722—前481年）和战国时代（公元前403—前222年）。在对这样两种形成对照的学派的比较性研究中，我们必须避免那些可能导致混淆或忽略关键性区分的假设。

作为一个在西方哲学传统下接受教育的美国人，我是在一种非中国传统的视角下阅读汉语文献的。若要秉正持中地思考，我必须尽可能地避免将西方的范畴强加在中国思想家的观念之上，以允许中国思想家在自己的思想背景下阐述问题。在我的研究中，我参考了相关文献的汉语版本，并在关键术语的英语翻译上依据了最权威的译本和词汇资料。文中所引用的汉语文献大部分出自安乐哲（Roger Ames）（及其合作者）和刘殿爵（D. C. Lau）的译本。安乐哲的译本旨在寻找一种哲学化的翻译，以使译文能够捕捉到文献的本质的"汉语性"（Chineseness）。所有的译文都是一种解释，而我并非认同安乐哲对于文本每一处的解读。但是，仅就我个人判断，安乐哲的工作在避免将西方哲学范式强加于中国的经典材料方面获得了极大的

[①] 将儒家思想看做一种美德伦理学的西方学者包括：A. S. Cua, "The Conceptual Framework of Confucian Ethical Thought", *Journal of Chinese Philosophy* 23, 1996, pp.153-173；Philip J. Ivanhoe, *Ethics in the Confucian Tradition: The Thought of Mengzi and Wang Yangming*, 2nd ed, Indianapolis: Hackett Publishing Company, Inc., 2002；Lee H. Yearley, *Mencius and Aquinas: Theories of Virtue and Conceptions of Courage*, Albany: State University of New York Press, 1990.

[②] 美德伦理学复兴的开端一般可以追溯到一篇文章，即 G. E. M. Anscombe, "Modern Moral Philosophy," in *Philosophy* 33, 1958.

成功。

公元前5世纪到公元前3世纪,孔子和孟子(以及其他一些稍逊一筹的思想家)的言论或著作构成了经典的文集,这些经典材料被后世所有的儒家和新儒家援引以用来支持自己的论证。在西方,这些古代的文献被评判为缺乏哲学的内涵。历史上,儒家经典的翻译工作是由文献学家承担并完成的,这些学者并不适合从哲学的维度翻译文本。在西方与中国文化的早期交流(公元15、16世纪)中,是基督教传教士首先将这些文献翻译成欧洲各国的语言。这一时期的译本尽管鲜明地突出了文献学的风格,但这只是反映了欧洲文艺复兴和宗教改革在哲学和神学上的理论设想。而中国所固有的丰富的哲学思维方式不可避免地依旧处在晦涩不明的表达中。③

安乐哲指出了一种文化(尤其是中国文化)的思维方式和借以表达这种思维方式的语言之间的紧密联系:

> 在开始解读中国哲学的时候,我们至少应该认识到我们正在应对某种完全不同的世界观。当然,我们同样需要警醒地保持解释学的敏感,以避免各种轻率而浅薄的对比。而且,对中国哲学术语的翻译都来源于我们自己的词汇和概念,这种情况越明显,我们的语言越有可能面临困难,以致我们的讨论无法适用于中国哲学的问题。毕竟,世界上每一种语言在专门表述本国独特的自然和社会状况时,都具有无可替代的优越性。因此,文化间的差异度越高,在翻译中用以表现文化的语言间的差异度也越高。④

20世纪后半叶,对世界上各种哲学思想的评价不断提升,这样一种稳健的发展趋势是人所共见的。现在,非西方的文献有众多可供选择的译本,这些译本改变了以往的状况,更多地表现出了对哲学内涵的敏感。一种能够

---

③ 参见 Roger T. Ames and David L. Hall, *Focusing the Familiar: A Translation and Philosophical Interpretation of the Zhongyong*, Honolulu: University of Hawaii Press, 2001, pp. 3-8;和 Lionel M. Jensen, *Manufacturing Confucianism: Chinese Traditions and Universal Civilization*, Durham, NC: Duke University Press, 1997, c. 2, "There and Back Again: The Jesuits and their Texts in China and Europe", pp. 79-133。

④ Roger T. Ames, "Translating Chinese Philosophy", *An Encyclopedia of Translation: Chinese-English, English-Chinese*, eds. Chan Sin-wai and David E. Pollard, Hong Kong: Chinese University Press, 1995, p. 734.

更为恰当地表达非西方范畴的语言,改变了对西方哲学术语的依赖状况。我们发现,当被允许使用自己语言时,中国传统思想表达出了某些完全不同于我们以往假设的内容。

由于如下几方面的重要原因,我将儒家的伦理学解释为"美德伦理学":第一,在本文研究中,经我检视的文献揭示出这样一个事实,即,道德评价的核心取决于行为者的诸如动机、态度、品格等个人特性。第二,遵守社会规范和约束的行为会受到称赞,但是我们只有通过第一点所提到那些行为者的品质才能够描述这样的行为。第三,在儒家的传统中,道德榜样的作用是显著的,有关态度或行为是否适当的疑问常常通过参考"圣人"或"君子"的范例而获得解决。

一、自我问题

西方传统中的自我理论

美德伦理学在当代的复兴,重点在于复原伦理评价中的人的品质。道义论的理论集中讨论行为的正当性;功利主义的理论关注行为的结果;而美德伦理学则与行为者的动机、态度、行为倾向相关。在这些理论中,行为及其结果虽然不能被忽视,但是行为与结果的美善却派生于一种积极的伦理学意义上的个人特性。一个人的偶然行为可能恰巧符合一个伦理学意义上有道德的人在类似情况下做出的行为,但是并不能将此等同于一种有道德的行为。只有行为者具备道德的特性,才能确定对于某一行为或选择的积极评价。

琳达·扎泽博斯基(Linda Zagzebski)提供了一个简短的论证,来证明为什么美德伦理学的理论优于行为本位的理论。

> 在本体论意义上,人比人的行为更为根本,行为总是依据人而确定的。进而有理由相信,在本体论意义上,人的道德属性比行为的道德属性更为根本,同时后者的属性应该依据前者的属性而获得确定。因此,在本体论意义上,美德和罪恶比行为的正确和错误更为根本,正确行为

的概念应该根据美德的概念而获得定义。⑤

对于行为本位的理论、效果本位的理论以及以美德为基础的理论,我们可以通过另外一种方式来获取它们之间的本质区别。这种方式就是提问:"每一种理论把什么作为核心的伦理行为?"⑥这一提问可能得到如下的回答:

美德伦理学:优良道德品格的发展;

道义论伦理学:与"绝对命令"(the categorical imperative)或某些规范的法则相符合的行为;

效果论伦理学:任何能最大化地获取最佳效果的行为。

从这一问题的回答中我们可以看到,对美德伦理学而言,核心行为是要获取内在品格特性的发展时间。对比而言,单独的行为就可以满足另外两种理论的伦理标准。它们并不需要持续培养品格特性的时间。伦理行为的结果需要经历一段时间才能显现出来,而对于导致这些结果的行为的评价却并不涉及行为者的历史或品格的发展过程。

美德伦理学常常被称为亚里士多德主义伦理学,因为在西方的传统中,亚里士多德第一次系统地发展了一门基于美德的伦理学。亚里士多德认为,可以通过对美德的掌控与锻炼使人性更加完美。具有"实践智慧"(*phronesis*)的人将具备所有实践的美德并享受"幸福"(*eudaimonia*)的生活。尽管亚里士多德的看法包含互溶性的涵义(即如对于某一美德的掌控就意味着对所有美德的掌控),但是他仍然相信不同类型的美德控制人类灵魂的不同部分或不同能力。亚里士多德认为,思维和情感之间存在结构性的差异,因此它们与灵魂的不同部分相关联,即与灵魂的理智的和非理智的部分相关联。⑦ 这里值得注意的,并不是亚里士多德将灵魂划分为几个部分,而是他将美德与人的深层的、持久的层面联系起来。对于亚里士多德而言,灵

---

⑤ Linda Trinkaus Zagzebski, *Virtues of the Mind: An Inquiry into the Ethical Foundations of Knowledge*, Cambridge: Cambridge University Press, 1996, pp.79-80.

⑥ 这个方法是由 Jane Singleton 提出的,"Virtue Ethics, Kantian Ethics, and Consequentialism", *Journal of Philosophical Research* 27, 2002, pp.537-551。

⑦ Zagzebski, *Virtues of the Mind*, pp.140-143.

魂是一种非物质的"实体"（substance），是躯体之中的生活准则。在《论灵魂》中，他写道：

> 我们已经对灵魂是什么作了一般性的说明：灵魂是在原理意义上的实体，它是这样的躯体是其所是的本质。⑧

灵魂是自然躯体的一种形式，躯体是由灵魂赋予形式的一种质料。作为人类的"本质的所是"（essential whatness），灵魂使苏格拉底成其为苏格拉底。"灵魂的同一性和持久性决定了它所寄寓的人所具有的同一性和持久性。如果诸如苏格拉底这样的生命之中包含灵魂，那么当且仅当苏格拉底的灵魂消亡时，苏格拉底亦即消亡。"⑨

在亚里士多德的体系中，伦理属性是灵魂的性质，而不是躯体的有机物质的性质。在《尼各马科伦理学》中，他写道："由于幸福是一种完全合乎美德的现实活动，所以对美德的研讨就刻不容缓了，而这种研讨很可能有助于我们了解幸福的本性。……不过我们所说的美德并不是肉体的美德，而是灵魂的美德。而我们说幸福就是灵魂的现实活动。"⑩在适合物质躯体的卓越属性的意义上，我们也许会谈论身体的"美德"（virtues），但这样的卓越属性并非伦理学意义上的。在亚里士多德的伦理学中，伦理美德总是属于灵魂的。

从亚里士多德的时代一直延续到现代，西方哲学的主流思想都接受了亚里士多德有关灵魂概念的基础原理。托马斯·阿奎那修改了亚里士多德的思想框架以使之符合基督教人类学的要求。在阿奎那看来，灵魂是人的非物质的一面，是理智行为的引导，并且当躯体消亡以后灵魂仍然存在。⑪

---

⑧ Aristotle, *De Anima*, trans. J. A. Smith, II.1.412b9-12, Richard McKeon ed., "Introduction to Aristotle", New York: Modern Library, 1947.（译文参考：《亚里士多德全集》第三册，北京：中国人民大学出版社，第31页。——译者按）

⑨ T. H. Irwin, "Aristotle," *Routledge Encyclopedia of Philosophy*, ed. Edward Craig, CD-ROM Vers. 1.0, New York: Routledge, 1998, Sec. 17, Soul and body.

⑩ Aristotle, *Nichomachean Ethics*, trans. W. D. Ross, I.13.1102a5-8,15-16, Richard McKeon ed., "Introduction to Aristotle".（译文参考：《亚里士多德全集》（第八册），北京：中国人民大学出版社，第24页。——译者按）

⑪ Eleonore Stump, "Thomas Aquinas," *Routledge Encyclopedia of Philosophy*, ed. Edward Craig, CD-ROM Vers. 1.0, Sec. 10, Philosophy of mind.

就这样,这一极具影响力的西方思想,起源于古希腊,经过经院哲学的调和,直至现代,仍然盛行不衰。作为人类的内在本质,灵魂被认定是自我的真正的实体。姚新中在他所进行的西方和儒家的自我观念的比较中,将对自我实体的探寻与希腊思想家对构成现象基础的元素的探寻结合了起来:

> 因为那些基本的元素是宇宙的实体,所以自我是人的实体,是"我"之所以是"我"所不可剥夺亦不可缺少的要素。自我作为人的同一性,原初地具有本体论的意义。它是人类的"原子"(atom),是人类存在的本质。无论自我的能力是思想上的还是精神上的,它首先是一种"实体"(substance),它使得一个独立的物质生命得以生存,……⑫

直到这样一种自我观念不能符合经验主义对实体的判断标准,自我概念才开始遭受严重的怀疑。经验主义的哲学家——特别是休谟——断定,一个实体意义上的自我,即便它存在,也是不可知的,因为只有通过感觉经验而获得证实的东西才是实在的。康德为回应经验主义的观点,设置了一个本体的自我。尽管这一自我处在人类的感觉范围之外,但是康德仍然认为正是它构成了人类的本质——即理性——因为人类拥有一种以自身为目的的理性天性。⑬ 在康德那里,现象界中的自我是施加在经验之上的一种观念,是一个综合的概念。这一自我概念将"我的"思想、经验、记忆作为"我的"个人的自我同一性。

在当代的西方哲学中,传统的自我概念遭受了激进的修正或彻底的解构。当前的一些论调主张某种非个体的"客观自我"(objective self)。托马斯·内格尔(Thomas Nagel)将"真实的自我"(true self)从普通的自我中分离出来,并且主张真实的自我是无立场的。"客观自我并不是一个个别的存在体",它只是"一个无立场的实体概念的主体"。⑭ 这一概念似乎留给我们一个作为神秘的内在感觉者的自我,它是意识的主体,是一种无广延的点。在

---

⑫ Xinzhong Yao, "Self-construction and Identity: The Confucian Self in Relation to Some Western Perceptions", *Asian Philosophy* 6, 1996, p.182.

⑬ Immanuel Kant, *Groundwork of the Metaphysics of Morals*, ed. Mary Gregor, trans. Christine M. Korsgaard, Cambridge: Cambridge University Press, 1997, p.37.

⑭ Thomas Nagel, *The View from Nowhere*, Oxford: Oxford University Press, 1986, p.64.

心灵哲学中,有关身心问题的主流观念是同一论的一种变异。同一论将所有那些原先被认为是属于心灵的状态都还原为大脑的物理状态。在接受了取消心灵的唯物论的前提下,在一套完全自然属性化的伦理观中,诸如"美德"(virtue)、"品格"(character)这样的术语,要么是被重新定义,要么是在一种隐喻的意义上被使用。卓越属性的观念会作为一种评判标准而继续存在。例如,判断某个人在保卫领土的战斗中表现出色,但是本可归属于个人的勇敢的美德将缺乏美德伦理学所必须的伦理内涵。

因此,只有当自我概念能够作为伦理属性的载体而发挥功用的时候,与之相伴随的美德伦理学才能获得巩固。扎泽博斯基发现,"关于美德的一个近乎普遍的主张认为,美德是灵魂的一种状态,或者在尽可能少地使用充斥着哲学相关术语的表达中,美德在一种深层的、重要的意义上就是归属于个人的某种属性"[15]。根据扎泽博斯基的见解,人格是由一个人的"无法传达的主观性"构成的。它是人类高贵身份的基础,而且不能被还原为一种客观的心灵状态。如此一个富于活力的自我概念,为探讨伦理美德开启了巨大的理论空间。

儒家的自我概念

如果儒家的伦理学能够作为一种美德伦理学被正当地描述出来,那么我们应该可以期待汉语文本展现出在某些重要方面类似于西方的自我概念。但是对于儒家文献材料的分析并未能提供充足的证据来支持这一假设。在以下论述中,我将概述儒家的自我观念,同时思考并判断它是否足以支持一种美德伦理学。

中国思想世界中的关联性宇宙论思想深刻地暗示了自我和人格的观念。法国汉学家谢和耐(Jacques Gernet),在对16世纪中国文化与欧洲基督教文化的交流所作的富于洞察力的分析中,描述了以西方的意识去理解中国哲学的精神气质所导致的失败。

> 逻辑是宗教教条所不可或缺的,而中国人却表现得缺乏逻辑。但是传教士不可能意识到,那些在他们看来中国人所不擅长的东西,不仅

---

[15] Zagzebski, *Virtues of the Mind*, p. 85.

标志了中西两种不同的理智传统,而且还标志了不同的心灵范畴和思维模式。⑯

谢和耐所发现的一些关键性的区别与当前的研究紧密相关。这一研究也即是对一种与众不同的行为者观念的研究。在这一观念中,"不曾确立任何理智与感觉之间的对立,也不曾确立任何精神上的与物质上的区分"⑰。而且,道德认知与理智认知的领域被看做一个整体。

> 中国人从不相信一个至高无上的、独立自主的人类理智能力的存在。一个被赋予理智并且具有自由选择善恶能力的灵魂概念,对于基督教是如此重要,但对于中国人而言它却是陌生的。相反地,中国人将心智与情感、意志与理性结合在了单一的"心"的概念之中。他们将道德感与理智合并为一。⑱

由于"修身"是早期儒家著述中有关伦理生活的讨论中心,因此我们必须通过以下一个提问开始我们的分析,即文本所表达出的"自我"(self)观念究竟是何含义?"修身"(self-cultivation)这一术语,尤其在英语的译本中,很容易误导读者去假设存在一个"自我实体"(self substance),它在人出生之时是未定型的,需要被发现并塑造为成熟的伦理同一性。这样的解读,是将自我作为一种精神上的或心理上的存在体,并认为它是每个人天生所具有的,并且构成每个人的内在本质。无论是所有人都具有相同的本质,还是每一个体具有独特的本质,这一观念的结果都导致自我成为一种有待发现的实体。

但是,与西方的概念截然不同的是,这种作为内在本质或实体的自我观念对于汉语文本完全是异质的。当然,在汉语文本中有一些术语可以被恰当地翻译为"自我"(self)。但是这样的术语所指称的是众人之中独立的个人,是经历之中的个别焦点。诸如"自省"、"自知"等术语都是"自我"(self)在反身代词结构中被使用的典型例证。正如柯雄文(A. S. Cua)所指出的,

---

⑯ Jacques Gernet, *China and the Christian Impact: A Conflict of Cultures*, trans. Janet Lloyd, Cambridge: Cambridge University Press, 1985, p.3.

⑰ Gernet, op. cit., p.4.

⑱ Ibid., p.147.

把"自省"翻译为"I examine myself"(我检查我自己)是错误的。[19] 这样的翻译将"itself"(自己)借用于一种本质主义的(或二元论的)解读中,使得主语"我"处于与自我相分离的境地并将自我作为检省的对象。当然,反身代词的短语应该保留为"自—"的形式。"'自'总是直接出现在一个动词之前,以表明及物动词的宾语就是动词的主语。"[20]因此,"自省"仅仅是要表明,"省"指向某人自己。人的记忆能力、反思能力以及社会关系使得"自觉"成为可能。不做分别地对待人的心灵与躯体、精神与物质或内在本质与外在形式,是理解汉语文本中自我这一术语所必需的。

查尔斯·泰勒(Charles Taylor)认为,所有语言所共有的关于自我的术语都是一种普遍的人类"自我感知"(sense of me)的证明。他写道:"大概在每一种语言中都存在用以描述有关自我以及反身的思想、行为、态度等内容的语言资源。……但这与将'自我'(self)变为一个名词、在其前面加上一个定冠词或不定冠词、将其称为'这一个'或'某一个'自我完全不同。"[21]柯雄文似乎赞同泰勒的观点,他曾宣称,对儒家而言,"自我"(self)应该只在一般意义上被使用。作为一个普通的术语,"自我"(self)"被恰当地使用在表面的、抽象的以及理论化的讨论中。"[22]但是,柯雄文也主张,在儒家文本中并未出现"自我"(self)在理论意义上的使用,这一点是毋庸辩驳的。[23]

如果西方传统的自我概念在一种宽泛的理解中被认为是本质主义的和个人主义的,那么与之相反,儒家的自我则是发展的、完全处境化的。《中庸》开篇写道:"天命之谓性,率性之谓道,修道之谓教。"[24]"天"一般都被翻译为"heaven"(上天)。由于"heaven"(上天)不可避免地与某种超验的力量或神圣的存在建立联结,因此安乐哲和郝大维将"天"保留为未翻译的形式。

---

[19] A. S. Cua, "A Confucian Perspective on Self-Deception", *Self and Deception: A Cross-Cultural Philosophical Inquiry*, eds. Roger T. Ames and Wimal Dissanayake, Albany: State University of New York Press, 1996, p. 189.

[20] Edwin G. Pulleyblank, *Outline of Classical Chinese Grammar*, Vancouver: University of British Columbia Press, 1995, p. 136.

[21] Charles Taylor, *Sources of the Self: The Making of Modern Identity*, Cambridge, Mass: Harvard University Press, 1989, p. 113.

[22] Cua, "Confucian Perspective", p. 189.

[23] Ibid., p. 187.

[24] Ames and Hall, *Focusing the Familiar*, p. 89.

在大多数情况下,"天"并不在某种存在或命令的意义上意指脱离于可见世界的超验物;"天"就是这个世界。"'天'就是我们的世界之所'是'及其'如何是'。"㉕因此,在大多数语境中,"天"最好被理解为某种自然的或宇宙的命令,它是由"天"、"地"、"万物",当然还有人类,所共同构成的。在《论语·阳货》中,我们听到孔子的教诲:"天何言哉?四时行焉,百物生焉。天何言哉?"㉖

因此,上文所引用的《中庸》章节不应被解释为:人生来具有一种使其倾向于遵从正当的(或伦理的)行为方式的本性。更合理的解释是:自然的命令,即"天",赋予了人类某种必须经由教养和训练而得以发展的能力或行为倾向。这一教训在孟子的"四端"说中被更清晰地表述出来。孟子描述说,所有人都具有"四端",而且人们有责任将其发展为一种强有力的行为倾向。这四端就是"仁"、"义"、"礼"、"智"。"人之有是四端也,犹其有四体也。有是四端而自谓不能者,自贼者也。……凡有四端于我者,知皆扩而充之矣,若火之始燃,泉之始达。"(《孟子·公孙丑上》)㉗

孟子关于四端的教诲证明了这样一种观念,即,儒家哲学在伦理学意义上的自我并不是人性的一个本质方面。当然,人性确实安置了必然导向伦理人格发展的某些能力。也许有人会反对,认为这样一个有关发展的伦理人格的说明与西方的有关道德发展的观点并没有什么重大的区别。无论持有哪一方观点,道德教育的过程可能都是相同的。但是如果坚持本质主义的观点,那么无论其人的道德发展状况如何,人都天生具有一种伦理学意义上的自我。但是在孟子那里却可以毫不夸张地说,一个不能发展自己道德能力的人不可能成为一个真正的人。

本质主义与孟子的差异可以被解释为人性的"发现模式"(discovery model)与"发展模式"(developmental model)之间的差别。李耶立(Lee Yearley)认为,孟子使用了一种发展模式,但是也随之产生了许多误导性的解释。孟子的后继者和解释者就将发现模式应用到了他们对于孟子观点的解说

㉕ Ames and Hall, *Focusing the Familiar*, p.80.
㉖ Roger T. Ames and Henry Rosemont, Jr., *The Analects of Confucius: A Philosophical Translation*, New York: Ballantine Books, 1998, p.208.
㉗ D. C. Lau (trans.), *Mencius*, London: Penguin Books, 1970, p.83.

中。在发展模式中,道德的能力,或者说是四端,当且仅当在接受教养且不被损伤的情况下,才能导致正当的行为倾向或行为。"孟子对发展模式的应用意味着,当他断言人性善的时候,他并非针对一个隐藏着的本体论意义上的实体,而是要指明人所拥有的某种能力。因此,善就等同于四端的存在,四端可以养成那些用来定义人类特征的基本美德。"[28]这一观点可以被《孟子·告子上》中的文句所证实。有人曾经向孟子询问,为何要坚持认为人性本善。

> 孟子曰:"乃若其情,则可以为善矣,乃所谓善也。若夫为不善,非才之罪也。……或相倍蓰而无算者,不能尽其才者也。"[29]

另一方面,发现模式将人类的本性作为一种有待揭示的本体论意义上的实体充分地展现出来。伦理人格所需要的并不是"四端"的培养与成长,而是隐藏着的本性的显露。李耶立描述的这一观点常常被误解为孟子的思想:

> 人类本性作为一种持久的行为倾向而存在着,它虽然是晦暗不明的,但是却可以被触及并发现。人们并不培养某种未成熟的能力。人们是要去发现可以给自身以定义的那个隐藏着的本体论意义上的实体。因此,发现模式更多地表现为一种本体论的观念,而不是生物学的观念。……而且,探寻的目标,好像并不是要看到植物在缓慢生长之后的繁荣景象,而是要达到一种状态,人们在这种状态下可以直接触及控制着自身所有行为的本性。[30]

自我或人性的发展模式是儒家和道家强调修身观念的基础。为了成为"君子",其人必须在个人角色与人际关系的处境中使自身的道德能力获得刻意的培养——伦理人格是完全处境化的。儒家核心的伦理美德(在孟子的思想体系中即为"四端")之中包含"仁"这一美德。"仁"常被翻译为"benevolence"(仁爱)或"humanity"(仁慈)。[31]"仁"字由代表"人"的偏旁部首

---

[28] Yearley, op. cit., p. 60.
[29] Lau, *Mencius*, p. 163.
[30] Yearley, op. cit., p. 60.
[31] Ames and Rosemont 选择"authoritative conduct"作为"仁"的翻译。我认为,这不是一个好的选择,因为这样做忽略了"仁"所应包含的内在的倾向和外在的相关要素。

和数字"二"组合而成,这一结构表明了它的含义。"仁"字的文字学解释指向一种儒家的假设,即一个人不可能在孤立的状态中成为人。人从出生的那一刻起,甚至在出生之前,就总是在接受社会环境的塑造。赫伯特·芬格莱特(Herbert Fingarette)评述,"对孔子而言,至少要有两个人,人才能成其为人"㉜。个体发展是在关联的处境下完成的。

在孔子的教诲中,"仁"并不属于一种克己的利他主义,它包含有某种在个人关系范围内将自我利益推及别人的含义。如果一个人在自己的关系范围内实现了他作为关系核心的角色,那么整个群体都会从中受益,而他自己的伦理人格也将获得持续的提升。孔子在对其弟子子贡的回答中说明了这一原则:

> 子贡曰:"如有博施于民而能济众,何如?可谓仁乎?"子曰:"何事于仁,必也圣乎?……夫仁者,己欲立而立人,己欲达而达人,能近取譬,可谓仁之方也已。"(《论语·雍也》)㉝

刘殿爵评述认为,"仁"在与之相关的"恕"的美德中,包含有一种"方法论"(methodology)的含义。"恕"意为"尊重"或"互惠"。"'恕'是用以发现别人希望何事或不希望何事施与自己的一种方法。这种方法要求人们从自己作类推,同时质问自己,自己所喜欢的或不喜欢的东西在接受者的立场中是否也被喜爱或厌弃。"㉞

> 子贡问曰:"有一言而可以终身行之者乎?"子曰:"其恕乎。己所不欲,勿施于人。"(《论语·卫灵公》)㉟

儒家指明了五种基本的关系,其中有两种是血缘关系,而所有关系都是相互的。这些关系分别是父子关系、君臣关系、夫妻关系、兄弟关系、朋友关

㉜ Herbert Fingarette, "The Music of Humanity in the Conversations of Confucius", *Journal of Chinese Philosophy* 10, 1983, p.217.

㉝ Wing-tsit Chan, *A Sourcebook in Chinese Philosophy*, Princeton: Princeton University Press, 1963, p.31。在陈荣捷的翻译中,这一章被错误地标记为6.28。

㉞ D. C. Lau (trans.), *Confucius: The Analects*, Hong Kong: Chinese University of Hong Kong Press, 1983, xiii.

㉟ Ames and Rosemont, op. cit., p.189.

系。一个人所经历的伦理模式在很大程度上取决于其人在包含有既定群体的关系网络中居于什么地位。对于家庭的长子而言,他就要在恭顺父母以及慈善地领导幼弟的关系中发展"仁"德。同样的,一位既为人妻又为人母的女子,当她接受了"天"所赋予的这一角色的时候,她将去实现一个适合于她的关系空间的自我。㊱ 要在五种基本关系之外的众多变化的人际关系中显明"仁"德,就需要伦理意义上的洞察力与创造力。但是家庭却是精心打造伦理人格的首要工场。正如孔子所断言的:"君子务本,本立而道生。孝弟也者,其为仁之本与?"(《论语·学而》)㊲

我在上文中曾经提到,西方传统的自我概念是个人主义的。现在我将指出儒家的自我观念是处境化的。但二者并非相反的观念。一个人可以持有一种个人主义的伦理人格的概念,但他同时也可以相信自我在其自身的处境中才得以发展。十分清楚的一点是,儒家对于自我的观感包含某种与原子论相反的"扩充"(diffuse)的涵义。这一点需要补充进我们对儒家自我观念的描述。在西方的概念中,自我的界限是与之相邻的个体存在——即指物理上所占有的空间及其思想、记忆、经历。但是,中国对自我的观感却具有更多的公共性。我自己并不由我的单独的生活经历所确定,而是不可避免地与和我共有上述关系的人群联系在一起。杜维明描述了一种放射状的秩序用以定义儒家思想中的自我意识:"值得注意的一点是,在儒家修身观念下的自我,并不是一个独立的或孤立的个体,而是某一关系的中心。……作为这一关系的中心,自我通过连续不断的交感与互动,获得了更为丰富的内涵,具备了更为充分的权能。"㊳ 在这种放射状的秩序中,处于中心位置的"自我"(self)并不是一个分离的自我,而更应是一个意识的焦点,它通过对正当的习惯与行为倾向的培养可以具备伦理责任。

简而言之,儒家的自我观念并不能用一种本质主义或个人主义的自我

㊱ 这里有一个小问题:儒家的训教给妇女安排了一个被贬低的角色。对于所有产生于现代之前的文化中的哲学体系,一件重要的事情就是确定它们是在原则上还是仅仅在误用中表现出歧视。有关这一问题的一个出色的论文收集工作是由李晨阳完成的,参见 Li Chenyang, *The Sage and the Second Sex: Confucianism, Ethics, and Gender*, Chicago: Open Court Publishing, 2000.

㊲ Ames and Rosemont, op. cit., p. 71.

㊳ Tu Wei-Ming, "Self-cultivation in Chinese philosophy", *Routledge Encyclopedia of Philosophy*, ed. Edward Craig, CD-ROM Vers. 1.0, Sec. 2, Philosophy as a spiritual quest: Confucius.

观点加以描述。伦理能力是每个人自然天赋的一部分,但是这种能力必须经过培养才能实现为伦理人格。一个人的道德本性并不是一个有待发现的隐藏着的实体,而是作为一种必须经过发展的天生能力或美德"端始"而存在的。那些忽视修身的人不可能成为完全意义上的人。此外,就儒家所表达出的"自我同一性"(self-identity)的观念而言,同一性要在一种共有的意义上获得理解。同一性源自于某人在家庭、地区或国家处境下的角色和人际关系。当某人在"天"所安置的社会形态中学着谦恭地生活的时候,"仁"作为一种使人际关系繁荣活跃的核心美德,才会逐渐养成。

二、作为"德"或"品格"的自我

如果儒家的伦理学应该作为一种美德伦理学加以描述,那么在排除了本质的、个体的自我概念之后,还需要一种方法,以建构一个能够作为伦理属性载体而发挥功用的"自我"(self)。我认为,可以通过中国的"德"的概念与"品格"(character)观念之综合来完成这一建构。"品格"(character)在这里被理解为某种思考或行为的倾向,它特别是在有关道德选择方面,有助于人的兴旺的实现。下面我将论证,在儒家思想中这一经培养或建构而成的品格就是伦理学意义上的自我。

在美德伦理学方面,尽管论述者们所强调的重点有细微的不同,但是论述仍然被归结于类似的主题。李耶立也承认,范畴的界限并不容易描述。他言道:"美德是一种行为、欲求以及感觉上的倾向,它包含对判断力的训练,并且导向公认的人的卓越或人的兴旺。"[39]罗莎琳德·赫斯特豪斯(Rosalind Hursthouse)也在她对美德的简洁定义中包含了人的兴旺的要素:"美德是人的一种需要兴旺或美善生活的品格特性。"[40]扎泽博斯基将美德定义为"对于个人卓越的深入而持久的获取,它包含引发确切追求目标的特有动机,并包含实现这一目标的可靠成就"[41]。阿拉斯代尔·麦金太尔(Alasdair MacIntyre)则有另外

---

[39] Yearley, op. cit., p.13.
[40] Rosalind Hursthouse, "Virtue Theory and Abortion", *Virtue Ethics*, eds. Roger Crisp and Michael Slote, Oxford: Oxford University Press, 1997, p.219.
[41] Zagzebski, *Virtues of the Mind*, p.137.

一种定义的方法:"美德是一种已经获得的人类品质,对这一特性的拥有与训练使我们能够达成内在于实践行为之中的诸善,而这一特性的缺乏将有效地妨碍我们达成任何这样的善。"㊷这些美德定义的关键内容在于,美德是卓越属性,是已获得的,是倾向性的,并且能够导向人的兴旺。

"德"——伦理品格的关键术语

汉语中的"德"这一术语常常被翻译为"virtue"(美德)。"德"这一术语是否与英语单词"virtue"(美德)具有相同的含义呢?下面针对翻译的考察将指出在儒家伦理思想中"德"的深刻涵义及其重要性。

道家文献和儒家文献的篇章中充满了对模范性人物的描述,这些篇章同时也描述了各种有效的通过自身能力达成现世和谐的生活模式。"真人"、"君子"、"圣人",这些不同的称谓都指向文本所规定的拥有道德品格的人物。当我们寻找这些模范与众不同之处的时候,我们发现他们都一致地与"德"相关。

在《论语·颜渊》中孔子说:

> 子为政,焉用杀?子欲善而民善矣。君子之德风,小人之德草,草上之风必偃。㊸

《中庸》赞颂传说中的圣王舜是一位有"德"之人。"舜其大孝也与!德为圣人,尊为天子,富有四海之内。"㊹孟子也将"德"作为区别"霸"和"王"的特征:"以力假仁者霸,霸必有大国;以德行仁者王,王不待大。"(《孟子·公孙丑上》)㊺

当然,讨论伦理学意义上的修身问题有一套完整的术语。对这一主题的充分论述,要求说明所有规范性的美德或卓越属性——"仁"、"义"、"礼"、"智"——以及"心"的观念,和其他相关概念。但是当我们要穿越时间的无限延展来描述某一个体,并将其作为个人效能的核心时,只有"德"这

㊷ Alasdair MacIntyre, *After Virtue: A Study in Moral Theory*, 2nd ed., Notre Dame: University of Notre Dame Press, 1984, p.191.
㊸ Ames and Rosemont, op. cit., p.158.
㊹ Ames and Hall, *Focusing the Familiar*, p.96.
㊺ Lau, *Mencius*, p.80.

个术语能完成这一工作。

因此,如何翻译"德",便是一个亟待解决的重要问题。回顾英语的译文和词汇素材,我们可以看到,"德"通常被翻译为"virtue"(美德)、"moral virtue"(道德美德)或"power"(能力)。理雅各(James Legge)将"德"翻译为"virtue"(美德)或"virtuous"(有道德的),或者有时翻译为"power"(能力),这对其后的翻译产生了深刻的影响。[46] 对理雅各而言,"德"是某种禀受于天而发展为特殊美德的天赋资材,这很接近于传统的基督教所说的美德。

冯友兰认为,在大多数情况下,"德"应该被更准确地翻译为某一事物所固有的"efficacy"(效能)、"power"(能力),或是"a principle underlying each individual thing"(潜在于每一个体事物之中的原则),也即是"the first principle whereby each individual thing is brought into existence"(每一个体事物借以成为现实存在的首要原则)。[47] 在这里我们看到,中国的解释者使自己远离了一种将道德美德作为"德"的首要含义的观念。

亚瑟·威利(Arthur Waley)也考察了冯友兰所注意到的将"德"翻译为"virtue"(美德)的有关问题。

> 一种通常的做法是将"德"翻译为"virtue"(美德),这只能导致读者的误解。即使是被预先警告过的读者也一定会在这个词的日常语义(与罪恶相反的美德)下理解它,更不可能有读者会在与拉丁文 *virtus* 相对应的语义下解读这个词。出于这一原因,我在通常情况下,特别是在与作为身行强制力的"礼"的对照中,将"德"翻译为"moral force"(道德的强制力)。[48]

由此可见,威利所理解的"德"是具有道德含义的,但是由于"virtue"(美德)包含西方读者固有的理解,因此他想要避免使用这个词。陈荣捷将"virtue"(美德)、"character"(品格)看做是承载"德"的道德内涵的重要载体:

> "德"通常意指一种道德品格。但是在涉及"道"的时候,"德"意指

---

[46] James Legge (trans.), *The Works of Mencius*, 1895, New York: Dover Publishing, Inc., 1970, p.540.

[47] Feng Yu-lan, *A History of Chinese Philosophy: Volume I, The Period of the Philosophers*, trans. Derk Bodde, Princeton: Princeton University Press, 1952, p.179, p.225.

[48] Arthur Waley (trans.), *The Analects of Confucius*, New York: Modern Library, 1938, p.33.

某种分化而内在于事物之中的"道"。一个经典的定义是,德者,"得"也。威利恰当地将"德"理解为某物之中的一种潜在能力或固有美德,并将其翻译为"power"(能力)。但是"power"(能力)无法包含"德"所具有的道德上的卓越属性之义。因此,"virtue"(美德)和"character"(品格)似乎更为恰当。[49]

正如陈荣捷在上述引文中所指出的,在涉及"道"的时候,"德"是"特以用来说明'道'为事物所固有的这一特点的"。"道"包含有多重含义,包括"引导"、"道路"或"途径"之义,或者意指某种教义或教条,也可意为万物秩序的原则。孔子将"道"这一术语作为一个抽象的、可评估的名词来使用,认为它"在总体上指向一种伦理学意义上的美善生活"[50]。"道"被象征性地看做人所应当遵循以达成完善人格的"道路"或"途径"。当"道"表现为一种特定的人类生活的时候,它被称为"德"。

通过上述这些例子,我们可以看到翻译者为捕捉"德"的精确含义所做出的努力。他们大多数都认同"德"包含有道德的因素,但是也有一些人认为不能将"德"限定为"美德"(virtue)。不过,选择将"美德"(virtue)作为"德"的首要含义的学者,包括了刘殿爵[51]、艾文贺[P. J. Ivanhoe,他也将之理解为"道德感召力"(moral charisma)][52]、李耶立[53]、柯雄文(A. S. Cua)[54]和孟旦(Donald Munro)。孟旦有时将"德"看做是一种面对主流道德规范的态度,有时又视之为与这些规范相一致的行为,又或者两种含义兼而有之。这种理解导致他要采用"disposition"(行为倾向)一词作为"德"的一种可以接受的译法,而这显然意指一个道德的行为倾向。[55] 所有这些作者都承认将"能力"(power)作为"德"的第二含义。

郝大维(David Hall),在他的早期著作《无常的凤凰》(*The Uncertain*

---

[49] Chan, op. cit., p. 790.
[50] Cua, "Conceptual Framework", p. 155.
[51] D. C. Lau, *Chinese Classics：Tao Te Ching*, Hong Kong：Chinese University of Hong Kong Press, 1982, xxxxiv.
[52] Ivanhoe, op. cit., pp. 69-70.
[53] Yearley, op. cit., p. 54.
[54] Cua, "Conceptual Framework", p. 156.
[55] Donald J. Munro, *The Concept of Man in Early China*, Stanford：Stanford University Press, 1969, p. 100.

Phoenix)中,注意到"德"的一个细微含义,这一含义与万物中每一个体的独特性有关:

> 万物中的每个单元都拥有自己的"德",也即是拥有自己的"卓越属性"(excellence)。"德"有时被翻译为"power"(能力)或"virtue"(美德),意指"某物之所以只是某物而不是他物所依据的原因"。我认为"德"的最好译文是"intrinsic excellence"(内在的卓越属性)。这一术语唤起了有关用以描绘某物之所以只是自己如此这般的独特性的意义。(56)

在他们共同的努力下,郝大维和安乐哲在"德"的翻译中保存了"卓越属性"(excellence)的观念。在不同语境里,他们也将这一术语翻译为"character"(品格)、"efficacy"(效能)、"potency"(潜能)、"moral conduct"(道德行为)、"power"(能力)。翻译的方法是依据上下文语境,表达出文本所要描绘的宇宙本性。词汇和概念并不是僵硬的,语义的分派是灵活的、动态的,尤其是对诸如"德"这样的关键术语。

上述简要的考察可以确证,"德"在有关修身问题的讨论中,扮演了核心的角色。由于"德"之含义的丰富性与变动性,因此无法用某个单一的英语同义词来翻译它。但是我还是想指出,在伦理学的语境中,"品格"(character)是"德"的各种含义之中的一个整合概念。"能力"(power)、"效能"(efficacy)、"美德"(virtue)、"卓越属性"(excellence)、"潜能"(potency)都可以看做是品格的属性。而且,当我们在一种伦理自我的意义上来理解一个需要建构或培养的"自我"(self)概念的时候,"品格"(character)就可以被解读为"自我"(self)。

作为自我的品格

"品格"(character)标明了一个人的与众不同之处。我们可以形容某人:"他真有个性。"这句话意味着他有某种确定的特性或某种与众不同的个性特征,这使他与别人区分开来。但是,"品格"(character)更深层的含义是伦理学意义上的。"人格"(person of character)指向某人在其承诺与行为中表现出道德的完整性。而且,我们在思考有关品格问题的时候,通常并不将

(56) David L. Hall, *The Uncertain Phoenix*, New York: Fordham University Press, 1982, p.248.

其作为天生的特性,而是将其作为经过一段时间的后天努力才能获得的品质,这一品质的获得需要个人在面对人生险阻与挑战时不断发展某种有品格特征的回应。品格往往会带来某种影响;品格引生出别人对自己的信任与尊重。这样的情况可以增进人际关系,也有助于人的兴旺。

将“德”翻译为“character”(品格)并用以阐释文本,对于这样一种方式,我们可以在《道德经》五十四章中找到很好的例证。《道德经》并非儒家文献,但是这一章中的修身主题与典型的儒家方法可以产生共鸣。

善建者不拔;善抱者不脱;子孙以祭祀不辍。
修之于身,其德(character)乃真;
修之于家,其德乃余;
修之于乡,其德乃长;
修之于国,其德乃丰;
修之于天下,其德乃普。(57)

园艺的隐喻普遍出现在《论语》和《孟子》之中,这样的隐喻捕捉到了“德”的发展的一面。在这样的章节中,将“德”翻译为“character”(品格)具有包容性的优点。我们通常认为,伦理品格涉及个人生活的每一方面,包括内在的动机和外在的行为。而将“德”翻译为“virtue”(美德)所带来的困难在于,不同的美德被明确地区分开来,而如果有一种美德能够起到将所有美德联结在一起的作用,那么这种核心特性又是众多美德中的哪一种呢?对这一问题始终无法达成共识。当“virtue”(美德)以单数的形式来翻译“德”的时候,对其最恰当的理解是“道德的品格”(virtuous character)。

乔尔·库珀曼(Joel Kupperman)认为:“可以导向一种有价值的生活的自我发展,应该成为伦理学的核心议题。”(58)他被中国哲学所吸引,是由于中国哲学将伦理学意义上的修身视为当务之急。库珀曼对品格概念的处理是将其与一个建构性的自我联系起来,这种方式可以有效地分析儒家文献中有关个人发展的问题。他主张自我即是品格。有关某人拥有或缺少品格的

(57) Roger T. Ames and David L. Hall, *Dao De Jing: Making This Life Significant*, New York: Ballantine Books, 2003, pp. 160-161.

(58) Joel J. Kupperman, *Learning from Asian Philosophy*, New York: Oxford University Press, 1999, p. 20.

说法是不正确的,我们应该说人就是品格。[59] 品格"是人之所是,尤其在他或她的生活的境域内关系着人的重要抉择"[60]。

库珀曼将品格定义为一个人"常规的思考及行为模式,尤其是在影响别人或自身幸福的事件中牵涉到利害关系或承诺责任之时,又尤其主要地表现在涉及道德选择之时"[61]。坚强的品格可以应对"压力、诱惑、困苦,以及别人所寄予的持久期望"[62]。库珀曼在其稍后的一部著作中,将"规范模式"(normal pattern)修改为"信赖模式"(reliable pattern),并且指出"没有信赖模式就没有品格,这里所说的品格并不等同于拥有某种善的品格或恶的品格"[63]。这里存在着三种类型的人:第一种人,已经发展了(或正在发展)伦理学意义上的善的品格;第二种人,已经发展了(或正在发展)伦理学意义上的恶的品格;第三种人,缺少能够做出道德选择的信赖模式。在儒家对伦理生活的设想中,只有第一种人可以称之为人。因此,库珀曼观点的挑战性在于建构一个自我,这一自我能够在需要进行道德选择的时候做出合乎道德的回应。

库珀曼将自我构成的情形称为"自我拼贴"(self-as-collage)。他说:"这个'自我拼贴'(self-as-collage)的观念并不能被归为孔子的思想,但是至少可以认为它与孔子的言论相符合。……按照'自我拼贴'(self-as-collage)的观念,一个成年人的自我可以呈现出不同的层面,这些层面表现为对上溯至孩童时代的人生不同阶段的各种影响的接纳(有时为排斥)。"[64]其中,第一层是"原始层面"(primitive layer)或"原始自我"(proto-self),它形成于婴儿和儿童的前反思时期。在这一阶段,人通过观察与模仿学习如何行为和评价。

在孔子对一个善的自我的发展的描述中,传统不只是一个启示和建议的来源,它也是(更重要的是)一种模式的来源。按照他的看法,一种正当的父母—子女关系拥有这一特性。个人所发展的自我当然是单

---

[59] Joel J. Kupperman, *Character*, New York: Oxford University Press, 1991, p. 107.
[60] Kupperman, *Character*, p. 13.
[61] Ibid., p. 17.
[62] Ibid., p. 14.
[63] Kupperman, *Learning*, p. 17.
[64] Ibid., p. 48.

独的,但却不能是完全孤立的……⑥

对品格发展的原始层面的描述十分符合孟子对家庭影响的论述。孟子主张,这样的情感是"不学而能"的,在一个恰当的家庭环境中孩童可以自然地具有这些情感。这种亲人间的自然亲情,成为与"仁"、"义"相联系的基本感情。通过伦理学意义上的修身,人们学着将恰当的情感扩展到所有人际关系之中。

> 孟子曰:"人之所不学而能者,其良能也;所不虑而知者,其良知也。孩提之童,无不知爱其亲者。及其长也,无不知敬其兄也。亲亲仁也,敬长义也。无他,达之天下也。"(《孟子·尽心上》)⑥

在前反思阶段,生活的各种模式——即思想、评价以及与人关联的方式——都被反复灌输进孩子稚嫩的生命中。如果一个人想要前进至能够反思的第二阶段,那么他对于自我建构的参与意识就要扮演起一个影响力日益增强的角色。但是,一个人带入自我建构计划的知识与行为倾向,却是此人在其最初所处的社会环境中所形成的早期经验产物。有一点看起来很明确,即一个人在自我建构的进程中绝不可能是孤立的,绝不能宣称是自己创建自己。而且这一伦理学意义上的计划是成功还是失败,在很大程度上取决于是否在成长的早期阶段接受了积极的影响。库珀曼采纳了孟子的园艺隐喻,他主张,"适当的家庭状态是善的主干"⑥。或者联系有关美德的"四端"的说法,我们可以说,家庭环境是种子萌芽并开始成长的土壤。

原始的阶段之后是一个能够反思的第二阶段。在这一阶段,以反思方式进行的学习以及在学习进程中人们之间的相互作用,将导致个人有意识地接受或拒绝那些影响自我形成的事物。对比于原始层面的非学习的训练,孔子强调了"好学"⑧对于成年人的品格成长的基础作用。这一阶段与前反思阶段不同,此时的个人不再是被动地接受,而是主动地过滤各种观念、经验、联想,以从中选择出最有益于品格成长的内容。在这一过滤的进程及

---

⑥ Kupperman, *Learning*, p 46.
⑥ Lau, *Mencius*, p.184.
⑥ Kupperman, *Learning*, p.37.
⑧ See, e. g. , *Analects* 5.28, Ames and Rosemont, op. cit. , p.102.

其所包含的所有判断中,个人的特征和创造力都显现出来了。

> 可以说,自我的原始素材决不可能毫无些许修改地被全部接受。在风格化的促成作用下,受到影响的选择力使得即便只是模仿也必然会表现出某种程度的个人特性。……而且,自我的各个层面以及原始素材的修正始终处在进行之中,永无休止。⑥

郝大维和安乐哲坚信,自我构成是一个始终处在进行中的交流过程:

> 个人发展的进程必须接受以别人的自我来建构自己的自我,同时还必需应用自己的"义"。在擅用别人的意向和评价、并接纳使之成为自己的意向和评价的过程中,"义"也会获得锻炼与发展。
>
> 个人发展的进程必然需要内在的和外在的指引。在此进程中,一个人既要影响包围在他身边的其他人,同时其他人也会影响他。⑦

在这一动态的有关自我的说明中,用于"拼贴"(collage)的元素是显性还是隐性,都取决于它们是否与其所处的个人生活中的重要的相关处境相适合。我的伦理同一性(在儒家理论中总是与社会处境相关)是通过我的诸如父亲、邻里、雇工、学生或军人等角色表现出来。当我单独一人的时候我是谁呢?我只能是所有这些角色中的自我。作为"德"的一个个别的焦点,我的自我理解力成长并超越出限定我的各种角色和关系。对孔子而言,一个人在与其他人隔绝的环境中发展个人品格是完全不可理解的。正如他在《论语·里仁》中所说的:"德不孤,必有邻。"⑪

最后,库珀曼提供了一个自我统一体何以可能的依据。在上文所描述的自我变动性的观点中,一个人如何能在"自我拼贴"(self as collage)中达成某种一致与次序呢?每个人的生活都表现为:

> 多重的主题、不同的关切、思想与行为的风格。它们会随着处境而

---

⑥ Kupperman, *Learning*, p. 49.
⑦ David L. Hall and Roger T. Ames, *Thinking Through Confucius*, Albany: State University of New York Press, 1987, p. 118.
⑪ Ames and Rosemont, op. cit., p. 94.

发生激烈的变化。……因此,问题转变为,这些主题、关切、以及思想与行为的风格如何在生活中统一为一个整体?一种高度统一的生活会在变化的处境中具有周期性的主题、稳定的主要关切以及思想与行为风格中的可辨认的线索。[72]

品格包含了多重要素的完整性,这一完整性被用以建构自我。拥有品格并不意味着一个人在所有情况下都做出相同的反应;仍然存在一个自然的个性表现空间。但是,在某人需要做出伦理反应的情况下,也即是"在考验品格的关键时刻,品格意味着一个人是高度同一的"[73]。

库珀曼所提出的道德选择的"信赖模式"(reliable pattern)是由在自我建构过程中发展形成的习惯和行为倾向组成的。一次性的表现并不能证明诸如宽宏、勇敢等美德。只有当某人能够展现出施行宽宏、勇敢行为的信赖模式的时候,我们才能将这一美德归属于他。扎泽博斯基写道:"一旦美德或罪恶获得发展,它会在个人品格中逐渐成为习惯并且成为某种第二本性。"[74]但是,这样一个第二本性并不应该被理解为,在需要做出道德选择的情况下产生某种未经思考的反应。相反地,例如,被家人的慈爱所感动的人,会学着按照某种表现为孝顺的方式有个性地行事。

在儒家对有关人类伦理经验的理解中,"心"的概念很好地捕捉到了有心智的行为倾向的含义。"心"的最恰当的翻译是"heart-mind"(情感—理智),因为这一翻译结合了"心"的情感和思维能力。汉字是一种发自人内心的象形文字,表现与情感、情绪之间的联系。孔子宣称:"七十而从心所欲,不踰矩。"(《论语·为政》)[75]心感受到忧伤、失望和期盼、喜悦。但"心"也同样清晰地与理智活动联系在一起。"子曰:'饱食终日,无所用心,难矣哉。不有博弈者乎?为之犹贤乎已。'"(《论语·阳货》)[76]安乐哲和郝大维将"心"解释为某种中国式信仰的体现。这种信仰认为人类是一个有机的整体。"当然,在中国的古典

---

[72] Kupperman, *Learning*, p. 49.
[73] Ibid., p. 50.
[74] Zagzebski, *Virtues of the Mind*, p. 116.
[75] Chan, op. cit., p. 22.
[76] Ames and Rosemont, op. cit., p. 210.

世界观中,理智并不能与情感相分离,认知与感情也是不可分的。……中国没有全无情感的理性思想,也没有完全缺少认知内容的原始情感。"[77]心,好像一个伦理罗盘,设定了一个人品格发展的方向。在儒家传统中,每个人的这一发展过程都是清晰的:它在"礼"的规定中被具体化了,并由圣人在生活中做出示范。但是,每一个伦理学意义上的行为者都有义务将他自己的心投入到对"德"的发展之中。与早先的传统相违背,孔子教诲说,每个人都具备成为"君子"的潜能。品格的发展是一个使所有从事此道的人变得高贵的计划,这一计划不只属于拥有权力的人,也不只属于出身高贵的人。[78] 通过对心的锻炼,一个人天生的为善的能力可以被培养为伦理人格。

正如我所指出的,如果品格和自我是大致等同的,那么用什么来描述与有"德"者相对立的那类人呢?这些人在生活中不计后果地漠视社会关系以及与道的自然和谐。这样的一个人,难道就因为缺少品格而没有自我吗?因此,这里有两点需要说明。

首先,正如葛瑞汉(A. C. Graham)提醒我们的,在一些文本中,"德"带有某种"能力"的含义,"这种能力无论是善良的还是邪恶的,总能动摇其他人,而不需要竭尽有形的强制力"[79]。"恶德"的可能性在一种道德意义上被倪德卫(David Nivison)所引证:"'德'的这一天赋资材,既可能带来'吉'也可能是'凶',用道德化的术语来定义就是:'孝顺和恭敬'、'忠诚和正直'、'偷窃和恶劣'、'藏匿和背叛'……。"[80]但是我们看到,孔子完全专一于"德"在正面意义上的应用,"德"的运用被当做与某种"道"相符合的人类生活。但是,我们能够看到,这里确实有一种被认为是恶劣品格的"德",它表明自我已经被拙劣地建构起来。这或者是由于社会的结构已经瓦解["天下无道"(《论语·季氏》[81])],或者是因为个人不能仿效君子且忽略学习。

其次,可以证明的是,孔子和孟子否认拥有恶劣品格的个体可以成为一

---

[77] Ames and Hall, *Focusing the Familiar*, p. 82.

[78] Benjamin I. Schwartz, *The World of Thought in Ancient China*, Cambridge, Mass: Belknap Press, 1985, p. 76.

[79] A. C. Graham, *Disputers of the Dao*, LaSalle: Open Court, 1989, p. 13.

[80] David S. Nivison, "*De (Te)*: Virtue or Power", *Encyclopedia of Chinese Philosophy*, ed. A. S. Cua, New York: Routledge, 2003, p. 235.

[81] See *Analects* 16.2.

个完全意义上的人。要成为一个人,就是要在与自己的现世处境相伴随的角色和关系中,恭敬地、富于创造性地生活。在《论语·子张》中,子张曰:"执德不弘,信道不笃,焉能为有?焉能为亡?"[82]"焉能为有,焉能为亡",这句话如果照字面意思来理解就是,"我们如何能说他们生存着?我们如何能说他们不再生存着?"换言之,忽视"德"和"道"的人无法获得人格;而这样一种生活在这世上毫无意义。类似地,孟子也说过:"不得乎亲,不可以为人。"(《孟子·离娄上》)[83]他还说:"无恻隐之心,非人也;无羞恶之心,非人也;无辞让之心,非人也;无是非之心,非人也。"(《孟子·公孙丑上》)[84]在孔子和孟子看来,一个拥有恶劣品格的人也许可以建构一个自我,但这一自我不同于且不及于一个真正的人的自我。

总而言之,在儒家的(和道家的)文本中,"德"被确认为人类生活可以拥有的某种道德力量。当一个人的动机、选择及其人际关系符合"道",亦即符合伦理学意义上的一种美善的生活理想的时候,"道"在个人的特殊存在中被作为一种"德"而展现出来。尽管"德"具有宽泛的含义,但我认为,在伦理学意义上的修身成为一个文本的核心内容时,"character"(品格)才是"德"的最恰当的翻译。乔尔·库珀曼有关品格的儒家理论将修身视为一个接受各种影响的过程,这一过程起始于童年早期,以至贯穿整个人生。"自我拼贴"(self-as-collage)的模式要受到儒家的作为发展的、处境化的自我概念的约束。而且,通过发展某种带有智力倾向的信赖模式,自我也可以被当做伦理属性的一个载体。一个发挥了"德"(character)的人,才与儒家在伦理人格意义上的自我相适合。

(孟庆楠 译)

---

[82] Ames and Rosemont, op. cit., p.218.
[83] Lau, *Mencius*, p.127.
[84] Lau, *Mencius*, pp.82-83.

明末天主教徒群体交往与身份意识
——以李九标与《口铎日抄》为中心

肖清和

提　要：明季儒家天主教徒实际上处于两个群体网络之中，一个是儒家士大夫群体，另一个可以称为"天学"群体。儒家天主教徒一方面履行传统儒家的道德要求，另一方面又遵循"天学"之教戒。在诸如"纳妾"等问题上，儒家与"天学"之间存在巨大差异与冲突。如何解决这些冲突、如何协调天主教与儒家之间的差异，则是当时儒家天主教徒所面临的首要问题。本文以李九标为例，通过对《口铎日抄》及其他相关著作的分析，尝试探讨李九标所处的群体网络及其身份意识。并根据《口铎日抄》讨论明季天主教徒如何将中西两种不同文化融合在自己的宗教生活之中。因此，本文首先将钩沉李九标的生平及其宗教生活，接着按照《口铎日抄》与《枕书》分析李九标所处的两个群体网络，最后分析天主教徒如何在葬礼等宗教生活中将中西两种文化融合在一起。结论是，虽然李九标追随艾儒略，并成为天主教徒，但从其交往网络与身份意识来看，他不可能完全认同天主教，而是徘徊在儒家与天主教之间。儒家、天主教之间所存在的张力在李九标身上也完全存在。

关键词：李九标　口铎日抄　群体/网络/交往/身份　宗教生活

肖清和，1980年生，北京大学哲学系2005级博士生，现为北京大学与香港中文大学联合培养。

一、李九标其人:"等功名于浮云,视举子业如弁毛"

李九标,字其香,福州福清县海口镇人。李九标在《口铎日抄小引》中提及"标不敏,戊辰秋杪,始得就艾、卢二先生执经问道"。其中戊辰就是崇祯元年(1628)。可见李九标应该是该年秋天去福州参加乡试而遇到了艾儒略,并受洗入教,教名 Stephanus(其弟李九功其叙同时受洗,教名 Thomas)。而早在1617年,李九标就已经通过院试成为秀才(生员)。①

这一时期,李九标很可能跟随卓冏卿学习八股制式。在《口铎日抄》第二卷,李九标记载,"(1631年)冬十月廿有七日,余将东粤省觐,偕先生同至莆阳。时谒卓冏卿老师,因留寓西湖"②。被李九标称为"老师"的卓冏卿,原名卓迈,冏卿是太仆少卿的别称,莆田人,万历癸卯年(1603)举人③,己未年(1619)进士。④ 1612年到1620年,卓冏卿是建宁府崇安县教谕。⑤ 时李九标祖父李裁(字相中)任崇安县训导。⑥

在《口铎日抄序》中,自称为李九标胜友的温陵张赓称赞李九标"等功名于浮云,视举子业如弁毛"⑦。实际上,李九标直到1637年才停止参加科举

---

① 参见《枕书》序,转引自 Adrian Dudink,"Giulio Aleni And Li Jiubiao", in *Scholar from the West——Giulio Aleni S. J (1582—1649) and the Dialogue between Christianity and China*, in *Monumenta Serica*, Volume XLII, p.154.
② 李九标编:《口铎日抄》卷二,载钟鸣旦、杜鼎克编《罗马耶稣会档案馆明清天主教文献》,第七册,台北利氏学社,2002年,第152页。北京大学图书馆藏有1922年上海慈母堂重印本,该本将"天学"、"先生"全部更改为"圣教"和"司铎",并更改了序言的顺序,将"口铎日抄小引"置于张赓"口铎日抄叙"前,最后是林一俊"口铎日抄序"。并补充完整原版所缺的"口铎日抄总目",同时将每卷前目录全部移到"口铎日抄总目"之后。
③ 参见《钦定四库全书·福建通志》卷三十八《选举六》(引自文渊阁四库全书电子版,上海人民出版社、迪志文化出版有限公司1999年版,下同),页63b。
④ [清]廖必琦、宫兆麟等修,宋若霖等撰:《莆田县志》卷十三《选举》,清光绪五年潘文凤补刊本,1926年重印本,成文出版社影印,1968年,页364a。
⑤ 参见《钦定四库全书·福建通志》卷二十五《职官六》,页34b。
⑥ 同上书,页35b。李裁曾为万历年间贡生,见[清]徐景熹、鲁曾煜等纂:《福州府志》卷四十一《选举六》,乾隆十九年刊本,成文出版社影印,1967年,页854。卓迈,万历年间任崇安县教谕,李裁任训导。参见《日本藏中国罕见地方志丛刊续编》第七册《(康熙)建宁府志》,北京:北京图书馆出版社,页397,402。
⑦ 张赓:《口铎日抄序》,载《口铎日抄》卷一,第7—8页。

考试、一心一意从事著述事业。而1617年到1637年这20年期间,李九标一直跋涉于科第之途。至少在1633年和1636年,也就是李九标皈依之后的第五年和第八年,李九标还参加过乡试,但均没有成功。⑧ 按照一般情况推测,李九标在科第上所花的时间近四十年。

李九标在皈依后两年,即崇祯三年(1630),开始记录艾儒略等传教士的语录,"庚午之春,主启余和衷,谬兴札记之役"⑨。由于李九标要准备科举,同时艾儒略等又不能在一个地方待很长时间,1632年之后,改由当地信徒记载传教士语录,然后寄递李九标进行汇总。在停止科举之后,李九标投身著述编纂事业。在《口铎日抄》卷八记载有,"亭午,其香复至堂,先生见其有倦色也。问其故,对曰:'窃效著述,不觉劳勩'"。此时是1640年6月24日,李九标"不觉劳勩"之原因是当时李氏正组织门徒编纂规模庞大的《枕书》。艾儒略在回答中略有批评,"固也。亦问其所著者为何书耳。著世俗之书,未免劳而罔功;若阐明天主之事理,则劳多而功多矣"⑩。

艾儒略批评李九标没有编纂天主教著作,反而"著世俗之书"。大概艾儒略对于《枕书》⑪具体内容亦有所闻。李九标虽然放弃了科举考试,但对于地方教化和儒家修齐治平之理想仍未放弃。实际上《枕书》就是一部儒家性质的著作,与天主教毫不相关。《枕书》共20卷,约500余条,引用书籍达65种,其目的是"谈治国之道、供治国之策、针砭时弊"⑫。

根据《口铎日抄》的相关记载⑬,李九标的交往基本上以艾儒略为中心。而《口铎日抄》所记载的也是以艾儒略为中心的。至于林存元、瞿西满则是因为艾儒略不在福州,而由李九标所记录下来的。当艾儒略去泉州、漳州时,李九标很少像颜尔宣等信徒一样陪同在艾儒略左右。只是在1631年10

---

⑧ Adrian Dudink, "Giulio Aleni And Li Jiubiao", p.155.
⑨ 李九标编:《口铎日抄第三卷纪事》,载《口铎日抄》,第171页。
⑩ 该处见李九标编:《口铎日抄》卷八,第582页。
⑪ 晋江黄虞稷《千顷堂书目》收录该书,见是书卷十二《杂家类》,"李九标《枕书》二十卷,福清人。"《福建通志》根据该书目提到《枕书》,但无详细说明。《福清县志》提及,"李九标《枕书》二十卷。"参见[清]饶安鼎等修:《福清县志》卷十二《著述》,光绪戊戌仲夏重刊,众母堂刊版,页31b。
⑫ 转引自许理和:〈李九功与《慎思录》〉,载卓新平主编:《相遇与对话:明末清初中西文化交流国际学术研讨会文集》,北京:宗教文化出版社,2003年,第78页。
⑬ 下面主要根据《口铎日抄》之记载整理出来的,时间乃阴历。本文下面所出现的月份时间也为阴历。

月因为要去粤东省亲,才和艾儒略一起到了莆田。所以,李九标的活动仍然以福州、福清和海口为中心,基本上不出福州府的范围。而艾儒略则从福州到泉州、漳州、建宁等各地奔波传教。另外,《口铎日抄》关于1635年的情况只记载了10月瞿西满拜访海口。其他时间则只字未提。主要是因为艾儒略不在福州之故。

1643年,李九标与其同乡友人林琦(字镜甫)编纂了另一部儒家类书籍《伦史鸿文》。1646年,李九标校订其弟李九功的《励修一鉴》。1680年,刘蕴德在给李九功《文行粹抄》的序中提到,李九标曾在南明隆武朝的太常寺供职。隆武朝公开支持天主教,曾谕令改建福州天主堂。但1646年10月清军攻入福建,翌年2月清军占领海口等地,当地大约6000多人丧生。天主教堂也遭到严重破坏,圣像被拿走,教徒四处逃逸。根据传教士记载,当清军占领海口时,妇女和儿童被允许离开,但清军杀死了大约4000个未能逃走的男人。李九功的儿子则和他的妻子一起逃走。后来他告诉艾儒略(当时他逃到延平,两年后,即1649年逝世⑭)大约有七次都是玛利亚把他从土匪与鞑靼人处解救出来。李九标的同乡好友林琦则逃到福清附近的一个小岛,后来被土匪所杀害。李九标很可能就在这次屠杀中死于非命。⑮ 因此,有关李九标的生平叙述到1647年便戛然而止。按照以上的推测,李九标的生卒年大概可以定为1597年至1647年。⑯

二、信徒群体的网络:"独愧吾党,未能广竖斯义"

《口铎日抄》八卷虽然都是由李九标所汇记整理,但只有前两卷是李九标亲自记录的,后六卷则是其他信徒记录,然后再寄递李氏进行整理,"辛未以后,诸友多有分录。邮筒所寄,汇载成书"⑰。而且每卷的订正、校正、鉴定、点定、校阅等亦由不同信徒完成。因而可以说,《口铎日抄》表明当时福建地区业已存在一个联系紧密的天主教徒群体。同时《口铎日抄》本身就是

---

⑭ 李九功等:《西海艾先生行略》,载《耶稣会罗马档案馆明清天主教文献》,第12册,第245页。
⑮ 以上参见许理和:〈李九功与《慎思录》〉,第79页。
⑯ 关于李九标的亲属关系可参见 Adrian Dudink, "Giulio Aleni And Li Jiubiao", pp.180-181。
⑰ 李九标编:《口铎日抄·口铎日抄凡例》,第26页。

该群体集体协作的结果。具体分工情况如下表⑱：

卷数	时间	口铎	汇记分录	订正/校订	鉴定/点定	校阅/校辑
一	1630.3—1631.3	艾儒略 卢安德	李九标	张赓 严赞化	陈克宽 林一俊	李九功
二	1631.5—1631.11	艾儒略 卢安德	李九标	张赓 严赞化	〔参补〕 李九功	翁鹤龄 林云卿
三	1631.12—1638.8	艾儒略	*李九标 严赞化 颜维圣	张赓	林尔元 颜之复	罗天与
四	1633.3—1633.10	艾儒略 林存元	*李九标 严赞化	〔参定〕 林一俊	林尔元 陈克生	李九功
五	1633.11—1634.7	艾儒略	*李九标 杨葵 陈景明	张勋 黄惟翰	林尔元 朱禹中	
六	1634.7—1636.8	瞿西满 艾儒略 林存元	*李九标 陈景明 陈景耀 柯士芳	柯士芳 林光元		
七	1637.1—1637.10	艾儒略	*李九标 张赓 颜维圣	李嗣玄 李凤翔	〔同订〕 吴怀古 冯文昌	
八	1638.9—1640.6	艾儒略	*李九标 朱禹中	林光元 苏之瓒	李嗣玄 李凤翔	李九功

其中,福州府参与编辑活动的信徒最多,其次就是泉州府,再次就是兴化府和漳州府。实际上,这和艾儒略的传教路线密切相关。艾儒略受首揆叶向高之邀,最早入福州开教,并受到叶氏家族的庇护。因而在福州的天主教徒要明显多于其他地方。除了福州之外,艾儒略拜访最多的地方就是泉州和兴化。1636年到1639年,艾儒略大部分时间都在泉州、兴化两府活动。当然,艾儒略的足迹还到达边远山区的建宁、延平、汀州等地方。饶有趣味的是,杭州(武林)的两位信徒也参与了该书的编辑活动("同订")。此即表明,福建地区的信徒群体并非局限在该地区之内,而且还与外省的信徒群体

---

⑱ 参见陈丽媚著:《明末福建天主教徒的本土化经历:〈口铎日抄〉与〈西海艾先生语录〉的传承与文本分析》,香港中文大学历史系硕士学位论文,2004年,第32—33页;与潘凤娟著:《西来孔子艾儒略:更新变化的宗教会遇》,台北:基督教橄榄文化事业基金会,2002年,第48页。

进行积极而广泛的联系。

我们可以看出,在福州、泉州等地区实际上已经存在一个广泛的、联系紧密的信徒群体与网络。这个群体的独特性就在于其身份的双重性,一方面他们是儒家士子,有的还在追求功名,有的虽然放弃了科举,但在当地社会的儒家知识分子的身份仍没有改变;另一方面他们又是天主教徒。后者的特征更加明显地表现在他们的宗教活动上。《口铎日抄》记载:"陈肇夹至堂,谓先生曰:'教外之人,见予辈时对越靡谊也,时诵谢不辍也,时仆仆躬往主堂也。实嗤予,谓予苦也。'"⑲很明显,教外人士将天主教徒群体参加宗教活动视做苦事。这从一个角度反映了,当时业已出现天主教徒群体与社会之间明显的界限。这个界限就是宗教活动,包括瞻礼、洗礼、丧葬仪式、告解、终傅等等。

下面根据《口铎日抄》所有出场人物,简述福建地区信徒群体的交往情况。下列表格是按照对话的地点进行归纳,如上表所示福州地区参加编辑活动的信徒最多一样,下表中福州堂参与对话的信徒也最多。

卷数	地点	传教士	信徒	慕道者
卷一	福州堂	艾儒略 卢盘石	刘良弼 王子荐 陈孔熙 林志伊 林子震 姚秉俊 谢仲升	薛文学
	海口		李九标 翁允鉴	谢文学 韩文学 刘总戎
卷二	福州堂	艾儒略 卢盘石	陈汝调 李九功 陈孔熙	
	海口		李九标 翁允鉴 林鸣见 俞体高 林用吁 郑懋兴 石鲁可 从绰 林君及 王子观 林承孔 夏万程 龚云甫	林义学 戴文学
	莆田		卓回卿 宋学美 林季绪	黄文学 彭文学
卷三	漳州	艾儒略	严赞化	
	桃源		黄贲宇	
	龙浔		王晖宇 柯桢符	王晖宇之三友 林太学 郭郡丞
	仙溪		陈广文	
	海口		李九标 刘允铭 俞体高 林一俊	郑文学

---

⑲ 李九标编:《口铎日抄》卷六,第 415—416 页。

续　表

卷四	漳州	艾儒略	严赞化 严刚克 林有杞	郑孝廉 修真会
	福州	林存元	林一俊 李九标 刘伯秀	
	海口	林存元	李九标 翁允鉴 从绰 林鸣见	
卷五	建州	艾儒略	（古潭）赖士章	
	桃源		姚则坤 陈肇夹 陈肇艮	
	龙江		李九标 谢仲升 郑明经 李九功	刘文学 谢文学
卷六	桃源	艾儒略	费中尊 林复初 陈肇夹	
	福州	林存元	罗广文 陈孔昭 陈石丈	
	龙江	瞿先生	林复初 鲁可 少者	
卷七	泉州	艾儒略	颜尔宣 张玛谷之子 张戴	
	桃源		张赓 张筠伯	周孝廉
	龙浔		周修我	杨医生
	福州		张默觉 颜尔宣	
	漳州		吴任恒（龙）徐羽伯（凤）张赓 孙儒理	
卷八	莆阳	艾儒略		朱宗伯（相国）
	三山		李九标 陈广文（葵伯）陈叔衎	
	龙江		士敏 鲁可 李九标 翁允鉴 仲升（斌）林君及（翰）从赵（陇）其绩 鸣见 启藻 继学	

在这个群体之中，除了张赓、林一俊、严赞化、柯士芳、林尔元、黄惟翰、罗天与、颜之复、卓迈、朱继祚等具有功名和仕迹之外，福建地区信徒仍以未有功名及未入仕的士子为主体。一个明显的事实是，在这个群体之中，有两个纽带将他们联结在一起。其一是家族。福清叶向高家族、海口李九标家族、漳州严赞化家族、莆田柯士芳家族等都是因为家族血缘关系而保持着天主教信仰。另一则是"友谊"，包括同年之谊、师生之谊、同僚之谊等等，李九标与严赞化曾"庚午秋闱，一再晤对"；李裁与卓迈曾同在崇安任职；朱继祚与卓迈又同年；张赓在杭州任教谕，与杨庭筠相交。这两类"关系"是构成该群体的主要纽带。艾儒略等传教士实际上也充分利用了这两个纽带，使天主教得到有效的传播。

同时，除了由传教士、信徒所组成的群体网络之外，传教士与非信徒、信徒与非信徒之间也组成群体。传教士与非信徒所组成的群体主要由对天主教友善、向慕天学及西学的士人庶众以及开明士绅所组成。这个群体可以在《熙朝崇正集》[20]中体现出来。[21] 最典型的莫过于艾儒略与叶向高、左光先等士绅所组成的群体。在这个群体之中,士绅都被视做潜在的皈依者。同时,这些士绅通过自身的社会地位与影响为传播天主教、甚至为庇护天主教提供了支持。

信徒与非信徒所组成的群体则不同于上述两个群体。我们可以李九标的《枕书》为例加以说明。该书共 20 卷,500 多篇,所引用的书籍达 65 本之多,且按照不同主题进行分类。这些书一些是李九标家中所藏,还有一些是从朋友处借来。在该书序言之后所提供的参评与校梓姓氏名单来看,共有 215 人参与该书的编纂活动。其中参评的友人 11 人、门人 6 人、亲属 6 人,校梓的友人 127 人、门人 52 人、亲属 13 人。如下表所示:

(表格六)

	参评	校梓	总计
友人	11	127	138
门人	6	52	58
亲属	6	13	19
总计	23	192	

李九标朋友中参加校梓的有 17 人来自外省,110 人为福建省籍(其中 76 人来自福清),参评的有 11 人为福建省籍(7 人来自福清)。其中来自福清的参评与校梓的共 160 人,其他地区的计有 55 人。在这些人当中,李九标家族共 19 人,其中有李九功、李士彦出现在《口铎日抄》之中,还有 3 人在《口铎日抄》中只提及表字,因而可以肯定福清李氏家族中至少有 5 人是信徒。李九功在福清的 83 个友人当中,至少有 20 个信徒。也就是说,李九标的交往群体之中最主要的是福清地区的 83 个友人。其中他的门人与亲属 77 人。同时,来自外省的 17 人中有 3 人是复社成员。李九标朋友之中也有 7 个是复社成员。这样我们可以看出李九标与非信徒所组成的群体的大体

---

[20] 又名《闽中诸公赠泰西诸先生诗初集》,载《天主教东传文献》,台北:台湾学生书局,1982 年,第 633—691 页。

[21] 林金水:《〈闽中诸公赠诗〉初探》,载陈村富主编:《宗教与文化》,第三辑,北京:东方出版社,1998 年,页 77—108。另参见林金水:《以诗记事,以史证诗:从〈闽中诸公赠诗〉看明末耶稣会士在福建的传教活动》,载卓新平主编:《相遇与对话:明末清初中西文化交流国际学术研讨会文集》,第 275—294 页。

情况。在这个群体中,联结他们交往活动即编纂《枕书》的纽带不是天主教,而是儒家。如前所述,《枕书》不是一本天主教著作,其中只引用了一部西学著作,大部分是儒家著作。其目的也不是为了传播天主教,而是为福清地区参加科第的士人提供指导,并且是为了宣扬儒家的伦理纲常。同时,我们也可以看出这个群体的共同旨趣不是宗教性质的,而是儒家的道德教化,即"谈治国之道、供治国之策;针砭时弊"。换言之,是试图通过类似学术活动将儒家道德进一步深化到地方普通人的生活当中,从而实现儒家修齐治平的社会理想与主张。这一点在李九标另一部著作《伦史鸿文》中亦得到体现。根据杜鼎克的研究,《枕书》之编纂实际上体现了福清李氏家族与其他士人包括信徒以及复社成员所组成的网络。[22]

实际上,李九标处于两个网络之中,第一个就是根据《口铎日抄》所得到的天主教群体,另一个就是根据《枕书》所得到的士大夫群体。[23] 在这两个网络之中,李九标所扮演的角色以及所承担的职责差异很大。在前者当中,李九标是天主教信徒,需要践行宗教义务和道德要求;而在后者当中,则需要践行儒家的道德要求与理想,如科第仕途。因此,李九标并不是在皈依之后立即停止科第。而在其停止科第之后,李九标却又主持编纂出了儒家类著作《枕书》。这无不表明,李九标一直没有泯灭儒家之理想追求。

李九标的情况可以折射出当时中国天主教徒的一般情况,也就是说,信徒具有两个身份,其一是儒家士大夫,另一是天主教徒。林一俊在《口铎日抄》序中写道:

> 若诸先生之教,研理必究其原,察物必精其本,修治必要其实。……独愧吾党,未能广竖斯义。迥标特解,为起予、助我之资。所冀发先生之响,更抽绎于无穷者,不无望于高明诸君子也。诸君子试思吾党中,治铅椠,应制科。一旦云蒸龙变,或标旂常,铭鼎吕;或广第宅,饰舆马;赫赫焉,夸矜其梓里,荣宠其宗祊者,足为吾生一大究竟乎?[24]

---

[22] 以上参见 Adrian Dudink, "Giulio Aleni And Li Jiubiao", pp. 165-179.
[23] 许理和称这两个网络一为"天主教网络",另一为"志同道合者所组成的网络",见许理和:〈李九功与《慎思录》〉,第79页。
[24] 林一俊:〈口铎日抄序〉,载《口铎日抄》,第15—18页。

上面出现了两个"吾党",如果仔细加以区分的话,前一个"吾党"可以说是天主教徒群体,后一个"吾党"则应指士子群体。但为何林一俊对这个群体却未加区分呢?也就是说,林一俊为何没有对这种身份加以区分呢?原因就在于林一俊并没有认为天主教徒身份与儒家身份是两个不同的认同,相反却是等同的。在《口铎日抄》初刻中,全书中并没有出现"天主教"、"圣教"以及"司铎"等明显具有天主教色彩的字眼,相反是用"天学"、"先生"作为代替。同时,利玛窦的"补儒易佛"策略已经表明,天学只不过仍是儒学的一部分,或言是为了剔除佛道之影响、恢复古典儒家的。而且,天学还提供了切实可行的修行方法,关注死生大事,对世俗社会中的各种弊端和无德现象大加批判。因而对于儒家信徒而言,天学不仅意味着符合儒家,是儒家之一部分,而且更能为儒家提供补充,所谓"补益王化,左右儒术,救正佛法"㉕。对于他们而言,天学就是"以昭事上帝为宗本,以保救身灵为切要,以忠孝慈爱为工夫,以迁善改过为入门,以忏悔涤除为进修,以升天真福为作善之荣赏,以地狱永殃为作恶之苦报"㉖。在这个比较全面的界定中,"上帝"是古典儒家、四书五经中业已存在的,而"忠孝慈爱"、"迁善改过"等无不亦是儒家本身就有的内容。至于"保救身灵"、"忏悔涤除"、"升天真福"则是天主教的内容。因而可以说天学不仅结合了儒家本身就有的内容,而且还加入了儒家所没有的内容,恰恰是后者更能吸引儒家士大夫皈依天主教。正如林一俊在序中所言:

> 二先生远自绝徼,浮海九万,……世人拘于旧闻、溺于秽乐,曾不能开拓心胸,驰域外超旷之观。思此生之所自来与所自往。甚且认仇作主,岐适轶趋,贸贸以死,而卒不悟。是固先生所大痛也。间有彼都人士,兴缁衣之好,殷殷造请者,亦繁有焉。然未绎思乎永报,先责望乎目前。不于万有之上,认至尊至灵之主宰;第于牙慧之后,袭太极理气之肤谈。不以生死大事,早觅究竟之根宗,徒以异人、异书,取快一时之耳目。是何异买椟而还其珠,自负此一见之奇缘也哉?大抵三代而后,学者多以词章为务、科名为业。又有一切下学之法,设为方便梯航,积久

㉕ 徐光启:《辨学章疏》,载王重民:《徐光启集》,上海:上海古籍出版社,1984年,第431—437页。
㉖ 同上书,第431—437页。

认真,锢人思力。故于人性以上、生前死后之大关,存焉不论,论焉不详者矣。及有一二超旷之士,欲寻究死生之故,而有所未安。乃二氏之流,复创其虚诞不经之说,捣其虚而中之。如饥人思粱肉而不可得。黠者授以甘饵,而投其鸩毒,反甘之而不觉也。悲夫,悲夫![27]

林一俊对明季社会现实进行了严厉批评,"拘于旧昔闻、溺于秽乐"、"认仇作主、兴缁衣之好",并特别对儒家士子进行批评,"以词章为务、科名为业"、"于人性以上、生前死后之大关,存焉不论,论焉不详者矣"。也就是说,林一俊认为当时的儒家士人迫切需要关注人性之上的死生大事,必须剔除佛道和"下学之法"对"锢人思力"之影响。毫无疑问,天学可以满足这些要求。实际上,林一俊本身不仅是天主教徒,而且还考取了功名,1630年即已为秀才,顺治年间还成为贡生[28],甚至于1668年出任福安训导,亦曾出任福宁府训导。由此可见,这两个身份在林一俊身上得到了很好的结合。[29]

三、宗教生活的中西融合:"道味与孝情须相兼为妙"

艾儒略在闽传教时,基本上保持了从利玛窦传承下来的传教方法与策略。[30] 这些方法与策略在耶稣会士之间都能保持一致,如其香所言:"标奉教于诸先生,六七位于兹矣。诸先生教规,划然归一。"[31]但针对不同的皈依对象,传教士所采取的方法也有所差异,如其香问艾儒略:"至若教法之宽严缓急,则微有不同。斯随其性之所近乎?抑教之初辟利用宽,其大行也,利用严乎?"艾儒略回答道:"圣保琭语其徒曰:'凡初奉教之人,如始孩然。饫以厚味,不能受也,只宜饮之以乳。'夫厚味于人,非为无补,然于始孩则非宜也。教之缓急次第,亦复如是。且《古经》有云:'因衣而降雪。'"[32]

---

[27] 林一俊:〈口铎日抄序〉,载《口铎日抄》,第11—15页。
[28] 参见《钦定四库全书·福建通志》卷四十一《选举九》。
[29] 参见《钦定四库全书·福建通志》卷二十七《职官八》。
[30] 关于艾儒略的传教策略可参见林金水:〈试论艾儒略传播基督教的策略与方法〉,载《世界宗教研究》,1995年第1期,第36—45页。
[31] 李九标编:《口铎日抄》卷八,第562页。
[32] 同上书,第563页。

虽然教法可以因人有异,但对于皈依者而言则必须达到"十诫"之要求,否则就不能得到施洗。例如严重违反十诫中的第六诫"毋行邪淫"的纳妾行为,则明确被传教士加以禁止。杨廷筠曾经因纳妾而被拒绝受洗。㉝ 在《口铎日抄》中亦有类似事例:

> 夏四月朔日,艾先生回自樵川已阅月矣。余至三山入谒,而二先生具在。卢先生徐问曰:"翁允鉴求领圣水,亦心切否?"对曰:"然。"艾先生曰:"未也,斯只可言欲,而未可言要。"余曰:"欲与要有异乎?"先生曰:"欲奉教者,徒兴慕道之心,间有顾虑而未肯勇决耳。若要,则必猛力奋断,虽有他虑,不遑顾也。今彼地狱之人,岂无欲奉教为善之一念,惟其因循不断,致堕永罚。吾方惧允鉴之止于欲也。尚其有进焉,斯可已。"㉞

从上面可以看出,翁允鉴急切想受洗,但艾儒略认为其还有"他虑"而"未肯勇决",因而只是"欲"受洗,而非"要"受洗。《口铎日抄》又记载:

> 初四日,其叙随至三山,携翁允鉴候二先生书。艾先生展视未竟,似有咨嗟、叹惜之声。因谓余曰:"读允鉴诸书,具见苦情,惜有所系,未能即脱也。譬之大鸟焉,欲展翅高飞,适有线系其足,线不去,则飞不高矣。"㉟

从上可见翁氏之心情,但《口铎日抄》并未明确记载翁氏受洗情况。极有可能因为翁氏没有达到"十诫"的基本要求而被艾儒略拒绝施洗。《口铎日抄》卷二李九标对艾儒略提到以下情况,"昨所晤翁友,雅有向道之心。然以少年负隽才,恐于第六诫未易守也。"㊱这里的"翁友"极有可能就是翁允鉴,也就是说,艾儒略极有可能是因为翁允鉴纳妾而拒绝为他施洗。

纳妾问题尤其体现出儒家与天主教之间的差异与冲突。《口铎日抄》中关于纳妾问题的记载达到十几处,最普遍的问题就是,"人当中年无子,不娶妾则恐陷不孝之名,将奈何?"㊲也就是说,如果要尊崇天主教教诫就不能取妾,但却成为不孝子孙。换言之,如何处理既要孝顺父母,又要尊崇天主之

㉝ 参见《杨淇园先生事迹》,另参见《励修一鉴》,第463—465页。
㉞ 李九标编:《口铎日抄》卷二,第100页。
㉟ 同上书,第102页。
㊱ 同上书,第163页。
㊲ 李九标编:《口铎日抄》卷二,第154页。

间所存在的矛盾？这对于入教或想入教的儒家士子来说，都是一个非常棘手的问题。所以李九标说，"敝邦只此一事，疑议滋多。"㊲一般来说，入教的儒家士大夫必须选择后者，如林一俊受洗后虽然"岁校得首"，众多儒家朋友劝其纳妾，但林"弗顾也"。然而实际上，许多入教之后的儒家士大夫仍然还有纳妾的念头，以履行儒家之道德要求。换言之，虽然天主教明确禁止纳妾，但某些儒家教徒仍然首先以儒者自居，甚至对自己天主教徒的身份亦鲜有顾及，如陕西信徒王徵。㊴

传教士对于纳妾的处理办法是改变儒家的伦理，亦即把"无后"中的儒家伦理道德意蕴，用天主教教义加以剔除。也就是说，"无后"不是真正的不孝，而有"后"不一定就是孝。真正的大孝则是尊崇天主。传教士对儒家伦理的改造实际上不是在"补儒"，而是在"易儒"。在这种"易儒"的框架下，儒家天主教徒对传统儒家某些违反教诫事例的诠释也完全发生变化。如教徒张赓认为舜妻二女，"未敢信其真也。诚真也，余又未敢许其是也"㊵。也就是说，张赓认为此事非实，若实则表明舜非"尽善"。这种诠释完全改变了舜的形象："舜亦非尽善"。这种形象想必难以被儒者所接受。另一信徒则作如此理解："二女之称，乌知非所称第二女乎？后世不察，误传为二人，未可知也。且娥皇、女英，乌知非一人名，误分为二者乎？世世传讹，遂为娶妾者作话柄耳。"㊶此种诠释可谓融合了儒家与天主教中的部分观点。

然而，在对待其他有冲突的问题上，传教士的态度则表现得相当暧昧，甚至模糊不清。㊷如有关堪舆，传教士一方面积极反对堪舆——"素辟堪舆之说"，但另一方面又反对"漫然轻置"，即要"择一净燥之区，毋使水土亲肤"。换言之，传教士反对"过惑堪舆之说"，即过分迷惑于堪舆。㊸又如占

㊳ 同上书，第106页。
㊴ 参见黄一农：〈明末中西文化冲突之析探：以天主教徒王徵娶妾和殉国为例〉，载《第一届全国历史学学术讨论会论文集》，台北：台湾大学历史系，第211—233页。
㊵ 李九标编释：《口铎日抄》卷三，第207页。
㊶ 同上书，第207—208页。
㊷ "传教士们对中国经典的态度往往模棱两可，而且一般来说，他们对那些继续为准备参加科举考试而学习的皈依者的态度是模棱两可。"参见钟鸣旦：〈《圣经》在十七世纪的中国〉，载《世界汉学》第三期，第77页。
㊸ 李九标编：《口铎日抄》卷三，第192页。

天象,传教士明确反对占卜问蓍,但同时又说"占天象者,占岁之丰凶、时之寒暑,或风雨、或晴阴,亦理之所有耳",即可以占天象。㊹那么,对于信徒而言到底可不可以占天象呢?确实令人难以决择。㊺再如对待城隍之态度,传教士一方面旗帜鲜明地反对将城隍、佛、仙等作为天主之代理,但另一方面又在某种程度上承认城隍之合理性,"按经典、圣谕,造物主化生万物,凡一人生,则令一天神护守之;一城一国,复令一大天神总护之。贵邦初立城隍庙,能合此意,则吾辈自当敬礼,求其转达天主,为人致福、免祸"㊻。这种说法确实让人误会城隍之立实有其理。

传教士的暧昧态度首先是为了在面对儒家士大夫时,避免因为过分强调天主教诫而引发中西冲突,而使潜在的皈依者难以接受天主教。如费中尊问传教士,"向阅天学诸书,知贵教甚严而正矣。乃闻奉教之家,祖宗遗像,尽毁而不存,未知然否?"传教士遽复曰:"此讹言也,教诫无是也。"并认为"大抵创此说者,多属二氏之流",亦即表明天主教无有如此违反儒家伦理纲常之事。㊼同时,这种暧昧之态度也反映出传教士融合中西差异之努力,如在上述对待城隍的问题上,传教士就认为可以这么处理,即"书一木牌,称为'天主所命护守本城之神'。即以天教之礼奉之,不用佛老之伪经伪礼,斯为得其正矣。"㊽

这种暧昧态度实际上也是为了儒家信徒更方便处理实际的信仰生活问题,尤其是那些与天主教有明显冲突的地方。信徒的处理办法一般就是在不违反天主教诫的前提下,纳入部分儒家的习俗,其最终结果就是一种融合中西的新方式。如《口铎日抄》卷七记载:

> 先生曰:"余观中邦之礼,于亲没后,设遗像木主,虔供酒饭。此或人子如在之诚,然道味与孝情须相兼为妙也。近贵郡有教中友,于其亲谢世,知牲牢祭品与亡者形神无关也。只制一十字架,书亡者本名于

㊹ 李九标编:《口铎日抄》卷三,第 211 页。
㊺ 另参见黄一农:〈耶稣会士对中国传统星占术数的态度〉,载《九州学刊》(美国),1991 年,第 4 卷第 3 期,第 5—23 页。
㊻ 李九标编:《口铎日抄》卷八,第 530 页。
㊼ 同上书,卷六,第 388—389 页。
㊽ 同上书,卷八,第 531 页。

旁,置座前奉祀。每七日,虽备馔食以待亲戚,必先奉献主前,诵降福饮食经,祈主赐祐。因转施于人,以资冥福。此不失孝敬先人之诚,亦不失教中道意也。……又楚中李友者图己肖像,上画一圣号,祥云捧之,而绘己肖像于旁。执念珠,佩圣匾,恭向圣号。且遗命其家人,凡子孙有奉教者,悉炤昭穆之序,咸登斯图。其不奉教者非吾子孙,不得与斯图矣。后有吊拜我者,如同我恭奉上主也。如此,岂非道俗两得,可通行而无碍者乎?"[49]

上述所谓"道味与孝情须相兼为妙"中的"道味"即指天主教,而"孝情"则指儒家。上述贵郡(即福州)教友"每七日""备馔食"、"书亡者本名",则是从"设遗像木主,虔供酒饭"的儒家习俗变化而来的;而"制一十字架"、"诵降福饮食经"则明显是天主教的做法。同样,楚中教友"昭穆之序"的画像,实际上结合了儒家祖先牌位与天主教中十字圣号。可谓将中西两种不同宗教方式融合在一起。

虽然传教士赞同此种变通,且对不同士大夫在不同问题上态度暧昧,但实际上认为天主教本身仍是一套完整的"替代方案",即该方案完全可以代替儒家习俗。无论传教士对待民间宗教文化态度是如何暧昧,其真实意图仍然是想用天主教方案代替儒家习俗。因此与儒家士大夫对话时,传教士总是力图在批评民间习俗的基础上宣扬天主教文化的优越性。因而儒家天主教徒只能在民间习俗中逐渐剔除与天主教冲突的地方,或者将天主教一神论纳入其中。就李九标来说,虽然明知传教士力辟堪舆,但他仍信堪舆的某些部分仍然有效,所以他对林子震说,"堪舆之不足信也,亦既闻命矣。然特论阴穴,未至于阳居也。今有一二名区,科第辈出,外此则寥寥若晨星。意风水所钟,亦或有然者,子曷为我质之?"[50]也就是说,李九标对于"风水"还是深信不疑的,但他自己不好当面询问传教士,只好让林子震代为请教。

同样,天主教在面对作为基层组织结构的宗族时,仍表现出极强的替代性,即天主教完全可以提供另外的组织方式。这种方式是以教堂为中心,不

---

[49] 李九标编:《口铎日抄》卷七,第468—470页。
[50] 同上书,卷一,第67页。

分血缘和男女，并且互相平等。而宗族则完全按照血缘组织起来，且有尊卑贵贱之别。传教士一方面利用宗族的社会资本优势来传播天主教，另一方面却遇到了宗族所带来的巨大阻碍。前者在明季三柱石的案例中得到充分体现。《口铎日抄》中的慕道者也常常是因为有亲属皈依而对天主教有好感。如"初十日（1632年5月10日），柯桢符入谒，求为其子领洗。其尊人尚未入教也"[51]。"八月朔日（1633年8月1日），陈广文葵伯偕其弟叔衎至堂。"[52]虽然皈依天主教的儒家士大夫往往是某个家族的成员。但很显然，他们在皈依的过程承受了来自其他成员的巨大阻力。如《口铎日抄》卷七载：

> 七日，先生至桃源，张令公出谒。前令公以世俗谬迷，聊纪怪事数篇以寄慨。是晚先生因问曰："近览尊纪，许多怪事，迩来还有然否？"令公曰："有之，近有一孝廉，颇知圣教为正。每晤时，辄云欲令其昆弟相与从事。察其心，则自未之省也。"[53]

上述引文表明，某孝廉欲从教，但由于其昆弟没有皈依，故放弃。又如艾儒略到海口传教时，有"郑文学"想入教，但他同家人商量时却被家人阻止，"郑子雅志向道，顾谋之家人，反为所阻"[54]。由此可见，家族势力既可以成为传教过程中的有效工具，同时也会成为巨大障碍。但毫无疑问，天主教已经给明季宗族带来了冲击与挑战。

在反教士大夫那里，天主教已经成为中国基层社会意义与秩序的潜在破坏者。实际上，某些儒家士大夫已经意识到天主教的这种破坏力量。而在皈依者那里，这种被视为破坏力量的天主教却成为积极有效的建设力量，尤其对于世俗人心来说，更是如此。这在第一次教案中表现得尤为明显，徐光启与沈㴶的观点可以作为代表。《口铎日抄》为我们提到一个很小的事件，"念九日，陈广文造访，尔宣陪坐。适有一妇人，靓服突至，尔宣俯首"[55]。

---

[51] 李九标编：《口铎日抄》卷三，第213页。
[52] 同上书，卷八，第568页。
[53] 同上书，卷七，第477页。
[54] 同上书，卷三，第221页。
[55] 同上书，卷三，第217页。

沈㴶的反教文献《南宫署牍》中曾对钟鸣仁给妇女洗礼大加贬斥,称其"瓜嫌不避,几沦中国以夷狄之风"㊽。这正表明,已经有妇女开始主动来到教堂。妇女开始冲破传统闺闱之束缚。㊾到目前为止,我们尚不知明季儒家天主教徒对于此类破坏传统社会秩序的现象如何理解。但这里确实存在一个悖论:儒家信徒相信天主教可以移风易俗,带来世俗人心之更新;但同时天主教却给传统儒家的社会秩序带来了冲击与破坏。

四、结 论

护教著作《圣教信证》中署名"后学晋绛韩霖、闽漳张赓暨同志公述"。此即表明,明季天主教徒群体已经呈现出两个特点。其一在合法性与合法化途径上,信徒与传教士一样,努力从古代儒家以及历史中寻找资源,以恢复真正儒家为标榜,以批评世俗姿态示人。李九标自称"景教后学"即表明其身份之来源乃合法合理的,非外来的、异质的。当时在泉州等地所发现的景教十字碑则为他们提供了证据,如1619年在泉州武荣所发现的十字碑以及1623年所发现的景教碑。李之藻在《读景教碑书后》云:"距知九百九十年前,此教流行已久。"即表明天主教由来已久,非新近才有的。㊿其二在群体身份认同上,信徒群体已经自觉形成一种高度的群体认同感,所谓"同志"者即表明群体之共同志趣所乃是"天学"。张赓在《励修一鉴》序中称李九功为其"天友",李嗣玄自称"社弟"。《口铎日抄》中只出现"天学"与"先生"即表明,信徒将该群体当做具有共同志趣的儒家会社,一似于明季大部分士子所组成的会社如复社、几社等。换言之,该会社中的宗教意识非常淡,甚至被信徒所忽视。各种实际上是纯粹的宗教仪式与活动,被理解成与

㊽ 徐昌治:《破邪集》,载郑安德编:《明末清初耶稣会思想文献汇编》第五卷,北京大学宗教研究所,2003年,第65页。

㊾ 关于晚明妇女与传教士之间的关系,可参见周萍萍:〈明末清初传教士对妇女的宣教〉,载《妇女研究论丛》,2002年11月,第6期,第29—34页;以及林中泽:〈晚明妇女的闭居与耶稣会士的反应〉,载《华南师范大学学报》(社会科学版),2002年2月,第1期,第51—56、135页。

㊿ 饶有趣味的是,李九标等信徒称自己是"景教后学",殊不知"景教"乃天主教中之异端。另关于景教碑发现的时间、地点均有不同意见。参见朱谦之:《中国景教:中国古代基督教研究》,北京:东方出版社,1993年,第73—77页。李之藻语转引自该书第94页。

儒家并不冲突的修养方式。信徒对省察、悔过等关注多于瞻礼、告解，甚至"诸友有未用功告解者"[59]。同样，在葬礼等具有重大宗教意味的活动中，仍然以儒家礼仪（尤其以朱熹《家礼》）为主。从《口铎日抄》所记载的情况来看，众多信徒对天主教核心教义如天主、三位一体、道成肉身等仍不甚理解。但此并不表明艾儒略放弃或忽视对天主教教义的宣讲。《口铎日抄》中亦有大量的福音宣讲。然而另一个事实是，李九标对那些长篇讲道没有完全记录，"凡大瞻礼日，先生论道中堂，妙义广博，为难于忆录，故兹不尽载"[60]。很显然，对于一个信徒来说，这些讲道应该是最重要的内容，为什么李九标没有完全记录这些内容呢？李九标给出的原因是"妙义广博"、"难于忆录"。也就是说因为这些讲道太过于深奥了，难以回忆起来所以没有记录。其实李九标编辑《口铎日抄》的目的只是"裨益性灵，充拓学问"，并非完全从宗教角度出发。这对于我们理解李九标的思想世界极其重要。

实际上，与明季大部分儒家信徒类似，李九标的思想世界亦十分复杂。且他不可能完全认同天主教，而是徘徊在儒家与天主教之间。儒家、天主教之间确实存在着张力，这种张力在李九标身上也完全存在。[61] 在李九标身上，儒家认同始终占据着首要地位。他与复社成员的交往、编纂《枕书》以及《伦史鸿文》无不是此认同之体现。而作为一个天主教徒的李九标虽然履行了十诫等教诫，但其在天主教上的热忱并不十分明显（至少与其弟李九功相比而言）。李九标与艾儒略的交往实际上被当做传统儒家师生关系的延续，而李九标在皈依之后，仍然没有放弃科第。没有功名的李九标利用天主教这种新的社会教化工具和基层组织形式，继续履行着类似于儒家社会教化的职能。天主教已成为可以代替儒家社会教化的一种方案，至少可以与儒家进行结合或对其进行补充。天主教确实改变了中国部分地区基层社会的生活与组织方式。通过《口铎日抄》，我们可以细致、深入地理解明季天主教普通信徒的社会交往、宗教生活与身份意识。

---

[59] 李九标编：《口铎日抄》卷七，第484页。
[60] 李九标编：《口铎日抄凡例》，载《口铎日抄》，第26页。
[61] 关于明末教徒双重身份之间的张力及其问题，可参见黄一农：《两头蛇：明末清初的第一代天主教徒》，新竹：国立清华大学出版社，2005年；及刘耘华〈明末清初入教儒士的"新人"意识及其文化意义〉，载《天津社会科学》，2005年第2期，第137—143页。

《逸周书校补注译》(修订本)

黄怀信著,西安:三秦出版社,2006年9月第1版

作者在自己以往的《逸周书各家旧校注勘误举例》、《逸周书源流考辨》等研究成果的基础上,总结了前人各项成果,对《逸周书》进行了注译,弥补了《逸周书》一直没有完善注本的状况。该书"前言"部分系统地梳理和考察了《逸周书》的源流与版本。"正文"部分则对《逸周书》各篇文字进行了详细的解读。每篇分别由题解、原文、校注、训译四部分组成。"题解"简释篇名含义,提示该篇内容大意;"校注"记录了校勘结果,并对疑难词句进行了注释;"训译"则以现代汉语通顺原文。原书于1996年出版,此次修订,校正了原版中的脱误,修正了部分注释及相应的译文。(孟庆楠)

《金枝》(Golden Bough)

〔英〕J. G. 弗雷泽著,徐育新、汪培基、张泽石译

北京:新世界出版社,2006年9月第1版

该书是《金枝》这部学术名著的第一部完整的中文译本。《金枝》原著先后有四个不同版本,本书依据1922年第四版翻译而成。第四版是由第三版十二卷本缩节而成。著者在压缩篇幅时,尽量保留了书中重要原理和足以说明每一问题的充分例证。《金枝》从对内米湖畔的古老习俗的分析开始,运用崛起于19世纪后半期的历史比较法,对涉及世界各民族的原始信仰的丰富材料进行了系统的梳理,从中抽绎出了自己的观念体系,并对巫术的由来与发展作出了深入而详细的说明与展望。他关于世界各民族原始信仰、特别是巫术和禁忌方面的研究成果,即使是今天的原始文化研究者也不可回避。(孟庆楠)

《被无知侮辱的思想——马克思社会理想的当代解读》

〔俄〕鲍·斯拉文著,孙凌齐译

北京:中央编译出版社,2006年6月第1版

  作者曾经是前苏联时期的政治理论家和政治评论家,在苏联解体后,他仍然坚持马克思主义的信仰,以独立的品格和犀利的思想证明着一个真正学者的价值。斯拉文教授并不讳言马克思的错误,但他想证明的是,后人对马克思的理论研究中,无论对马克思理论中的科学思想,还是对马克思论证思想观点中因为时代局限和科学局限而存在的不足和漏洞,都存在着太多无知的侮辱和误读。他强调,我们没有理由放弃马克思主义关于历史发展的经典体系以及与此相关的马克思的社会理想。本书无疑就是对马克思社会理想的一种重新论证和解读。(单提平)

《马克思,其可能性的中心》(*Karl Marx*: *The Heart of His Possibilities*)

〔日〕柄谷行人著,〔日〕中田友美译

北京:中央编译出版社,2006年7月第1版

  该书原出版于1970年代,作者因为倡导通过解读马克思文本而恢复马克思本来面目,被称为马克思文本学研究的思想先驱。作者认为,只有卡尔·马克思才是黑格尔所谓"历史的终结"之后的思想家,通过对马克思价值形态论中"尚未被思考的"方面的解读,我们可以发现马克思思想中"可能性的中心"就在于把马克思的文本从文本自身所暗示的"理论"角度来阅读,而不是把它单纯看做理论。很显然,海德格尔与马克思的影响都能够体现在这本书里。(单提平)

《群魔》中的基督肖像

洪 亮

提 要：本文是对陀思妥耶夫斯基著名政治小说《群魔》中的一个人物所作的文本分析。借助于这种分析，本文试图展示陀思妥耶夫斯基如何通过他的文学创作来聚焦自己在信仰上的重大困惑，以及如何在基督的形象中寻求对这些困惑的克服。他的这种自我克服不仅为《群魔》中的社会政治批判奠定了基础，而且也在生发出一种新的基督论的可能性上为现代基督宗教思想的发展做出了贡献。

关键词："人神" "神人" 虚无主义 基督之死 复活事件

一、绪 言

1921年，也就是陀思妥耶夫斯基逝世后的第四十个年头，瑞士牧师爱德华·图尼尔森写了一本名为《陀思妥耶夫斯基》的书。同一年，卡尔·巴特的《〈罗马书〉释义》第二版修改完毕，在这个修订版的前言里他提到了陀思妥耶夫斯基，并认为自己从这个作家那里获得了许多"有助于理解《新约》的东西"，而在这一点上，爱德华·图尼尔森的提示尤其使他"茅塞顿开"。[①]

平心而论，图尼尔森的这部著作在陀思妥耶夫斯基研究文献中难以称

洪 亮，1980年生，现为德国图宾根大学博士候选人。

[①] 巴特：《〈罗马书〉释义》，香港：道风书社，1998年，第100页。关于巴特与图尼尔森之间的关系，可参见张旭：《卡尔·巴特神学研究》，上海：上海人民出版社，2005年，第95—115页中细致的清理。

得上佼佼者。但有意思的是,在图尼尔森的诠释中,陀思妥耶夫斯基,这个擅长描画"彼得堡青年知识分子惨剧"(语出 G. 卢卡奇)②的俄国作家却摇身一变而成了"辩证神学"的先知。在图尼尔森看来,陀思妥耶夫斯基"对虚假上帝充满激情的强烈否定再一次为认识真正的上帝提供了可能性"③,而且只是在这个俄国作家的作品中,人们才第一次如此明确地认识到,"此岸就是此岸,彼岸就是彼岸,人就是人,上帝就是上帝"④,陀思妥耶夫斯基的"无神论展示了对上帝的真正的认识所具有的力量"⑤。

这些评论在今天听起来仿佛就是巴特在《〈罗马书〉释义》中铺陈的"宗教批判"的遥远回声。巴特自己也曾坦言是图尼尔森把他带到了"陀思妥耶夫斯基的审判"面前,而且如果不经过这个"审判",他很难想象自己能够写出《〈罗马书〉释义》的初版和第二版。⑥ 巴特的这个讲法或许有点夸张的成分,因为对于他的早期思想来说,克尔凯戈尔、F. 欧文贝克与陀思妥耶夫斯基比起来可能更为重要;但不管怎样,《〈罗马书〉释义》第二版中对陀思妥耶夫斯基接近二十处的引证的确表明,经过图尼尔森诠释之后的陀思妥耶夫斯基已经变成了青年巴特表达自己神学立场的思想资源之一。在这位俄国作家笔下那些疯狂的人物身上,巴特惊呼他发现了"一条全新的,野性的河床,这里出现的将是一种绝非寻常,判然不同的启示印象,一种令人诧异的信仰形式"⑦。在作家的那些伟大作品的"边缘","信仰本身作为一种不可能的和非历史的东西(同时作为一种唯一提供可能性,赋予历史根据的东西)毫无直观性地出现在创世史的边缘"⑧。阅读《〈罗马书〉释义》,人们经常会有这样的感觉:仿佛陀思妥耶夫斯基早在 19 世纪就已经预言了"辩证神学",而巴特在《〈罗马书〉释义》中所要做的是对这个预言加以澄清和限定。

---

② G. Lukacs, "Dostoevsky", *Dostoevsky: a Collection*, Englewood Cliffs, N.J.: Prentice Hall, 1962, p. 154.
③ E. Thurneysen, *Dostoevsky*, trans., K. R. Crim, Virginia, 1964, p. 58.
④ Ibid. p. 67.
⑤ Ibid. p. 58.
⑥ Ibid.
⑦ 《〈罗马书〉释义》,第 91 页。
⑧ 同上书,第 185—186 页。

的确,陀思妥耶夫斯基是一个很特殊的作家,他不仅擅长讲故事,还很喜欢"以艺术家和观察者的方式在小说中思考神学问题"[9],并且通过他笔下那些恶魔般的让人憎恶的人物,"以正面人物所具有的那种不言而喻和令人信服的力量,表达出基督教信息的最重要的内容"[10]。其实不只是图尼尔森与巴特,在19乃至20世纪的欧洲精神史中,还有为数不少的哲学家和神学家对陀思妥耶夫斯基产生过兴趣。但在此之所以要特别提到巴特和图尼尔森,是因为他们对陀思妥耶夫斯基的"辩证神学化"在陀思妥耶夫斯基的"诠释史"中很具有代表性。

陀思妥耶夫斯基过世之后,针对他以及他的作品产生的诠释可谓"汗牛充栋",然而在这些各不相同的解释中,有一个相当一致的针对陀思妥耶夫斯基的判断,即:陀思妥耶夫斯基是新的"时代精神"的先知。《旧约》中的先知受雅威的支配,而陀思妥耶夫斯基则受新的时代精神暗示的"未来"所支配。维·博·什克洛夫斯基讲得很形象,"陀思妥耶夫斯基曾想拒绝未来,可他无法拒绝"[11]。如果陀思妥耶夫斯基真是这样的先知,那么他所预言的所谓新的"时代精神"的内涵是什么呢?他所指示的"未来"又意味着什么呢?这些诠释所提供的答案是含混而又互相冲突的,对此人们也许能找到一个解释的理由:陀思妥耶夫斯基在他的小说中所创造的那个"处于思想的风卷云涌中的世界"(语出朱利安·格拉克)[12]本身就是模糊而多义的,因此对他的"未来预言"的澄清和限定完全可以有不同的角度。但让人感到奇怪的是,在这些形形色色的诠释中,陀思妥耶夫斯基似乎消失了,他那模糊的"未来预言"也被五花八门的哲学神学思潮的"未来预言"所替代。在研究"存在主义"的学者那里,陀思妥耶夫斯基的作品成了"存在主义的序曲"[13];在热衷"第三圣约"的宗教哲学家那里,陀思妥耶夫斯基成了"将临的

---

[9] 叶夫多基莫夫:《俄罗斯思想中的基督》,上海:学林出版社,1999,第86页。
[10] 汉斯·昆、瓦尔特延斯:《诗与宗教》,北京:三联书店,2005年,第266—267页。
[11] 维·博·什克洛夫斯基:〈陀思妥耶夫斯基〉,见赫尔曼·黑塞等:《陀思妥耶夫斯基的上帝》,北京:社会科学文献出版社,1999,第12页。
[12] 朱利安·格拉克:〈格拉克笔记〉,见菲利普·勒吉尤:《卢瓦河畔的午餐》,上海:华东师范大学出版社,2006年,第103页。
[13] W. 考夫曼编著:《存在主义》,北京:商务印书馆,1987年。

圣灵时代"的预言家⑭;而在我们开篇所提到的那两位神学家那里,陀思妥耶夫斯基又成了他们积极推动的"辩证神学"的一面旗帜。人们看到的是他们想要看到的陀思妥耶夫斯基,而由此从人们视野中消失的,却有可能是这位俄国作家真正在关注和探索的东西。

在此,我想特别从教义(dogma)与信条(creed)⑮的角度来考察陀思妥耶夫斯基中年之后一直在关注的一个问题:《新约》中被认信为基督的拿撒勒人耶稣的形象。这个问题不仅频繁出现在他的书信和笔记之中,而且更渗透进他的很多重要作品之中。用汉斯·昆的话来讲:"对于陀思妥耶夫斯基来说,这个遭受劫难和背弃的基督的形象特别体现出一种巨大的诱惑力。"⑯

陀思妥耶夫斯基曾经在笔记里这样写到,如今欧洲文明中的一切冲突和矛盾都可以被归结为这样一个现实而又迫切的问题,"一个有教养的欧洲人能够无条件地信仰上帝之子耶稣基督的神性吗?全部的信仰在于肯定——道成肉身。"⑰在这段对19世纪后半叶的欧洲文明所作的神学意义上的概括与抽象中,《约翰福音》著名的"道成肉身"的序言被陀思妥耶夫斯基摆到了一个极其关键的位置:欧洲文明是否能够保有信仰,完全系于是否仍旧肯定"道成肉身"。"道成肉身",这个曾经让2世纪的异教哲学家塞尔索(Celsus)感到不可理喻的蒙昧观念,得到了早期基督宗教护教运动(The Apologetic Movement)的一再维护,并被认为是使基督宗教区别于犹太教希腊罗马传统的最最关键的内容⑱,但是对于作家陀思妥耶夫斯基而言,强调"道成肉身"的原因并不仅仅在于它是一个凸显基督宗教独特内涵的关键概念,更重要的是,"道成肉身"包含了作家关于上帝和人之间悖论关系的疑问的最终答案——被认信为基督的拿撒勒人耶稣的形象。

耶稣基督的形象来源于《新约》,尤其是其中的四福音书。晚近的研究表明,陀思妥耶夫斯基在苦役营服役期间对四福音书,尤其是《约翰福音》做

---

⑭ 参梅涅日科夫斯基:《托尔斯泰与陀思妥耶夫斯基》,沈阳:辽宁教育出版社,2000年。
⑮ 蒂利希:《基督教思想史》,香港:道风书社,2004年,第33—37页。这意味着本文的研究区别于哲学和文学批评这两种角度。
⑯ 汉斯·昆:《论基督徒》,北京:三联书店,1995年,第164页。
⑰ 转引自《俄罗斯思想中的基督》,第90页。
⑱ 蒂利希:《基督教思想史》,第69—79页;亦参奥尔森:《基督教神学思想史》,北京:北京大学出版社,2003年,第22—25页。

过极其细致深入的阅读和思考。⑲ 不仅如此,阅读《新约》还使青年陀思妥耶夫斯基对古代教父著作产生了兴趣,在 1854 年 2 月 22 日写给他兄长的信中,他两次提到需要古代教父的作品,因为他感到这将关系到自己未来的文学前途。⑳ 此后接近三十年的创作活动似乎印证了他的这个预感:《新约》,教父神学描绘与阐释的基督形象及其救恩信息为他的小说世界开辟出了一个全新的表达空间。在这个新的空间中,擅长讲侦探故事的陀思妥耶夫斯基创造出了一个又一个令人叹为观止的关于"基督形象"的变奏。如果基督论作为对基督的论说,探讨的是"基督是谁"这一唯一的问题㉑,那么这就完全有可能在陀思妥耶夫斯基全部的创作与思考中引申出属于他自己的一种基督论,因为在他全部创作中关于耶稣基督的作为与意义的思考在事实上已经构成了他对"基督是谁"这一问题的独特回答。因而,对这位作家的基督论的研究在其本质上应是一项系列研究,它应是对作家的所有著作,尤其是对他出狱后从《死屋手记》开始的重要小说文本所做的综合考察。如果我们同意德国新教神学家朋霍费尔在他的基督论讲稿中关于基督论的以下论断,即"耶稣是今在的基督,他被钉死在十字架上,又从死里复活,这是基督论的第一个内容"㉒,那么这项关于陀思妥耶夫斯基的基督论的系列研究也应该从这位作家对基督之死与复活的思考开始,它将构成该项系列研究的第一步。本文即将展开的关于《群魔》中的"人神"思想的研究就是这一步骤的落实。

---

⑲ 陀思妥耶夫斯基在苦役营是通过一位十二月党人的妻子得到一本圣经,他于 1850 年前后在托波尔斯克流放时开始在圣经上做示意着重阅读的标记。根据俄国最新的陀思妥耶夫斯基流放期圣经的摄影版,我们可以发现,作家在四福音书上均作了标记,他在《马太福音》上做了 12 处标记,在《路加福音》上做了 7 处,在《马可福音》上做了 2 处,而在《约翰福音》上却做了 58 处标记。《约翰福音》以及《约翰一书》对于作家的创作和神学思考来说具有重要而独特的意义。参 I. Kirillova, *Dostoevsky's Markings in the Gospel according to St John. Dostoevsky and the Christian Tradition.* Edited by G. Pattison, D. O. Thompson, Cambridge, 2001。

⑳ 陀思妥耶夫斯基:《书信选》,北京:人民文学出版社,1993 年,第 49—63 页。

㉑ 朋霍费尔:〈谁是今在与昔在的基督〉,见《第一亚当与第二亚当》,北京:华夏出版社,2004 年,第 44 页。

㉒ 同上书,第 52 页。

二、《群魔》与《群魔》中的基里洛夫

1870年,在给朋友迈科夫的一封信中,陀思妥耶夫斯基提到自己将会创作一部篇幅与《战争与和平》相当的长篇小说《大罪人传》,而且这将会是作家的"最后一部小说,在这部作品中,贯穿每个部分的主要问题就是我一生都在有意无意地为之而痛苦的那个问题——上帝的存在。一生中主人公有时是个无神论者,有时是个信徒,有时是个宗教狂热者和教派分子,有时又成为一个无神论者"㉓。据作家第二任妻子安娜回忆,早在1869年与1870年之交,陀思妥耶夫斯基就已经开始构思这部小说,甚至在那时就已经确定了这部作品应该由五个相互独立的中篇组成。㉔ 在这个时候,俄国发生了"涅恰耶夫事件"。涅恰耶夫(1847—1882),彼得堡大学的一名旁听生,曾与俄国无政府主义者巴枯宁过从甚密。1869年,巴枯宁任命年轻的涅恰耶夫为"世界革命同盟俄国分部"的代表,期望他在俄国掀起暴动,推翻帝制俄国。在巴枯宁的指导下,涅恰耶夫在莫斯科组建了一个地下恐怖组织"人民惩治会"。由于不满涅恰耶夫的专断作风和机会主义的革命主张,"人民惩治会"的一名成员,彼得堡农学院的大学生伊万诺夫意图脱离涅恰耶夫的秘密"五人小组"。涅恰耶夫以伊万诺夫可能会向当局告密为由,唆使该组织其他成员于1869年11月21日夜暗杀了伊万诺夫。事情败露之后,涅恰耶夫逃亡国外,而"人民惩治会"的成员几乎全部被捕。此事在俄国掀起了轩然大波,自然也就引起此时尚在国外的陀思妥耶夫斯基的密切关注。"他立即决定把当前政治斗争中的各种事实当作自己长篇小说的象征,同时把他从新闻报道中获得的印象同对福音书经文的沉思巧妙地结合在一起。"㉕ 1869年年底,陀思妥耶夫斯基在《大罪人传》的思想主题与"涅恰耶夫案"的"相遇"之中开始了《群魔》的创作。其间作者数易其稿。从1871年起,《群魔》开始连载于《俄国导报》,至1872年结束。1873年,《群魔》以单行本发

㉓ 罗赞诺夫:《陀思妥耶夫斯基的大法官》,北京:华夏出版社,2002年,第5页。
㉔ 安格陀思妥耶夫斯基卡娅:《永生永世的爱》,桂林:漓江出版社,1992年,第189页以下。
㉕ 格罗斯曼:《陀思妥耶夫斯基》,北京:外国文学出版社,1987年,第587页。

行。由于《群魔》涉及俄国社会政治变革这一敏感话题,所以该书一经出版,便在俄国知识界引起巨大争议。㉖

《群魔》是一部异常复杂的作品,政治抨击与神学反思、哲学论辩相互交织。但它的意图却是明显的:反对以虚无主义为口号的激进革命意识形态,正是这一意图奠定了《群魔》政治小说的性质。然而区别于一般政治小说,《群魔》的政治意图却与作家终生所思考的"上帝是否存在"这一终极问题联系在了一起,这就使得作家在《群魔》中对政治现象的评判超出了政治派系的局限,而获得了一个神学视野。

在写给酷爱阅读他著作的沙皇太子(未来的亚历山大三世)的信中㉗,陀思妥耶夫斯基谈到了自己对《群魔》的理解。作家认为,"《群魔》可算得上是一项历史研究,在这部作品中,我试图解释像涅恰耶夫案这类骇人听闻的现象在我们的社会中是何以可能的。我的观点是,这个现象既不是偶然的,也不是孤立的,它是整个俄国教育阶层严重脱离人民与社会生活主流所造成的直接后果。"㉘教育阶层脱离人民这一现象的始作俑者是别林斯基、格拉诺夫斯基这类西化派分子,正是他们的错误思想误导了年轻人,从而导致了"涅恰耶夫案"的出现,"我们的别林斯基们和格拉诺夫斯基们当然不会相信他们正是这些涅恰耶夫分子的真正父亲。这种由父辈到后代之间的思想上的亲缘与连续性,正是我试图在这部著作中表现的"㉙。西化派长期以来向俄国人灌输全盘西化的主张,贬低俄国自身的东正教传统,这导致"我们认为自己在智力与科学的发展中远远落后于欧洲,长期以来,这个认识都让我们感到困惑和恐惧。我们已经忘记了,只有坚持我们独特的发展道路,我们俄罗斯人才能给这个世界带来新的希望"㉚。在陀思妥耶夫斯基眼中,以"涅恰耶夫案"为代表的激进革命意识形态的出现绝非偶然,它是俄国近现代思

㉖ 格罗斯曼:《陀思妥耶夫斯基》,第 607—613 页。
㉗ 该信件作于 1873 年《群魔》单行本面世之后,因皇太子很想了解陀思妥耶夫斯基自己是如何理解这部在俄国影响巨大的作品的,作家便通过皇室近臣将《群魔》单行本转呈皇子,并附上了这封信。参 F. Dostoevsky, *New Dostoevsky Letters*. Trans. S. S. Koteliansky, New York,1974, p.71.
㉘ Ibid. p. 72.
㉙ Ibid. p. 74.
㉚ Ibid. p. 73.

想发展历程的必然结局。㉛ 在《群魔》的创作札记中,陀思妥耶夫斯基称"涅恰耶夫分子"为"虚无主义者",他甚至写道,这些人是"应当痛打的不成熟的孩子……他们对社会一点也不了解"㉜。"虚无主义者"在俄国社会思想史中具有特定意义,这个词汇来源于俄国作家屠格涅夫在小说《父与子》中所创造的巴扎罗夫这个形象。在六、七十年代的那些崇拜科学,反对信仰的俄国青年学生中,"虚无主义"有着极其广泛的影响。当这些青年从其父辈那里得到"虚无主义者"这个带有贬义的名称时,"虚无主义"也就获得了其特定的含义,它指称了一种试图用激烈变革的手段否定俄国东正教精神传统的态度。虚无主义以其夸张的形式表达了西欧启蒙运动唯理性反宗教的要求,在这个意义上,的确可以说"俄罗斯的虚无主义是俄罗斯启蒙运动的激进形式"㉝。

在《群魔》中,陀思妥耶夫斯基试图扩大"虚无主义者"这个名号的覆盖面。他用"虚无主义"这个名号"不仅痛击了狭义上的虚无主义者,而且连带打击了被称为虚无主义者的同伙——温和的、带有自由主义色彩的政治反对派。这部小说成了对俄国政治异端的一次攻击"㉞。在作家看来,作为父辈的带有自由主义倾向的西化派,和作为其后代的60年代的虚无主义者一样都是有害的,因为他们统统都偏离了俄国的东正教传统,失去了基督教信仰。作家曾在笔记中写道:"西方已失去了基督,这是它为何走向没落的原

㉛ 现代俄国思想肇因于古俄罗斯帝国向现代世俗民族国家的转型。用别林斯基的话来说,彼得大帝意在将帝制俄国拖拽进现代诸民族国家竞争共处的国际格局的改革将俄国的历史拦腰切成了两半,改革前后截然异质的生活形态的对比,以及转型期的不适所造成的精神痛感为现代俄国知识人提供了基本的思想酵素。围绕着彼得大帝改革的得与失,俄国知识界言人人殊,如果用一个词汇来描绘这类知识人的精神情状的话,"惶然"也许是最恰当的。"惶然"何所指?民族性精神身位的重新勘定。16世纪上半叶形成的"莫斯科即第三罗马"的文化自信在遭遇到与西欧列强的政经文教制度的比较之后开始坍塌。作为一个后发民族国家,俄国的落后与其"俄罗斯民族是上帝优选的民族"的自我期许形成强烈的反差。因而如何在现代处境下校调俄国的自我定位,如何理解俄国与西欧的关系就成了支配自恰达也夫始,到霍米雅克夫、基列也夫斯基、丘特切夫、别林斯基、赫尔岑、陀思妥也夫斯基、列昂捷夫、索洛维约夫、伊万诺夫、梅涅日科夫斯基,、别尔加也夫、弗兰克、布尔加可夫、特鲁别茨科伊等一大批俄国知识人的基本问题意识,而这个问题意识对知识人的思想言述的制约就形成了所谓的"俄国问题"(The Problem of Russia)。

㉜ 转引自赖因哈德劳特:《陀思妥耶夫斯基的哲学》,北京:东方出版社,1996年,第285页。

㉝ 别尔嘉耶夫:《俄罗斯思想》,北京:三联书店,1995年,第132页。

㉞ R. Hingley, *The Undiscovered Dostoevsky*, London, 1962, p.134.

因;这是唯一的原因。"㉟西化派和虚无主义者的行径无异于重蹈西方的覆辙。他们盲目捡拾西方世俗化以后思想上的残羹冷炙,而不知其大害。西方的世俗化绝不仅仅是指一系列政治经济因素的巨大变迁,在陀思妥耶夫斯基眼中,更为重要的是,"世俗化体现了人类精神中所包含的一种永恒的宗教取向"㊱,这是人类试图否定上帝,神化人类自身的一条道路。因而虚无主义者在西化派的教唆下对西方思想道路的盲目追随,在其根底上是在宗教信仰上所做出的终极选择。他们步西方的后尘,背叛了欧洲基督教的真精神,盲目照搬西方"把拯救寄托于这个世俗世界的政治构想"㊲,而遗忘了上帝的拯救。西化派向年轻人灌输的西方错误思想使得在"虚无主义者"中,"对无宗教信仰的信奉成为新的,也许比旧的信仰更加狂热,更加炙烈的信仰;无上帝成为新的,也许,更加真实的上帝"㊳。他们只会把自己和俄国引向毁灭。在作家的创作札记中,他曾对"虚无主义者"做过这样一个评价:"为了真理而牺牲自己,牺牲一切——这是这一代人的特点。愿上帝保佑他们能真正认识真理,因为一切问题最终都可以归结为,什么才能被称为真理这个问题。而这正是《群魔》这部小说要讲的。"㊴"虚无主义者"被无信仰的邪灵附身,称为"群魔",小说扉页上引用《路加福音》中耶稣赶鬼的记载,其用意正是在于指出"虚无主义者"无信仰的可怕后果。㊵ 否定上帝的存在,人就会企图自我拯救,神化自己在历史中的活动。在此,《群魔》中的激进革命意识形态第一次被作家的思考透视出其基本的神学前提:"人神"。"人神"的道路就是陀思妥耶夫斯基对"虚无主义者"的道路的概括。在《群魔》中,作家心目中的"人神"思想的内涵是由一个叫基里洛夫的人物阐发出来的,"基里洛夫承担着将全书哲理化的任务"㊶。

㉟ H. D. Lubac, *The drama of atheist Humanism*, trans., E. M. Riley, Clereland and New York, 1950, p. 184.

㊱ V. V. Zenkovsky, "Dostoevsky's Religious and Philosophical Views", W. Rene, *Dostoevsky: A Collection of Critical Essays*, p. 145.

㊲ I. Howe, *Politics and the Novel*, New York, 1957, p. 55.

㊳ 梅涅日科夫斯基:《重病的俄罗斯》,昆明:云南人民出版社,1999年,第59页。

㊴ F. Dostoevsky, *The Notebook for the Possessed*. Edited by E. Wasiolek. Trans., V. Terras, Chicago, London, 1968, p. 408.

㊵ 布尔加科夫:〈英雄主义与自我崇拜〉,见《路标》,昆明:云南人民出版社,1999年,第34页。

㊶ *The Undiscovered Dostoevsky*, p. 160.

在《群魔》中,基里洛夫这个人物是一位年轻的桥梁工程师,为了贯彻自己头脑中的某些观念而试图自杀。通过这个人物所阐发的"人神"思想,作家不仅揭示了他所理解的"虚无主义"的精神实质,而且更为重要的是,作家塑造了一个倒置的基督形象。

三、"人神"与"倒置的基督"

"人神"(MAN-GOD)是"神人"(GOD-MAN)的对称,在基督宗教,尤其是俄国东正教文化语境中,"神人"的含义是相当明确的,它就是被认信为基督的拿撒勒人耶稣的代称。[42] 而当"俄国人讲到人神时,他们指的是在人的自我神化中包含的敌基督精神或与创造主对抗的精神"[43]。《约翰福音》开篇即讲到"道成肉身,住在我们中间,充充满满地有恩典,有真理。我们也见过他的荣光,正是父独生子的荣光"[44]。耶稣基督就是道成肉身,他是神人,即由神降生为人。而与此相对,"人神"则想成为"'神降生为人'的否定版本'人成为神'"[45]。陀思妥耶夫斯基通过基里洛夫讲出"人神"思想,他想表达的正是这个意思。

那么,基里洛夫所阐发的"人神"思想的具体内容是什么呢?实际上,"人神"思想所关切的并不是某些纯粹的观念,它涉及的是一个行动计划:自杀。通过自杀创造出一种走出宗教幻觉的新人。"在基里洛夫的行动计划中,新鲜之处在于他不仅想以自杀来反抗上帝,而且要以他的死来证明上帝的不存在,为他自己也为别人表明上帝不存在。"[46]如果真如基里洛夫认为的那样不存在上帝,那么基督宗教所敬拜认信的上帝又是什么呢?基里洛夫认为这个上帝是由人类对死亡的恐惧而投射出来的一个幻觉,借助于这个

---

[42] 参张百春:《当代东正教神学思想》,上海:上海三联书店,2000年,第507—511页。"神人"概念来源于早期教会对基督内人性与神性之间关系的思考,最终成果体现于公元451年第四次大公会议(卡尔希顿公会议)关于基督论的决议之中。在现代俄国宗教哲学与东正教神学中,关于"神人"的探讨以及相关的"神人类"的探讨占有重要地位。

[43] N. Berdyaev, *Dostoevsky*. Trans., D. Attwater, London, 1936, p.60.

[44] 《约翰福音》1:14。

[45] V. Ivanov, *Freedom and the Tragic Life*, New York 1957, p.66.

[46] 布朗肖:《文学空间》,北京:商务印书馆,2003年,第85页。

幻觉，人类贪恋着他们无法得到的彼岸永生，"上帝就是因怕死而引起的疼痛"[47]。基里洛夫举了一个例子来解释他所提出的这个命题：设想一块巨石悬挂在某人的头顶上，站在这巨石下的任何人都会害怕它掉下来伤到自己，因为这种伤害一定会很疼，这也就是说，"石头中并不存在疼痛，但在因石头而产生的恐惧中却存在疼痛"[48]。巨石高悬于头顶对人产生的威胁就相当于死亡对人的生命的威胁，疼痛是人的恐惧在自己的心灵中产生的一种效果，它并不存在于巨石之中，而是存在于人的主观想象之中。同理，死亡使人产生恐惧，这种恐惧也会在人的心灵中产生某种效果，人们把这种效果当成了上帝。所以上帝只是一种虚假的观念性的存在，因为归根结底，它只是人类心灵的产物。这个虚假的上帝观念对人类的控制实际上就是死亡对人类的控制，上帝对于人类而言所具有的超越性是虚幻的。这也就是说，到目前为止还信仰上帝的这个世界是一个笼罩在骗局之中的世界，人类在一种对自身和世界的错误认识中生活着。

然而人类的天性是懦弱的，在这个痛苦荒谬的完全不值得再生活下去的世界上，他们仍旧想尽办法要活下来，"人为了能够活下来而不自杀，想来想去想出一个上帝来，这就是迄今为止的世界史"[49]。人们用捏造的上帝观念来掩盖自己对死亡的恐惧，他们宁愿在自我欺骗中生活，也不敢面对死亡本身。人类通过捏造这样一个上帝而虚构了一个作为自身意志对立面的绝对意志，在基里洛夫看来，绝对意志对人类自我意志的凌驾就是最高意义上的奴役与不自由，因为"如果有上帝，那么他要怎样就怎样，我无法违背他的意志。如果没有上帝，那么我要怎样就怎样，我就可以为所欲为"[50]。上帝这个观念既是人的自我欺骗，又是人的自我奴役。因而所需要的是一种突破性的行动，粉碎这场人类自我奴役的骗局，把自由归还人类自身。那么，如何来粉碎这场骗局呢？自杀。但迄今为止的所有自杀行为都不是为了这个目的而实施的，相反，他们都是在一种被奴役的状态下做出的，"都是带着恐惧"[51]，而基里洛

---

[47] 陀思妥耶夫斯基：《群魔》，臧仲伦译，南京：译林出版社，2002年，第141页。
[48] 同上书，第141页。
[49] 同上书，第761页。
[50] 同上书，第758页。
[51] 同上书，第759页。

夫所欲实施的自杀与此不同,因为他的自杀恰恰是为了克服人们对死亡的恐惧,"他以此证明,谁战胜了恐惧,他也就不再屈从于求生的意志。谁敢于自杀,谁就将取代上帝的位置"[52]。在自杀中,人自身的意志达到了最高点,因为"完全彻底的为所欲为的顶点就是自杀"[53]。人一旦敢于主宰自己的意志,这也就意味着人类所虚构的上帝的绝对意志降到了最低点,"当一个人坚决要让自己自由地死亡时,上帝在这种死亡中便赌上了自己的存在。某个人要成为自己的主宰,直至自己的死亡,并通过死亡成为自己的主宰,他将会使这种强权沦为一种死去的强权。基里洛夫之死便成为上帝之死"[54]。所以,基里洛夫认为,"任何一个想要得到最大自由的人,他就应该敢于自杀。谁敢自杀,谁就能识破这骗局的奥秘。此外就再也不会有自由了;这就是一切,此外一无所有"[55]。实施这样的自杀,意味着要颠转整个世界在形而上意义上的秩序。凌驾于人类之上的作为绝对意志的创造主将被推翻,生活对人的奴役将被解除,最大限度的自由将重新被归于人类自身。基里洛夫认为自己就是这样一个注定要通过自杀来唤醒人类的牺牲者。人本应在大地上自由地运用他的意志,在他之上不应该再有任何主宰力量。自由是人身上潜藏的珍宝,但人类迄今为止都不敢去面对它,而甘愿生活在奴役之中;一旦人类敢于从自欺和自我奴役中走出来,他们就能够真正自由地生活。"可是第一个认识到这个道理的人就一定要自杀,要不然,谁来开这个头并证明这个道理呢?因此,为了开这个头并证明这个道理,我就非自杀不可。我还只是个身不由己地当了神的人,我很不幸,因为我必须表现出我能够为所欲为。"[56]单纯为表现自我意志的自杀是对人类的示范,除此别无其他途径。这种作为示范的牺牲具有不可抗拒的必然性,"人必须登上由自己对死亡的恐惧所制造出来的上帝的空虚的宝座"[57]。在实施这种为了消除对死亡的恐惧的自杀活动中,人就能够成为神。上帝是虚假的神,真正的神是人

---

[52] 《陀思妥耶夫斯基的哲学》,第 260 页。
[53] 《群魔》,第 758 页。
[54] 《文学空间》,第 85 页。
[55] 《群魔》,第 142 页。
[56] 同上书,第 61 页。
[57] *Freedom and the Tragic Life*, p.66.

身上的自由意志,因为在基里洛夫看来,"我的神性的标志就是我能够为所欲为"⑱。这种在为展现自由意志,克服对死亡的恐惧的自杀活动中成为神的人就是"人神"。对基里洛夫而言,"人神"的到来标志着新生活的出现和新人的到来,"那时候,历史就可以分为两部分:从大猩猩到消灭上帝,以及从消灭上帝到……尘世和人发生脱胎换骨的变化"⑲。"人神"成了历史的断点,将人类历史分为两段。得到完全的自由是"新人"和"新生活"的内涵:"新人"就是把自由落实到自己手中的人;"新生活"就应该是在最大限度的自由中的生活,而这两者的实现建立在"人神"对历史的更新的基础之上。"人神"对历史的扭转使得"尘世和人发生脱胎换骨的变化"成为可能,"人神"的到来也就意味着上帝的消灭。由人类进化的最初阶段"大猩猩"到上帝观念的出现,这是基里洛夫眼中的世俗历史,上帝观念的形成是这段人类历史的最高标志;从"消灭上帝"到"新人"的出现,这是以基里洛夫的自杀为开端的即将到来的"神圣历史"。在这个意义上,基里洛夫的自杀行为的确成了历史的转折点,因为他宣告了一个新的自由时代的到来。在这个自由的新时代中,新的人类将不会再贪恋虚假的彼岸永生,而是"信仰今世的永生"⑳。在上帝被消灭之后,《启示录》中关于"不再有时日了"的末世论预言不应该被取消,而是应该被从彼岸移入此岸,在此岸实现。因为永生意味着时间的终止,而在基里洛夫看来"时间不是物,而是一种观念。它将在人类的头脑中熄灭。"在新的自由时代中,时间将不再钳制人类的思想,永恒就会在此生实现,在基里洛夫之后的"新人将会生活在一个脱离时间辖制的世界里,并最终认识到永恒与和谐。"㉑

　　陀思妥耶夫斯基曾经在《群魔》的创作笔记中对基里洛夫这个人物做过一个评价,他认为"基里洛夫体现了俄国人民身上的一项品质:毫不犹豫地为真理而献身"㉒。正如梅涅日科夫斯基所言,这位作家是在"以基里洛夫为例研究,在俄罗斯人天性中,在俄罗斯性格中,无神论始终如一的辩证法会

---

⑱《群魔》,第 761 页。
⑲ 同上书,第 141 页。
⑳《群魔》,第 293 页。
㉑ J. M. Murry, *F. D. Dostoevsky*, New York, 1966, p. 174.
㉒ *The Notebook for the Possessed*, p. 408.

走向何等骇人听闻的极端"⑥。基里洛夫的疯狂并不是陀思妥耶夫斯基的疯狂,它仅仅是作家思考问题的途径和方式。这一点从作家为基里洛夫设计的结局中就可以清晰地看到:基里洛夫的自杀活动并没有像他设想的那样充满辉煌和力量,而是在《群魔》中的一个丑角的戏弄下恐惧而屈辱地死去;他并没有成为基督,而是在临死前发疯了;他也没有复活,而是毫无意义地消亡了。⑥他的近乎讽刺性的结局暴露了"人神"理论的空想性质,在这种对"人神"理论的讽刺性否定中,"陀思妥耶夫斯基不仅拒绝了基里洛夫的思想,而且诅咒了这种类型的无神论"⑥。

"上帝就是因怕死而引起的疼痛",陀思妥耶夫斯基通过基里洛夫构造出了这样一个独特的无神论观点:上帝不存在,因为他只是人类在对死亡的恐惧中产生的想象。那么基里洛夫坚持这种拒绝上帝的无神论的根据是什么呢?俄国哲学家别尔嘉耶夫曾有这样一个讲法:"俄罗斯的无神论是从同情中诞生的,是从对世界的恶,历史的恶和文化的恶之不能忍受中诞生的。"⑥基里洛夫的无神论产生的原因正在于此。在基里洛夫看来,"生活是痛苦,生活是恐惧,人是不幸的。现在的一切都是恐惧和痛苦"⑥,"地球的法则本身也无非是一派谎言和魔鬼演出的滑稽剧"⑥。根本无法设想这样一个痛苦、邪恶和荒唐的世界是来自于一位全善、全智与全能的创造主的创造活动;容忍这样一个世界存在的创造主与魔鬼有什么区别呢?人们可以发明种种为这位造物主辩护的理论,可以声称我们只是站在受造物的角度,而不是从创造主的观点出发看问题,如果"从这一观点看,恶最终就完全不是恶。只是我们认为恶是恶,因为完全的拯救史为我们所不及,因为我们把恶的某些片断绝对化,而不理解在神的计划中这些片断是为善的原因服务的"⑥。但是在基里洛夫的无神论中,这种辩护是无法成立的,因为恶的问题在这种

---

⑥ 《托尔斯泰与陀思妥耶夫斯基》,第 276 页。

⑥ 《群魔》,第 761—768 页。

⑥ H. D. Lubac, *The Drama of Atheist Humanism*, trans., E. M. Riley, Clereland and New York, 1950, p. 193.

⑥ 《俄罗斯思想》,第 88 页。

⑥ 《群魔》,第 757 页。

⑥ 同上书,第 760 页。

⑥ 柯拉科夫斯基:《宗教:如果没有上帝》,北京:三联书店,1997 年,第 19 页。

辩护中与其说是被解决了,不如说是被取消了。现实并没有因这种辩护而发生改变,恶仍旧存在。这种辩护所维护的创造主上帝仍旧对这个世界上的恶与痛苦麻木不仁。这样的上帝不是人所应该信靠敬拜的上帝,他是应该被人控诉和反抗的上帝。维护和敬拜这样的上帝就是人类的自我欺骗,因为他们不敢面对生命荒谬的真相,不敢面对反抗上帝的自由。基里洛夫提出"人神"理论就是为了展示他对这样一位上帝的反抗。

在陀思妥耶夫斯基所创造的那些著名的人物形象中,反抗上帝的无神论者几乎已经形成一个系列,基里洛夫并不是唯一的一个。基里洛夫在这个系列中的特殊之处在于:在"人神"思想中,基督的死亡也成为反抗上帝的根据。如果说这个无神论人物系列中的其他人物所关注的是人的心灵所经受的痛苦,那么基里洛夫则把他的关注点投向了基督在十字架上所经受的痛苦。基督受难强有力地证明了世界的荒谬和上帝的不存在,在基里洛夫这里,对基督受难的认同与对《旧约》中造物主的拒绝以一种迥异于基督教思想传统的方式被联系在一起。在《群魔》的创作札记中,作家曾为基里洛夫这个人物设计过一句表达其独特无神论思想的话,"基督死在了十字架上,提出有一个上帝,他是我们这个世界的牺牲品"[70]。这句话涉及的是十字架事件,但却隐含着对被认信为基督的拿撒勒人耶稣的真实受难与上帝之间关系的疑问。在《群魔》的定稿中,作家删去了这句话,让基里洛夫用更为激烈和明确的语言来表达这个疑问,基里洛夫认为耶稣基督是"全世界最崇高的人,他创造了这个世界所以存在的东西。没有这个人,整个地球以及地球上的一切,就将是一片疯狂。无论是过去,也无论是今后,甚至到出现奇迹,始终都没有这样的人。这奇迹就在于过去没有,将来也永远没有这样的人。如果是这样,如果自然法则连这人也不怜惜,而是迫使他也生活在谎言中,并为这谎言而死,那么,这样一来,整个地球也就成了一派谎言,建立在谎言和愚蠢的嘲弄人的基础上了。"[71]在这段话中,耶稣基督形象的珍贵与其在十字架上受难而死的荒谬形成了强烈的对比,而这个对比的矛头所向正是《旧约》中的那个创造主:上帝何以能够让耶稣基督也来承受这个世界上

---

[70] *The Notebook for the Possessed*, p. 396.
[71] 《群魔》,第 760 页。

的恶与痛苦?一个容忍耶稣基督这个珍贵的形象也成为这个世界的牺牲品的上帝与魔鬼有什么区别?在此,基里洛夫在基督受难中找到了反抗上帝的理由,而且这个理由与人类在生活中所经受的痛苦相比更为根本,更为重要。因为耶稣基督是人类历史生活中最伟大和珍贵的"奇迹",他在自己短暂的生命历程中不间断地宣扬上帝国的来临;然而他所宣扬的上帝却在他的受难中缺席了,他的死亡成了一种彻底的荒谬。如何来理解这种荒谬?看来只有两种可能性:要么是耶稣捏造出一个上帝来欺骗认信他为基督的人;要么是耶稣基督被他所信靠的上帝所欺骗。前一种可能性显然无法成立,唯一的可能只能是耶稣基督所信靠的上帝是一个虚假的并不存在的上帝,基督在十字架上的受难就是一个对此最有力的证明。基里洛夫根据《路加福音》第23章第33节到43节的经文讲到:"世上曾有这么一天,在尘世的中央树起了三座十字架。十字架上有个人十分信仰上帝,他对另一个人说:今日你要同我在乐园里了。这天结束了,两个都死了,去找乐园,可是既没有找到乐园,也没有找到复活。那人说的话没有应验。"[72]在这段对《路加福音》的化用中,耶稣基督宣扬的上帝国和预言自己三日之后的复活被基里洛夫彻底否定了,十字架成了一个揭示上帝虚幻性的标记。这个标记既引发了基里洛夫对《新约》中的耶稣基督形象的痛惜和热爱,又同时引发了他对《旧约》中的创造主的反叛;在基里洛夫眼中的十字架上,《旧约》中的上帝与《新约》中的基督之间的关系被彻底中断了。基督的受难并没有带来拯救,而只是揭示了虚无和荒谬,揭示了上帝的不存在。基里洛夫提出的"人神"思想正是要证明这个上帝的虚幻性。耶稣基督是一个真实的受难者,他的牺牲是为了宣扬他所信靠的其实是并不存在的上帝;"基里洛夫渴望成为无神论的基督,牺牲自己以肯定人的自由,摧毁人由对死亡的恐惧中捏造出来的上帝"[73]。在基里洛夫心中,耶稣基督的十字架成了他的先驱,他的"人神"思想正是来源于对基督受难的模仿。在他为了消灭上帝的自杀活动中,他把自己摆到了与基督比肩的地位。如果说基督受难开辟了人类历史的一个新的阶段,那么基里洛夫的牺牲也将开辟出一个新的纪元:人类将粉碎自

---

[72]《群魔》,第760页。
[73] *Politics and the Novel*, p.65.

己所虚构出来的上帝,抛弃对彼岸永生的贪恋,从而敢于去过一种自由的生活,实现在此岸的永生。在这个意义上,基里洛夫的自我牺牲可谓是一种"反基督教的牺牲"[74]。他模仿福音书中基督的口吻讲道:"由我开头并由我结束。我一定要把门打开。我要拯救芸芸众生。只有这样才能拯救所有的人,并使下一代脱胎换骨,超凡脱俗。"[75]在他的这种具有拯救意义的自杀活动中,基督教将彻底终结。

在基里洛夫对基督之死所作的评论与思考中,基督受难的荒谬与基督自我牺牲的崇高形象成了引发基里洛夫反抗上帝的"人神"思想的肇因,他在自己试图成为基督的自杀活动中使耶稣基督与上帝之间的分离达到了最大值。在这种分离中,人实现自己的真正自由并取代《旧约》中的那个上帝的位置而成为新的神,因为对于基里洛夫而言,人若"认识到没有上帝,而又不同时认识到他自己已经成为神——这是荒谬的"[76]。在这种设计之中,陀思妥耶夫斯基把我们的注意力引向了基督之死的意义,因为"人神"理论中人与上帝之间冲突的中心就是十字架。可以说,基督宗教的形成是以在十字架上受难并死亡的拿撒勒人耶稣的一生为起点和前提的。耶稣的形象,尤其是他被钉十字架的受难事件以一种极其醒目和尖锐的方式突入到初期基督教脱胎于其中的古希腊罗马传统与犹太传统所组成的复杂文化语境中[77],构成了此后日益完善的《新约》正典所关注的中心。[78]对于初期教会的信众们而言,耶稣之死不只是一个历史事件,而且具有一种颠覆历史,更新生命的属灵意义。"对于《新约》而言,耶稣的死绝不仅是罗马人与犹太人所为,它更是上帝的救赎和耶稣自愿的牺牲。"[79]在整个《新约》中,有很多试图表述和传达耶稣之死的这种属灵意义的尝试,这些尝试大都借助于比喻和意向来显示耶稣在十字架上的受难而死对使徒生命经验的更新所具有的奠基意义。[80]在《哥林多前书》第5章第7节,耶稣之死被比喻为献祭("因为

---

[74] *Freedom and the Tragic Life*, p.66.
[75] 《群魔》,第761页。
[76] 同上书,第761页。
[77] 约翰·德雷恩:《新约概论》,北京:北京大学出版社,2005年,第5—42页。
[78] 奥尔森:《基督教神学思想史》,第126—131页。
[79] W. Kasper, *Jesus the Christ*. New York,1977, p.114.
[80] 参《新约概论》,第85—94页。

我们的逾越节羔羊基督,已被杀献祭了");在《彼得前书》第 1 章第 18 节中,耶稣之死被描绘为赎价("知道你们得赎,脱去你们祖宗所传流虚妄的行为,不是凭着能坏的金银等物,乃是借着基督的宝血,如同无瑕疵,无玷污的羔羊之血");而在《约翰福音》第 12 章第 31 节中,耶稣之死被比喻为与这个世界的势力之间的争战("现在这世界受审判,这世界的王就要被赶出去;我若从地上被举起来,就要吸引万人来归我");在《彼得前书》第 2 章第 21 节,耶稣之死又被比喻为榜样("因基督也为你们受过苦,给你们留下了榜样,叫你们跟随他的脚踪行")。这些比喻所传达的意向从不同角度表明了使徒对耶稣之死的属灵意义的理解,但它们无法穷尽耶稣的十字架的内涵,在人类借以把握外部世界的理智与语言之前,十字架永远是一个传达着难以形诸语言的全新经验的奥秘。在《罗马书》第 5 章第 17 至 18 节中,保罗使徒就耶稣之死讲道:"若因一人的过犯,死亡就因这一人做了王。何况那些受了洪恩又蒙所赐之义的人,岂不更要因耶稣基督一人在生命中作王吗?如此说来:因一次的过犯,众人都被定罪;照样,因一次的义行,众人也就被称义得生命了。"在此,保罗使徒突出了《旧约》中亚当的过犯使死亡借以进入世界与耶稣基督的恩惠正义把生命带入世界之间的张力,强调了耶稣所带来的救赎远远超过了亚当的过犯给众人的生命带来的损害。在保罗使徒这里,耶稣之死使"死本身发生了某种嬗变。"⑧¹耶稣用死亡战胜了死亡:"在十字架上,死亡被生命吞没。"⑧²倚靠由耶稣之死带来的丰沛的新生命,保罗使徒得以向死亡发出了他著名的质问:"死啊!你得胜的权势在哪里?死啊!你的毒钩在哪里?"⑧³

耶稣用自己的死亡所战胜的这个死亡是由亚当的过犯引入世界的,它意味着人的自然生命的终结。然而这个终结所蕴含的绝不仅仅是一种生物学—医学意义上的消亡,它更是"我们一切困境的困境,是所有邪恶的化身与总合,是我们此在和如此在的恐怖和谜团,它提醒我们注意:这个世界的人和人的这个世界之上悬浮着愤怒的雷霆。死亡是这个世界的最高法则。"⑧⁴在保

---

⑧¹ 云格尔:《死论》,上海:上海三联书店,1995 年,第 54 页。
⑧² 弗洛斯基:《东正教神学导论》,石家庄:河北教育出版社,2002 年,第 96 页。
⑧³ 《哥林多前书》15:55。
⑧⁴ 《〈罗马书〉释义》,第 218 页。

罗使徒看来,"这就如罪是从一人入了世界,死亡是从罪恶来的;于是死亡就临到众人,因为众人都犯了罪"⑧。死来源于亚当的过犯所引入世界的罪,在保罗使徒这里,罪首先意味着一种错误的关系,"罪过就是一种癫狂,不把生命作为从造物主中获取而来者,而是作为靠自身之力造作而出者,依靠自身而非依赖上帝而生活,这是保罗罪过概念之基础"⑧。卡尔·巴特曾对保罗使徒的这种理解评论道:"死进入世界是通过本原的、非直观的罪:损害以生为特征的神人关系。这作为过犯,便是罪;作为命运,便是死。"⑧;因此,在这个世界上,"如果有拯救,那么必定是死亡的拯救"⑧。耶稣用自己的死亡对这个死亡的战胜所带来的正是这个意义上的拯救。

　　陀思妥耶夫斯基当然明白耶稣之死的这种拯救意义,但作家在"人神"理论中却设计了一个和耶稣在十字架上的牺牲相对的另一种牺牲,这种牺牲在形式上似乎与耶稣之死是一致的:通过死亡来杀死死亡;但他的意图却是为了消灭上帝,使人成为神。这样一种与"神人"截然相对的"人神"的牺牲使得基里洛夫这个形象成了从反面展开的耶稣形象的载体;在基里洛夫身上,作家实际上构造了一个倒置的耶稣:"神人"是"道成肉身",而"人神"则是"肉身成神"。这就是陀思妥耶夫斯基思考问题的方式:他不是依靠概念来思想,而是以创造"思想的生动形象"来思想。⑧ 在这个倒置的基督形象里,作家既展示了"他最隐秘的病症"(人的自由悖论与恶的问题)⑨,又暗示了对这个病症的医治只能在耶稣的形象之中。正是在耶稣的形象里,作家自我审判并否定了人的神化,因为上帝的人性已然出现在耶稣基督之中。上帝在耶稣身上成为人,因此人便不能成为上帝。⑨ 那么,陀思妥耶夫斯基究竟是如何展开他的这种思考的呢?以下的分析将会表明,正是在紧随耶稣的死亡而来的复活事件中,作家揭开了"人神"的牺牲是对"神人"的牺牲的误解。

---

⑧ 《罗马书》5:12。
⑧ 引自北京大学哲学系徐龙飞博士2004年10月秋季学期《基督教史专题》未刊讲义,第38页。
⑧ 〈罗马书释义〉,第219页。
⑧ 同上书,第219页。
⑧ 《诗学与访谈》,第117页。
⑨ *Politics and the Novel*, p.65.
⑨ 云格尔:〈与神相契的人〉,见《道风:基督教文化评论》,第21期,2004年秋,第75页。

在《哥林多前书》第 15 章,保罗使徒极力强调他所领受并传授的福音的首要内容是:"基督照圣经所说,为我们的罪死了,而且埋葬了,又照圣经所说,第三天复活了。"在保罗使徒看来,如果只是宣讲耶稣为众人的罪而死,而否认耶稣的复活,那么使徒们的宣讲与信友们的信仰都会归于空无。"基督若没有复活,你们所信的便是徒然,你们仍在罪里。"[②]但是,"基督已经从死里复活,成为睡了之人初熟的果子。死既是因一人而来,死人复活也是因一人而来。在亚当里众人都死了,照样,在基督里众人也都要复活"[③]。在此,保罗使徒对基督复活的强调显明了复活在基督宗教信仰中的首要意义,继基督在十字架上受难而死之后到来的"复活的力量是全新的,神性的生活内容,它填满了基督之死开辟的空穴。正是这复活的力量构成了至高无上的肯定,不仅阻碍,而且彻底杜绝了在罪中继续存在的可能性"[④]。历史上被钉在十字架上的耶稣就是复活升入天国的基督,对基督的信仰如果在首要意义不是对复活的信仰,那么这种信仰就会如保罗使徒所言失去意义,因为"复活信仰绝不是对上帝与耶稣基督的信仰的补充,它就是这种信仰的全部和根本"[⑤]。正是复活才最终澄清了基督在十字架上死亡的拯救意义:"对基督死的含义作任何解释若不以他从死里复活为先决条件,就会是一件无望的事,因为他的死不能传达在他复活中显现的生命与拯救的新因素。"[⑥]

正是在复活事件之中,基督宗教的救恩信息才真正显明,它揭示了十字架上的基督究竟是谁,更揭示了上帝在耶稣基督的十字架受难之中与我们处身的这个世界的苦难的同在。在《罗马书》第 1 章第 4 节,保罗使徒就耶稣的复活讲道:"按圣善的灵说,因从死里复活,以大能显明是神的儿子。"耶稣的复活回答了福音书所描述的众人关于拿撒勒人耶稣的身份而产生的那个最根本的疑问:"你是谁?"耶稣基督就是上帝之子。在整个《新约》中,被认信为基督的拿撒勒人耶稣有很多的名号,但唯有"神子"这个名号显明了耶稣基督死而复活的基础和根据。它表明了"耶稣基督归属于上帝,并且是

[②] 《哥林多前书》15:17。
[③] 同上书,15:20—22。
[④] 《〈罗马书〉释义》,第 255 页。
[⑤] Jesus the Christ, p. 145.
[⑥] 莫尔特曼:《被钉十字架的上帝》,北京:三联书店,1997 年,第 225 页。

以一种我们只能称之为极端的方式归属于上帝。他的存在来自于上帝,朝向上帝,并且邻近上帝"⑰。正是这种在与上帝之间的独特关系中揭示出的"神子"的身份奠定了耶稣基督围绕着救赎工程所展开的一切作为的基础。不认识耶稣是谁,就无法真正了解耶稣的作为,这意味着"耶稣存在于这个世界中的价值不是由他的所为(what he does)来决定的,而是由他的所是(what he is)来决定的"⑱。正如使徒彼得在《使徒行传》中关于耶稣复活的见证所讲到的:"除他以外,别无拯救。因为在天下人间,没有赐下别的名,我们可以靠着得救。"⑲正是耶稣的复活显明了他是"神子",因而也显明了他所带来的拯救的唯一性,他的死"并不是一种可以重复和转移的牺牲"⑳。脱离复活事件,基督的所是与所为的意义只能变得模糊甚至会被曲解。在创作《群魔》的笔记中,陀思妥耶夫斯基曾这样写道:"毫无疑问,如果基督仅仅被视为一个人,比如说一位关注伦理的哲学家的话,那么基督教就无法存立了,不仅如此,基督宗教对于人类也不再是必需的了,它也不再会是生命的源泉,取而代之的将会是科学,它将树立起一个完美的理想。但我们知道……如果基督仅仅被视为一个人,那他将不再是拯救者,也不再是生命的源泉……科学无法实现人类的理想,对于人类而言,和平、生命的根源,拯救和整个世界赖以存立的条件都包含在'道成肉身'这句话,以及对它的信仰之中。"㉑

"道成肉身"这一事件显明了耶稣的神性与先在性,耶稣就是神子,这是关于耶稣宗教救恩讯息的根本。如果这一点被否认,即认为耶稣基督只具有人性,那么耶稣在这个世界上以十字架为标志的救赎工程的全部意义都会遇到曲解。关于耶稣神性的思考与讨论关系到的绝不仅仅是无关利害的抽象思辨,它关系到的是拯救赖以存在的基础与关键。在这段笔记中,陀思妥耶夫斯基显示出了他对古代教会关于耶稣神性的争辩有着相当的把握和了解㉒,他十分清楚耶稣的位格(persona)对于正确理解基督宗教的内涵所具

---

⑰ R. Guardini, *The Humanity of Christ*, NewYork, 1964, p. 97.
⑱ Ibid, p. 98.
⑲ 《使徒行传》4:12。
⑳ 《被钉十字架的上帝》,第47页。
㉑ *The Notebook for the Possessed*, pp. 184-185.
㉒ 参见《基督教思想史》,第138—159页;麦格夫:《历史神学》,天道书楼,2002年,第61—79页;《基督教神学思想史》,第135—148页。

有的重大意义。然而他笔下的基里洛夫并没有在耶稣的十字架上辨认出耶稣的神性,他只认为耶稣是"全世界最崇高的人",耶稣被他归入了试图变革历史的抗议者的阵营,十字架也就被当成了耶稣尘世业绩的标记。他否认耶稣神性的根据就是:耶稣并没有复活。

上文讲到,陀思妥耶夫斯基曾经化用了《路加福音》第23章第33节到43节的经文,并通过基里洛夫之口否定了这段经文的意义。基里洛夫认为:基督所预言的复活并没有应验。很显然,作家在这里有意让基里洛夫表达出一个由对复活的否定而引出的对基督位格的误解,并把基里洛夫由此而阐发的"人神"思想建立在这个误解之上。正如上文所讲到的,没有复活的耶稣,就无法理解十字架的耶稣。"人神"想要模仿耶稣对死亡的战胜,但他将自己与耶稣比肩的前提是,在否认复活的耶稣之上对耶稣之死的认可。这实际上就是在不知耶稣的所是(what he is)的前提下对耶稣的所为(what he does)的误解。耶稣被理解成一个高尚的、受世界的恶所攻击而牺牲的人,耶稣成了人的牺牲的一个范例。因而耶稣的死亡成了可模仿的,但这种模仿却意味着耶稣的再次死亡。因为复活的耶稣一旦被否定,则十字架上就只剩下人的就义和牺牲。复活的耶稣也就是十字架上的耶稣,这两者是不可分离的。这种十字架的悖谬正是基督信仰的前提。没有复活的耶稣只会使十字架上的耶稣之死成为一种彻底的荒谬。

尽管在《群魔》全书中涉及耶稣复活的篇幅极小,仅仅就是基里洛夫根据《路加福音》对复活的否定。但恰恰是在这个不起眼的地方,作家揭示了"人神"的起点:对复活的否定,从而把他设计的这样一个"思想的生动形象"与基督教神学最重要的主题之一——复活——联系起来。在这种联系之中,陀思妥耶夫斯基提示了对耶稣复活的信仰的首要意义,因为正是在耶稣的复活之中,耶稣在十字架上完成的拯救的唯一性才能显明。在整个《新约》之中,使徒们无论是以书信,还是以《福音书》的形式表达了对基督信仰的见证,他们的见证在"本质上都是从后往前来解读耶稣的历史的:被钉十字架的基督是从他的复活的角度来理解的,他的复活是从他在将要来的上帝及其荣耀里的未来来领悟的"[103]。脱离了复活,耶稣的死亡将会晦暗难解,

---

[103] 《被钉十字架的上帝》,第198页。

因为在他的死亡之中,"他的位格与作为中显现的上帝国的无助、贫弱与卑微达到了令人震惊的顶点。他的死充满了含混与不确定"[104]。只有在复活所提供的新视野之中,使徒们才能见证十字架上的死亡是确定无疑的拯救。然而,复活是一个在信仰之中才能获得的事实。脱离信仰,复活就会成为一个为理性所否定的漏洞百出的神话。只有在信仰之中,我们才能得到这样的见证:"基督复活了,因而复活是可能的,他的复活是真实世界的基础。"[105]而对耶稣基督的复活信仰又是建立在对上帝的大能与信实的信仰基础之上的,"归根结底,它立足于对上帝的神性的信仰之上,或者反过来也对,上帝的神性最终只显现在耶稣的复活之中"[106]。这种信仰的思维方式展现了一种为形式逻辑所排斥的循环:尚需推导出的上帝成了推导的前提。然而恰恰是这种对形式逻辑的违反,"复活的信仰构成了对封闭的现存的世界观的攻击,这种世界观将自己封闭在绝对的界限之内,拒绝上帝新的创造的大能"[107]。它提示"耶稣的复活是他所宣启的上帝的实现和启示。上帝通过使耶稣从死者中复活证实了上帝在爱中的信实,并最终将自己与耶稣及其作为认同起来"[108]。基督的复活就是上帝对自身在末世论意义上的启示;在十字架的苦难之中,"上帝才能证实自己是耶稣所通报的那一位,或如所共知,是无望者的主。他本身永远是对神正论,对于生命之谜,对于这个世界的苦难不公正和死的疑问的回答"[109]。

四、三个小结

(一)在《群魔》这个文本之内,陀思妥耶夫斯基通过"人神"集中思考了基督的死与复活。对于这位作家而言,基督的复活事件不仅澄清了基督之死的意义,更显明了基督建立在其神性基础之上的拯救是对一切尘世道德

---

[104] *Jesus the Christ*, p. 121.
[105] R. Guardini, *The Lord*, trans., E. C. Briefs, Chicago, 1984, p. 408.
[106] *Jesus the Christ*, p. 145.
[107] Ibid. p. 145.
[108] Ibid. p. 145.
[109] 《论基督徒》,第 628 页。

事业的扬弃。对复活的强调表明了陀思妥耶夫斯基对基督神性的重视,这一点既反映了《约翰福音》对他的强烈影响⑩,又反映了他的"基督论"的基本定向。复活的基督构成了他的"基督论"的第一块基石。如果关于基督论的神学思考始终面对着如何在基督内结合人性与神性,并因而面对如何在"由上而下"(虚空基督论)和"由下而上"(举扬基督论)这两种基本思路做出选择的问题⑪,那么陀思妥耶夫斯基的"基督论"的基本定向则靠近前一种:即神圣的逻格斯在道成肉身中转化成人。他关注的是"行动着的逻格斯"⑫。

(二)在《群魔》这个文本之内,陀思妥耶夫斯基对基督受难与复活的思考为他在该文本内展开的政治批判提供了基本的思想资源。

陀思妥耶夫斯基讲过:"民众的理想—基督,而与基督并列在一起的当然是启蒙教育。在自己最为重要的决定性时刻,我们的民众始终以基督的方式决定着,且决定了任何普遍的民众的事业。"⑬脱离了基督,民众的启蒙教育就会走向无神的歧途,社会的政治活动就会驶入敌基督的迷雾;是基督的形象(位格)与基督的训导保证了教育与政治的健康,教育与政治的唯一恰当的立足点就是基督的位格。在《群魔》中,作家的这种"政治立场"第一次得到了全面的展现。⑭并因此而招来了大量的非议与批评。俄国文论学家叶尔米洛夫认为,这种对社会政治问题所做的"宗教的解决,只是意味着一种企图:即使是微弱的烛光,也要用来照亮灰心绝望的层层黑暗。在形而上学的解决社会主题的倾向中,表现出陀思妥耶夫斯基作品的神秘化和对社会现实加以臆断的主观主义。"⑮但陀思妥耶夫斯基在《群魔》中的确讲出了许多对人性与政治活动本身的深刻洞见。他对社会主义与自由的探讨,对政治神话与意识形态的探讨,对恐怖主义的探讨一再为他去世之后的苏

---

⑩ 参见注释⑲。
⑪ 本文的这种对基督论的分类思路来源于北京大学哲学系徐龙飞博士于 2004 年 4 月秋季学学期的未刊《新约原典讲义提纲》中对基督论所作的四种分类。
⑫ 参《基督教思想史》,第 148 页。
⑬ 《陀思妥耶夫斯基全集》第六版,21 卷,第 44 页,移引自 C. H. 布尔加科夫:〈英雄主义与自我牺牲〉,见《路标》,第 58 页。
⑭ *Politics and the Novel*, p. ii.
⑮ 叶尔米洛夫:《陀思妥耶夫斯基论》,满涛译,上海:上海译文出版社,1985 年,第 13 页。

俄社会主义实践和德国纳粹运动所证实。⑯《群魔》中关于"人神"的犀利的神学剖析使得陀思妥耶夫斯基的政治思考"深入到了人类灵魂最黑暗的部分,并预言了整个欧洲未来的命运"⑰。

(三)如果越出《群魔》这个文本的语境之外,则陀思妥耶夫斯基以"人神"为代表的对基督形象与意义的思考,为我们在现代世界新的人性与社会状况下理解基督形象和基督宗教的救恩信息开辟了新的可能性;这当然也表明,在教会领域之外关于基督形象与意义的思考已经构成了现代基督宗教思想传统的一个不可分割的组成部分。

19世纪的后半叶,当许多神学家正在致力于寻求基督宗教宣讲的福音与现代欧洲文明基本价值理想之间的和声之时,陀思妥耶夫斯基让他患有肝病的地下室人发出了一声刺耳的不和谐音,一如他从未谋面的德国人尼采及其查拉图斯特拉,但与尼采在癫狂中所召唤的前苏格拉底的"自然"⑱不同的是,陀思妥耶夫斯基在他笔下的人物的癫狂中却展示了一种"以道成肉身审视的人的命运,即一种基督教人类学"⑲。

法国天主教神学家柳巴克说:"陀思妥耶夫斯基的基督教是纯正的,在根底上,它是关于福音的基督教,正是这种基督教使他远远超越了自己作为一位伟大的心理学家的天赋,使他对人类的洞见达到了如此的深度:'他看见了基督的光芒'。"⑳陀思妥耶夫斯基并不是教会神学家,但对于20世纪乃至21世纪的基督教神学,这个俄国人曾经的所思所想还将会是一份需要充分消化的遗产。

---

⑯ J. Frank, *Dostoevsky, the Miraculous Year 1865—1871*, Princeton University Press, 1995, p.438. 在那些亲历过斯大林时期的社会主义政治风潮的人看来,《群魔》中所描绘的完全是他们经历过的生活,陀思妥耶夫斯基在几十年前的"想象"完全变成了现实。
⑰ *The Drama of atheist Hummism*, p.196.
⑱ 卡尔·洛维特:《从黑格尔到尼采》,北京:三联书店,2006年,第38页。
⑲ 《俄罗斯思想中的基督》,第87页。
⑳ *The Drama of Atheist Humanism*, p.187.

后期海德格尔的神圣探索路径

——从存在到最后的上帝

林子淳

提　要：本文检视海德格尔在后期著作中，从存在自身的差异化探究过程所显现出对神圣之维的关注，并借此梳理海德格尔对存在、时空、解蔽、在场、语言、神圣等重要概念间环环相扣的关系。在这个脉络中，我们才能够理解和阐释被称为海德格尔第二重要著作《哲学献集》中"最后的上帝"的理念，并在汉语人文学语境中作出恰切的哲学与宗教学反思。

关键词：海德格尔　存在　时间　本有　上帝。

一、引言

海德格尔曾经提出，西方思想史自柏拉图以降乃为一部形而上学史，其中呈现出一位作为第一根基、第一因（*causa prima*）或终极理由（*ultima ratio*）的自在之因（*causa sui*）的上帝。这位形而上学的上帝是由作为主体的价值设定者（wert-setzendes）所设定的，故因此失去其自主和神圣性，甚至成为现

林子淳，1972年生，英国剑桥大学哲学博士，现任香港汉语基督教文化研究所研究员。

代虚无主义形成的一个缘由。① 但思想史已然走到这个地步,我们可以怎样解决当前的困惑?这不单对宗教学者和神学家来说是至关重要的问题,也对解决现代性困境有深邃的意义。有趣的是,晚期的海德格尔似乎颇有把握地认为"只还有一个上帝能救渡我们"②,究竟这位上帝可以怎样被期待?

海德格尔在1947年的关于人本主义的书信("Brief über den Humanismus")中曾写下一段常被征引的话,表达他在此语境下对存在与上帝之间的独特理解:

> 只有在存在的真理中神圣(Heiligen)的本质才能被思。只有在神圣的本质中神性(Gottheit)的本质才能被思。只有在神性本质的光照下"上帝"一词的意指才能被思或说。或许我们不应在当我们作为人——一种绽出来(eksistente)之物——时,能因仔细听懂和理解这些词汇而经验上帝和人的关系吗?若人首先疏于思想那问题能被询问的唯一维度,他在世界历史的现阶段怎能严肃而激烈地询问上帝是临近或远去呢?但这是神圣的维度,若存在的敞开领域(das Offene)不被澄明又不在其澄明中临近人的话,则它实际上仍是封蔽着的。③

这段文字曾引起各样的疑惑与误解。若存在不先被思,我们便没有任何通往神圣与神性的路径,而上帝的意义也不能被澄明。然而在海德格尔的作品中,存在一语已经难以被清晰阐明了,那么我们何以能从存在来透析"上帝"的意义?

尽管如此,由于海德格尔在著述中不时流露出此种寻索的冲动,正如维尔特(Bernard Welt)在悼词中如此论到海德格尔:"这位伟大思想者的全部

---

① 详参 Martin Heidegger,〈形而上学的本体—神—学架建〉(The Onto-theo-logical Constitution of Metaphysics),载氏著,《同一与差异》(Identity and Difference, trans. Joan Stambaugh, London: Harper & Row, 1969);中译文已载于海德格尔、奥特等著,刘小枫编,孙周兴等译:《海德格尔与有限性思想》,北京:华夏出版社,2001年,第25—42页;另可参拙著:〈什么叫神学?(Was heiβt Theologie?)——从海德格尔的两种定义说起〉,载《多元性汉语神学诠释》,香港:道风书社,2006年,第223—245页;并将重刊于中国人民大学基督教文化研究所编,《基督教文化研究学刊》第十五期。
② 孙周兴选编:《海德格尔选集(下)》,上海:上海三联书店,1996年,第1306页。
③ Martin Heidegger, "Brief über den Humanismus", in: Wegmarken; Frankfurt: Vittorio Klostermann, 1967, S. 347-348.

思想都走往倾听和期待神性的上帝的降临之路。"④故本文接下来还是要尝试从海德格尔后期作品来看他如何进行此冒险之旅,即他如何在存在的澄明中访寻最后的上帝(der letzte Gott),并从此过程中作一点回应和反思。

二、所谓海德格尔的"转折"

论到〈关于人本主义的书信〉和最后的上帝,我们不得不略为讨论所谓海德格尔的"转折"(Kehre)问题。不仅因为在这篇重要文章里海德格尔直接谈到其转折,更因这转折与他的《哲学献集》(Beiträge zur Philosophie)中之最后的上帝观念有密切关系。

由于在〈关于人本主义的书信〉中海德格尔才首次论及转折,故过去不少人以1947年为其思想早晚期的分水岭。然而从这个所谓转折的性质看来,这个变化早在1920年代末就已经存在,甚至是海德格尔早期思想的必然过渡。我们知道海德格尔对存在的提问往往是从存在自身被遗忘的问题(Seinsvergessenheit)说起的,并引致他对形而上学的种种批判。但若说形而上学从来不思存在问题显然是言过其实的,也是对历史的曲解,那么海德格尔所指的存在遗忘问题是什么意思呢?

在此首先必须注意的是,这里所说的存在并非指"存在者之存在"(Sein des Seienden),乃是"作为存在的存在"。传统形而上学所论之存在,往往是指存在者的普遍性或存在者整体而言,故存在与存在者之间的差异便被忽略掉或搁置着⑤,所谓的海德格尔转折也必须从这微妙的分别来理解。

早于写作《存在与时间》期间,海德格尔已经从存在者的角度来探讨存在的意义(Sinn des Seins),但所论及的仅为存在者的存在,而未能论及作为存在的存在。存在者和存在之间固然有着一本体论差异(ontologische Differenz),这在海德格尔早期思想中已经论及。不过这种差异性的提出对其讨

---

④ Bernard Welt, "Suchen und Finden", in: *Erinnerung an Martin Heidegger*, Pfullingen: Günther Neske, 1977, S. 255.
⑤ 这点可参孙周兴:〈大道与本有〉,载《现象学与人文科学》2(2005),第202—203页;参赖贤宗:〈本成(Ereignis)与有无玄同——论海德格思想的"转折"与老子的有无玄同〉,载《现象学与人文科学》2(2005),第315页。

论和克服是有困难的,因为这种差异恰恰是在一种形而上学的架构中被提出来,故此为了更好地论及作为存在的存在问题,海德格尔认为有必要触及差异自身(Differenz als solcher),这便产生了所谓转折问题。

这种差异自身所指的并非仅为存在与存在者的差异,乃是进一步回到存在自身的差异化运作,并涉及以下我们将论及的分解(Austrag)、本有(Ereignis)和(不)在场(Ab-wesen)等问题。因此赖贤宗正确地指出,这种转折并非仅为一个思想方向上的转向以至回转过程,乃是一种对存在思想的深化过程。⑥ 并且在这其中可以说是有着两个有密切关联的"存在历史"的转折过程,即从对存在的遗忘以致产生形而上学的思想,以及由形而上学的终结转化至对存在真理(Wahrheit des Seins)之思。⑦

要确切了解这复杂的过程必然涉及大量海德格尔的文献,也并非本文所能处理。但其中与我们的题旨尤有关系的,肯定是海德格尔在 1936—1938 年所创作,但在其生前从未发表的《哲学献集》,因为他在集中所着眼的,正是从形而上学向存在历史性思想的"过渡"(Übergang),并且最后的上帝之观念是在最后一章"存在"(Das Seyn)之前被提出的。由于汉语学界对这部著作和相关的后期海德格尔思想的讨论仍然稀少,我们往下将概括性地勾勒出其整幅蓝图。

三、从存在到最后的上帝

在这部分我们将以一种注解上引〈关于人本主义的书信〉那段文字的方式来展开,但我们的目标是借此从海德格尔的转折开始探讨其对神圣之维的思考。

1. 存在、存在者和它们的分别

按海德格尔在〈关于人本主义的书信〉中所言,要检视神圣与神性的本质必先分析存在(Sein)如何呈现自身,可是在一般情况下人类只能处理存

---

⑥ 详参赖贤宗:《本成(Ereignis)与有无玄同》,第 327—329、338—347 页。
⑦ 同上书,第 341 页;同参孙周兴:〈大道与本有〉,第 200—201 页。

在者(Seiende)的问题,因他只懂检视那实质上属于他的东西。⑧ 然而从西方语言来说,存在却又是存在者的"在"(Sein des Seienden heiβt: Sein, welches das Seiende ist)。⑨ 当存在者"在"时,此"在"以过渡的形式言说着存在,使其显得通透;故此"在性"犹如一种解蔽(Unverborgenes)事件临到此过程中。因而海德格尔坚称,存在并未离开其原本处所来到存在者,犹如存在者本无存在而存在仅于后来临近。换句话说,存在永远不会变成存在者,一种可被客体化而为形而上之思把捉之物。纵然它的确呈现自身,却未如存在者那样做。因此海德格尔声称,纵然存在启示自身,它的到达(Ankunft)仍保持封蔽于其解蔽性中(sich bergen in Unverborgenheit)。⑩ 在此情况下存在问题便常被遗忘,以致存在与存在者的分别也难以被察觉和被思。⑪

由于存在者的"在性"确由存在所提供,故若说存在是存在者的根基也不无道理。事实上,海德格尔也提及存在的特质犹如根基和逻各斯。它容让存在者置于我们跟前,在解蔽的袭来中(in der entbergenden Überkommnis)显示自身。不过在这过程中,不仅存在成为了存在者的根基,存在者也同时使存在如此现身。故此海德格尔总结说,存在与存在者是互为因果的,并把二者的分别命名为分解(Austrag),却是为一种圆圈(Kreisen)——存在与存在者彼此间的循环。⑫ 把握这种"二重性"(Zwiefalt)观念是理解海德格尔后期思想的一个重要元素。⑬

2. 存在、在场、时空

从以上的讨论看来,只有当存在者"在"时,存在才能被认识。存在则呈现自身为在场(Anwesen)。在德语中有两个词皆能翻译为英语的 present 或 presence,即 Gegenwart 和 Anwesen。Gegenwart 带有时间性意义,表达出"当

---

⑧ Martin Heidegger, "Was ist Metaphysik?", in: *Wegmarken*, Frankfurt: Vittorio Klostermann, 1967, S. 105.
⑨ Martin Heidegger, "Die Onto-theo-logische Verfassung der Metaphysik", in *Identity and Difference*, NY, Evanston, London: Harper & Row, 1969, p. 132;本文主要参考此书的德语原文部分,Joan Stambaugh 此句的英译文(第 64 页)根本无法读通:the Being of beings means Being which is beings。
⑩ Ibid. p. 132.
⑪ Heidegger,〈关于人本主义的书信〉,第 320 页。
⑫ Heidegger,〈形而上学的本体—神—学架建〉,第 136—137 页。
⑬ 这方面可参孙周兴:〈大道与本有〉,第 202—205 页;孙周兴:《说不可说之神秘——海德格尔后期思想研究》,上海:上海三联书店,1994 年,第 338 页以下。

下"在的意思,故以下将译为"现存";它与过去和将来共构成时间的特质。而 Anwesen 则只表达某事物"在",却不带精确的时间特性,因此以下我们将译为"在场"。

在 1962 年才发表的〈时间与存在〉"Zeit und Sein"演说中,海德格尔指出在场(Anwesen)固然论及现存(Gegenwart)之事,即当下在此的事物。⑭ 但存在既与存在者的"在性"有关,则它也涉及在场,并表达自己为容让在场(Anwesenlassen),即它也将存在者引向解蔽和敞开中,而存在也借此让存在者在场。再者,此容让在场拥有遣送(Schicken)的特性。在此遣送中,存在被遣送为解蔽,而在场则传递至存在者,以致存在者"在"。如此看来,存在自身就是这"遣送"。然而遣送应要给出礼物,但这遣送事实上并没有给出什么,却把自身留住。⑮ 因此海德格尔强调"存在不在"(Sein ist nicht),因为只有存在者"在";但存在不是存在者,故存在不能"在"。顺此,纵然人类经常站在在场的临近中,他也接受此为一种礼物,却没有直接触摸在场(以致存在)自身⑯,因为他只能直接检察"在"的东西,即存在者。

以上把存在与遣送等观念关联起来的想法虽然鲜有在海德格尔早期思想中出现,也展现出以上曾提及之二重性之特质,然而这种看法仍明显地紧扣"在场"这一问题,海德格尔转折之突出处必须从下述之缺席(Abwesen)观念谈起。

当人类处理现存之物时,现存之物固然在场,但有趣的是我们也处理缺席之物。此缺席可意指曾出现但我们仍关切之事物,也可指尚未出现、正临近中之事物。因此海德格尔称并非所有在场之物皆必现存,在场也可以是过去或将来之事,但在当下却是缺席的。⑰ 在此观点下海德格尔发展出其后期思想中独特的时空(Zeit-Raum)观,这不独指两个时间点之间的距离:

> 时空现为敞开之名,它在将来、过去和现存的相互到达中自我澄明

---

⑭ Martin Heidegger,〈时间与存在〉(Zeit und Sein),载《向于思的事情》(*Zur Sache des Denkens*),Tübingen: Max Niemeyer, 1976, S. 2.
⑮ Ibid., S. 5-8.
⑯ Ibid., S. 12-13.
⑰ Ibid., p. 13.

着。此敞开且唯独它首先把其可能的扩张安置于我们熟知的空间中。[18]

故此我们不能把在场仅置于过去、现存与将来三维时间的任何一维;相反,本真的(eigentliche)时间是由此三维的交错构成。海德格尔如此说:"本真时间是从现存、过去和将来而来的在场的邻近(Nähe von Anwesen)、联合了其三重澄明的扩张。"[19]人类站在在场的领域中,而存在则以遣送的形式袭来,使存在者在场;而存在者也仅以此途径向我们显示其"在性",因此时空便是存在的基础构成。虽然如此,时间却非人之产物,而人也并非时间之产物;在时空之间只有遣送。[20] 本真的时间故为四维——过去、现在、将来及其交错。在场即属此交错。

3. 本有(Ereignis)和语言

在存在的遣送中,时间扩展着成为了在场敞开的领域,海德格尔称此时间与存在彼此规定的事件为本有(Ereignis)。[21] 这个大词是任何要触及海德格尔的思想转折,以至论及存在与存在者之间的差异化活动所不能回避的关键观念。然而以本文有限的篇幅,我们不可能详述"本有"这意思极丰富和重要的词汇。[22] 但必须注意的是,在某些情况下海德格尔把此词拆写为 Er-eignis,以把注意力引向与其有字源关系的 eignen(据有)和 eigen(一己的);如此,本有便有"使事物成为一己的"之意思,故英译文便常视之为"挪为己用"或"挪用事件"(appropriation)之意。有一次海德格尔甚至称本有的基本意义是看见(eräugen)。[23] 综合地说,本有可指"使某物被看见以致成为一己的"[24]。不过

---

[18] Martin Heidegger,〈时间与存在〉(Zeit und Sein),载《向于思的事情》(Zur Sache des Denkens),Tübingen: Max Niemeyer, 1976, S. 14-15.

[19] Ibid. , S. 17.

[20] Ibid.

[21] Zur Sache des Denkens, Tübingen: Max Niemeyer, 1976, S. 20.

[22] 汉语学界晚近的讨论可参王庆节:〈也谈海德格尔"Ereignis"的中文翻译和理解〉,载《现象学与人文科学》,第 197—212 页;孙周兴:〈大道与本有〉,第 195—210 页;赖贤宗:〈本成(Ereignis)与有无玄同〉,第 315—358 页;姚治华,〈再论海德格尔的 Ereignis——以《哲学文献》为中心〉,载孙周兴、陈家琪主编,《德意志思想评论》第二卷,上海:同济大学出版社,2004 年,第 58—72 页。

[23] Martin Heidegger,〈同一性原则〉(The Principle of identity),载《同一与差异》,第 36 页。

[24] 参 Françoise Dastur,《海德格尔与时间问题》(Heidegger and the Question of Time),François Raffoul & David Pettigrew trans; New Jersey: Humanities, 1997, S. 64.

最终海德格尔也承认本有根本就难以找到完全准确的涵盖性意思㉕,故以下我们也将保留本有的多重意义。

"什么是"(Was ist)本有？这是一个错误的提问,因为只有存在者"在/是"(ist);但本有却非存在者,它是由存在遣送至存在者之事件。在其中存在显现自身为在场,而时空也随之呈现出来,但存在却同时撤离。透过本有事件,存在者也在人类眼中显为现存之物。故海德格尔时而称此事件为一种澄明(Lichtung),意指事物被照明(lichtet)以致可被察看。人类只在其生存(Existenz)中站在存在的澄明中,所以海德格尔在《存在与时间》中称"此在的'本质'在于它的生存"㉖。在〈关于人道主义的信〉中,他更称此句子应理解为"人是这样成其本质的,他在'此'(das "Da"),即他在存在的澄明"㉗。那即是说,人类就是存在得以解蔽之处所。然而人类却不能决定存在者会否或如何出现,他只站立于存在的澄明中,致使存在以容让在场的方式遣送至存在者。因此人类没有要求存在,但存在却拥有他。只要存在在其澄明中继续自我占据(sich ereignet),存在便把自身传递给人㉘,所以人类便站在其澄明当中。㉙

这种对本有的讨论有什么独特意义呢？在《存在与时间》中海德格尔虽然已从此在的生存来论及存在的意义,可是何以要以此在作为出发点呢？恰恰在于此在自身是在场的,因此才能够谈及存在的意义,但却同时肯定了在场的优先性,而无法论及缺席的问题。再进一步说,这便使得本真性或本己性(Eigenlichkeit)如何可能无法被思,而从本有的讨论则是更彻底地触及到这方面的问题。㉚ 故此我们可说所谓的转折是本有的转折(Kehre des Ereignisses),而《哲学献集》中更有"存在作为本有"(das Seyn als das Ereignis)

㉕ Heidegger,〈同一性原则〉,第 36 页。
㉖ Martin Heidegger,《存在与时间》(*Sein und Zeit*), Tübingen: Max Niemeyer, 1979, S. 42.
㉗ Heidegger,〈关于人本主义的书信〉,第 322—323 页。
㉘ 同上书,第 333 页。
㉙ 以上有关本有、存在、此在和人等的关系主要从海德格尔的一些后期著作中阐释,相关论述也可参《哲学献集》,尤其第 10、11 和 42 节;同参赖贤宗:〈本成(Ereignis)与有无玄同〉,第 343—347 页。
㉚ 这方面与德里达对海德格尔的"在场形而上学批判"尤有关系,但我们不可能在此深入探讨,读者可参朱刚:《本源与延异——德里达对本源形而上学的解构》,上海:上海人民出版社,2006 年,第三部分,尤其第九章。

的说法,㉛并由此关联至言说和最后的上帝的讨论,以下我们将作进一步的阐述。

在存在的澄明中,事物呈现着自身,以致人类可接触到他们。人只能以占据(Ereignen)的方式接触事物,即将其据为与一己有关的事物。不过真正占据的却是本有自身而非人类,人类并不发起此程序。可是人却可以指示和命名的方式处理事物,而海德格尔指出此过程的关键便是语言。"语言本质的呈现乃是作为指示(Zeigen)的言说(Sage)。"㉜对海德格尔而言,语言并非仅为人所产生出的语音,反倒是我们靠其说出话语。在此意义下,言说的是语言而非人;语言以指向在场的不同领域言说。㉝故海德格尔在〈通向语言之途〉(Der Weg zur Sprache)中如此解释语言的角色:"在言说指示中的策动者是据有(Eignen)。"㉞在本有事件中,存在者以其独特的方式呈现自身,人类则以指示的方式据有(eignen)他们,使他们成为可被认知的事物,而此过程则必涉及言说。在言说中,我们命名在场的事物,而语言则进入我们的言说中,故海德格尔称,语言是"在场的守护"(die Hut des Anwesen)㉟,甚至是"存在的家"(das Haus des Seins)㊱;因为这就是本有的行径。㊲ 没有了语言,人类便无法指向在场之物,也便没有了走向存在之澄明的途径,因此海德格尔称"语言是存在自身的澄明-封蔽的临近"㊳。如此,存在便在语言中让生存寓居,而语言便是存在的家,也是人类本质的住处。㊴

4. 最后的上帝的呈现

在简单检索过海德格尔对存在和其澄明之论述后,我们便可回过头来重思文章起首引述过〈关于人道主义的信〉的一段话。不论是一块石头、动物、天使抑或上帝,任何呈现于人类跟前之"物"必透过存在之澄明袭来。人

㉛ 赖贤宗:〈本成(Ereignis)与有无玄同〉,第340—347页。
㉜ Martin Heidegger,〈通向语言之途〉(Der Weg zur Sprache),载《走向语言之途》(Unterweg zur Sprache), Tübingen: Pfullingen, 1959, S. 254。
㉝ Ibid.
㉞ Ibid, S. 258.
㉟ Ibid, S. 267.
㊱ Heidegger,〈关于人本主义的书信〉,第316页。
㊲ Heidegger,〈通向语言之途〉,第267页。
㊳ Heidegger,〈关于人本主义的书信〉,第324页。
㊴ 同上书,第357页。

类永远先接触存在者而非存在自身,但当思把事物表现为存在者时却必与存在关联起来。⑩ 人类透过语言把存在者据为己有,而存在便由此遣送至存在者,以致我们可以作出命名。因此若任何事物要向人类呈现,它必先要在存在的澄明中被照明,才能透过语言被人类所据有。

若上帝要向我们启示自己的话又如何?没有例外,若他要在思中呈现,必要透过存在的澄明向我们袭来。不过,若上帝不是"存在者"的话,或至少不是一种形而上学意义下可由表述之思(representational thinking)所把捉的客体的话,则存在与上帝的关系或许便不完全等同于存在与存在者的关系。或许正因如此,海德格尔才在其关于上帝的论述中以"神性"(Gottheit)和"神圣"(Heiligen)来取代存在者和在场等词汇,故海德格尔在信中随后便写道:

> 但只有神圣才是神性本质的空间(der Wesen raum der Götter),而只有神性才是诸神和上帝的维度,神圣只当存在自身在之前有着长期准备而被照明,并在真理中被经验才会显耀。⑪

换句话说,正如存在者必须透过在场才能被思所表述,上帝或诸神也许也只能透过神圣之维才能被思。但若任何"物"要向人类呈现必先透过存在和以语言被言说的话,则上帝或诸神也难以例外。因此海德格尔称只有在存在的真理中神性(Gottheit)之本质才能被思,在此以后我们才能明白"上帝"此语意义为何,并我们借此是何所指。

如果以上的诠释是恰当的话,则我们便应已来到存在的近旁,也即上帝的附近;因为纵然上帝并非一存在者,他却同样要透过存在以致向人"在场"。我们似乎可透过语言来指称"上帝",但同时他却又不能以一形而上客体的形式来表述,以致被我们把捉成一存在者。在此便产生了一个悖论:我们似乎认识上帝,因为我们正运用着"上帝"一词;但同时上帝又不仅为一可被表述之思把捉的对象。此悖论可以解决吗?

我们当留意存在是如何呈现自身的:透过时间化和空间化的过程。再

---

⑩ Heidegger,《通向语言之途》,第234页。
⑪ Heidegger,《关于人本主义的书信》,第335页。

者,存在的遣送并非一单向的过渡,而是一圆圈。存在成为了存在者的根基,而存在者也同时促成了存在;但结果却为一个四维的本真时间,在其中存在者才得以在场。在此观照下,要疏解以上的悖论,便要考虑上帝如何在存在的时间化中显现自身。

众所周知,海德格尔在 1930 年代早期对荷尔德林(Hölderlin)的诗甚有兴趣,原因或许是其诗对永恒与神圣之显现的诠释有别于一般的看法。其中一首特别引起海德格尔注意的诗写着:"所有神圣的事物皆迅速掠过(vergänglich)。"[42]在此诗中,荷尔德林视永恒为上帝或诸神的刹那间(Augenblick)掠过。荷尔德林所用之"掠过"一词通常是指事物的消逝,但海德格尔却理解为掠过。在〈荷尔德林有关"日尔曼"和"莱茵河"诗篇〉(Höldelins Hymen "Germanien" und "Der Rhein")的讲座中,海德格尔更称:

> 永恒的过渡性并非所为无事,掠过乃恰为诸神在其在场中的形态(die Art der Anwesenheit der Götter),一个难以把捉符号(Winkes)的仓促性,在符号掠过去的一瞬(im Nu)能显出最深邃的祝福与恐怖。神圣有其自己的标准,只存留一瞬间……[43]

此引文之最大问题是海德格尔如何把永恒与神性者之掠过关联起来,而在同一讲座中他也指出传统对永恒的两种用法:其一是看为一连串永不止息的当下片刻(sempiternitas);其二是一个永远立定的当下片刻(aeterni-

---

[42] 原文记录如下:
  So ist schnell vergänglich alles Himmlische. Aber umsonst nicht.
  Und des Maases allzeit kundig rührt mit schonender Hand
  Die Wohnungen der Menschen
  Ein Gott an, einen Augenblick nur
  Und sie wissen es nicht, doch lange
  Gedanken sie dess und fragen, wer es gewesen.
  Wenn aber eine Zeit vorbei, kennen sie es.
  引自 Jeff O. Prudhomme,〈终极上帝的掠过〉(The Passing-by of the Ultimate God),载《美国宗教学会期刊》(Journal of the American Academy of Religion)61(1993),第 446 页注 3;笔者必须承认本部分讨论深受 Prudhomme 诠释所启发。

[43] Martin Heidegger,〈荷尔德林有关"日尔曼"和"莱茵河"诗篇〉(Höldelins Hymen "Germanien" und "Der Rhein"; Gesamtausgabe vol. 39), Frankfurt: Klostermann, 1989, S. 111.

tas);不过两种诠释皆对应于存在者。若对应于神圣事物之掠过,海德格尔认为这些说法只是"无聊之悠长"("*Lang*" *in der Langweile*)。㊹

在被称为海德格尔第二重要著作的《哲学献集》中,有一段题为"时间-永恒-片刻"的如此写道:

> 永恒(das Ewige)并非永不止息地留存之事(das fort-währende),却为那可在片刻撤离之事,以致可再次返回。那可再返回者,并不是相同的,而是转化为新之物,那独一者,存在(Seyn),在这敞开性(Offenbarkeit)中并非首先被确认为相同的。
>
> 如此,则永恒化(Ver-ewigung)何所谓?㊺

在此段落中,海德格尔清楚地指出永恒只在存在(Seyn)开显中自我永恒化,此奇特的思考方法应与以上时空之时间化相对照。本真的时间并非是不息地流逝之当下片刻,或我们能把捉之一立定事物;它只在存在的澄明或存在的遣送中呈现。永恒化亦为一相似过程。永恒之呈现,乃在存在的澄明中自我永恒化。但有趣的是,此敞开是不断地转化和更新着,为一容易掠过、难以把捉的突入片刻(ecstatic moment)。海德格尔认为,这犹如上帝在场的形态。海德格尔认为我们不应把诸神或神圣置于时间以外,将其视为一特定之永恒领域㊻;相反,唯有在存在之敞开中,在本有中并作为本有事件的一部分,最后的上帝(der letzte Gott)才能被思。但如此一来最后的上帝同时也是封蔽着的㊼,因为他迅速地掠过,不能被把捉为一现存的存在者。

现在我们可仔细地思考最后的上帝掠过的情况。任何"事物"只能在存在的澄明中被人看为在场。我们可为石头、野兽命名,并视他们为"现存"(Gegenwart)。由于他们是现存的,故我们也可在思想中表述出来。然而(最后的)上帝却不能被表述为一客体,否则他便不再成为上帝。不过我们

㊹ Martin Heidegger,〈荷尔德林有关"日尔曼"和"莱茵河"诗篇〉(Hölderlins Hymen "Germanien" und "Der Rhein"; *Gesamtausgabe vol. 39*), Frankfurt: Klostermann, 1989, S.55;同参 Prudhomme,〈终极上帝的掠过〉,第 447 页。

㊺ Martin Heidegger,《哲学献集》(*Beiträge zur Philosophie Vom Ereignis*), Frankfurt: Klostermann, 1989, S. 511.

㊻ Heidegger,〈荷尔德林有关"日尔曼"和"莱茵河"诗篇〉,第 55 页。

㊼ Heidegger,《哲学献集》,第 24 页。

却可"命名"上帝,即他已临到存在的澄明中,故他便在场。这便带出一个结论,即上帝在场却非现存。这矛盾吗?不,正因我们已提到在场不一定现存;在场与本真时间是过去、现存、将来三维的交错。上帝并非可被把捉之现存客体,却可以掠过的在场方式向我们启示!

如上所述,缺席可以曾在的方式被思为在场。过去并非是向我们隔绝的事物,却以曾在的方式每时每刻更新地临到我们。故此纵然上帝并不现存,却以缺席的方式在场,成为曾在,又或以荷尔德林的话说,他"掠过"了。上帝可被命名,但在当下却是封蔽着的;我们不能以表述之思把这最后的上帝把捉为形上客体,却可从其掠过之后得见其痕迹。

在此观照下,我们也能理解为何海德格尔会提及诸神的"神化"(die Götterung der Götter)问题。[48] 正如存在者只在其"在"时才能被把捉为一存在者,则诸神也只能当其"神化"之时才能被理解为神。把德语名词 Götter 转为 Götterung 正与存在者(Seiendes)和存在(Sein)的关系相似,借以强调其过渡性。[49] 两者之间的重要分别在于诸神的神化并不能被表述为现存之物,而只能被看做是掠过。

与此相仿,我们也能理解为何海德格尔喜用"诸神"和"最后的上帝"此等奇特片语。诸神并不意味神性者的众多,相反,海德格尔认为多神论也好、一神论也好、无神论也好,任何形式的有神论皆无法从形而上学之思撤离。在这种表述下,神性者便只能被化约为存在者,而存在也会被遗忘。[50] 因此"诸神"的"众多性"是要指出对其存在性格之不确定,而非为强调其单一或众多之数。[51] 换句话说,这并非对神性者的数量化描述,而是开放地指向神性者的性质。[52] 与此相仿,"最后的上帝"并不意指次序上的最后或层级上的最高,此等想法皆只退到对上帝之形而上之思,将其看成客体或存在者。海德格尔指出"最后者……并不消逝,而是最深沉的开始,他触碰得最

---

[48] Heidegger,《哲学献集》,第244页。
[49] 参 Prudhomme,〈终极上帝的掠过〉,第450页。
[50] Heidegger,《哲学献集》,第411页。
[51] 同上书,第437页。
[52] 参 Prudhomme,〈终极上帝的掠过〉,第449页。

远又在己身抓住最大的困难"㊳。因此对"最后的上帝"之最恰当的描述是"诸神的神化";它汇聚神性者的所有可能性,并把上帝显为上帝。纵然如此,他在现在永远是不能确定的;从哲学的话语来说,"上帝就是那位刚掠过的上帝"㊴。

四、一种人文性的哲学与宗教学反思

从以上的阐述可以得知,在海德格尔的作品中重复地出现着诸如上帝、神性、神圣等观念,而且它们是与时间、空间、存在等讨论环环相扣着的,这正是诸多宗教学家喜以海德格尔思想作为思考对象的一个原因。但我相信这种讨论之所以吸引人,更在于这对于整个(汉语)人文学界都有可反思的地方,以下我们亦将就着上述分析提出一些要点。

1. 上帝与存在的关系

从以上的讨论我们不难发现,在海德格尔的思想中上帝是与存在紧密相连着的,上帝也只在存在的澄明中向人显现。在《哲学献集》中海德格尔甚至称"上帝也需要存在(Seyns)"㊵,这"需要"有什么意涵?

正如"诸神"并非存在者,存在也非"事物","需要"在这里也非一般的意义。但海德格尔的意思是正如存在者的"在性"需要存在,诸神或上帝亦然吗?可是他却声称"'诸神'不需存在作为其'据有性'(Eigentums),他们自己取了一种姿态。"㊶按以上的阐述,我们可理解此说法为"上帝自身不需存在,因为他不如存在者般'在'"。但何以诸神又需存在?

这是因为只有透过存在诸神才能被听闻。谁在听?我们——人——在听,我们正是那些不能没有存在而生存者;唯有在存在的澄明中,事物才能向我们呈现,而我们也可指向和命名它们。由此看来,"上帝需要存在"是因为上帝要向人显明自己;故若上帝想向人启示,他便需存在,但上帝在其自身却不需如此。

㊳ Heidegger,《哲学献集》,第 405 页。
㊴ 参 Prudhomme,〈终极上帝的掠过〉,第 450 页。
㊵ Heidegger,《哲学献集》,第 438 页。
㊶ 同上书。

奥特(Heinrich Ott)的类比或许有助于阐释以上说法。他指出宗教信徒对世界作为创造的超然警觉性(numinous awareness)便有如哲学家对存在者之存在的惊诧。创造常被等同于一切被造物之总和,因此便把其最本源意义遮蔽。与此相仿,存在也常被误解为一切存在者的总和,故海德格尔所关注之存在自身和差异化活动便被遗忘。(57) 用哲学的话说,上帝自身不需要存在,但他却需要存在以致向人显现为在场。或许若翻译为神学的语言,这便变成上帝在其自身(God-in-itself)不需要创造,但创造中的上帝却向我们启示为"为我们的上帝"(God-for-us)。

长久以来论者都迷茫于存在在海德格尔思想中所表现出的"神圣准光环",但从以上的分析可知,上帝与存在始终有别。上帝既非存在自身,也非存在的根基(蒂利希语),把二者等同正是海德格尔所要批评的形而上学传统架构。然而若以上奥特的类比是恰切的话,则存在与上帝二者却有思想形式上的亲和关系,并且二者皆不应以客体化形式被言说。当然我们不应讳言,这种亲和性或许是海德格尔强烈批评之"本体—神—逻辑"(Onto-theo-logie)所造成的历史结果,但即或如此,哲学与宗教学和神学便存在着许多可对话的空间和互相学习地方,因此它们在思想史上的密切关系值得汉语学界进一步的挖掘。

2. 迈向一种新的神学规划

若上帝要向人启示,他必须在存在的澄明中在场,因为我们正站立于此。但此领域却只在时空化中同时敞开,故此若上帝需存在以启示自身,则他也需要时间,因为存在的澄明和我们对存在的理解皆与时间性(zeitlichkeit)有密切关系。

存在"呈现"自身以致我们能在时间之内得见任何事物。若上帝要向人启示,他也必要向我们成为在场,并在时间化(zeitigen)的过程中被人察见。然而时间化却非当我们站定,一连串的当下片刻临到我们的过程。此敞开过程是在我们与世界的交遇出现,并在我们的历史中留下痕迹,故上帝便在

(57) 转引自 James M. Robinson,〈后期海德格尔的德国讨论〉(The German Discussion of the Later Heidegger),载 James M. Robinson & John B. Cobb 编,《后期海德格尔与神学》(*The Later Heidegger and Theology*),NY, Evanston, London: Harper & Row, 1963, p. 39.

我们的时间与历史中掠过。由此观之,启示必须是历史的(geschichtlich);历史(Geschichte)是人类可察见上帝踪迹的唯一视域。

与此同时,按《存在与时间》的规定,历史又是由人与世界的交遇中所"构成"的,因此历史中的事物也必同时是实践性的。但这不意指它们是实用性的,而是在实践中被领悟着。故此海德格尔早在1927年所写成的〈现象学与神学〉(Phänomenologie und Theologie)中称神学是历史性的和实践性的,因为它是由历史中的信仰者在其实践生命中建构出来的。但这并不等于说神学只是一门专门研教会历史的历史学的(historisch)探究,而是指宗教信仰必须以一种历史性存在的模式来领悟,故神学必须作为一种历史的学科来研究它。

与以上的理解相仿,若神学必为历史的神学,则它也必定是实践的神学,但这也不只是说它乃是一门研究布道、教会管治、牧养信众的学科,而是因为一种活生生的存在模式,必定牵涉着在历史中有各种实践行动的人。因此神学和宗教学的探究也必须分析实践着的信仰,不论那是过去的或是现在的,但总不能只作出玄想性的推敲,而这也是人类学、社会科学等人文科学可以参与的原因。[58] 此看法为我们把传统的神学或宗教学各部分连接起来提供线索,这是因为它们都与绽出来(eksistente)的人攸有关系。

3. 上帝的掠过与临近

顺着海德格尔这种思想,我们应考虑另一悖论:上帝真能不以客体(Objekt)的形式被思吗?哲学家能把上帝置于不可知之域;但神学家却不可能。在现代进程中人往往被定为知识的根基,一切事物必须透过笛卡尔式的自我(Cartesian ego)被思。在此过程中,任何事物似乎必要被转化为我的"客体",以形而上之思表述为现存,因此现代神学的一个重要议题便是上帝如何可不被视为人的客体。因为一旦上帝被表述为客体,则其便会被理解为一特定存在者而失去上帝的独特性。20世纪上半期的辩证神学(dialectical theology)那种对上帝在启示中的自主性的坚持,一直为学界所重视,但这也

---

[58] 参 Martin Heidegger,〈现象学与神学〉(Phenomenology and Theology),载 James G. Hart & John C. Maraldo 编,《思之敬虔》(*The Piety of Thinking*), Bloomington & London: Indiana University Press, 1976, p. 15;并笔者在〈什么叫神学?〉一文中的讨论。

正反映出现代性问题仍有待克服,并长期困扰着学界。

海德格尔以哲学家的身份勾画出一种回应方案:上帝并不现存,却是掠过;上帝以掠过的方式在场。若上帝不能为现成在手(vorhandene)之物,便不能现存(Gegenwart)。即使上帝缺席,他不现存,却仍在场;他是以缺席——掠过——的方式在场。唯有在上帝掠过以后,我们才能察验其踪迹。这种思考形式固然与德里达对在场形而上学的批判尤有密切的亲缘关系,其思想也触发了当代诸多的神学讨论,但这已超出了本文所能容纳的范围。[59]

然而,若察验上帝为掠过者是要回避上帝"存在"的困难情况,则为何我们不能在那掠过的最后的上帝以外,寻索那将要临近我们的上帝以及上帝的来临(das Kommen Gottes)?[60] 海德格尔早在《存在与时间》中已把时间化阐释为此在对存在领悟(Seinsverständnis)的构成。[61] 在此分析中,时间的三维——过去、现存、将来——中,将来占据了本源的位置。顺此,若上帝以掠过的方式向我们在场,则他必先为那将要临近我们者。

这固然是从此在对时间的体验方式来说,而不是说上帝从那尚未形成的将来向我们走近。但若上帝向我们在场,则他必先以临近我们之上帝形式呈现,后才再以掠过的形式被此在所体验。在此模式中,任何对过去与现在的诠释皆由将来的可能性(Möglichkeit)所主导。故对神学家来说,掠过之上帝的踪迹固然重要,但或许寻索那将要临近我们的上帝的可能性更能释出盼望。从此看来,终末论的确是神学家反思所应考虑的第一线,难怪这类型神学之思自20世纪后半期起至今仍占据着重要位置。

4. 后形而上学论述的可能性

我们能对上帝和存在有以上的时间性理解,正因为人是历史性的。海德格尔在《存在与时间》中早已指出,历史感乃此在的构成之一;而后期的他又勾画出存在与本有与时空的敞开之关联,这便为疏解以上神学问题提供一个框架,或许也能对现代性的哲学探究有所启发。

---

[59] 这方面的汉语讨论可参《道风:基督教文化评论》20(2004)有关"德里达与神学"的主题部分。
[60] 这种设想,在现代神学家中最接近的肯定是莫尔特曼(Jürgen Moltmann),可参其《来临中的上帝》,香港:道风书社,2002年。
[61] Heidegger,《存在与时间》,Erster Teil, Zweiter Abschnitt。

当然这个框架是横跨了本章开始时便重点提出的转折的两极。科克尔曼斯(Jospeh Kockelmans)正确地指出,海德格尔在转折以后,其探究方法仍是现象学的,却已不再是诠释学的。[62] 不再是诠释学的,意思是说存在的问题不再由此在的领悟提供;而仍为现象学的原因,是他仍将相同的方法应用于描述本有的事件。海德格尔甚至强调本有和存在的澄明为——自主事件——不为人所启动;而是——自我解蔽。人的知识仍由其理解来提供,但自我却不再为知识的终极确定根基,这是其中一个重要的意涵,即一种由人类为中心的思转向一种由存在开启的思。存在的澄明并非一意志过程,而是一自我解蔽,并伴随着时空的敞开而产生。人在此过程中扮演了重要角色,故海德格尔才会称我们是站在存在的历史中。

这种思想的方式乍看起来与德国观念论(German Idealism)有一定的相似性,即把历史视为世界精神的自我启示过程,问题是海德格尔能回避黑格尔式绝对自我的危险吗?德斯杜(Françoise Dastur)的意见是十分正面的:

> 正因本有没有自我的结构,因它只能被视为一遣送,即是说,一种只给予其给予性的给予,又将自身挽回并撤离,在其自身为去据有(Enteignis),即存在的无根之根,其深渊。唯有在此点上,海德格尔真正能与由整个思之历史所操控的绝对观念隔离。[63]

纵然存在是自主的,但它却不等同于绝对或世界精神,因为它并非一种自我;它只为一给予和撤回。然而存在乃为存在者的根基,因为存在者只在存在的遣送中获取在场;但存在并非一存在者,故便为一无根之根,而存在者又能引起此根基。与此相仿,本有也非一存在者,亦非存在的无根之根;故我们可说我们皆站在存在者的无根之根和存在之上。这或许是何以海德格尔经常提醒我们,人是由虚无中生存着/绽出来(eksistente)者。

海德格尔在〈什么是形上学?〉中写道:

---

[62] Joeseph Kockelmans,《论存在的真理》(*On the Truth of Being*),Bloomington: Indiana University Press, 1984, p. 128.

[63] Dastur,《海德格尔与时间问题》,第 65 页。

若上帝从无中创造,正因他必须能把自身与虚无关联。但若上帝为上帝,他又不能明白虚无,因假设了"绝对"拒斥一切虚无性。⑭

此虚无不仅为一切存在者的否定,也为一切存在者的深渊性根基,海德格尔认为这经常为基督教教义所忽略。⑮ 但若从以上奥特的类比来看,即把创造与存在作平行类比,则整个问题便可得到启发。当我们察验创造的奇迹时,上帝在每时刻皆启示自己。这是一位临近我们的上帝,他把一切事物从虚无中造出;但若我们要从历史的踪迹中寻索他的话,他又是一位掠过了的上帝。上帝看来是永远隐藏于存在者和受造物的帷幕后,但每当我们惊觉自己为绽出来的存在者时,他又向我们显为在场。

---

⑭ Heidegger,《什么是形而上学?》,第118页。
⑮ 同上书。

论自由主义

王海明

提　要：自由主义，就其普遍形态来说，乃是一种关于自由社会的思想体系，是关于自由的价值、原则及其实现途径的思想体系。或者说，自由主义就是关于自由社会的原则及其实现途径的思想体系，就是关于自由社会的理论：凡是主张构建自由社会的理论，都属于自由主义范畴。但是，自由主义，就其完备的形态来说，则是这样一种理论，它视人的自由为最高价值，从而一方面将自由奉为社会治理最高原则——亦即将自由的法治原则、自由的平等原则、自由的限度原则以及经济自由、政治自由、思想自由等一系列自由原则奉为社会治理的最高原则——另一方面则将宪政民主奉为实现这些原则的途径，亦即奉为自由社会的实现途径。一句话，自由主义就是将自由奉为社会治理最高原则的思想体系。

关键词：自由主义的普遍形态　自由主义的完备形态　每个人自由的价值　个人自由的价值

一、自由主义的分析方法：空想自由主义与科学自由主义

自由主义（Liberalism）一词，一般认为出现于19世纪："现在通行的看

王海明，1950年生，北京大学哲学系教授。

法是,'自由主义'这一称号只是在 19 世纪才第一次被用来称呼一种政治运动。1810 年西班牙议会中,主张英国式宪政主义的政党被称做"自由主义的(Liberal)"①。但是,依阿克顿勋爵所见,自由主义名词出现于 18 世纪:"自由主义——1707 年英国坎特伯雷大主教首次使用这个词。"②不过,自由主义作为一种系统的理论肇始于 17 世纪英国革命,它的奠基者是洛克,却是众所公认的。尔后四百年来,自由主义一直是西方思想界的主流意识形态。因此,自由主义思想家多如繁星,不胜枚举。古典自由主义的代表人物,当推斯宾诺莎、洛克、弥尔顿、孟德斯鸠、卢梭、潘恩、杰弗逊、汉密尔顿、贡斯当、托克维尔、康德、休谟、柏克、斯密、边沁、穆勒、斯宾塞等;新自由主义的代表人物,则有格林、鲍桑葵、布拉德雷、霍布豪斯、杜威等;当代自由主义的代表人物,主要是哈耶克、弗里德曼、欧克肖特、波普、柏林、罗尔斯、诺齐克、德沃金、布坎南、萨托利等。

这些人都是自由主义的代表人物,这是没有争议的。但是,这些人的自由主义理论是如此不一致、如此灵活多变、歧见纷呈、难以把握,以致直到今日,许多学者仍然认为无法界说自由主义,甚至认为给自由主义下定义是不可能的。萨托利亦有此见,他说:"如果我们用'自由主义'这个标签与那些和它相近的概念比较,如民主、社会主义、共产主义,那么,自由主义在有一点上是无可匹敌的:它是所有概念中最不确定、最难以被准确理解的术语。"③然而,这些自由主义者的观点不论如何不同,却不可能毫无共同点或普遍性:不可能存在毫无共同点或普遍性的事物。那么,这些自由主义理论所特有的——亦即区别于极权主义和社会主义等理论的——共同点或普遍性究竟是什么?

综观这些自由主义思想家的著作,不难看出,一切自由主义理论所特有的共同点是:它们都是一种主张实现自由社会的思想体系;正如一切共产主义理论不论如何不同,都是一种主张实现公有制社会的思想体系一样。自由主义是主张实现自由社会的理论,蕴涵着它必须解决的三大问题:其一,

---

① 李强:《自由主义》,北京:中国社会科学出版社,1998 年,第 16 页。
② 阿克顿:《自由与权力》,北京:商务印书馆,2001 年,第 364 页。
③ 李强:《自由主义》,第 14 页。

何谓自由社会？这是自由社会的原则问题；其二，为什么应该实现自由社会？这是自由或自由社会的价值问题；其三，如何实现自由社会？这是自由社会或其原则的实现途径问题。这就是自由主义的全部研究对象。因此，自由主义，作为一种完整的理论体系，原本由三部分构成：自由的价值理论、自由社会的原则理论和自由社会及其原则的实现途径理论。

由此看来，自由主义乃是真理。因为如果自由主义——主张实现自由社会的思想体系——不是真理，那就意味着：否定自由社会的思想体系，如极权主义和专制主义，是真理。极权主义和专制主义等否定自由社会的思想体系，无疑是谬误。因此，自由主义必定是真理：处于相互否定的矛盾关系的两种思想体系，必定一真一假。但是，这并不是说，一切自由主义理论都是真理。自由主义的研究对象——自由的价值、自由社会的原则和自由社会的实现途径——无疑都是人类思想史上最为复杂深邃的难题，以致迈克尔·欧克肖特写道："什么是一个自由的社会？随着这个问题，通向无穷遁词之夜的门打开了。"④所以，自由主义者们对于这些问题的研究难免歧见纷呈，因而其观点必定有真与假、全与偏、完备与不完备以及空想与科学等不同；正如各种社会主义理论必定有真与假、全与偏、完备与不完备以及空想与科学之不同一样。但是，就同一研究对象来说，谬误可能无数，而真理必定一个。所以，作为谬误的、不完备的、空想的自由主义理论可有无数；而真理的、完备的、科学的自由主义只有一个。谬误，说到底，不过是达于真理的某种过程或阶段。所以，各种谬误的、不完备的、空想的自由主义理论，都可以看做是达到真理的、完备的、科学的自由主义的某种过程或阶段。

这样，正如各种谬误的、不完备的、空想的社会主义不能成立，并不能证明社会主义不能成立，而只有完备的、科学的社会主义不能成立，才能证明社会主义不能成立一样；各种谬误的、不完备的、空想的自由主义理论不能成立，也不能证明自由主义不能成立，而只有完备的、科学的自由主义不能成立，才能证明自由主义不能成立。因此，对于自由主义的评价，便应该以完备的、科学的自由主义为准；而不应该以不完备、不科学的自由主义为准。正如对于社会主义的评价，应该以完备的、真理的、科学的社会主义为准；而

---

④ 迈克尔·欧克肖特：《政治中的理性主义》，上海：上海译文出版社，2003年，第107页。

不应该以不完备、不科学的、错误的社会主义为准一样。由此可以理解，为什么萨托利强调，对于自由主义的评析，乃是对一种自由主义——而不是许多自由主义——的评析："难道我们必须屈从于这种观点，认为不存在一种自由主义而是存在许多种不同的自由主义吗？进言之，难道这些自由主义必须分成古典的、民主的、社会的、国家主义的、人道主义的、社会主义的等等若干种类吗？我不这样看。因为照此说来，也就可以断言：并不存在一种民主，而是存在许多种民主，每一个国家都有一种，并且每一种民主都一代一代地变化着。然而，事实上我们是以单数形式谈论现代民主的。同样，我们完全有理由以单数形式谈论自由主义——我们就依此见地去寻找并发现这种自由主义。"⑤

二、自由主义的理论体系：自由价值论、自由原则论与宪政民主论

自由主义理论的出发点，无疑是自由的价值问题。对此，正如萨皮罗所言，不论自由主义论者的观点如何不同，却必定都崇尚自由、歌颂自由、倡导自由，认为自由具有非常重大的价值："自由主义在所有时代的典型特征，是它坚定地相信自由对于实现任何一个值得追求的目标都是不可或缺的。"⑥胡适亦云："自由主义就是人类历史上那个提倡自由、崇拜自由、争取自由、充实并推广自由的大运动。"⑦确实，如果否认这一点，否认自由具有重大价值，那么毫无疑义，他就不是自由主义者了。当然，重大价值与极大价值、最大价值不同；与最高价值、至上价值也不同。但是，这些价值无疑都属于重大价值范畴。一切自由主义论者都认为自由具有重大价值，却并不都认为自由具有最大价值，也并不都认为自由具有至上价值。但是，就自由主义的科学的、完备的形态来说，却认为自由具有至上价值：就自由主义的科学的、完备的形态来说，自由主义(liberalism)亦即自由至上主义(libertarianlism)。因此，自由主义者斯皮兹(David Spitz)在他临终前所写下的自由主义的十大信条之第一

---

⑤ Giovanni Sartori, *The Theory Democracy Revisited*, Chatham House Publisher, Inc. Chartham, New Jersey, 1987, p.376.
⑥ 李强：《自由主义》，第19页。
⑦ 胡适精品集：《自由主义》，北京：光明日报出版社，2001年，第68页。

条就是:"尊崇自由甚于其他价值,即使超过平等及正义。"⑧

为什么说自由至上主义是一种科学的、完备的形态的自由主义观点?因为,如上所述,每个人的自我实现——亦即他的创造性潜能之实现——具有最高价值。使人自我实现的条件和途径固然很多,但最根本的条件和途径无疑只有一个,那就是使人自由:自由乃是自我实现的最根本的条件和途径。因此,说到底,自由具有最高价值。但是,最高价值未必是最大价值。自由是最高价值,自由的价值远远高于面包的价值。但是,正如柏林所言,自由的价值不如衣食的价值大:"埃及农民对于衣物和农药的需要优先于、强烈于对于个人自由的需要。"所以,斯皮兹说得不错:自由的价值高于平等及正义。但是,自由的价值未必大于平等和正义的价值。

既然自由具有最高价值,那么,显然应该使人自由:自由应该是社会治理的最高原则。所以,阿克顿一再说:"自由的理念是最高贵的价值思想——它是人类社会生活中至高无上的法律。"⑨"自由乃至高无上之法律。它只受更大的自由的限制。"⑩然而,真正讲来,人究竟怎样才算获得自由?人是社会动物;他所过的生活,乃是社会生活。因此,只有当人们所生活于其中的社会是个自由的社会,人们才算真正获得了自由。所以,哈耶克说:"一旦自由的利益被认识,人们便会去完善和扩展自由的领域。为此,他们将探究怎样才能构建一种自由社会。自由理论的这种发展主要是在18世纪而肇始于英法两国。"⑪

但是,究竟何谓自由社会?或者说,自由社会的原则是什么?这是自由主义的核心问题:自由主义,主要讲来,就是一系列自由原则体系,就是一系列自由社会的原则体系。所以,哈耶克写道:"19世纪自由主义的一位知识分子领袖贡斯当曾把自由主义描述为一种'原则体系',他指明了问题的实质。自由不仅是一种政府的所有行为都受其指导的原则体系,而且是一种除非作为所有具体立法法案的最高原则来接受否则就不能维持的理想。"⑫

---

⑧ 顾肃:《自由主义基本理念》,北京:中央编译出版社,2003年,第3页。
⑨ 阿克顿:《自由与权力》,第307页。
⑩ 同上书,第310页。
⑪ Friedrich A. Hayek, *The Constitution of Liberty*, The University of Chicago Press 1978, p.54.
⑫ Ibid., p.68.

这就是自由主义为什么属于伦理学对象的缘故:自由主义,根本说来,乃是一系列的原则和规范体系,亦即社会治理的道德原则的体系。因此,阿克顿写道:"自由作为道德问题的紧迫性远远大于其作为政治问题的紧迫性。"⑬

细究起来,自由主义所确立的自由原则——亦即自由社会原则——体系,原本由自由社会的普遍原则与自由社会具体原则两大系列构成:前者主要是自由的法治原则、自由的平等原则与自由的限度原则;后者主要是政治自由原则、经济自由原则与思想自由原则。不论自由主义论者的观点如何不同,却必定都主张或承认这些自由原则;否则,他就不是自由主义者了。但是,这些原则的具体内容究竟如何,自由主义者们却往往意见纷纭,莫衷一是。我们的考察,当然以最为完备的、科学的自由主义观点为准。

一个社会的任何强制,都必须符合该社会的法律和道德;该社会的所有法律和道德,都必须直接或间接得到全体成员的同意。这是自由主义的"自由的法治原则"。对于这一原则,霍布豪斯曾这样写道:"自由的第一步实际上正是要求法治。……自由统治的首要条件就是:不是由统治者独断独行,而是由明文规定的法律实行统治。"⑭哈耶克进一步说:"所谓法治下的自由概念,亦即当我们遵守法律时,我们并不是屈从其他人的意志,因而是自由的。"⑮

人人应该平等地享有自由:在自由面前人人平等;人人应该平等地服从强制:在法律面前人人平等。这是自由主义的"自由的平等原则"。所以,哈耶克写道:"自由意味着,也只能意味着,我们的所作所为并不有赖于任何人或任何权威机构的批准,只能为同样平等适用于人人的抽象规则所限制。"因此,"为自由而斗争的伟大目标,一直是法律面前人人平等"⑯。

一个社会的强制,应该保持在这个社会的存在所必需的最低限度;一个社会的自由,应该广泛到这个社会的存在所能容许的最大限度。这是自由主义的"自由的限度原则"。对此,波普讲得很清楚:"自由主义的原则要求,社会生活所必要的对每个人自由的种种限制应当减少到最低限度。"对于这

---

⑬ 阿克顿:《自由与权力》,第309页。
⑭ 霍布豪斯:《自由主义》,北京:商务印书馆,1996年,第9页。
⑮ Friedrich A. Hayek, *The Constitution of Liberty*, S.153.
⑯ Ibid., S.85.

一原则,自由主义论者们是没有异议的。否则,他就不是自由主义者了。但是,最低限度与最大限度都是相对的、不确定的概念。因此,对于一些自由主义者来说是最低限度的强制,对于另一些自由主义者来说,却可能是过高的强制;反之亦然。所以,一些自由主义者主张"守夜人"式的国家,断言"管得越少的政府,就是最好的政府"。反之,另一些自由主义者则认为这样少的强制不足以保障社会存在,社会的存在所必须的最低限度的强制比这些要强大复杂得多,因而主张国家应该积极干预经济生活和社会生活。

一个社会的政治,应该直接或间接地得到每个公民的同意,应该直接或间接地按照每个公民自己的意志进行,说到底,应该按照被统治者自己的意志进行。这是自由主义的"政治自由原则"。杰弗逊在《独立宣言》中将这一原则归结为一句话:"政府的正当权力系得自被统治者的同意。"被伯林称为"不折不扣的自由主义者"的威尔逊总统也这样写道:"政治自由是被统治的人使政府适合他们的需要和利益的那种权利。"[17]阿克顿则认为这是自由主义的大政方针:"麦迪逊、亚当斯、富兰克林、杰弗逊、汉密尔顿等人在《独立宣言》中表达了建构一种新的政府理论的观点:在一个实践领域里由被统治者决定政府的大政方针。"[18]

经济活动只应由市场机制自行调节,而不应由政府强制指挥,政府的干预应仅限于确立和保障经济规则;而在这些经济规则的范围内,每个人都应该享有完全按照自己意志进行经济活动的自由。这是自由主义的经济自由原则。这一原则的发现者和确立者,众所周知,乃是亚当·斯密,他称之为"自然自由制度":"一切特权的或限制的制度一旦完全被废除,简单而显著的自然自由制度就会自动建立起来。每一个人,只要不违反公正的法律时,就应该容许他完全自由地用自己的方法追求自己的利益,以其勤勉和资本而与任何其他人或阶级相竞争。"[19]

每个社会成员都应该享有创获与传达任何思想的自由。或者说,每个社会成员创获与传达任何思想都不应该被禁止;说到底,言论与出版应该完

---

[17] 《资产阶级政治家关于人权、自由、平等、博爱言论选录》,北京:世界知识出版社,1963年,第210页。
[18] 阿克顿:《自由与权力》,第398页。
[19] Adam Smith, *An Inquiry into The Nature And Causes of The Wealth of Nations*, Volume 2, Clarendon Press. Oxford, 1979, p. 687.

全自由而不应该受到任何限制。这是自由主义的"思想自由原则"。对于这一原则,潘恩这样写道:"出版自由以及使用其他表达思想手段的自由,是不能取消、停止和限制的。"[20]罗斯福则进而以美国为例说:"这种自由除了受到美国人民的良知的限制以外,确实是丝毫没有限制的。"[21]美国《弗吉尼亚权利法案》已规定:"出版自由是自由的重要保障之一,任何政府,除非是暴虐政府,决不应加以限制。"美国《人权法案》第一条便这样写道:"国会不得制定关于下列事项的法律:确立宗教或禁止信仰自由;剥夺人民言论或出版自由。"

这些就是自由主义关于自由社会的六大原则:自由的法治、平等、限度三大普遍原则与政治自由、经济自由、思想自由三大具体原则。那么,究竟怎样才能实现这些原则从而使社会成为自由社会?这是关于自由社会原则的实现途径的问题,简言之,亦即自由社会的实现途径的问题。这是自由主义理论的第三部分——亦即最后一部分——的研究对象。自由主义对于这个问题的比较完备的、科学的理论,众所周知,便是所谓"宪政民主论":宪政民主是实现自由社会的充分且必要条件。

自由主义论者看到,民主是实现政治自由从而保障实现其他一切社会自由的唯一政体。所以,阿克顿说:"自由被认为是与民选政府相关联的产物。"[22]哈耶克也一再说:"民主本身虽然不是自由,却是自由的最为重要的保障。"[23]然而,自由主义论者十分清楚:民主仅仅是实现政治自由或政治自由社会的充分且必要条件,而不是实现自由社会的充分且必要条件——民主只是实现自由社会的必要条件而非充分条件。这是因为:

一方面,民主就其本质来说,固然是全体公民掌握最高权力的政治,但就其实现来说,却势必是多数公民掌握最高权力的政治。这样,多数公民便可能滥用他们所握有的最高权力,去反对他们的对手:"如果多数不团结得像一个人似的行动,以在观点上和往往在利益上反对另一个也像一个人似

---

[20] 《资产阶级政治家关于人权、自由、平等、博爱言论选录》,第 53 页。
[21] 同上书,第 283 页。
[22] 阿克顿:《自由与权力》,第 310、316 页。
[23] F. A. HAYEK, *Law, Legislation and Liberty*, Volume 2, China Social Sciences Publishing House Chengcheng Books Ltd, Beijing, 1999, p. 5.

的行动的所谓少数,那又叫什么多数呢?但是,如果你承认一个拥有无限权威的人可以滥用他的权力去反对他的对手,那你有什么理由不承认多数也可以这样做呢?"㉔托克维尔将这种多数对于他们所掌握的最高权力的滥用,叫做"多数暴政"。多数暴政的民主社会显然不是自由社会。

另一方面,即使民主不导致多数对于少数的暴政,却仍然可能导致暴政:一种侵犯每个人的个人自由和个人权利的暴政。因为最高权力就其本性来说即与无限权力相通,极易演进为无限权力,因而托克维尔指出,社会的最高权力无论掌握在君主手里,还是掌握在人民手里,都可能成为无限权力而沦为暴政:"当我看到任何一个权威被授以决定一切的权力和能力时,不管人们把这个权威称做人民还是国王,或者称做民主政府还是贵族政府,或者这个权威是在君主国行使还是在共和国行使,我都要说,这是给暴政播下了种子。"㉕

合而言之,民主之所以是自由社会的必要条件而不是充分条件,只是因为民主政权的权力可能是无限的,因而违背了自由原则,导致民主的暴政。这样,民主的政权如果能够得到限制,遵循自由原则,那么,民主的社会便是自由的社会:最高权力受到自由原则有效限制的民主,是实现自由社会的充分且必要条件。这种最高权力受到自由原则有效限制的民主,不是别的,就是自由主义所主张的"宪政民主"。

宪政,顾名思义,就是立宪政体或立宪政府,是一种权力有限的政府或政体,是以宪法及其所衍生的法律限制政府权力从而使之遵守宪法和法律的政体。所以,哈耶克界定宪政时援引麦基尔韦恩(C. H. Mcllwain)的话说:"所有的宪政,就其定义来说,都是有限政府……宪政的本质在于:它是对政府的一种法律限制;它与专横统治正好相反;它的对立面是专制政府,亦即随心所欲的政府。"㉖

这样,宪政民主是不是自由社会,便完全取决于宪法是不是一种遵循自由原则的宪法:如果遵循,宪政民主就是自由的宪政民主,这种社会就是自

㉔ 托克维尔:《论美国的民主》上卷,第 288 页。
㉕ 同上书,第 289 页。
㉖ *Law, Legislation and Liberty*, Volume1, p.145.

由社会;否则便不是自由的宪政民主,这种社会就仍然算不上自由社会。自由的宪政民主所遵循的原则,说到底,也就是防止民主暴政或无限民主的自由原则。柏林追随自由主义的传统,将这些原则归结为两个:"如果连民主政体都可以在不失为民主政体的情况下压迫自由——至少是自由这个词向来所称谓的那种自由——那么究竟如何才能够使一个社会真正自由?对于贡斯当、穆勒、托克维尔和他们所属的那个自由主义传统来说,除非至少遵循两个互有关联的原则,否则绝无自由的社会。这两个原则是,第一,唯有权利——而不是权力——才可以被当做绝对的东西。这样,所有的人才拥有绝对的权利拒绝从事非人的行为,而不论他们是被什么权力所统治。第二,人在某些界限以内是不容侵犯的。"[27]

各国的宪法虽可能有遵循与违背这些自由原则之分,但众所周知,就宪政思想的传统来说,真正的、名副其实的宪法主要都是由两部分构成:一是政府的组织机构法案,强调的是分权原理;另一是权利法案,强调的是人权原理。权利法案所体现和遵循的,显然是柏林所总结的自由的宪政民主的两大原则。那么,究竟如何才能使民主政治遵循权利法案和自由的宪法,从而成为自由的宪政民主、实现免于民主暴政的自由社会呢?托克维尔认为,只有一条途径,那就是实行分权或三权分立:"假如把立法机构组织得既能代表多数又一定不受多数的激情所摆布,使行政权拥有自主其事的权利,让司法当局独立于立法权和行政权之外,那就可以建立起一个民主的政府,而又使暴政几乎无机会肆虐。"[28]一句话,分权乃是自由的宪政之精髓:"自由主义宪政制度的奠基者为捍卫个人自由而提出的方法是权力分立。"[29]这就是为什么分权乃是宪法的政府的组织机构法案的基本原理的缘故。

可见,就宪政思想的传统来说,宪法的主要法案——强调分权原理的政府的组织机构法案和强调人权原理的权利法案——所体现和遵循的,乃是自由原则。因此,就宪政思想的传统来说,宪政民主就是限制民主的权力而使之遵循自由宪法的民主,就是自由的宪政民主,因而也就是自由社会的充

---

[27] Isaiah Berlin, *Four Essay on Liberty*, Oxford University Press, Oxford New York, 1969, p. 165.
[28] 托克维尔:《论美国的民主》上卷,第 291 页。
[29] 哈耶克:《经济、科学与政治》,南京:江苏人民出版社,2000 年,第 412 页。

分且必要条件:一切宪政民主的社会,都是自由的社会;一切自由的社会,都是宪政民主的社会。所以,萨托利一再说:"无论过去和现在,立宪制度事实上就是自由主义制度。可以说,自由主义政治就是宪政。"[30]

三、自由主义的理论归属:最根本的人道主义与制度化的人道主义

综观自由主义的自由价值论与自由原则论以及宪政民主论可知,自由主义,就其普遍形态来说,乃是一种关于自由社会的思想体系,是关于自由的价值、原则及其实现途径的思想体系。或者说,自由主义就是关于自由社会的原则及其实现途径的思想体系,就是关于自由社会的理论:凡是主张构建自由社会的理论,都属于自由主义范畴。但是,自由主义,就其完备的形态来说,则是这样一种理论,它视人的自由为最高价值,从而一方面将自由奉为社会治理最高原则——亦即将自由的法治原则、自由的平等原则、自由的限度原则以及经济自由、政治自由、思想自由等一系列自由原则奉为社会治理最高原则——另一方面则将宪政民主奉为实现这些原则的途径,亦即奉为自由社会的实现途径。简言之,自由主义就是将自由奉为社会治理最高原则的思想体系。

这样,自由主义就其完备的、科学的形态来说,便与社会主义等一切关于社会理想的理论一样,既是一种理论、一种学说、一种意识形态、一种政治思潮;又是一种运动、一种组织、一种政党纲领、一种制度、一种国家组织形式,它们的共同点都在于:视自由为最高价值,从而一方面将自由奉为社会治理最高原则,另一方面则将宪政民主奉为实现这些原则的途径。因此,拉吉罗通过对于欧洲自由主义史的考察,得出结论说:"对自由主义的各种界定已经给出。它可以被称为一种方法,一个政党,一种统治艺术,一种国家组织形式。"[31]萨托利进一步说:"可以非常简洁地断言,自由主义就是通过宪政国家而对个人政治自由和个人自由进行司法保护的理论与实践。"[32]柯林

---

[30] 转引自刘军宁编:《民主与民主化》,北京:商务印书馆,1999年,第73页。
[31] 圭多·德·拉吉罗:《欧洲自由主义史》,长春:吉林人民出版社,2001年,第334页。
[32] Giovanni Sartori, *The Theory Democracy Revisited*, p. 380.

伍德也这样写道:"'自由主义'一词,在其所从来的本国,用于宪政自由与代议制政府原则之名,长久以来,整个英语世界的所有政党共享着这一财富。"㉝朱高正先生总结道:"所谓自由主义乃是泛指一切的理念、理论、运动或组织,其主张乃在于建构或维持一个——奠基于个人的自主和自由之上的、并以实现和保障此个人的自主和自由为目的的——政治、经济及社会秩序。"㉞

由此观之,自由主义显然属于人道主义范畴:自由主义是一种人道主义。因为,如前所述,人道主义有广义的、皮相的、初级的与狭义的、深刻的、高级的之分。广义的、浮浅的、初级的人道主义,亦即博爱的人道主义,是视人本身为最高价值从而将"善待一切人、爱一切人、把一切人都当做人来看待"当做善待他人和社会治理的最高原则的思想体系;而狭义的、深刻的、高级的人道主义,亦即自我实现的人道主义,是认为人本身的自我实现是最高价值从而把"使人自我实现而成为可能成为的完善的人"奉为善待他人和社会治理最高道德原则的思想体系。

当我们进一步探究这种狭义的、深刻的、高级的人道主义时,便会发现,它蕴涵着一种更为根本、深刻的人道主义:自由主义。因为狭义人道主义比广义人道主义固然深刻得多,但它也只是说明应该使人自我实现,而未能说明怎样才能使人自我实现。那么,究竟怎样才能使人自我实现呢?使人自我实现的条件和途径固然很多,但最根本的条件和途径只有一个:使人自由。因为如上所述,自由乃是自我实现——亦即实现自己的创造潜能——的最根本的条件和途径。这样,一方面,狭义人道主义关于人的自我实现是最高价值的理论,说到底,便意味着:人的自由是最高价值;另一方面,狭义人道主义关于使人自我实现是社会治理最高道德原则的理论,说到底,便意味着:自由是社会治理的最高原则。因此,狭义人道主义大师但丁一再说:"好的国家是以自由为宗旨的"㉟,"这一个关于我们所有人的自由的原则,乃是上帝赐给人类的最伟大的恩惠:只要依靠它,我们就能享受到人间的快

㉝ 圭多·德·拉吉罗:《欧洲自由主义史》,第1页。
㉞ 《朱高正作品精选集》,第二卷,台北:里仁书局,1995年,第16页。
㉟ 周辅成编:《从文艺复兴到十九世纪资产阶级哲学家政治思想家有关人道主义人性论言论选辑》,北京:商务印书馆,1973年,第21页。

乐;只要依靠它,我们就享受到像天堂那样的快乐。如果事情确实如此,那么,当人们能够充分利用这个原则的时候,谁还会说人类并没有处在它最好的境况之中呢?"㊱,"当人类最自由的时候,就是它被安排得最好的时候。"㊲

这种视人的自由为最高价值从而将自由奉为社会治理最高原则的观点,如上所述,正是自由主义的根本特征。所以,自由主义蕴涵于人道主义,是一种更为深刻、更为根本的人道主义:自由主义是最根本的人道主义,正如自由是最根本的人道一样。因此,当代著名人道主义思想家保罗·库尔茨一再说:"人道主义者基本确信自由主义和多元民主是我们的首要原则。"㊳"在人道主义捍卫的价值标准中,个体的自由是最基本的。"㊴"人道主义的首要原则是致力于自由的探索。"㊵"人道主义的基本原则是保卫个人自由。"㊶"人道主义的最突出的一点是致力于自由的探索。"㊷"人道主义的核心价值观是道德自由:把个人从过度的束缚中解放出来,以便他们能够实现他们的潜能,最大限度地做出自由选择。"㊸因此,保罗·库尔茨将自由主义叫做"自由主义的人道主义"。㊹而约翰·杰温斯波干脆将自由主义叫做"自由人道主义"。㊺柏林等自由主义思想家则经常将自由主义与人道主义相提并论,而称之为"人道与自由主义传统(Humanie and liberal tradition)"、"人道的自由主义(Humanitarian liberalism)"。㊻

这样一来,人道主义便是一种极为复杂的道德原则体系:粗略看来,只有广义人道主义与狭义人道主义之分;细究起来,则可以分为三大类型——广义人道主义,亦即博爱的人道主义;狭义人道主义,亦即自我实现的人道

㊱ 周辅成编:《从文艺复兴到十九世资产阶级哲学家政治思想家有关人道主义人性论言论选辑》,北京:商务印书馆,1973年,第20页。
㊲ 同上书,第19页。
㊳ 保罗·库尔茨:《保卫世俗人道主义》,北京:东方出版社,1996年,第4页。
㊴ 同上书,第8页。
㊵ 同上书,第17页。
㊶ 同上书,第78页。
㊷ 同上书,第17页。
㊸ 同上书,第100页。
㊹ 同上书,第75页。
㊺ 邓正来主编:《布莱克维尔政治学百科全书》,北京:中国政法大学出版社,1992年,第417页。
㊻ Isaiah Berlin, *Four Essay on Liberty*, pp.15,17.

主义;最根本的人道主义,亦即自由的人道主义,亦即自由主义。自由主义不仅是最根本的人道主义,同时也是制度化、组织化的人道主义,是具有真正实现途径的人道主义,是人道主义和人道社会的实现。因为自由主义,如上所述,不仅是一种理论、一种学说、一种意识形态、一种政治思潮;同时又是一种运动、一种组织、一种政党纲领、一种制度、一种国家组织形式。因此,自由主义不仅是真理,而且是人类所发现的最伟大的真理之一。因为正如波普所说:"从封闭社会到开放社会的过渡,显然可以描述为人类所经历的一场最深刻的革命。"[47]

于是,自由主义的思想渊源固然可以追溯到古希腊和罗马,但其直接的思想来源,乃是狭义的人道主义,亦即自我实现的人道主义,因而也就是文艺复兴时期的人道主义。因为如前所述,文艺复兴的人道主义就是狭义的、自我实现的人道主义。这一点,弗洛姆讲得很清楚:"我以为人道主义的狭义,正是指15、16世纪那种回复到古典学术和希腊语、希伯来语以及拉丁语的人道主义运动。"这种狭义人道主义的根本特征,就是人本身的潜能的自我实现:"文艺复兴人道主义的伟大人物,如爱拉斯谟、彼科·德拉·米朗多拉、波斯泰尔以及其他许多人,都认为人道主义是这样一个概念:它强调人本身,强调所有的人和强调完全的人,认为人的职责就是充分地施展自己的那些潜力。"总之,正如阿伦·布洛克所说:"人文主义的中心主题是人的潜在能力和创造力。"[48]

这种狭义的人道主义,如上所述,蕴涵着自由主义。因此,自由主义实乃文艺复兴人道主义的应有之义,是文艺复兴人道主义的核心与根本。对于这一点,人道主义思想家培里讲得很清楚:"人道主义把人看做值得赞美的对象,而且,作为一种信条,它受到古代知识复兴的启示并在历史上被看做是对中世纪某些流行思潮的反叛。因而使得我们要问,是人的什么东西被认为是值得赞美的并且在希腊和罗马的生活和文学里提供了这种东西的著名的范例和支持这种东西的著名的事例?本书支持这样一种主张,即人所特有的尊严——它使人值得得到这样的荣誉——乃在于他的鉴识自由的

---

[47] 波普:《开放社会及其敌人》,太原:山西高校联合出版社,1992年,第185页。
[48] 阿伦·布洛克:《西方人文主义传统》,北京:三联书店,1997年,第45页。

能力。"㊾但是,最具说服力的,恐怕还是文艺复兴人道主义大师彼科在《论人的尊严的演说》中所假托上帝的那段名言:

> "上帝认定人是本性不定的生物,并赐他一个位居世界中央的位置,又对他说:"亚当,我们既不曾给你固定的居处,亦不曾给你自己独有的形式或特有的功能,为的是让你可以按照自己的愿望、按自己的判断取得你所渴望的住所、形式和功能。其他一切生灵的本性,都被限制和约束在我们规定的法则的范围之内。但是我们交与你一个自由意志,你不为任何限制所约束,可凭自己的自由意志决定你本性的界限。我们把你安置在世界中心,使你从此可以更容易观察世间的一切。我们使你既不属于天堂,又不属于地上,使你既非可朽,亦非不朽,使你好像是自己的塑造者,既有自由选择,又有光荣,能将你自己造成你所喜欢的任何模样。"㊿

四、自由主义理论基础:自由主义与个人主义

自由主义的理论基础,从上可知,可以归结为人道主义的三个基本命题。第一个命题:人的价值至高无上。这是广义人道主义的基本命题。第二个命题:人的自我实现的价值至高无上。这是狭义人道主义基本命题。第三个命题:人的自由的价值至高无上。这是自由人道主义(亦即自由主义)基本命题。然而,所谓"人",就其外延来说,当然是指各个人、每个人,是各个人的总和,是每个人的总和:人,说到底,就是各个人,就是每个人。所以,人的价值至高无上,也就是每个人的价值至高无上;人的自我实现的价值至高无上,也就是每个人的价值至高无上;人的自由的价值至高无上,也就是每个人的自由的价值至高无上。那么,由此是否可以说,自由主义的理论基础是个人主义?

㊾ 沈恒炎、燕宏远主编:《国外学者论人和人道主义》第一辑,北京:社会科学文献出版社,1991年,第188页。
㊿ 周辅成编:《从文艺复兴到十九世纪资产阶级哲学家政治思想家有关人道主义人性论言论选辑》,第34页。

萨托利力排众议，反对将个人主义视为自由主义的理论基础："我不强调个人主义，不仅因为这个概念时下用得太滥，而且因为个人主义要么不足以表达自由主义的特征，要么会极其偏狭地把自由主义限定为它可能有的许多涵义之一。自由主义无疑相信个体和全人类的价值，并且如所周知，将他们理解为各个个人。但是，即使这种所谓抽象的个人概念被去掉——不管这种个人是'占有性的'还是'社会性'的，是社会的创造者还是被社会所创造——自由主义依然是自由主义。"[51]确实，自由主义与个人主义没有内在的、必然的联系，自由主义的理论基础决非个人主义：与其说是个人主义，毋宁说是集体主义，说到底，实为功利主义。

就拿自由主义关于人的自由的价值至高无上的命题来说。每个人的自由当然同样都是至高无上的。然而，遗憾的是，人们的自由往往发生冲突而不可两全。一个人要有深夜引吭高歌的自由，众人就不能有深夜安静睡觉的自由。剥削者要有剥削的自由，被剥削者就不能有不被剥削的自由。在这种情况下，无疑应该遵循功利主义原则：应该牺牲一个人的自由而保全若干人的自由，因为一个人的自由的价值必定小于、低于若干人的自由的价值；应该牺牲少数人的自由而保全多数人的自由，因为少数人的自由的价值必定小于、低于多数人的自由的价值；应该牺牲多数人的自由而保全所有人或每个人的自由，因为多数人的自由的价值必定小于、低于所有人或每个人的自由的价值：所有人或每个人的自由的价值至高无上。

可见，在人们的自由发生冲突而不可两全的情况下，只有所有人或每个人的自由的价值才具有至高无上性，而一个人、少数人甚至多数人的自由的价值都并不具有至高无上性。这就蕴涵着：在利益发生冲突不可两全的情况下，只有集体利益具有至高无上性，而一个人、少数人甚至多数人的利益并不具有至高无上性。因为自由无疑是一种利益，属于利益范畴。所有人或每个人的自由，便属于所有人或每个人的利益范畴。问题的关键在于，所谓集体利益，众所周知，也就是所有人或每个人的共同的、根本的利益，属于每个人或所有人的利益范畴。因此，集体利益与每个人或所有人的利益必定完全一致：凡是有利（或有害）集体的，必定有利（或有害）每个人或所有

---

[51] Giovanni Sartori, *The Theory Democracy Revisited*, p. 381.

人；凡是有利（或有害）每个人或所有人的，必定有利（或有害）集体。反之，集体利益，就其本性来说，不属于自我利益或少数人利益以及多数人利益范畴。因为集体利益与这些利益既可能一致也可能不一致：有利集体的，却可能有害自我、有害少数人、有害多数人；反之亦然。这样，所有人或每个人的自由的价值至高无上，意味着：所有人或每个人利益的价值至高无上；而所有人或每个人利益的价值至高无上，又意味着：集体利益——集体利益就是所有人或每个人的共同的、根本的利益——的价值至高无上。这不就是集体主义原则吗？

可见，人的自由的价值至高无上，亦即每个人的自由的价值至高无上，意即每个人的利益的价值至高无上，说到底，也就是集体利益的价值至高无上。因此，自由主义的理论基础——人的价值至高无上、人的自我实现的价值至高无上、人的自由的价值至高无上——可以归结为集体主义：集体主义是自由主义的直接理论基础；功利主义则是自由主义的最终理论基础。然而，为何人们大都以为自由主义的理论基础是个人主义呢？这是因为，众所周知，一方面，人们大都认为自由主义的理论基础是个人至高无上（个人价值至高无上、个人自我实现的价值至高无上和个人自由的价值至高无上）；另一方面，人们大都认为个人主义就是认为个人至高无上的理论。合而言之，自由主义的理论基础当然就是个人主义了。

但是，这种流行的观点犯有双重错误。一方面，每个人价值至高无上与个人价值至高无上不同，每个人自我实现的价值至高无上与个人自我实现的价值至高无上不同，每个人自由的价值至高无上与个人自由的价值至高无上不同。因为个人与每个人根本不同。个人是相对集体而言的范畴，与集体或社会是对立的，因而固然可以含有每个人和每个自我之意，但是，一般来说，却仅仅是指自我：个人与自我，一般来说，是同一概念。所以，个人与集体或社会的利益既可能一致也可能不一致：有利社会却可能有害个人；有利个人却可能有害社会。反之，每个人或各个人并不是相对集体或社会而言的范畴，恰恰相反，就其本性来说，却属于社会或集体范畴：社会或集体就是每个人或各个人的总和。因此，每个人与社会或集体的利益必定完全一致：凡是有利（或有害）社会的，必定有利（或有害）每个人；凡是有利（或有害）每个人的，必定有利（或有害）社会。因此，个人价值至高无上，意味着集体的价值不具有至高无上性,因而意味着集体主义之否定。反之,每个人的价值至高无上,如上所述,并不否定集体的价值至高无上,相反,倒蕴涵着集体的价值至高无上,因而蕴涵着集体主义。以为自由主义理论基础是个人主义观点的错误,就在于混淆每个人与个人,从而由自由主义理论基础是每个人价值至高无上之真理,得出错误的结论:自由主义的理论基础是个人价值至高无上,因而集体的价值不具有至高无上性。真可谓差之毫厘而失之千里也!

另一方面,即使自由主义的理论基础是个人价值至高无上,也不能由此断言自由主义的理论基础是个人主义。因为如前所述,个人主义是一种道德总原则理论,其真正的或纯粹代表人物颇为罕见,公认的恐怕只有中国古代哲学家杨朱和庄子等道家以及现代西方哲学家尼采、海德格尔、萨特等存在主义论者。这种理论的主要特征,如前所述,可以归结为三个分命题。第一个命题:每个人的一切行为目的都是为了自我,而根本不存在无私利他的行为目的。杨朱曰:"身者,所为也,天下者,所以为也。"[52]尼采亦如是说:"忘我的行为根本没有。"[53]第二个命题:道德目的只是为了增进自我利益。杨朱曰:"道之真以持身。"萨特亦如是说:"价值,就是自我。"[54]第三个命题:单纯利己是评价行为善恶的道德总原则。这个总原则被杨朱概括为一句名言:"拔一毛而利天下不为也。"萨特用来显示他所主张的道德总原则的《厌恶》主角洛根丁也是这样的一个人:"我是孤零零地活着,完全孤零零一个人。我永远也不和任何人谈话。我不收受什么,也不给予什么。"[55]

因此,个人主义并不是认为个人价值至高无上的理论,而是认为自我价值至高无上的理论:二者根本不同。因为个人纯粹相对集体而言,因而不但有"自我"之意,而且还可能有其他的自我、其他的个人之义:它既可以指自我一个人,也可以指自我之外的其他个人。反之,自我则相对他人和集体而言,只能指称自己一个人。因此,个人与自我属于上位概念与下位概念的关系:自我都是个人,个人却不都是自我;个人可以等于自我加上其他非我的个人。这样,自我价值至高无上,意味着:他人、社会和集体的价值都不具有

---

[52] 《吕氏春秋·贵生》。
[53] 周辅成编:《西方伦理学名著选辑》,下卷,北京:商务印书馆,1987年,第815页。
[54] 萨特:《存在与虚无》,北京:三联书店,1987年,第798页。
[55] 萨特:《厌恶及其它》,上海:上海译文出版社,1987年,第36页。

至高无上性。反之,个人价值至高无上则可能意味着:集体和社会的价值不具有至高无上性,而他人与自我的价值同样都具有至高无上性。这样,个人价值至高无上与自我价值至高无上便是根本不同的。所以,即使由自由主义的理论基础是认为个人价值至高无上,而断言自由主义的理论基础是个人主义,也是不能成立的:个人主义并不是认为个人价值至高无上的理论,而只是认为自我价值至高无上的理论。

认为自由主义的理论基础是个人主义,这不仅理论上不通,而且事实上也是荒唐的。因为在自由主义多如繁星的公认的代表人物中,恐怕找不到一个真正具有个人主义思想的思想家。试问,哪一个自由主义者会同意个人主义的那些命题?哪一个自由主义者会认为自我价值至高无上?会认为每个人的一切行为目的都是为了自我,而根本不存在无私利他的行为目的?会认为道德目的只是为了增进自我利益?会同意单纯利己是评价行为善恶的道德总原则?古典自由主义的代表人物,如斯宾诺莎、洛克、弥尔顿、孟德斯鸠、卢梭、潘恩、杰弗逊、汉密尔顿、贡斯当、托克维尔、康德、休谟、柏克、斯密、边沁、穆勒、斯宾塞等等,无疑没有一个会同意这些命题。新自由主义的代表人物,如格林、鲍桑葵、布拉德雷、霍布豪斯、杜威等等,就更不会同意这些命题了。当代自由主义的代表人物,如哈耶克、弗里德曼、欧克肖特、波普、柏林、罗尔斯、诺齐克、德沃金、布坎南、萨托利等等,当然也不会同意这些命题。真的,恐怕再也没有比说康德、布拉德雷、休谟、边沁、穆勒、斯密、斯宾诺莎、斯宾塞是个人主义论者更荒唐更无知更可笑的了:试问,谁见过哪怕只是一个伦理学家说这些人是个人主义论者?

综上可知,自由主义与个人主义,就两者的本性来说,是势不两立的。因为个人主义,就其本性来说,乃是一种认为自我价值至高无上的理论,是一种敌视社会、集体和他人的道德总原则理论,是一种主张出世而隐居或入世而孤独的道德总原则理论,是一种逃离社会和集体的隐士哲学。反之,自由主义,就其本性来说,则是一种社会治理的道德原则的理论,是一种积极入世的理论,是一种爱社会、爱集体和爱他人的人道主义理论,是一种积极建构自由的社会和自由的集体的理论。因此,自由主义,就其本性来说,不可能建立在个人主义的基础上,而只能建立在集体主义的基础上。这恐怕就是为什么找不到一个具有真正的个人主义思想的公认的自由主义代表人物的缘故。

〈经验论的两个教条〉中的分析性概念的分析

叶 闯

提　要：在〈经验论的两个教条〉这篇文章中，奎因所批评的到底是怎样的分析性概念，并不是一个已经有了确定回答的问题。本文在重新考察他的文本，并结合考察卡尔纳普、普特南、P. A. Boghossian 等人论点的基础上，力求对此问题给出一个明确的回答。全文意在得出如下结论：奎因在〈经验论的两个教条〉里，实际上提出并否定了有本质区别的两种"分析性"概念，第一种即以同义性为基础的语义学分析性；第二种即无论如何都被确证，及与之相关的绝对不可修改性概念。但是，两类概念的后一类在本质上是属于认识论的，它不属于分析性原本在其中定义的语义学领域。

关键词：分析性　先天性　语义学

自奎因发表他的〈经验论的两个教条〉以来，他关于分析性概念的论点一直都在被讨论。然而，一个很基本的问题并不是十分明确，看法也不尽一致，这个问题是：奎因在这篇文章中到底考察或批评了哪个或哪些分析性概念；如果他实际上涉及了不同的概念，这些概念是根据怎样的性质来相互区分的。这个问题是非常基本的，任何奎因分析性问题的讨论者都会或直接或隐含地涉及到它，它影响到我们对奎因相关论点的讨论，也影响到对分析

叶　闯，1956 年生，哲学博士，北京大学哲学系副教授。

性问题本身讨论的清晰性。本文通过概念的分析,并结合对几个哲学家相关论点的考察,试图就此一问题作出回答。

我的论点是,奎因在〈经验论的两个教条〉里提出了有本质区别的两种分析性概念,第一种即以同义性为基础的语义学分析性;第二种即无论如何都被确证,及与之相关的不可修改性概念,它们被奎因认为是分析陈述的性质,从而界定了分析性概念。但是,两类概念在本质上属于不同的哲学领域。其中的一种所谓"分析性"概念其实是关于先天性的,即属于认识论的,而不是属于语义学的。尽管奎因本人没有在字面上显示出他有意识地区分了这两种概念,甚至他也许在概念上根本混淆了二者,但奎因在《两个教条》这篇文章中,实际上以不同的方式和论据批评了他所界定的两种分析性观念,并因此以不同的理由否认了它们的存在。然而,他所否定的概念分属于两种根本不同的哲学领域,尽管它们都被叫做"分析性"。

本文的结论是通过概念的分析获得的,但具体的讨论借助于两类考察来进行,一类是对奎因文章本身的考察,另一类是对奎因理论的批评者或评论者的论点的考察。后一个方面的考察主要涉及五个哲学家[卡尔纳普(R. Carnap)、格赖斯(H. P. Grice)和斯特劳森(P. F. Strawson)、普特南(H. Putnam)、P. A. Boghossian]的四类论点。各节的主要内容如下:

第一节很简略地说明,奎因在文章的前四节讨论的只是语义的分析性,按Boghossian用语义词汇的定义,也即弗雷格分析性。奎因否定这种分析性陈述存在的主要论证是,这种分析性概念不能非循环地定义,或至少不能用比分析性更基本、更清楚的概念来定义。

第二节意在表明,奎因在文章的后两节,实际上主要讨论了与前四节不同的,他认为是分析性概念的另一类概念,即无论如何都被确证,及不可修改。这个概念的核心内容是非语义学的,奎因对此概念下的"分析性"的否定,实质上使用的也是非语义学的资源。

第三节主要是对无论如何都被确证及不可修改两个概念,特别是后一概念的含义进行分析。在分析的过程中,也考察了普特南、卡尔纳普等人在这个问题上的论点。

第四节首先简要地评述几个相关的哲学论点,然后专门讨论认识论分析性,无论如何都被确证及不可修改等概念的认识论性质,并指明真正的分析性概念的语义学性质。

一、《经验论的两个教条》中的分析性概念之一

Boghossian 近十余年来对分析性问题有很集中的讨论,他提出的一些概念分类对澄清与分析性相关的问题很有帮助,本文的一些主要部分的讨论将借助于他的这些概念区分。为讨论的方便和清晰,在进入真正的主题之前,我先简单地描述他所提出的三对概念(但需说明,本文作者并不赞成他对分析性问题的主要结论,尽管反驳他的论点并不是本文的任务),这三对概念后面将会用到。

纯粹的与非纯粹的分析性:所谓"纯粹的分析性",是指把逻辑本身的分析性当做需考虑的对象;所谓"非纯粹的分析性",是指把逻辑本身的分析性当做已确定的或存在的,在这个假设下考虑其他陈述的分析性。①

弗雷格分析性与卡尔纳普分析性:简单地说,那些可由同义语言表达的相互代换而变成逻辑真理的陈述或句子具有弗雷格分析性(Frege-analyticity)。② 与此不同,"卡尔纳普分析性"(Carnap-analyticity)概念的清楚表达需要借助"隐定义"(implicit definitions)概念。隐定义区别于直接给出同义表达的那种显定义方式,它通过被定义概念在其中出现的诸多语句来隐含地定义被定义的概念。用于此种隐含定义的陈述具有所谓"卡尔纳普分析性"③。根据 Boghossian 的看法,构造最基本的逻辑常项(比如"not")意义的

---

① A. Boghossian, "Inferential Role Semantics and the Analytic/Synthetic Distinction", *Philosophical Studies*, Vol. 73, 1994, pp. 112-113.
② Boghossian, "Analyticity", in *A Companion to the Philosophy of Language*, edited by Bob Hale and Crispin Wright, Blackwell Publishers, 1997, pp. 337-338. 普特南把这个叫做"分析性的语言学定义"[linguistic definition of analyticity, 见他的"'Two Dogmas' Revisited", *Realism and Reason*, *Philosophical Papers*, Vol. 3, Cambridge University Press, 1983, p. 94(原文发表于 1976 年)], 显然, 按照定义, 逻辑真理也是弗雷格分析的。但很明显这不是对逻辑真理的分析性所给的解释。因为, 弗雷格分析性的存在以逻辑本身是分析的为前提。
③ Boghossian 在《分析性》那篇文章中(见第 338 页)对卡尔纳普分析性所举的例子是:
　　所有地方的无论什么红的东西都不是绿的。
　　无论什么有颜色的东西都是有广延的。
　　如果 x 比 y 热, 那么 y 不比 x 热。

那些语句也是卡尔纳普分析的(因为他接受 CRS,即概念作用语义学对逻辑常项意义的解释)。

形而上学分析性与认识论分析性:"以意义为真"是最常见的一种关于分析性的规定。Boghossian 从这个说法中分离出两种解读,由此构成了他最重要的一个区分:形而上学分析性与认识论分析性的区分。按形而上学的读法,以意义为真就是说,"一个陈述的真值完全归功于它的意义,而与事实根本无关"④。这个读法直接界定了形而上学分析性。认识论的分析性是 Boghossian 所支持的,他认为真正有意义的分析性概念。这个概念下的分析性即为如下性质:一个人 T 仅以掌握一个陈述 S 的意义就足以辩护(justify)他对 S 之真的认定(Mere grasp of S's meaning by T sufficed for T's being justified in holding S true.)。⑤ 一个具有此种性质的陈述就是这种意义下的分析陈述。

从以上概念区分来看,奎因在这篇著名文章中主要讨论了非纯粹的分析性概念。因为在那里他基本上没有讨论逻辑本身的分析性,而只是在假定逻辑的分析性无问题的条件下,讨论语义的分析性,或其他更一般的"分析性"是否存在,是否可定义的问题。奎因很明确地建议说,哲学中通常所说的分析性陈述分为两类,一类就是纯逻辑的陈述;另一类就是可用同义词代换来构成逻辑真理的陈述。对后者他举的典型例子就是众人熟知的"单身汉是未婚的男人",或这个陈述的某个变体。也就是说,奎因在这里的本意是要讨论弗雷格分析性。这也正是 Boghossian 的看法,他引了奎因自己的一段话作为他的结论的一个证据⑥,这段话是〈经验论的两个教条〉第一节的最后一句话。在说这句话前,奎因考察了卡尔纳普用状态描述来定义分析性的办法,那种办法用穷尽一个陈述所有作为组分的原子句的真值指派来定义分析性,这个办法不能处理原子句内部的小于语句的语言表达的同义性问题(因为只有原子句之间真正是相互独立的,卡尔纳普的办法才适用,而同义词代换所形成的语句对,显然不可能一般地满足这个条件),故奎因

---

④ "Analyticity", p. 334. Boghossian 在这篇文章前后发表的其他文章中的定义与此基本一样。
⑤ "Analyticity", p. 334; "Analyticity Reconsidered", *Noûs*, Vol. 30, 1996, p. 363; "Epistemic Analyticity: a Defense", *Grazer Philosophische Studien*, Vol. 66, 2003, p. 15.
⑥ "Analyticity", pp. 339-340.

认为它至多只能用于定义逻辑真理,而不能用于他所讲的第二类分析陈述,即"弗雷格分析性陈述"。在作出上述结论后,奎因说了此节的最后那句话,为使上下文在这里更完整些,我把那整个自然段也一起写在下面:

> 我的意思并不是建议说,卡尔纳普在这一点上有任何幻觉。他的简化的使用状态描述的模型语言,其主要目标并不是分析性的一般问题,而是另有目标,即澄清概率及归纳。可是,我们的问题是分析性;而且,此处的主要困难不在于第一类分析陈述,即逻辑真理,而宁可说在于第二类分析陈述,它们依赖于同义性概念。⑦

奎因这篇文章的主要篇幅确实是用于讨论第二类分析性的。文章一共六节,其中前四节明显是讨论第二类分析性的。这四节论证的思路简述如下:

第一节,最初的结论是否定意义实体观念。应该说,奎因在此节中反对意义实在论的论证只是初步的,它借助意义与指称的区分。其实,严格说来这都不能算是论证,因为奎因在这里对主要论据没有分析。一般认为,真正实质性的反意义实在论的论证在后来的《词与物》(Word and Object, Harvard University Press, 1960)中,即翻译的不确定性论题,及对意义事实的否定。但是,即使在现在所讨论的这篇文章中,奎因还是有两个与翻译不确定性不同的反意义实在论的论证(当然,这两个论证在《词与物》中也以不同方式出现过),第一个即用于证明分析性"不存在"的那个主要论证:论证同义性概念在不假设分析性概念,或不假设其他更加需要解释的概念的条件下不可定义。意义概念本身的可能性在于对语言表达之间的意义等同与相异有定义,不能设想你可以适当地谈论语言表达的意义,而不能谈论它们之间的意义等同与相异。故对同义性概念的否定,也是对意义概念本身的威胁。第二个即通过整体论来论证的关于语言的陈述与关于事实的陈述的不可区分。如果几乎任何一个陈述都可能在一个系统中用于陈述意义,而在另一

---

⑦ "Two Dogmas of Empiricism", *From a Logical Point of View*, Second Edition, revised, Harvard University Press, 1980, p. 24.

个系统中用于陈述事实,这本身在奎因看来隐含对另一个观念的否定:存在作为陈述的对象的意义事实。

不过,在第一节,奎因还只是在做准备性的工作,主要结论的论证在下面。在那里,奎因为自己规定的任务是:考察分析性是否可以非循环地定义,或至少可以非循环地解释。此即下面三节的主要内容。奎因在此三节中的论证虽然是不同的,但结论是相似的,论证的方法也大体一致。这三节说到底就是考察三个最自然可设想的能用于定义或解释分析性的资源:一为定义本身;二为相互可替换性(interchangeability);三为语义规则(semantical rules)。对此三个方面,他给出的结论总结为两点,第一点,用来解释同义性或分析性的定义、相互可替换性和语义规则本身需要用分析性来解释(或者它们已假定了分析性概念);第二点,或者,它们本身与分析性一样需要解释,尽管解释项也许不是分析性。⑧ 本文不讨论这些论证的细节,而直接假定上述两条结论都是真的,然后继续我们下面的讨论。

格赖斯和斯特劳森在 1956 年那篇影响持久的文章("In Defense of a Dogma",重印于格赖斯的论文集 *Studies in the Way of Words*, Harvard University Press, 1989, pp. 196-212,本文后面将引用这个版本)中论证说,即使上述两点确实为真,也不能表明分析性概念是无意义的,或不可定义的。因为,第一,奎因提出的可理解性的标准太高,许多有意义的概念都不能满足这样的标准。许多最基本的概念都是不能非循环地定义的,比如"事实"、"自相矛盾"、"陈述"、"否定"、"断定"等等。然而这些概念都在哲学以及其他地方广泛地使用着,且使用者对它们的用法有非常一致的看法(格赖斯与斯特劳森认为,这本身已是必然有分析与综合区分存在的论据)。⑨ 第二,奎因的论证如果成立,它将意味着否认了同义性。这样,就如同我们在前面已

---

⑧ 奎因的结论显然不依赖于分析性概念是否是一个严格的概念,是否存在一些陈述不能清楚地判定到底是分析的还是综合的;也不依赖于分析性概念是否有歧义、含混或其他种种不确定的情况。即使没有所有这些不理想的情况,他的论证的效力也是一样的,因为他的论证可以在假设的理想情况下完成,不会引起实质的不同。他的结论是,分析性在原则上不可能非循环地定义。

⑨ "In Defense of a Dogma", *Studies in the Way of Words*, pp. 197-198. Charles Pigden 对这个论据提出质疑,因为哲学家或普通人完全可能都犯了错误。(C. Pigden, "Two Dogmatists", *Inquiry*, Vol. 30, 1987, p. 177)但是,从格赖斯和斯特劳森的文章看出,他们俩人也知道这一点,因此,分析性等概念有普遍接受的用法,并不是他们用于反对奎因的决定性的论证。

经指出的,也就否认了语言表达可以有意义,否认了"这个表达意谓什么"这样的问题有意义,而格赖斯和斯特劳森认为这是不可接受的。⑩ 第三,以比奎因的标准更弱的标准,我们通常可以为一些基本的概念提出解释与说明,并且使这些概念可以学习。格赖斯和斯特劳森通过考察"逻辑的不可能"与"自然的(或因果的)不可能"这两个概念的学习或相互解说,说明在自然语言的交流中解说和掌握这类概念和概念区分的可能性。⑪ 在他们看来,这是一种不满足奎因标准的,但有意义的对概念区分的解释或说明。他们关于分析性的最后结论是,分析与综合的区分是需要澄清的,但因为它需要澄清就说它不存在,却是荒谬的。分析与综合必是一个存在着的真正有意义的区分。⑫ 如果格赖斯与斯特劳森的结论是正确的,那么在我看来,奎因并没有在前四节决定性地论证了分析性不存在,至多论证了分析性不可非循环地定义,或者不可用比它更基本,更清楚的概念来定义或解释。其实,奎因是否一般地论证了分析性不可按他的标准定义,这本身都有疑问。奎因只是对哲学史上通常用来说明分析性的几个概念进行了解析,并没有直接证明对于任给的似乎可用来定义分析性的概念,要么它隐含了分析性概念,要么它比分析性概念本身更需要解释。奎因所给的论证要成为一般的,它需要证明,所已考察过的必然性和语义规则等是唯一可用来定义或解释分析性的材料。显然,在奎因的文章中找不到这样的证明。⑬

但奎因本人明显认为他论证了分析性是不存在的⑭,显然,如果他确实认为有分析与综合的界线可划,且这个区分确实有重要的哲学意义,他不可能说承认有这样的区分是一个经验论者的非经验的教条。⑮

为给奎因关于分析性的否定结论一个更一般的定位,我把对分析性的

---

⑩ "In Defense of a Dogma", pp. 200-201.
⑪ Ibid., pp. 204-206.
⑫ Ibid., p. 206.
⑬ 普特南更坚持说,我们不能澄清分析与综合之区别的状态无论延续多么长,他都不会被说服,而承认这个区别不存在。见 Hilary Putnam, "The Analytic and the Synthetic", *Mind, Language and Reality, Philosophical Papers*, Vol. 2, Cambridge University Press, 1975, p. 36。(原文发表于 1962 年)
⑭ 因为奎因的文本很清楚地表明了这一点,所以批评者们多数也认为奎因是在否定分析与综合区别的存在。例见 Grice and Strawson, "In Defense of a Dogma", pp. 196-197; Hilary Putnam, "The Analytic and the Synthetic", p. 34.
⑮ "Two Dogmas of Empiricism", p. 37.

哲学意义的非正面结论大体归纳为五类。

第一类,即我们已经讨论过的,分析性不能被非循环地定义(包括不能被比它更清楚、更基本的概念来定义)。这指的是原则上不能,而不是现在还不能。

第二类,确有分析性陈述存在,但分析性陈述的类只包括极有限的陈述或陈述类型,而几乎所有的陈述或陈述类型都不是分析的。分析与综合的区分没有什么哲学上重要的意义。

第三类,可以承认在一定条件下,能区分出也叫做分析或综合的陈述集,但作出此区分的原则不是传统上哲学家们认可或看重的原则,而是其他不同类的原则。这样,即使按这种原则区分出来的分析或综合陈述集经常与哲学家普遍承认的相应的集重合,但这种区分本身就不再具有原来哲学家赋予分析与综合区分的那种意义。比如,知识社会学的一些原则成为这个区分的原则(可能有人会把社会共同体所普遍接受的且一般不考虑修改的陈述叫做"分析陈述",而把其他的叫做"综合陈述")。

第四类,分析性概念是可以定义的,且分析与综合的区分是可以清楚刻画的,但分析性陈述的集是个空集,即没有一个可合理地构造的陈述按定义是分析的。

第五类,传统哲学中的分析性概念是错误的,甚至是不可理解的(或无意义的)[16],且分析性陈述不存在。

当然,这五种论点并非一定是相互排斥的,因为它们经常并不是在一个角度或一个范围内来讨论问题的。其实,我的结论是,奎因认为他得出的是第五类结论,而且,他也能认可第三类的某种具体的论点。同时,他又论证了第一类结论,还把第一类结论当做论证第五类结论的论据。

然而,稍加注意就可以看出,第一类结论并不能直接支持第五类结论。因为,除非一个人断定任何不能非循环定义者都是不存在的,一般情况下,第一类结论并不能蕴涵分析性的不存在。就逻辑的可能性来说,一个人可

---

[16] 对四、五两种,Boghossian 在多篇文章中都进行了分析,他认为奎因基本上属于第五种。他把对奎因结论的这两种解读分别叫做"The Error thesis about Frege-analyticity"和"Non-factualism about Frege-analyticity"。见他的"*Analyticity Reconsidered*", pp. 370-373; "*Analyticity*", pp. 340-345。当然,我在这里的分类不仅仅针对所谓"弗雷格分析性"。

以假定分析性存在,而同时承认分析性不能以一种非循环的方式定义这个事实,此点并不会引起任何矛盾。格赖斯与斯特劳森的论文也得出了类似的结论。[17] 如果上述结论正确,那么,至少从逻辑的可能性上来说,即使接受他的论证,人们也仍能合理地提出分析性命题存在的问题。

但是,我们的着眼点不是奎因的论证是否成立,而是他讨论或否定的是什么样的分析性概念。显然,在这几节,奎因讨论的是用语义学方式定义的分析性概念,并仅从概念定义的可能性上下手来否定它。无论是概念本身的内容,还是对它的否定论证,都限制于语义学的或者一般的概念分析的范围内。自然,接下来的任务是要考察,奎因在后两节是否仍在此范围内设定概念和展开论证。

二、〈经验论的两个教条〉中的分析性概念之二

在前面的二、三、四这三节中,奎因重点地讨论了用同义性来定义分析性概念的问题。至少在第二和第三两节,讨论的着眼点主要限制在小于语句的语言表达,即词或词组的同义。在第四节,奎因从同义性问题回到分析性的直接讨论,他考察用语义规则来直接定义或解释分析性的可能性或可行性。具体地说,一方面,他讨论了通过陈述与语言系统的关系来定义或解释分析性的可能性或可行性,即所谓"陈述 S 对语言 L 是分析的";另一方面,他讨论了用"语义规则"来直接定义或解释分析性的可能性或可行性,即所谓"按语义规则是真的"。自然,按语义规则为真的陈述被认为是分析陈述。奎因在此两方面的否定性论证与前面的两节完全类似,结论也类似:解释和理解"陈述 S 对语言 L 是分析的",必须要求对分析性本身的理解;解释和理解"语义规则"与解释和理解分析性同样困难,且"语义规则"本身并没有一种绝对特殊的性质,它们只是相对于某种目的来讲才有其意义。在这里奎因开始转到直接在陈述的水平上讨论问题。不管怎样,正像我们在上

---

[17] "In Defense of a Dogma", pp. 202-206.

一节已指出的,奎因此时在概念或论证上仍是在语义学或以语义学为基础的一般概念分析的范围内。

奎因这篇文章的整体风格就是,一个个地列出可能支持分析性存在的概念或论证,然后一个个地否定它。逻辑经验主义是奎因在这篇文章中的主要批评对象,在前面的分析和否定性的论证之后,他直接来考察逻辑经验主义的意义理论,看它是否可能支持分析与综合的区分,应该也是非常自然和必要的事情。逻辑经验主义关于意义问题最核心的内容无疑是意义的证实学说,对奎因来讲,这里是同义性或分析性概念的最后一个可能的藏身之地,如果在这里也找不到同义性或分析性的合适说明,则分析性不存在的结论就总算建立起来了。于是,考察这个问题的任务交给了第五节及第六节。

意义的证实说断定,一个陈述的意义就是它的经验证实方法。两个陈述的同义当然就是它们在经验证实上的一致或至少是高度相似。奎因不反对在经验科学或常识的意义上有证实这件事情,但他坚持反对证实可以是对单个陈述有意义的事情。他的核心论证就是整体论。由于奎因根本否认陈述的意义问题与经验的证实问题是彼此分离的,故他的整体论即是意义的整体论,同时也是经验证实上的整体论。整体论从两个侧面分别断定了两点:第一,语言和信念系统在结构上是整体论的,每一个陈述的意义都逻辑地相关于其他陈述的意义;第二,经验的证实是针对于整个系统的,而并非是针对单个陈述的。在意义证实说的前提下,两个结论的直接推论都是否定单个陈述孤立地有意义,并因此而否定了两语句间存在同义性的可能性,当然也否定了定义这种同义性的可能性。

奎因批评的对象是逻辑实证主义。他比较细致的论证表现在第五节对两个教条中的另一个,即还原论教条的批评。实证主义者相信,(1)单个语句是一般地有意义的,(2)语句的意义在于它的证实,而证实要求对直接经验语句或观察语句的可还原。针对实证主义这两个论点,奎因的论证在逻辑上可相应地归结为两条相互支持的线索,一条是指出,把科学的理论陈述还原或翻译为感觉或观察陈述有原则上的困难;一条是用证实的整体论去否定还原论的证实理论。两条线索结合在一起达到了那个我们已指出的否定性结论:如果陈述的意义在于假设了还原的证实,那单个陈述没有独立的意义。⑱

从语义定义的角度来看,在陈述的水平上考虑问题,提供了定义分析性的新的方式。就像奎因本人也已注意到的,对于一般的语言形式,两个语言形式的同义可根据陈述定义为:两语言形式是同义的,仅当其中的一个语言形式代替出现于任何陈述中的另一个形式时,总产生同义的陈述。这时,一般语言形式的同义就归结为陈述的同义。于是,我们可以转而使用借助于陈述的同义来定义的一般语言形式的同义,再加上逻辑真理来定义弗雷格分析性。另外,更直接地,也可以一般地把分析性陈述定义为与逻辑真陈述同义的陈述。这样做的时候,除了陈述的同义性,我们根本不需求助于其他语言形式的同义性⑲(这个直接定义是否超出弗雷格分析陈述的范围,不是我们讨论的问题,但无论如何,弗雷格分析陈述是满足这个定义的)。显然,当否定了单个陈述有独立意义时,奎因就堵死了在陈述的层次上通向定义同义性的道路,因此也堵死了在同一层次上通向定义弗雷格分析性的道路。⑳

如果到这里就结束,对奎因来讲,他其实已经在词到语句的所有层次上完成了否定弗雷格分析性可定义或存在的论证。尽管在论证中,奎因还是

---

⑱ 单个陈述没有独立的意义,这显然是个反直觉的结论,因为很少有人认为合于语义和语法规则的完整语句甚至会没有独立的意义(让我们为论证目的忽略带有索引词或指示词的语句)。于是,Boghossian 对整体论本身提出了质疑。他提醒我们注意到一个很有意义的事实,为什么从整体论可推出直觉上这么不合常理的结果,而人们竟不认为这本身就是对整体论的反证。("Analyticity Reconsidered", p. 373)格赖斯和斯特劳森并不想否定整体论本身,他们只是试图在整体论下拯救单个陈述的有意义性,并因此拯救同义性,进而拯救分析性。他们说,即使整体论是真的,分析性也可以保留。但他们的这个想法依赖于他们对奎因的整体论作了一种弱化的解释。他们说:"奎因并不否认单个陈述能被认为是已确证的,或已否证的,他也不否认单个陈述在事实上被接受或被拒绝。他否认的只是,单个陈述与经验的那些关系独立于我们对其他陈述的态度而成立。他的意思是,仅当给定了关于其他陈述的真假的某些假定时,经验才可以确证或否证单个陈述。……接受奎因的经验确证学说,并不像他所说的那样,将蕴涵对用确证来定义陈述的同义性的企图的放弃。"("In Defense of a Dogma", p. 210) 所以他们认为,需要的只是对陈述的同义性定义稍作修改。他们的定义是:两个陈述是同义的,当且仅当,如果根据对其他陈述的真值的某些假设,任何确证或否证陈述对中的一个陈述的经验,也根据同样的假设在同样的程度上确证或否证另外一个陈述。(Ibid., p. 210)因此,整体论本身并不拒绝同义性的可定义性。

⑲ "Two Dogmas of Empiricism", pp. 37-38.

⑳ 对于陈述中也包含其他陈述作为其构成成分的复合陈述,它的一般形式为"… p …"(这里的 p 为一陈述)。一个复合陈述为弗雷格分析的,当且仅当,一个与 p 同义的陈述 p′,将使得"… p′ …"成为逻辑真的陈述。如此方式构成的分析陈述按定义应是弗雷格分析陈述的特例。否定单个陈述有独立意义,当然也否定了这类弗雷格分析陈述的可定义性。

直接利用了并非纯粹语义学的资源,即经验证实上的整体论原则及他对科学理论性质的一般观念,但他所否定的概念,仍可解释为一个语义学上定义的概念。在如此解释之下,他的论证仍可视为原来几节论证的直接延续。在这个论证完成后,否定弗雷格分析性的论证不管正确与否就已经完成了。然而,奎因并未就此止步,甚至可以说,前述的那个论证从一开始就不是他关注的唯一事项,他还有一个更一般性的对分析性的否定(准确地说是对他认为是分析性的概念的否定),他在第五、六两节几乎全部的笔墨都用于这个一般性的否定论证。此论证概括起来基本上循着这样的线索:分析语句或分析陈述的性质在于它无论如何都被证实,或绝对不可修改——因此,分析陈述是否存在,依赖于是否有任何陈述具有前述的性质——整体论使得对此的回答是否定的——所以,不存在分析陈述。在这里,奎因引入了两个在前四节都没有出现过的对分析性的描述:

第一,无论事实如何都被确证(在奎因看来,还原论教条以下述方式支持分析与综合区分的教条:承认单个陈述的确证一般地有意义的还原论者,可以定义分析陈述就是无论事实如何总被确证的陈述[21])。

第二,不可修改。

为叙述方便,我在后面将把无论如何都被确证这个概念记为"NMW" (confirmed no matter what),把不可修改性这个概念记为"UR"。

奎因引入了与弗雷格分析性不同类的概念。但整个这件事情似乎是十分自然的,这种自然的感觉也许有两方面的原因。第一,人们在直觉上通常认为,无论如何总被证实,不可修改性(unrevisability)是分析陈述应该具有的特征。当然,所谓综合陈述就具有与此相反的性质。[22] 第二,实证主义者

---

[21] "Two Dogmas of Empiricism", pp. 37-41.
[22] 分析陈述一般定义为具有特定性质的真陈述,但许多非综合的假陈述也具有分析的真陈述的类似性质,比如矛盾陈述(如果它们也能叫做"陈述"的话)。因此,分析与综合陈述在性质上的对比,准确地说应是"分析的真陈述"和"分析的假陈述"与综合陈述在性质上的对比。卡尔纳普也清楚地提出了此种三类区分(见他的"Testability and Meaning", *Philosophy of Science*, Vol. 3, 1936, p. 433; 也见 *The Logical Syntax of Language*, Kegan Paul, Trench, Trubner & CO. Ltd 1937, p. 28; pp. 39-40; p. 182。在这本书里,分析的与矛盾的被叫做"L-determinate",而综合的被叫做"L-indeterminate"。)。类似地,也有其他人注意到这个事实,例见 Jan Woleński, "Analytic vs. Synthetic and A Priori vs. A Posteriori", in *Handbook of Epistemology*, edited by Jan Woleński, Kluwer Academic Publishers, 2004, p. 782。

一直相信,分析陈述的性质根本上出自于它的语言学性质,即以意义和语言形式为真。一个以语言为真的句子看起来是无论如何都要被经验确证的,且是不可修改的。奎因明显受到这类观念的影响,即使这种影响只是表现在他对自己批评对象的描述上。奎因也许接受如下蕴涵,如果确有以意义为真的陈述,那它就会是无论怎样都被确证,且不可修改的(当然,正如我们所知,奎因不接受这个蕴涵的前提)。

这两个描述或两种性质显然被奎因看做分析性的一般特征,因此可用于一般的定义分析性。非常清楚,它是个超出弗雷格分析性的关于分析性的一般定义。(当然,因其一般性,弗雷格分析性也必须满足它)[23]如果证明了没有任何陈述具有这两种性质,且这两种性质又被认为是所有分析陈述都该具有的性质,那就等于证明了任何种类的分析陈述都不存在,而不仅仅是证明了某一类分析陈述不存在。

本来,弗雷格分析性是按纯粹语言形式和语义学来定义的,它与陈述的确证与认识论的辩护字面上无关,也未涉及任何可修改性的概念。它只是说对陈述的某个语言片断进行操作,在语义学上会产生特定的结果,而能产生这种特定结果的陈述具有分析性。或者,它只是说,一个陈述具有什么语义学的性质,该陈述就是分析的。所以,正如我已经表明的,在假定小于语句的其他语言形式的同义不可定义时,只要证明单个语句没有独立意义,因此无法定义语句间的同义性,或这种同义性不存在,则弗雷格分析性陈述就已被证明不可定义或不存在。若只为否定这类分析性陈述,再另外增加对一般的分析性概念的批评显然是多余的。奎因如果从这里还要继续往前走,他就已经脱离了原来仅考察语义学定义的弗雷格分析性的线索,而是开始了新的考察。虽然从行文上看,他并没有说已开始新的论证,好像仍在延

---

[23] 在第四节末尾和第五节中,奎因在说到把陈述的真理性分解为事实要素和语言要素这种他认为是错误的想法时,还给出了一个对分析性的描述,即分析陈述就是事实成分为零的陈述。("Two Dogmas of Empiricism", pp. 36-37; p. 41)奎因所描述的分析陈述的这个性质,乍看起来似乎与"无论如何都被确证"很类似,因为后者自然会被认为是恰是事实因素为零的结果。但从我们后面还要讲到的普特南等人的分析可以看到,经验命题系统的复杂性质,使得在一个系统中无论如何都会被确证的陈述,并不一定是事实因素为零的陈述。另外,我们也容易看到,"我现在在这里"之类的陈述也是无论如何都被确证的,但很难说是事实因素为零的。因此,这两类陈述也不等价。事实因素为零,这种性质更接近形而上学解释的"以意义为真"(如果一个人认为陈述中只有事实和意义两种要素的话)。

续原来的讨论。但不管奎因本人怎样看,他实际上已引入不从纯粹的语义学方面来定义的"分析性",因为经验证实和修改原本并非属于语义学的内容。现在的"分析性"概念的核心内容是非语义学的。要否定这种非语义学的"分析性"概念,就要依靠非语义学的资源,而这正是奎因在文章的最后两节中所做的。他所运用的当然就是整体论,具体地说,就是一种彻底经验主义的整体论的证实方案。这时,整体论实际上主要不是用于否定单个语句有独立意义,而是用于表明没有任何语句具有无论如何都被确证,或不可修改的性质。结论最终是一般地否定分析陈述的存在。总之,这个一般性的论证是针对想要否定的一组新概念的新论证,独立于奎因文章前四节所遵循的论证线索(那条线索起初曾被奎因引到最后两节中,来完成从语义学角度反对弗雷格分析性的最后一个论证)。

奎因这个一般论证的结论自然还是否定的。重构他的论证,可以认为其基本线索是这样的:首先,他描述了他所支持的整体主义的经验理论的证实方案。然后,用这种他所描述的,但并未充分论证的整体主义,来说明每一个语句都不单独面对经验。于是,由此可知,在经验的反证面前,你完全可以选择修改信念系统中的任何部分(包括数学和逻辑),以对付经验的反例。那么,就没有一个陈述是绝对免于修改的。因此,如果分析的就是(或被定义为是)不可修改的,那么就没有任何陈述是分析的;或者,由于不能用可修改性在语句之间作出区分(或者所有语句都是可修改的),那么可修改性就不能用于定义分析性。在奎因的论证中,NMW"分析性"和 UR"分析性"实际上是不加区分的,它们都是根据经验的可确证的性质来定义的,因此定义在性质上都是认识论的,只是角度有所不同。所以,"无论如何都被确证"(即 NMW)是完全对等的、能与不可修改性相互替换的概念或性质。于是,与反对绝对不可修改性概念的论证并行,在反对无论如何都被确证的概念方面,奎因有以下广为人知的结论:"任何陈述都可以被看做无论如何也是真的,如果我们在系统的其他部分作出足够剧烈的调整。"[24] 所以,对奎因来讲,在不可修改或恒被确证的性质方面,通常所谓的分析陈述与综合陈述没有什么种类上的不同,最多只是程度上的不同。如果不承认两个教条,

---

[24] "Two Dogmas of Empiricism", p. 43.

且坚持确证问题上的整体论,则所有陈述都必须接受经验的检验。

总结起来,奎因在文章的最后两节的讨论中,在两个方面运用了整体论。尽管他的实际论证几乎只在其中的一个方面,但如果我们不考虑他的论证的实际描述,而只考虑其论证的逻辑归整,则我们可以说,尽管都在使用整体论,他的两个论证其实针对两个不同的目标:第一个目标是否定单个语句有独立的意义,结果是否定了纯粹语义上定义的弗雷格分析性的存在或可定义性;第二个目标是否定不接受经验检验的陈述的存在,结果是否定无论如何都被确证,或无论如何都不被修改的陈述的存在。当奎因把绝对不接受经验检验当做分析性的一般性质时,他其实相信他根本否定了任何种类的哲学意义上的分析性(当然并不必否定比如知识社会学意义上的"分析性",正像本文第一节末的分类和说明中所提到的那样)。如此一来,尽管逻辑仍可以在琐细的意义上是弗雷格分析的,但它不能在后一种意义上是分析的,因为按照奎因的结论,没有任何陈述在此种意义上是分析的。因此,奎因在新定义下,即不可修改性定义下,或绝对确证定义下,也拒绝了逻辑的"分析性"。从上面的描述可以看到,奎因文章的最后两节与前面各节在内容与风格上非常不同,在那里奎因确实论证了不同的东西。[25] 他的关注点也从否定同义性的可定义性,转向否定任何陈述具有绝对非经验性质的可能性。造成此种方向转移的前提是,他引入了具有一般性的两个"分析陈述"的特征,或一般性的他认为是有关分析性的描述。

三、NMW 与 UR 的概念分析

像刚才已指出的,现在新提出的这些性质,如果是分析陈述的性质,则是所有分析陈述的一般性质。如果这些性质的全部或部分可以被当作分析

---

[25] 普特南也这样看,他认为在第五节奎因不但在风格上与前面不同,而且已转移到不同的目标("'Two Dogmas' Revisited", p. 90)。格赖斯和斯特劳森认为,奎因的文章分为两部分,第一部分论证分析性及一组与分析性相关的概念是不能非循环定义和解释的,第二部分是正面论证,即论证一种整体论的科学哲学和新的证实理论,它与承认分析与综合区分的教条是不相容的("In Defense of a Dogma", p. 206; p. 212)。因其不相容,故正面的观点如果正确,则认为分析与综合之区分是哲学上重要的区分就肯定是错的。

性概念的定义,那现在奎因的讨论已扩展到比弗雷格分析性更一般的分析性概念。当下的任务就是对这些概念本身进行必要的分析,搞清楚它们的含义。

NMW 分析性与 UR 分析性在概念上的清晰程度是不一样的。"无论如何都被确证"是个比较清楚的表达,但"不可修改"就不同了。什么叫"不可修改"? 在某种意义上,任何陈述都可能被修改,如果一个人没有任何顾忌,或他受到强有力的威胁。㉖ 就奎因的原意,且就我们所感兴趣的意义上说,这种修改的可能性不在考虑的范围之内,可以说是无关的。奎因的修改是指在新的经验证据面前,理论或其部分如何改变才能使理论与新的经验证据相协调的问题。无论怎样,所谓"修改"其实就是要与原来的不一样,换个角度来理解,无论改动程度有多大,其实都是一个新的陈述。不管具体情况如何,结果总是一个,原来的陈述在新的信念系统中不再出现(或者有些可能在新的系统中被判为假陈述)。因此一个陈述被修改的可能性,在某种意义上说就是这个陈述被放弃的可能性。

把可修改性等同于可放弃,似乎在概念的澄清上前进了一步。但放弃在不同的情况下,或对不同的陈述是很不同的。一种放弃(或改变)只是放弃(或改变)了表达的物理符号,而没有真正放弃(或改变)表达的结构与内容。比如对"单身汉是未婚的",我可以通过在语言中取消"单身汉"这个记号,而用"DSH"这个记号去代替它,来放弃对"单身汉"和"单身汉是未婚的"这两个表达的使用(新的语言或信念系统里有"DSH 是未婚的"这个表达式)。这既是修改,也是放弃,但这种修改与放弃都是琐细的,其实不是真正的放弃,只是放弃了原来的记号。实质上原来的陈述(或说相应的命题)还是在新系统中为真。这种修改或放弃没有哲学上值得考虑的重要意义。只能有此类修改的陈述是普特南承认的唯一一类分析性陈述。㉗ 这类分析

㉖ 塞尔(John R. Searle)在谈到奎因的刺激分析句(stimulus analytic sentences)时曾说,对大多数人来讲,并没有所谓的"刺激同义"。因为,设想有人用枪指着你的头,叫你不要认可"所有的单身汉都是未婚的",如果这也算刺激的话,也许在这个刺激下你就要表示自己不认可这个陈述了。(Searle, *Speech Acts*, Cambridge University Press, 1969, p. 9, n. 2)

㉗ Putnam, "The Analytic and the Synthetic", p. 50. 普特南在分析陈述问题上的看法后来有一些变化,本文后面还将涉及此点。

性陈述的含义是:一个陈述是分析的,当且仅当,它的唯一合理的修改就是记号的改变。㉘普特南不承认如此含义下的分析性概念有重要的哲学意义。

一般地说,人们很难想象任何陈述绝对不能允许这种意义上的"修改"。或者说,如果拒绝这种修改的陈述才是分析陈述,那就不存在分析陈述。通常的以意义为真的观念里,即分析性的观念里本来并没有拒绝这种琐细意义上的可修改性的内容。㉙日常生活中我们可以说,"如果我把姐妹叫做'兄弟',那么'兄弟是男性的'这句话就是假的"。我们说的这句话明显是真的。但不会有多少人因为它的正确性而否定原来的句子"兄弟是男性的"是个以意义为真的句子。换句话说,"兄弟是男性的"现在为假,仅当表达式的部分或全体记号所对应的意义发生改变(尽管物理意义上的标记和顺序没有任何改变)。通常理解下的分析性即以意义为真,由此派生出,不论发生任何经验事件,该陈述总为真(此点由以意义为真所蕴涵)。那么,什么变化可使一个分析陈述变为假?应该说,只有当意义改变时。结论应该是,分析陈述不以经验事件改变它的真值。

我们还可以设想"放弃"的另一个更重要且更强的含义。一个陈述的"强放弃"是指在任何一个系统中不再假设或使用这个陈述,包括不假设或使用表达此陈述的不同记号或翻译。按强放弃的标准,分析陈述是绝对不能放弃的陈述,就是说哪怕只是在所有陈述都应满足的一些最基本的限制(即最弱的限制)下,也不能够放弃的陈述是分析陈述。如此约定下,分析陈述就意味着,如果它是存在的,它必须在任何系统中都实际出现或至少被假

㉘ 力图把像"单身汉是未婚的"之类的陈述包含在其中的分析性的定义,或分析性陈述的标准,在普特南1962年文章中还有其他一些,其中有一个在我看来更重要,使用它也能将"单身汉是未婚的"与其他理论科学的定律,甚至数学定理区分开来。这个标准依赖于所谓单标准(one-criterion)概念或语词与law-cluster概念或语词的区分。这个区分的详细内容请参见普特南1962年文章第50–69页。设一个单标准语词为A,一个对象是否属于A的外延可用如下等值句式来判定:一个对象是A,当且仅当P。P是一个描述谓词,比如"未婚的"。反之,对law-cluster语词(比如"动能"),不存在这样简单的、表达为充分必要条件的判定。

㉙ 普特南在1976年又在更扩展的意义上提出了"分析性"概念,一种允许更强修改的分析性。这种修改可以包括逻辑的修改,因此,在那里的分析性陈述只是在假设逻辑和语言不变的前提下才具有不可修改性,也即具有普特南意义上的先天性。(见"'Two Dogmas' Revisited", p. 97)后面我们还要讨论这一点。

定(当然,这包括同一陈述的不同符号表达或翻译)。普特南认为,这样的陈述至少有一个(甚至也许就只有一个),这就是矛盾律(或者说是矛盾律的一种弱化的形式,即"并非每一个陈述都既是真的,又是假的")。[30] 这个陈述必须被所有系统假定,就在于如果你修改或说放弃了它,你就不能有意义地建立任何信念系统。比较起来,"单身汉是未婚的"是相对较弱的分析性陈述,它是可以琐细地修改的,但没有真正意义上被否证的可能[31],然而,它确实不需要在所有信念系统中出现。[32]

由是即可看出,如果"放弃"不是指简单的记号修改,而是指"强放弃",则 NMW "分析性"与"UR"分析性是不等价的。因为,如果假定不发生任何记号上的修改,"单身汉是未婚的"是无论如何都被确证的,但却不是不可放弃的。而矛盾律既是无论如何都被确证的,又是不可放弃的。

至于排中律是否可以修改或放弃,"三内角之和等于 180 度"这样的欧氏几何的真陈述是否也可以修改或放弃,情况就比较复杂。普特南从认识论角度来考虑问题,他实际上根据科学史的分析,明确了 NMW 和 UR 概念的认识论性质。他针对科学中的陈述(如几何定理和科学定律),给了一个根据语境或信念系统来考虑的弱"先天性"定义,即语境先天性(contextually a priori)[33]。确实,在普特南看来,有重要哲学意义(精确点说是认识论意义)的只是这里的所谓"语境的先天性"。一个陈述是语境先天的,当且仅

---

[30] 见 Putnam, "There is at least One A Priori Truth", *Realism and Reason*, *Philosophical Papers*, Vol. 3, Cambridge University Press, 1983, pp. 98-110。矛盾律等是否是绝对不可放弃的,普特南后来又有不同的说法,这表达在他为上面这篇文章后加的两个附注中(见上所引书的第 110 – 114 页)。在 1979 年发表的 "Analyticity and Apriority: Beyond Wittgenstein and Quine"这篇文章的第二部分中,普特南又详细地讨论了矛盾律的问题。在该文中,他似乎更接近于最初的立场。(*Realism and Reason*, *Philosophical Papers*, Vol. 3, Cambridge University Press, 1983, pp. 127-138)

[31] 这个说法也不应理解为绝对的,因为弗雷格分析性最终假设了某种范围的逻辑的分析性和正确性。如果逻辑本身都是可以修改的(这正是奎因和普特南的立场),则相应的非逻辑陈述的弗雷格分析性陈述也就有更实质地被修改的可能性。当排中律被放弃时,"要么是单身汉,要么不是未婚的男人"这个陈述,就不再是弗雷格分析陈述,即使这时"单身汉"的意义和标记并没有任何改变。普特南注意到,对逻辑的范围进行限制或界定,直接影响到此类分析性概念的内容。("'Two Dogmas' Revisited", p. 95)

[32] 对于可修改性,普特南给了两种解释,一种是所谓"行为主义解释"(behavioral interpretation);另一种所谓"认识论解释"。前者指在行为的事实上我们将永不放弃;后者指我们永不能合理地(rational)放弃。("There is at least One A Priori Truth", p. 98)

[33] "'Two Dogmas' Revisited", p. 95。

当,(1)没有孤立的实验(isolated experiment,或在那个理论系统中可合理描述的实验)可以否证它,而只有一个新的信念系统才可以否证它,或它只由于新系统的出现而被放弃;[34](2)在所言及的那个理论系统内,且在一个特定的历史时期,系统的概念资源无法刻画或导出它实际上为假的条件,也即一个关于它为假的判定在那个系统及在那个时期没有可理解的意义。就是说,刻画其为假同样也需要新的理论。普特南对此类弱先天性所举的典型事例是经典物理学中的欧氏几何定理,及相对论产生之前的动能关系式 $e = 1/2mv^2$,等等,这些都属于普特南所说的"框架原则"(framework principles)。它们处于理论的中心,是用于作出预言的必需的要素,但本身在它们所从属的那个理论的范围内和那个时期,不受任何可能的实验结果的威胁。也因此,这类陈述不能在此语境下被合理地放弃,而保持理论的核心。

普特南首先把无论如何都被确证看做是描述先天性的概念,然后,他又认为先天性就是不可修改性。[35] 于是,在"先天性"(实际上是"语境的先天性")的标签下,"无论如何都被确证"及"不可修改",就被自然地视为同一。但是,这类陈述又不是永远不能证伪,也不是永远不能被修改或放弃,而只是在特定的语境下不能。而且其修改与放弃又不是在"单身汉是未婚的"那种琐细的意义上。在是否有绝对不可修改或放弃的陈述这个问题上,普特南倾向于奎因的结论,但对类如矛盾律这样的特殊陈述,他持保留态度。

现在,"修改"与"放弃"实际上至少有三种类型,我们把仅限于记号的修改或放弃叫做"弱修改"或"弱放弃";相应地,其他两种分别叫做"强修改"或"强放弃",以及"语境修改"或"语境放弃"。

按照逻辑经验主义的标准观点,逻辑与数学陈述都是分析的,因此并不

---

[34] Putnam, "The Analytic and the Synthetic", p. 48; "'Two Dogmas' Revisited", p. 95.

[35] 后一点的文本证据可见"'Two Dogmas' Revisited", p. 91, p. 92, p. 96;另外,他在"There is at least One A Priori Truth"这篇文章中也有类似说法(见该文 98 页)。在"Analyticity and Apriority: Beyond Wittgenstein and Quine"一文中,他又进一步说,先天真理就是这样的真陈述:第一,接受它是理性的;第二,无论世界最终(在认识论上)是什么样子,据此拒绝它都不会是理性的。换句话说,先天真理就是这样的陈述,对它的真的否定,将不会在任何认识论上可能的世界中被辩护(见该文第 127 页)。

接受经验的检验,因为它们是以意义为真的(用 Boghossian 的术语即所谓"形而上学分析的")。但实证主义者那时已经知道在相对论里欧氏几何被非欧几何所替代,他们也没有必要拒绝在量子理论中构造非二值的量子逻辑的可能性和适当性。可是,他们承认欧氏几何被放弃或修改了吗?自然,他们不会认为这是欧氏几何在经验的意义上被证伪或否证,那将直接和分析与综合区分的信条相冲突。如果他们要使自己的理论一致,他们应该把新几何在新物理学中代替旧几何解释为在理论系统中采用了新分析陈述,而对实证主义者中有约定主义倾向的人,他们可以解释说,这相当于在新的系统中采用了新的约定。如果"修改"仅指采用新的约定,或新的逻辑系统的可能性,他们也可以说"不可修改性"不是分析性的必要条件,因此,可以有以意义为真,但并非不可修改的陈述。卡尔纳普就曾说过,逻辑和数学的陈述并非是神圣不可侵犯的,也不是在科学理论的修改或代替中不可考虑放弃的。但他说分析与综合的区分,谈的不是跨语言的转换,而是两种陈述在给定的语言结构内部来决定的问题。陈述是否为分析的由给定的清楚定义的语言系统的语言规则所决定。只要语言规则不变化,它们就在这个系统中是不可修改的。然而,这并不妨碍他毫不犹豫地明确承认,同一个语句可以在一个系统中是分析的,而在另一个系统中是综合的。㊱ 这里应该提到,卡尔纳普说的分析性依语言系统和相应的语言规则来定义,这不同于普特南所谓"语境"的考虑。第一,他们考虑问题的角度不同,一个是语义学或逻辑的;一个是科学哲学或认识论的。第二,即使在"外延"的意义上,两者也不等同,因卡尔纳普承认的语言系统的变化并非一定对应普特南的科学理论的变化。

格赖斯与斯特劳森对可修改有不同的看法,他们认为拯救分析性的出路在于要区别不同性质的修改。与普特南不同,他们要找回在哲学上有重要意义的分析性概念。他们认为任何陈述都可以在一个时间表达某种真的东西,而在另一个时间表达某种假的东西,但此种陈述真值的变化可以是两

㊱ 参见卡尔纳普的 "Quine on Analyticity", (*Dear Carnap, Dear Van: The Quine-Carnap Correspondence and Related Work*, edited by R. Creath, University of California Press, 1990, pp. 431-432, 此手稿写于1952年2月3日)

类修改或放弃的结果:一类放弃就只是承认错误(merely admitting falsity),这是观点变化的结果;另一类放弃要有概念或概念集的改变或弃置(changing or dropping a concept or set of concepts),这至少部分的是词意改变的结果。㊲ 有了这个区别,他们就十分明确地否定如下蕴涵:如果没有任何陈述是在经验面前不能放弃或修改的,那么就不存在分析与综合陈述的区别。㊳ 粗看之下,他们俩人就此问题的观点,在一些主要的方面与普特南并不冲突。但是,这个表面现象不应掩盖普特南与他们在分析性问题上的根本分歧,因为普特南完全反对分析性是一个哲学上重要的概念。㊴ 格赖斯与斯特劳森要捍卫分析性的哲学重要性,而普特南所担心的恰是给分析性以重要的哲学功能,如果非要在高估分析性与取消分析性的立场之间进行选择,普特南宁愿与奎因站在一边。㊵

四、分析性:语义学的与认识论的

上一节的任务在于澄清"可修改"等概念的含义,在此基础上,这一节的任务是要表明,NMW 与 UR 在概念的性质上是认识论的,它是先天性的特征。因此,这两个概念与认识论的分析性属于同一个哲学领域,它们与分析性概念不是同类的哲学范畴。首先,让我们来考察逻辑实证主义者,以及普特南和 Boghossian 等人对此问题的看法,然后,在此基础上,我们再对相关的这些概念作进一步的分析。

按逻辑实证主义者的看法,分析与综合的区别,及先天与后天的区别是外延同一的区别。因为,分析的与先天的都由陈述的语言学特征所决定,此即所谓"先天性的语言学理论"㊶。由是可推出,分析真理定是先天真

㊲ "In Defense of a Dogma", pp. 210-211.
㊳ Ibid., p. 210.
㊴ "The Analytic and the Synthetic", pp. 36-41.
㊵ Ibid., p. 33; p. 36.
㊶ 实际上,在 20 世纪的实证主义者那里,前两个区别同必然性与偶然性的区别也是外延同一的区别。因为在逻辑实证主义者(典型地是卡尔纳普)那里,必然性只是逻辑与语言的必然性,并不存在其他的必然性(比如形而上学的必然性)。此论点已由克里普克提出非语言的,且非认识论的必然性,而得以打破。

理,先天真理也只有分析真理。奎因对所有这些区别都是要拒绝的(除了在实用的,或其他非哲学的意义上承认某些区别。比如他可以承认分析性只是一种行动的性质,而不是一个陈述的性质[42])。但从批评的立场出发,反对分析性确实可以从这两方面入手。如果实证主义确实支持两个区分之间的外延同一关系,那么,否定任何一个区分,都是对分析与综合区分的威胁。

"以意义为真"在最常见的解释下,是对形而上学分析性的描述,而"知道了陈述的概念的或语义的内容,就知道了陈述是否为真",则是对认识论分析性的描述。大体上说,Boghossian所给出的区别即在此二者之间。奎因在〈经验论的两个教条〉这篇文章中没有使用"认识论分析性"之类的提法,但无论如何,他谈话的内容确实涉及到从认识论方面来界定的"分析性",这是在他谈"无论如何都被确证"的时候。自然,奎因在文章中不曾有意识地区别"分析性"的形而上学和认识论的不同含义;也许他与实证主义者一样,把分析性与先天性根本当做一个东西,正如一枚硬币的两面。这一切也可能使他相信,当拒绝了两个中的一个时,就同时拒绝了另一个。

普特南基本上认定奎因前四节的论证是错的。[43] 但他认为,奎因在文章中还讨论了不同的分析性概念,其中有"无论如何都被确证的陈述"(a statement that is confirmed no matter what)作为分析性陈述的一种。[44] 可是,普特南认为这个概念下的所谓"分析性"其实是传统上的先天性概念,或先天性概念之一。如果把奎因的理论理解为是在反对先天性,则奎因的论证是对

---

[42] 在《卡尔纳普与逻辑真理》一文中,他否认约定是一个陈述或语句的性质,而认为约定是一个事件的性质,因此是一个时间中发生的事情。一个系统中有些陈述以约定引入,它们"以约定为真"也是时间性的,在另一时刻,另一系统中它们可以为假。陈述的语义或经验性质不以它的起源,而以它在系统中的作用来决定。一个以"约定"的方式进入系统的表达,完全可以同其他以不同方式进入系统的表达起一样的作用。("Carnap and Logical Truth", *The Ways of Paradox and Other Essays*, Harvard University Press, 1976, pp.119-120。原文发表于1954年)这正是在本文第一节中,我提到的对分析性的哲学意义非正面结论的第三类。我在那里说过奎因可能会认可属于第三类的某些论点。也属于第三类的论点,可参见他对数学等的"分析性"的看法,例见他的"Truth by Convention"(*The Ways of Paradox and Other Essays*, Harvard University Press, 1976, p. 102。原文发表于1935年)和"Two Dogmas of Empiricism", pp. 43-44。

[43] "'Two Dogmas' Revisited", pp. 88-89。

[44] Ibid., p. 87。

的。因此,我们不应该说奎因否定了分析与综合区别的存在,而应该说他否定了先天与后天真理区别的存在。㊺ 只是由于错误或混淆,奎因和逻辑经验论者才把无论如何都被确证看做是分析性概念(尽管混淆并没有使奎因反对先天性的论证失效)。㊻普特南后来又进一步补充说:"在他已发表的大量著作(其中最著名的是那篇〈经验论的两个教条〉)中,奎因一直坚持不存在(绝对的)先天真理这样一个论点(通常他都是说'分析性',而不是先天性;但是,在他的讨论中很明显包含了两个概念,并且在他的著名文章〈卡尔纳普和逻辑真理〉中,他明确地说,他拒绝有任何陈述完全是先天的这样一种观念……)。"㊼熟悉逻辑经验论的人,一般容易理解逻辑经验论者是如何把先天性与分析性结合在一起的(普特南认为是混淆在一起,他也讨论过这件事的原因㊽)。普特南的一个贡献在于他把分析性与先天性又重新区分开来。㊾ 但是,普特南对分析性与先天性两个概念并不总是区分得很清楚。㊿他曾把奎因在前四节的论证也看做是对先天性概念的否定论证的一部分,他这样说道:"无论如何,正像我在其他地方也曾指出的,奎因反对先天性还有另一个论证,这个论证完全不依赖于他对同义性的进攻,也不依赖于他对分析性的'语言学'概念的进攻。"(51)此段话表明,普特南在这里认为,甚至奎因文章的前四节也只是对先天性的另一种否证。

普特南在概念的使用上和相应的判断上出现的问题,与他总是首先从认识论出发来考察分析性与先天性这样一种方式不无关系,这一点时常阻碍了他在奎因文章到底批评了什么,以及如何批评等等问题上得出正确的、

㊺ "'Two Dogmas' Revisited", pp. 87-88; p. 91.

㊻ Ibid., pp. 90-92.

㊼ "There is at least One A Priori Truth", p. 98.

㊽ "'Two Dogmas' Revisited", p. 92.

㊾ 普特南自己非常明确地强调这一点。见"'Two Dogmas' Revisited",第 96 页。

㊿ 在1962年文章中,他曾说,如果"分析陈述"就意味着一位理性的科学家永远不可以放弃的陈述,那么,数学、几何及 $e = 1/2mv^2$ 等都不是分析的。("The Analytic and the Synthetic", p. 50)也在这篇文章中,他还更明确地说到分析陈述就是不能理性地拒绝的陈述。(Ibid., p. 54)而到了1976年这篇文章,他就把分析性明确为是依赖于语言或信念系统的性质,也就是说一个可变的性质。因此,分析性不意味着不可修改性。("'Two Dogmas' Revisited", pp. 95-97)在这篇文章中,语境先天性概念被明确而直接地提出来。

(51) "Analyticity and Apriority: Beyond Wittgenstein and Quine", p. 128.

或前后一致的结论,也阻碍了他对分析性概念的哲学意义给出适当的评价。普特南之所以否定"单身汉是未婚的"这样的陈述在哲学上有重要意义(即使他可以承认这样的陈述确实是分析的),就是因为相比于物理学中使用的非欧几何定理等等,他看不出通常的所谓"分析性陈述"在认识论上有什么重要性,或从其中能引出什么重要的认识论结论。如果首先从语义学和语言哲学的观点来看问题,也就是先回到分析性本来专属的领域来看问题,结论可能是完全不同的,分析性陈述的集也可能远比普特南所承认的要大(我将会在另外的文章中详细地论证这一点)。[52]

Boghossian 也是首先从认识论的方向上来考虑分析性问题的,但他的思路有所不同。他直接断定分析性与先天性有密切的关系,他要用认识论来定义分析性。Boghossian 明确说这种意义的分析性概念是一个认识论概念[53],并断定只有这种认识论性质的分析性概念才是有意义的。[54] 对他来讲,认识论的分析性概念最重要的哲学意义在于它能够解释先天知识。他得出结论说,奎因反对形而上学分析性的态度和结论是对的,但他的态度和结论不适用于认识论的分析性,因此也不适用于先天性。他进一步区分了所谓"强先天"与"弱先天",前者的含义是相应信念的辩护(justification),不可能被将来的任何经验证据所否定(not defeasible)[55],因此强先天性等同于不可修改性,但并非特定语境下的不可修改,而是永远不可修改。弱先天性相对来讲适用于更多的陈述,它的描述是:给定信念的保证是先天的,这等于说它以足够为知识的强度被辩护而不借助于经验的证据。弱先天性与 Boghossian 的认识论分析性是一致的。认识论分析性说的是,一个陈述 S 为分析

---

[52] 也有其他人在卡尔纳普与奎因之间看到类似的区别,即卡尔纳普在谈分析性时不是在考虑认识论疑难,而是在考虑语义学的内容。卡尔纳普与奎因之间的争论本质上不是一阶的,而是二阶的。(Paul O'Grady, "Carnap and Two Dogmas of Empiricism", *Philosophy and Phenomenological Research*, Vol. LIX, No. 4, 1999)他们在哲学本身应该做什么的问题上存在着根本的意见分歧。卡尔纳普认为哲学的作用在于概念的归整和澄清,而奎因的哲学追求从自然化的立场来说明如何从有限的刺激最终达成了丰富的理论,他的其他学说在某种意义上讲都是在为这个说明服务。

[53] "Analyticity", p. 334.

[54] 在不同的文章中,Boghossian 都强调他对形而上学分析性概念持怀疑态度,因为它缺乏解释力,且可能本身也是不一致的。见他的"Analyticity Reconsidered", pp. 364-366; "Analyticity", p. 335。

[55] "Analyticity", p. 333.

的，仅以掌握 S 的意义就足够成为相信 S 为真的辩护。(56) 因此，Boghossian 说弱先天性概念构成先天性观念的核心。(57) Boghossian 的论点在实质上是对传统的分析性概念进行了认识论的改造，特别是把实证主义定义中的作为核心的语言学要素分离出去，而把普特南看做是混淆的结果的先天性要素定义为分析性的本质要素。

奎因在文章的最后两节，已转到从认识论方向上进攻分析性陈述存在的信念，那时的分析性概念已是认识论化的分析性概念。与这时的奎因一样，普特南和 Boghossian 讨论问题的角度也主要是认识论的。他们共同打破了逻辑实证主义的一个信条，由于分析陈述的语言学性质，也由于先天性是陈述的语言学性质的结果，分析性与先天性同一。普特南只承认琐细意义的分析陈述，但认可并强调语境先天性概念的哲学意义；Boghossian 以重新界定分析性，把分析性直接建立在先天性的地基之上。

全文讨论到此，我们已经涉及到形而上学分析性、认识论分析性、弗雷格分析性、卡尔纳普分析性、先天性、语境先天性、NMW、UR 等概念。尽管这些概念之间的复杂关系不是目前都能说清楚的，但是，我们至少可以先按其性质把它们分为两组：奎因的语义分析性、Boghossian 的弗雷格分析性、卡尔纳普分析性等等为一组；其他的如语境先天性、认识论分析性、NMW 和 UR 等等概念为另一组。两组概念之间的差异是明显的。第一组概念完全

---

(56) 弱的先天性与相应的分析性概念确实限制较松，因为它依赖于较弱的信念辩护的概念。这个概念使得辩护既不要求实在论的真理，也不要求被辩护者是正确的。其实这正是达米特（M. Dummett）所注意到的辩护与实在论的真值条件的对比。尽管 Boghossian 不需要接受达米特的反实在论，但他非常清楚地意识到反形而上学分析性要使用不同的证据。他断定使任何陈述 S 为真的条件是，对于某个 p，S 意谓 p，并且 p。传统分析性的核心概念是"以意义为真"，就是说只以"S 意谓 p"就要使 S 为真。Boghossian 赞成 G. Harman 的结论，即使"铜是铜"这样的陈述也至少部分地依赖于每件事物自身同一这类世界的一般性质。（"Analyticity", pp. 335-336）E. Margolis 和 Stephen Laurence 反驳说，Boghossian 的论证也同样适用于认识论的分析性，故认识论分析性与形而上学分析性共存。（"Boghossian on Analyticity", *Analysis*, Vol. 61, 2001, p. 294）对此，Boghossian 的回应是：尽管陈述的真决定于世界，但它的辩护却只要求较弱的资源。正像对于相信"这是一只乌鸦"，看见一只乌鸦足以用作辩护，但此陈述之真却依赖于事实上这里有一只乌鸦。（"Epistemic Analyticity: a Defense", pp. 17-18）于是，反形而上学分析性的论证不适用于认识论的分析性。Boghossian 的结论是，要否定认识论分析性的存在必需借助意义的不确定性（meaning-indeterminacy）论点，而此论点是不可接受的。（此结论请参见 Boghossian 的〈分析性〉与〈分析性的再思考〉等文章）

(57) "Analyticity", p. 333; "Analyticity Reconsidered", p. 362.

是根据语义学(或者说根据语言的结构和内容)来界定的,而第二组概念更多地是从认识论出发来界定的。

本来,奎因的语义分析性,Boghossian 的弗雷格分析性等等,在其定义中只使用了同义与逻辑真理等逻辑或语言学概念,而没有涉及任何认识论的要素。自然,弗雷格分析性陈述满足认识论分析性的定义。同时,它们又无论如何都被确证,且不可修改(记号的修改和逻辑本身的修改除外)。类似地,卡尔纳普分析性陈述也符合 Boghossian 认识论分析性的描述。但是,此类语义学概念满足认识论概念的定义,这个事实只说明两组概念有外延上的包含关系,它本身不能说明两组概念有意义上的实质联系,也不能说明两组概念属于同一类哲学范畴。

实际上,在康德那里,分析性概念的标准定义也是根据陈述(或命题)的语义学性质来考虑的。分析陈述(或命题)就是主词包含了谓词的陈述(或命题)。在他那里,所有的分析陈述都是先天的,而并非所有的先天陈述都是分析的,存在着先天综合陈述。故分析的与先天的不但在内涵上不同,在外延上也不同。康德对分析性的另一种描述是:分析判断就是它的否定将导致矛盾的判断。普特南说,这个分析性概念的语言学版本就是:以同义代换可转换为逻辑真理的语句为分析语句。(58) 显然,满足语言学版本定义的语句,就是弗雷格分析性语句。实际上,只要"判断"一词不作心理学的解释,而简单地理解为它的语言表达,即使康德原来的版本也不是认识论的,因为"否定"和"矛盾"都可解释为逻辑和语言学概念。

实证主义坚持把所有陈述分为两类,一类相关于语言或意义,一类相关于事实。关于事实的陈述属于经验科学,它们不可能是先天可知的,因此,如果一个陈述是先天可知的,它只能是前一类陈述。反过来,如果一个陈述属于前一类,那它在本质上就与事实无关。因与事实无关,则如果可知,就是先天可知的。故分析性与先天性在实证主义者那里外延等同。实证主义者断定上述的外延等同,并不一定意味着他们就要相信两概念的意义同一。不错,确实有一些实证主义者不加区分(也许是由于概念混淆,也许是不自觉地把外延等同不加论证地推广到意义同一)地使用分析性和先天性概念。

(58) "'Two Dogmas' Revisited", p. 87.

无论如何,卡尔纳普对分析性属于何种范畴是清楚的。他完全理解分析性的语义学性质,并给它以完全属于语义学范畴的定义,这表现在他对分析性所给出的各种不同版本的定义中。当卡尔纳普使用意义公设(meaning postulates)来定义分析性时,他把一个陈述 S 在一个系统中根据意义公设的合取 β 逻辑真(L-true)定义为:陈述 S 在该系统中被 β 逻辑蕴涵(L-implied)。[59] 卡尔纳普还曾说过,此类定义反映出哲学家们在谈分析语句,或谈其真只依赖它们的意义,因而独立于事实偶然性的语句时,他们直觉上所意味的。[60] 卡尔纳普并没有把任何认识论的要素放进分析性的定义中,比如不可修改性。

克里普克在分析性问题的一个方向上与实证主义一致,它断言分析真理都是先天的,且是必然的。[61] 但在另一个方向上不一致,因为克里普克承认先天的非分析的真理,也承认必然的非分析的真理。这样,克里普克也就否定了分析性与先天性在外延及内涵上的同一。当然,克里普克与康德也有不同,因为他不同意先天性与必然性的同一关系。尽管如此,他们在否定分析性与先天性外延及内涵同一这一点上一致。

其实,弗雷格分析性只是满足认识论分析性定义而已,在另一种意义上它也满足形而上学分析性的定义,因使其为真的根据仅在于意义。特别是,弗雷格分析性本来就是用同义性及逻辑真等来定义的。语义学的分析性概念[62]不仅在内涵上肯定不等同于认识论性质的分析性概念,就是在外延上也可能不等同于认识论性质的分析性概念(包括 NMW 与 UR)。尽管所有语义学分析陈述可能都属于认识论分析陈述的集,然而,认识论分析的却不一定都是语义学分析的(当然,这里的理由不是 Boghossian 的,他的理由是:语

---

[59] "Meaning Postulates", *Meaning and Necessity*, Second edition, The University of Chicago Press, 1956, p. 225.

[60] "Quine on Analyticity", p. 430.

[61] S. Kripke, *Naming and Necessity*, Basil Blackwell, 1980, p. 122, n. 63(原著发表于1972年)。

[62] 在此,我有意不用 Boghossian 的"形而上学分析性"的提法,因为"以 X 为真"是个语义学或者元语义学概念。当 X 是意义时,对应的陈述为分析陈述;当 X 为经验或事实时,对应的陈述为经验陈述;当 X 为宗教经典时,也许是神学或其他宗教陈述。用"形而上学"这个概念,容易造成有歧义的联想。其实所有的分析性陈述按字面或按原本的定义来说,都是以意义为真的("分析陈述是以意义为真的陈述",其语义性质接近"单身汉是未婚的男人"),即这个概念的内涵只涉及陈述的语义性质的描述,无论这个概念的外延是否与其他概念的外延等同。

义学,或形而上学分析性陈述不存在)。除了实证主义者之外,多数人可以承认如下断言至少有可能是真的:分析的都是先天的,但先天的未必是分析的(比如过去的一些哲学家可能认为所有发生的都有原因是先天的,但明显这个断定不是分析的)。卡尔纳普虽然可以承认分析性与先天性在外延上等同(当 NMW 与 UR 概念都限制于特定的语言系统内时,他似乎也应该可以承认分析性与 NMW 和 UR 在外延上等同),但他明白两者不在内涵上等同。在一种不严格的类比的意义上可以说,分析性概念与先天性概念之间的关系,不会比理性动物概念与有重量物体概念之间的关系更密切。分析与综合之区分是一种语义学的区分,而先天与经验之区分是一种认识论的区分,这个断定无论在直觉上还是在概念上看起来都是正确的。

由此可以引出,如果分析与综合是语义学的区别,先天与后天是认识论的区别,那么在这种意义上,Boghossian 的"分析性"之所以能解释先天性,就只是因为他的"分析性"是用认识论的概念资源来定义的。"掌握其意义就足以成为相信其真的辩护",这就是他对分析陈述的定义。其实也只有具有此种性质的陈述在他看来才是唯一有意义称为"分析的",原本意义上的分析性(即被他叫做"形而上学分析的"那种分析性)他认为不可能存在。但是,"掌握"和"辩护"是认识论或心理学的概念,原本是与分析性无关的,现在却成为定义分析性的核心概念。于是在他那里,没有所谓分析性是与先天性相分离的。而我们要注意的是,他的"分析性"已不是语义学的概念。

在我看来,从认识论方向来批评分析性概念的人,包括在〈经验论的两个教条〉后两节中的奎因,都存在把分析性概念化归为认识论概念,或以认识论的理由来否定分析性的倾向。这类倾向产生一种危险,或者混淆分析性概念与先天性概念,或者使他们的批评没有打对靶子,或者也许是两者。实际上,即使在一个特定的语言系统内来谈问题时,分析性与 NMW 和 UR 也许外延等同,但是,正如把人同其他动物分开的并不是他有心脏,尽管人都有心脏,把分析陈述同其他陈述分开的也不是它的认识论性质,尽管分析陈述也许都有无论如何都被确证的认识论性质。卡尔纳普在这方面是概念最清楚的,然而,他所坚持的分析性与先天性的外延同一关系,却被传统分析性理论的某些批评者误解或误用为两者在概念内容上的同一。

整体上看,如果奎因在《两个教条》及相关主题的其他文章中也把两个概念不加区分地讨论,那么,奎因完全有理由认为,他拒绝了其中的一个概念,就同时拒绝了两个概念。但是,如果两个概念不是像奎因及其他一些人所相信的那样结合在一起,且如我们所坚持的,一个概念是真正的分析性概念,而另一个只是由于误解才被当做分析的,那奎因实际上就是在批评两个不同性质且属于不同哲学领域的概念。而这正是本文所要表明的。如果情况确实如此,即奎因所批评的确实是两种本质上属于不同领域的均被叫做"分析性"的概念,那么,在逻辑上的可能就是,他对其中一个概念的批评,也许并不适合于另一个概念。同时,完全可能的是,他对两个概念的批评只有一个是有效的,而另一个是无效的。而当有效的论证恰好只是他对绝对先天性的否定时,就产生了在他的批评下拯救分析性概念的可能性。至于这个可能的是否还是真实的,我将留待其他场合来讨论。

成中英的本体诠释学与易学体用论

赖贤宗

提　要：在成中英的本体诠释学中，周易哲学被视为原始本体诠释学的雏形，是他进行中国哲学的本体诠释的基点。因此，成先生在论中国哲学的重建问题时，一直着重"从《易经》看中国哲学的重建"这一主题，积极地掘发《易经》的思想资源，以开展他自己的"本体诠释学"。笔者此文就此展开讨论，讨论成中英本体诠释学的基本论题及其中所包含的基本思想模型，讨论此一模型与周易哲学的体用论的关系。

关键字：成中英　本体诠释学　周易哲学　体用

导论

成中英说："本体诠释，是基于对西方方法论的批评和中国本体论的解释所作出的一个创造性的工作"[①]，又说，"本体诠释学的看法是根植于中国哲学观念之中，尤其是根植于强调作用的《易经》哲学之中"[②]。此中，对于"本体"的体会，乃是理解"本体诠释学"的关键所在。值得指出的是，成中英关于"本体"的体会与相关的诠释开展，乃是基于《易经》的本体体验而展

赖贤宗，1962年生，德国慕尼黑大学哲学博士，台北大学中文系主任。

① 成中英著，李志林编：《世纪之交的抉择：论中西哲学的会通与融合》，上海：知识出版社，1991年，第333页。
② 同上书，第83页。

开的当代诠释。在成中英的本体诠释哲学中,《易经》哲学更是被视为原始本体诠释学的雏形③,是重建中国哲学的基点。因此,成先生在论中国哲学的重建问题时,一直着重"从《易经》看中国哲学的重建"这一主题④,积极发掘《易经》的思想资源,以开展他自己的"本体诠释学"。笔者此文就此展开讨论。

一、成中英的本体诠释学的基本意义与《易经》哲学

要了解成中英所说的"本体诠释学",必须先了解他自己对于"本体"的意义之解释,以及他提出"本体诠释学"(Onto-Hermeneutics, Onto-Hermeneutik)一语的理论背景。成中英所说的"本体诠释学"的"本体"一语显然是来自于中国传统哲学,尤其是来自于《易经》,而非来自于西方传统哲学的存有论(Ontology, Ontologie)。成中英之所以提出"本体诠释学",受海德格尔影响甚深。西方哲学的 Ontology 在民国初年被翻译为"本体论",但是,西方传统哲学的 Ontology 被海德格尔批评为忽略了存有学差异,从而是遗忘了存有本身。简言之,西方传统哲学的"存有论"是以不同的方式,将"存有"了解成"最普遍者"。例如柏拉图的观念、亚里士多德的实体、康德的先验主体等等,这些了解都是从存有者的角度、存有作为既已表象者(既已开显者)的角度来掌握存有,从而忽略了存有本身是即开显即遮蔽的。海德格尔存有思想就此一西方传统哲学的根本缺失加以补救,补救之道略而言之:在1927年《存有与时间》中,海德格尔尝试以"时间性"和"实存"的角度来阐明"存有的意义";1930年以后,海德格尔阐明"无"的重要性,脱离表象性思维来重新思考"真理"和"语言"的问题,并从"本成"(Ereignis)的角度来重新思考"存有学差异"。成中英的"本体诠释学"除了来自中国传统哲学(尤其是《易经》哲学)的影响之外,其外部的学术氛围则不可忽略海德格尔的存有思想,以及海德格尔的学生伽达默尔(H. Gadamer)所发展的"哲学诠释学"。

---

③ 参见成中英:〈何为本体诠释学〉,载于成中英主编:《本体与诠释》,北京:三联出版社,2000年,第24页。

④ 成中英著,李志林编:《世纪之交的抉择:论中西哲学的会通与融合》,第333—348页。此一主题的论说,广见于先生的著作言论之中。

可以说,成中英的"本体诠释学"是一种中国哲学的"哲学诠释学",进行中国哲学的当代诠释,阐明中国哲学的本体理解,其目的在于推动中国哲学的现代化与世界化,也借此超越海德格尔所批评的西方哲学"存有遗忘"的问题。

什么是成中英所说的"本体诠释学"的"本体"？成中英阐明"本体"的意义说：

> 什么是本体？他是实体的体系,即体,它来源于实体的本源或根本,即本。本和体是紧密相关的,因为本不仅产生了体,而且是不断地产生体,这可以根据本来解释体的变化。同样,体可能遮蔽和扭曲本,从而应返回本再生或重构以获得更开放的空间和更自由的发展。在这个意义上本体构成的不是一个静止的系统,而是一个具有创造性的转变和创造力的开放的动态系统⑤

一般人可能误解"本体诠释学"的"本体"是一种固定不变的现象背后的自立的实体,误解它是西洋哲学的实体,或是康德所批判的思辨理性的先验幻象。也有些人不了解成中英在海德格尔的此有诠释学、现象学诠释学之后,提出"本体诠释学"的深意。为了厘清一般人对本体诠释学的常见的误解,成中英写了〈不息斋答客问〉接续上述"本体"的意义来继续阐明他的本体诠释学：

> 有客来问我本体诠释学作何解？我答曰：本体是本而后体,本是根源,体是体系。本体是指宇宙呈显的生动活泼,生生不息的整体,具有时间性、空间性、生命性与创造性。但如何用人类的心灵与理性来表达及说明这一个活生生的宇宙本体,就是诠释的根本问题。故本体诠释学是以本体为本,以诠释为用的根本学问。⑥

成中英把"本"和"体"分而言之,"本"是本源,是生生不息的充满创造力的本源,"体"则是体系,即理解和知识的体系,"体"来自于"本"。成中英

---

⑤ 成中英：〈何为本体诠释学〉,载于《本体与诠释》,第22页。
⑥ 成中英：〈不息斋答客问〉,载于《创造和谐》卷首"作者手迹",上海：上海文艺出版社,2002年。

认为,中国哲学的本体诠释具有"本体相生、一体二元、体用互须"的思维结构⑦,这正是《周易·系辞上》的"易有太极,是生两仪"、"乾知大始,坤作成物"的易学基本思维模式,《周易·系辞上》说"神无方而易无体,一阴一阳之谓道,继之者善也,成之者性也","无体"是"没有固定的、被限定的某一个体","易无体"是说"易"的"体"是从"本"至"体"的不断生发创造的"体"。所以,《易经》虽没有用"本体"一辞,但是它对"易无体"的"本体相生"的理解,正是彰显了"本体"的深意。

"本"是本源,是生生不息的充满创造力的本源;"体"则是体系,即理解和知识的体系。对于"本体"的这种诠释,认为就"本体"而言,"本是根源,体是体系,本体是指宇宙呈显的生动活泼、生生不息的整体。"这显然是来自于《周易·系辞上》所说的"显诸仁,藏诸用,鼓万物而不与圣人同忧,盛德大业至矣哉。"成中英所说的"本体"是德性与知识(道德意志和理论理性)的统一,也是本体理解和方法说明的统一。

关于"本体"一词的文献史,成中英也曾加以考察,论证它与易学和儒学的关系。

就成中英〈何为本体诠释学〉一文文末关于本体诠释学的写作计划看来⑧,并从现有材料来检视印证,成中英本体诠释学虽然还在继续创建的历史之中,但是其基本宗旨与结构则已经相当清楚,它的结构包括下列五部分:1. 原始本体诠释学的雏形:整合创生与多元开放的周易哲学;2. 本体诠释学的方法论:本体与方法的融会;3. 本体诠释学的应用:C 理论管理哲学和现代人类的整体伦理学;4. 本体诠释学的三个重要范例:儒家的创造力、佛教佛性诠释学与超本体学,与美国三哲中的本体诠释学方法;5. 本体诠释学视点下的中国哲学史和西方哲学史。前三项是本体诠释学理论建构的主体部分。第四项和第五项则是本体诠释学在哲学史中的考察。

以下展开成中英本体诠释学在形上学、认识论和价值论三方面的三项基本论题。

---

⑦ 参见成中英:〈21 世纪与中国哲学走向:诠释、整合与创新〉,第二节"中国哲学的本体相生、一体二元、体用互须的思维结构",收于方克立方编:《21 世纪与中国哲学走向》,北京:商务印书馆,2003 年,第 13—17 页。

⑧ 参见成中英:〈何为本体诠释学〉,载于《本体与诠释》,第 24—25 页。

二、成中英本体诠释学的基本论题之展开与《易经》哲学

以下谨就"整合创生与多元开放"、"本体与方法"与"价值与知识的融合"三项,来分别展开成中英本体诠释学在道论形上学、知识论和价值论上的涵义。

成中英本体诠释学具有下列三个基本论题:

(一)整合创生与多元开放:本体诠释学的道论形上学的涵义。

(二)方法概念与本体诠释学、非方法论的方法论:本体诠释学的知识论涵义。

(三)价值与知识的融合:本体诠释学的价值论的涵义。

这三个基本论题,可以说是成中英本体诠释学的"本体形上学"、"本体方法论"和"本体价值论"的基本论题。就此三项基本论题与《易经》哲学的关系而论,可以说:首先,成中英本体诠释学的"本体形上学"发源于《易传》的"生生之谓易"的易道与道文化。其次,成中英本体诠释学的"非方法论的方法论"的本体方法论,与《易传》的"书不尽言,言不尽意……圣人立象以尽意"等论题有密切关系。最后,成中英本体诠释学的"价值与知识的融合"的本体价值论深受《易传》的"乾知大始,坤作成物"、"显诸仁,藏诸用"的启发。以下就此三点,加以展开。

(一)整合创生与多元开放:成中英本体诠释学的道论形上学的涵义与《易经》哲学

1982年,在为当代西方哲学诠释学的创始人伽达默尔的代表作《真理与方法》一书写的一篇书评中,成中英首次提出了"本体诠释学"的有关思想。1985年成中英"提出本体诠释学的创建工作。本体诠释学就是要在中西的意义思考与世界思考的架构中解决上述的诠释学中的问题(自然科学与人文精神科学的融合,建立广大深远的解释、理解与沟通理论)"[9]。成中英本体诠释学追求整合创生与多元开放境界,整合创生与多元开放就是本体诠释学对于尼采、海德格尔、后现代哲学家所说的西方传统形上学崩解的

---

[9] 成中英、潘德荣:〈本体诠释学与当代精神〉,收于《本体与诠释》,第50页。

回应之道,也就是从《易传》的"生生之谓易"与道文化的道论形上学,来加以响应。一方面,本体自身具有道的整合创生力动与多元开放性,就易学而言,它是"显诸仁,藏诸用……日新之谓盛德,生生之谓易"⑩的德性的创生本体,而且具有"寂然不动、感而遂通"的寂与感的两个侧面。就此而言,也还可以说本体是有无玄同(道家),真空妙有(佛家),具有海德格尔所说的存有自身是"开放"(Openness; Offenheit, Unverborgenheit),而且是即开显即遮蔽;正是因为存有自身和道的这个特性,所以表现为整合创生力动与多元开放性。⑪ 另一方面此一本体也是对于西方不同形上学传统的多元沟通和超越,是道论形上学在当代世界的意义脉络的整合创生。笔者这一小节就这两个方向展开论述。

1. 成中英本体诠释学对于西方形上学传统的超越:多元开放与整合创造

首先,就成中英本体诠释学对于西方不同形上学传统的多元开放,和在当代世界的意义脉络的整合创生而言,来讨论它在当代形上学的涵义。

就此而言,本体诠释学强调整合创生与多元开放,其创立也是建立在对中西哲学传统及现代走向的批判反省之上的。因此,成中英本体诠释学的创立,通过了对于西方哲学的诠释学、现象学、英美语言哲学、科学哲学、结构主义、意义哲学、德国古典哲学和中国儒释道三家哲学的批判反思。但是影响成中英本体诠释学最大者,是中国哲学之中的易学、儒学和道文化,此外,它在相当的程度内合理地吸收了西方哲学,所吸收的骨干是欧陆哲学的海德格尔的此有诠释学和伽达默尔的哲学诠释学,以及英美分析哲学的奎因(W. V. O. Quine)哲学。

对于中国哲学之中的易学、儒学和道文化的本体诠释学涵义,成中英说:"本体诠释学的提出就是为了在差异多元中寻求一体,在一体和合中发

---

⑩ 《周易·系辞上》,第五章:"显诸仁,藏诸用,鼓万物而不与圣人同忧,盛德大业至矣哉。富有之谓大业,日新之谓盛德,生生之谓易。成象之谓乾,效法之谓坤……知崇礼卑,崇效天,卑法地,天地设位而易行乎其中矣。成性存存,道义之门。"

⑪ 参见赖贤宗:〈海德格尔与道:论海德格尔思想的"转折"与其对中国道家的关注〉,2003 年 3 月 14 至 15 日,香港中文大学,《现象学与道家哲学》学术研讨会。

现并创造丰富的差异与多样……易经哲学是一种明显的本体诠释学。"⑫从中可以看出《易传》的"生生之谓易"对于成中英本体诠释学的巨大影响。成中英主张这样的易学与道文化传统富于本体诠释学的传统,与西方哲学诠释学可以走向融合:"要建立中国哲学的传统必须认识本体诠释学的主流与大体……不离一个重视本体思考,纳方法于本体之中的易与道的本体思考方式。此点与西方人存本体思考有接近之处……西方哲学诠释学的兴起所代表的本体思考的革命更具有走向中西融合与会通的重要意义。"⑬易与道的本体思考方式是纳方法于本体,也就是一种整合创生的本体思考,结合了本体与方法,能够实现不同文化和不同体系之间的多元开放。

我们若以跨文化哲学对话的角度来观察成中英本体诠释学与西方当代哲学的关系,可以发现:一方面,本体诠释学吸收了海德格尔的此有诠释学和伽达默尔的哲学诠释学,但是成中英也对他们的可能局限提出批判。成中英认为贝蒂(Emilie Betti)、哈贝马斯、德里达与伽达默尔的论辩突显了伽达默尔的哲学诠释学"尚未进行有关伦理道德与宗教等现象的本体理解与诠释……更未能进行跨文化及跨哲学传统的本体思考"⑭。成中英本体诠释学除了是对本体和方法论本身的思考之外,也是针对东西方的伦理道德与宗教等现象进行本体理解与诠释,从而展开跨文化及跨哲学传统的本体思考,成中英认为此一工作是伽达默尔等人的当代西方诠释学所欠缺的。

另一方面,在谈到以奎因哲学为代表的当代分析哲学对自己的影响时,成中英明确指出,本体诠释学是"基于对奎因思想的批评反省,融合中国哲学以及欧洲诠释学的传统,而发展出来的"⑮。又说:

> 我把奎因的逻辑和语言哲学看成是本体诠释学的哲学工作的一部分,这项工作在于为作为真理性诠释的某一观点作出本体论的重建和

---

⑫ 成中英:〈中国哲学的现代化〉,收于李翔海编:《知识与价值:成中英新儒学论著辑要》,北京:中国广播电视出版社,1996年,第360页。
⑬ 成中英:〈21世纪与中国哲学走向:诠释、整合与创新〉,第二节"中国哲学的本体相生、一体二元、体用互须的思维结构",收于《21世纪中国哲学走向》,第16页。
⑭ 同上书,第16页。
⑮ 成中英:〈深入西方哲学的核心〉收于《知识与价值:成中英新儒子论著辑要》,第540页。

诠释。但要补充奎因的学说以调和其特殊的还原论倾向。⑯

在另一处，成中英强调他的本体诠释学根植于《易经》哲学之中：

> 值得指出的是，本体诠释学的看法是根植于中国哲学观念之中，尤其是根植于强调整体作用的《易经》哲学之中。⑰

成中英指出，奎因事实上是从逻辑分析立场清晰地批判了逻辑实证主义。这也可以说是从新观点来重新检视逻辑实证主义的"知识实证原则"。奎因把狭义的、单向的以及孤立的经验意义的观念，扩大到与经验意义相关的网络。从而不以一事一物作为意义的确定因素，而以事物的全盘理论网络或系统作为确定意义的界域。这样，奎因突破了逻辑实证的藩篱，而建立了一套机体网络论的哲学，指向整合创生和多元开放的本体思考。成中英对于奎因哲学的高度欣赏，也是来自于易经和奎因的哲学都是一种机体网络论的哲学，强调整合创生和多元开放的本体思考。

成中英通过师从奎因，既学习了分析哲学严谨的逻辑分析方法，又将分析哲学的发展引向整体主义与机体主义的方向，再关注于本体论的问题，特别是现代社会价值安顿的问题，从英美分析哲学的阵营跨入了与欧陆的此有诠释学、哲学诠释学互相对话的诠释哲学的行列之中，从而也和易经哲学的本体思考更为接近。

正是在上述对中西哲学的整体反省与互诠互释中，成中英创立了本体诠释学。以中西文化的对比而言，成中英指出，一方面，西方哲学传统偏重理性分析，追求方法的严格，成就了知识系统的崇高。另一方面，中国哲学则以肯定和实现生命意志为中心，其基本的特色为对整体价值的直观与体验。合此两方面以观，从人类生命的整体本体出发，中西哲学虽然都显发了生命存在的或理性或意志的某方面特质，但也都难免陷于一偏，因而也都难免各自的危机与问题。理性与意志同为人类生命的两大动力，它们之间虽然互有差异，但从其根源处之生命本体而言，它们又具有统一性，诠释此一生命

---

⑯ 成中英：〈本体诠释学洞见和分析话语：中国哲学中的诠释和重构〉，收于成中英主编：《本体与诠释：中西比较（第三辑）》，上海：上海社会科学院出版社，2003年，第50页。
⑰ 成中英著，李志林编：《世纪之交的抉择：论中西哲学的会通与融合》，第83页。

本体的统一性就是本体诠释学的宗旨。在此,成中英的本体诠释学从《易经》的"神无方而易无体,一阴一阳之谓道,继之者善也,成之者性也"⑬,得到理性与意志如何相融洽化的启示。甚且,理性与意志的根源与内在统一性为现实的中西方哲学走向融会贯通,从而最终确立融贯理性与意志的人之"整体哲学"提供了基础。成中英的本体诠释学正是面对当前东西方哲学之间及其哲学内部面临着知识与价值、方法与本体之间既相互排斥又相互需要的矛盾,而提出的整体思考,其中的主轴正是《易经》哲学与道文化。它不仅要整合知识与价值,而且要统一本体与方法。对于西方哲学而言,本体诠释学的统一知识与价值是对康德哲学之后的意志与知识二分、物自身与现象二分的难题的解决;统一本体与方法则是对欧陆的哲学诠释学与英美的分析哲学的融合。对于中国传统儒家哲学而言,本体诠释学的统一本体与方法则一方面是对宋明理学的心性论忽视知识与情感的偏向之克服,另一方面也是对重本体之融贯而轻方法之分析的纠正。

所以,成中英的本体诠释学的这种统一是通过中西哲学之间的互诠互释、相互批评而实现的,而此一中西哲学之间的互诠互释,正是来自于对于成中英中西哲学对于情感与意志的生命省思,进而从易经哲学"神无方而易无体,一阴一阳之谓道"的基本原理得到其突破点的。成中英既要用西方哲学批评中国哲学,以显发中国哲学的智慧精神,为之确立普遍的理性形式,使其价值理想真正贯注到现代人的生活实际中;又要用中国哲学批评西方哲学,用中国哲学的整体慧识来为目前陷于褊狭化、过分专业化、琐屑化的西方哲学警示发展方向,并最终消弥中西哲学的界限,汇成统一的世界哲学。

2. 成中英本体诠释学是整合创生与多元沟通的形上学

就成中英本体诠释学是整合创生与多元开放的道论形上学(超存有学,Metontologie)来考察。成中英故意把"本"和"体"拆开来讲,以避免一般人把本体误以为是僵化执著的实体。成中英强调,本体相生,体用互须。本体是从本到体的不断生发的过程中,由本原到知识,也同时在知识的生发过程中,又由多元开放而反虚入浑、回到开放的浑全之整体性。"本体"意味着从根源性的"本"开展成为"体"的系统,具有整体创生与多元开放的意义,此

---

⑬ 《周易·系辞上》,第四章。

一本体理解实来自于易道,成中英说:

> 我们本体诠释学所诠释的本体论需要被理解为"本体"(原初的真理或实体),即一个指称产生我们关于世界显现经验的终极实在性的概念。作为本体论,"本体"在中国哲学中被经验和描述为一个万物从其创生的源头以及万物有序地置身于其中的内容丰富的体系。而且它是一个互动的过程,在此过程中万物仍在被创生。在这种意义上,"本体"最好被表现为"道"。[19]

本体诠释学力图站在一个比传统中西哲学更高的基点上来融贯中西哲学,为未来世界哲学的发展指示方向。本体诠释学是成中英数十年来在哲学这条孤峻的道路上不停探索的结晶,它代表了成中英力图超越与包容中西哲学,在更高基点上重建未来理想的哲学体系的雄心与宏愿。同时,本体诠释学的提出也是成中英自我哲学生命的投注。成中英对本体与方法、知识与价值、理性与意志的整合,既是基于对东西方哲学传统的反省,同时也是基于他自己生命存在的体悟,尤其与《易经》哲学对他的深刻影响有关。从成中英的自述来看,他之所以走上哲学的道路,正是对自己生命中理性与意志的调适,以及对于中西的不同文化偏向的危机的深思与响应。成中英既深入了西方哲学的核心,对西方哲学的理性知识传统有了真切的了解;同时又对中国哲学的价值传统(尤其是《易经》哲学)有着深刻的体悟,并保持着中国哲学的价值理想。我们看到,中西哲学传统、价值与知识、理性与意志等等课题,在成中英的哲学生命中是经过思想辩证而达到整体和谐的。不管是在他的儒家哲学的新诠释,还是他对于和谐辩证法的构思,以及他对本体诠释学的建构,都是这样。而本体与方法的统一,又恰恰是成中英哲学思维方式的根本特点。这样,时代的问题与哲学家自己的问题就融贯为一了。成中英的哲学活动,正是要从自我哲学生命出发,为人类的未来探寻一个理想的"共慧命"。作为一个学贯中西、古今的当代哲学家,成中英至今仍然活跃在世界哲坛上,本体诠释学也还是一个正在发展中的哲学理论。它

---

[19] 成中英:〈本体诠释学同见和分析话语:中国哲学中的诠释和重构〉,收于《本体与诠释:中西比较》,第43页。

将怎样更加完善,在今后将有怎样的新发展,它将怎样为推进中国哲学的现代化与世界化、创立世界哲学不断做出新的贡献,这些都是我们可以拭目以待的。

(二)方法概念与本体诠释学、非方法论的方法论:成中英本体诠释学的知识论涵义与《易经》哲学

1. 方法概念与本体诠释学

成中英于1984年发表〈方法概念与本体诠释学〉一文[20],首次有系统地在中西哲学的脉络之中,解说他对于本体诠释学的构想,收摄方法于他对本体的新解,将他的融合方法与本体的本体诠释学之洞见加以展开。该文包含了下列几个课题,这几个课题也是后来他的本体诠释学反复展开论述的主题:(1)讨论自然科学与精神学科的方法论差异(成中英说成是"科学与非科学两种方法的课题");(2)对于西方哲学史中的种种方法论概念加以检讨,并对中国哲学的方法概念与潜质加以解说;(3)廓清本体;(4)基于《易经》哲学原理和西方此有的诠释学、哲学诠释学与奎因哲学,对于贝蒂〈论诠释学为人文科学一般方法论〉一文加以检讨,提出"融合方法与本体"的本体诠释学的观念架构,并说明了本体诠释学的功能。

成中英将贝蒂的诠释学原理整理为四条:

(1)"客体的独立原则"(autonomy of object),也就是我们研究的课题是否清楚和独立。

(2)"全体意义的圆融原则"(coherence and totality of meaning),就是部分与全体的意义圆环原则:部分决定全体,全体也决定部分。

(3)"理解的实现原则"(actuality of understanding),就是了解是否能在意识之中真正的重建,真正达成有机组合。

(4)"意义的和谐化原则"(harmonization of meaning),即我们个人了解的观点与他人的观点是否能尽量接近。

成中英提出六条原理来对此加以补充,也就是分别从"本体"、"形式"和"经验"各提出两条原理:

在本体部分的两个原理,第一是"本体的先识原则"(pre-understanding of

---

[20] 参见成中英:〈方法概念与本体诠释学〉,收于《知识与价值:成中英新儒学论著辑要》。

ontological circle),即本体本身的基本假设必须清楚化。第二是"意义终极概念化原则"(ultimate categorization of ontological circle),即意义的来源、概念的范畴等必须清楚界定。这两条原理来自于一般逻辑和思维方法的训练。

在形式部分的两个原理,第一是"逻辑结构秩序化原则"(ordering of structure),即语言所指涉的具体事物和抽象事物必须有清晰的层次,不能混淆不清。第二是"语言指涉定值原则"(formulation of referentiality in language),即利用现代逻辑中的量化法(Quantification)以规范指涉对象。这两条原理来自于奎因为主的逻辑哲学和英美语言哲学。

在经验部分的两个原理,第一是"历史发生原则"(analysis of historical genesis),即历史发生的基本条件。哲学观念是在历史网络之中发生的,可是哲学并不等同于历史网络本身,思想史和哲学史是不同的,不能以思想史的历史批判法来完全取代哲学反思。第二是"效果影响原则"(analysis of efficacy),即各种思想间彼此如何互相影响、意义本身有什么样的演变等问题。这两条原理来自于海德格尔和伽达默尔的哲学诠释学。[21]

成中英将以上十条原则整合起来看,并加予以图示[22],这不仅整合了侧重方法的贝蒂的诠释学和侧重本体(存有意义)的海德格尔-伽达默尔的哲学诠释学,也整合了一般逻辑和思想方法、奎因为主的逻辑哲学和英美语言哲学。因此,我们就有一套完整的本体诠释学概念,尤其是有一套新的本体诠释学的方法概念。这里面有 hermeneutical circle、historical-effective circle、ontological circle 三个循环(circle,回环、圆环),构成了"主观的深化"与"客观的延伸"的本与体的相须互用,也就是创生整体的根源之本与多元开放的体现在不同文化与生命表现的分殊的体的相须互用。成中英所讨论的 ontological circle,和海德格尔《存有与时间》本来的意思并不完全相同,或者说,从海德格尔的存有思想来看,他自己早期的此有的诠释学仍包含了未能完全脱离他自己所批判的"存有神学构成"的一些问题。笔者认为成中英所提出的新的本体诠释学的方法概念,出自于易学和道学的传统,这应该被称为

---

[21] 以上关于本体诠释学十条方法论原理的讨论参见成中英:〈方法概念与本体诠释学〉,收入《知识与价值:成中英新儒学论者辑要》,第156—157页。
[22] 同上书,第158页。

是"本体诠释学的循环"(onto-hermeneutical circle)。若是只用成中英自己所说的"本体学循环"一辞,会引发一些误解。

成中英这里的十条诠释学原则也是深受《易经》哲学的启发。成中英以《周易》为中国哲学的起点和原点,通过《易经》哲学,展开了他自己的本体诠释学的特有的本体理解[23],他的本体诠释学的方法论,也深受《易经》哲学的影响,如下文所说:

> 中国哲学是一个传统,……是根据定居在中原的中国人的生活经验、文化经验和个人经验而综合出来的一个成果。……《易经》是古代中国人的生活经验、文化经验、价值经验的总结晶。它是早期中国人观察天文地理,并结合人情的需要而创造出来的一套融天地人为一体的整体宇宙观。……中国哲学从《易经》哲学开始,就把宇宙与本体合为一体。……这两者之间的相互阐明,是中国哲学的特点。……这个本体化的宇宙和宇宙化的本体还包括了人的生活世界。这种天、地、人合一的本体宇宙图像,从一开始就表现在《易经》的卦象及其原初的卦辞里。质言之,……《易经》是中国哲学的生活宇宙经验的缩影。……《易经》又是涵摄宇宙发展过程的思维方式。……《易经》的思维方式显示出一个宇宙图像,《易经》的宇宙图像也包含了一套思维方式。用本体诠释学的话来讲,这个宇宙图像即本体,这个思维方式即方法。所以,宇宙图像与思维方式的合二为一,就是本体与方法合而为一。这一点,可以通过《易经》哲学中客观的象、理、数,以及主观的意、义、辞来把握。[24]

上述引文中言及的客观的象、理、数,以及主观的意、义、辞之间的合而为一,就是本体诠释学方法论受到《易经》影响的实例。这里所说的包含在《易经》的卦象及其原初的卦辞里的"天、地、人合一的本体宇宙图像",也就是《易传》所说的"《易》之为书也,广大悉备,有天道焉,有人道焉,有地道焉,兼三才而两之,故六爻者非它也,三才之道也"、"兼三才而两之,故《易》

---

[23] 成中英:《〈易经〉的方法思维》,《国文天地》第6卷,第11期,1991年4月,第24页。
[24] 成中英著,李志林编:《世纪之交的抉择:论中西哲学的会通与融合》,第333—336页。

六画而成卦,分阴分阳,迭用柔刚,故易六位而成章"。易"兼三才而两之"和"六位而成章",这不仅包含了他对方法论的反思,也凝练着成中英所谓的"生活宇宙经验"的"易的体验",是他的"易的观念"与"易的体系"的基础[25]。此中,阴阳刚柔,是就现象流转而言,是宇宙论的语言;乾坤,是就德性而言,是价值论的语言。又,客观的象、理、数,以及主观的意、义、辞,以及就存在的场域而言的"兼三才而两之"和"六位而成章",则是方法论的语言。但是就方法与本体的合二为一而言,就价值与本体的相生共融而言,则这些语言(象、理、数、意、义、辞、兼三才而两之、六位成章)除了方法论上的意义,也有价值论与形上学的意义。

"易的体验"的核心是"天地人三才之道通贯一体"的宇宙性生活体验,展现为"本体与方法合二为一"的易学方法论,更发展为"和谐创生"的易学价值观。此"和谐创生"之生活经验的宇宙观,分析地说,则是以《易传》的"神无方而易无体,一阴一阳之谓道"、"太极两仪"的基本原理,有本有体,开展根源与体系兼备的"生生不息"之整体创造。本体与宇宙、本体宇宙与个体主体的合二为一、对偶相生、动态平衡和谐的易的本体体验,是成中英"本体诠释学"的方法论与价值论之核心。本体宇宙与个体主体,此中的一体二元对偶相生、动态平衡和谐,可以发展成为方法思维与价值实现模型。从成中英较早的、具方法论意义的〈迈向和谐化辩证观的建立:和谐及冲突在中国哲学内的地位〉[26],到他后来对本体诠释学的阐明,及由此所延展出的合二为一、对偶相生、动态平衡和谐的方法思维与价值实现特色,处处透显在成中英的各种著作中。[27]

2. 非方法论的方法论

成中英〈中国哲学中的方法诠释学〉一文指出:当代西方诠释哲学的方

---

[25] 参见成中英:〈论易之原始及其未来发展〉,第 12 页。

[26] 收入成中英:《知识与价值:和谐、真理与正义的探索》,台北:联经出版事业公司,1986 年,第 3—40 页。本文原题为"Toward Constructing A Dialectics of Harmonization: on Harmony and Conflict in Chinese Philosophy",初稿发表于亚洲研究协会(Association for Asian Studies, San Francisco, March 1975),修定稿则发表于《中国哲学季刊》(Journal of Chinese Philosophy), Vol. 5, No. 1, September 1977, pp. 1-43.

[27] 参见林碧玲:〈成中英先生《易经》本体诠释学与《易》学出土资料之研究〉,收于《东西哲学与本体诠释:成中英先生 70 寿辰论文集》,台北:康德出版社,2005 年,第 198 页。

法论模型,依海德格尔和伽达默尔的哲学诠释学,可建构如下图[28]:

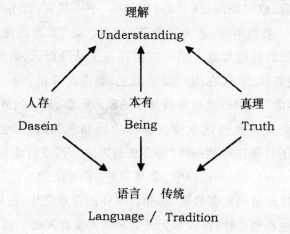

成中英认为此一模型显然是"非方法论的方法论"模型,因为方法并未从本体中脱离而抽象出来。中国哲学的方法意识也是"非方法论的方法论"模型,可以表达如下:

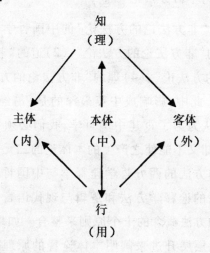

为何称为"非方法论的方法论"呢?成中英认为,首先因为这不是逻辑的方法,不是西方古典及近代哲学的理性方法,所以说是"非方法论";其次,就"其达成认知本体真实的功能和意义言,则仍有方法性与工具性,故仍为

---

[28] 参见成中英:〈中国哲学中的方法诠释学〉,收于《知识与价值:成中英新儒学论著辑要》,第182页。

一种方法论"㉙。就"非方法论的方法论"不是逻辑的方法和西方传统哲学的理性方法而言,成中英深受《易传》所说的"书不尽言,言不尽意……圣人立象以尽意"㉚、"寂然不动,感而遂通"的启发。就"非方法论的方法论"达成认知本体真实的功能和意义仍有方法性与工具性而言,则深受易学体用论的影响,即用显体,全体在用,"易者象也,象也者像也。……天下同归而殊途,一致而百虑"㉛,如以之易象所涉及的象、理、数、意、义、辞、兼三才而两之、六位成章,都是一种通达本体真实的功能和意义的"非方法论的方法论"。所以,中国哲学诠释是一种"非方法的方法",西方的此有诠释学(Hermeneutics of Dasein)和哲学诠释学,也是一种"非方法的方法",两者的目的都是要解明本体理解的实存界域,解释在本体的观点之中,主体、客体、理解与行动的一体性和创生性,拓深多元开放融通的实存基础。成中英指出:

> 中国哲学中的方法意识可以直接通向本体意识,而不必与本体意识截然分割。此点与西洋哲学的方法意识迥异,故称中国哲学中的方法论为"非方法论中的方法论"㉜。

成中英认为如上"非方法论的方法论"的中国哲学的本体诠释模型,又可分为五种:(1)易的"非方法论的方法论";(2)道的"非方法论的方法论";(3)儒的"非方法论的方法论";(4)理的"非方法论的方法论";(5)禅的"非方法论的方法论"㉝。此中,影响成中英最深的是《易经》哲学的"非方法论的方法论"。成中英认为为了重建中国哲学,我们必须"把中国哲学的非方法理论化,但是同时却又不能使之产生的本体论的二元分割现象"㉞,所以一方面要会通同样是非方法的西方哲学诠释学与中国哲学的本体诠释传统,另一方面要吸收贝蒂的诠释学方法和逻辑与现代语言哲学的方法,用前述成中英本体诠释学的方法概念的十个原则来整合。如果说本体诠释学的方法概念的十个原则是层层升进来阐明本体诠释的原理,那么,"非方法的方

㉙ 同上书,第183页。
㉚ 《周易·系辞上》,第12章。
㉛ 《周易·系辞下》,第三章。
㉜ 成中英:〈中国哲学中的方法诠释学〉,收于《知识与价值:成中英新儒学论著辑要》,第198页。
㉝ 同上书,第184页。
㉞ 同上书,第201页。

法"强调的就是更进一步的整合,以及"非方法"而有的灵活性和直接性。

(三)价值与知识的融合:成中英本体诠释学的价值论的涵义与与《易经》哲学

1. 价值的知识论与知识的价值论

成中英指出:"我在对中西哲学发展的交互反省中,特别感受到价值与知识问题的同等重要。"成中英指出,知识与价值的相互诠释,即从知识层面去了解价值、批判价值,进而建立价值,防止价值的误用;也从价值层面去诠释知识、安立知识,进而认识知识的真相,运用知识,这是他多年来的心力所投注。为此他倡导确立"价值的知识论"(epistemology of values or axio-epistemology)与"知识的价值论"(axiology of knowledge or epistemoaxiology)。㉟ 这是来自于《易传》的"显诸仁,藏诸用……成象之谓乾,效法之为坤"㊱、"乾知大始,坤作成物,乾以易知,坤以简能"㊲。"乾"是"知大始"的"成象"的"价值的知识能力","坤"是"作成物"的"效法"的"知识的价值能力"。

成中英从人的实存整体来看,可以说知识是价值的"认识根据",而价值是知识的"存在根据",知识与价值之间存在着"本体诠释学循环"。所谓"价值的知识论",是指自知识的立场来宣示了解及认知价值的形成条件及本源,同时也了解、认知价值的结构与意义,并进而了解、认知知识对价值的形成和重建,以及对意志活动的影响,更进而重建吾人对生命应有的整体关系的认识。乾坤二者、价值的知识与知识的价值二者"阴阳合德,而刚柔有体,以体天地之撰,以通神明之德"㊳,所以能够实现"神无方而易无体,一阴一阳之谓道"的易道。

所谓"知识的价值论",就是探讨知识如何批判价值之误用,理性如何引导人的意欲与意志活动,如何发挥知识在价值上的意义,如何使知识配合整体价值、基本价值的认识,促使知识的宇宙切合人的需要,并进而探索知识宇宙的意志基础所在,使生命发挥内在的意义、超越自己实存的限制。情理

㉟ 参见成中英:〈论知识的价值与价值的知识:《知识与价值》自序〉,收于《知识与价值:成中英新儒学论著辑要》,第316页。
㊱ 《周易·系辞上》,第五章。
㊲ 《周易·系辞上》,第一章。
㊳ 《周易·系辞下》,第五章。

合一，使得创生整体的本，与显化在万殊的知识的体，二端一致，互为体用，含弘光大，相辅相成。成中英认为，自此一观点言之，完全可以将科学知识视为实现人类某些基本欲望与愿望的方式。因此，库恩（Thomas Kuhn）强调基于科学知识体系的内在限制而发生的科学典范的革命。费亚本德（Paul Feyerabend）承认知识的多元系统，认为科学的理论不只在一个基础或一个平面上去讨论，理性可以允许知识的跳跃、观念的冒险。以上这些当代科学哲学的自我反省，都可以视做是要在知识活动中认清人类社群的意志活动的重要性。

2. 从成中英本体诠释学的价值论到当代新儒学哲学的批判反思

在本体诠释学的价值论的建构上，成中英推进了当代儒学的发展，他认为除了方东美对于情理合一和东西文化的比较哲学研究之外，他认为我们应该特别重视和提出熊十力和牟宗三创立的新儒家哲学体系。熊十力的新儒家哲学体系的思想突破主要来自于易学体用论的省思，而此一突破影响了牟宗三所创立的新儒家哲学体系。牟宗三的一系列代表性的著作综合了20世纪以来各种儒学思想和讨论，提出许多发人深省的问题，影响深远。牟宗三受熊十力的启发，竭力点明儒家道统的渊源及其内涵的哲学性质。他特别提到孔子的仁道所建立起来的道德性原理，并强调在中国哲学史上，道德和文化的主体性问题到了孟子哲学才被充分发挥和真正突显出来，从而发扬了宋明新儒家哲学的心学传统，整理爬梳宋明新儒家哲学道德的形上学的三系，并与康德哲学对话，这些研究无疑有其贡献。

不过，成中英认为牟宗三对道德主体性的建构及其意义问题似乎并没有做出令人满意的最后结论。有关在中国文化中，道德主体性的当代建构及其全体意义问题似乎还未有真正最后的结论，如何从当代人文向度的开展上、在当代中西方哲学诠释的意义脉络中来阐明，依然是今日儒学必然会涉及的问题。这一道德主体性自身如何确定以及进一步超越的问题，将超越出独我论和独断论的主体性问题的范围。成中英认为：显然这种超越指向的两端，一端指向道德主体根源的本体领域，一端则指向具体分殊的价值领域。㉝ 用成中英

㉝ 参见成中英：〈儒学的探索与人文世界构成的层次问题〉，载于《合内外之道：儒家哲学论》，北京：中国社会科学出版社，2001年，第365页。

之本体相生、体用互须的深受《易经》哲学影响的本体诠释学的语言来看,当代新儒家哲学的建构必须一端指向本体之整体创生的本,而另一端指向本体之多元开放的实现在分殊当中的体。也可以说,在一端涉及道德主体性之本体及其根源的问题,另一端涉及道德主体的人文定位及其自我超越问题上,现代新儒家遇上了最困难棘手而富有世界哲学意义的哲学挑战。就此一儒学的当代开展与人文世界构成的层次问题而言,成中英认为必须就下列三点展开讨论:1. 人文世界与人文精神的宇宙观与天道论背景;2. 人文世界的道德秩序和主体的意识层次、主体意识与文化意识具有同等发生的结构;3. 人文世界的法律秩序与法权意识层次。[40]

三、当代新儒学哲学的批判反思与成中英易学的本体诠释学

熊十力在对《易经》哲学的体用论阐述中运用佛教的语词与思想,借此来融摄佛教如来藏思想和中国发展出来的佛性论(禅、天台、华严),虽然说熊十力在此所构作的系统诠释是一种"取为我用"的"策略",但是也不可否认他早期的《新唯识论》和晚期的《体用论》,出入儒释道三家,阐明"体用不二而有分,分而仍不二",旁及西方哲学和中国文化史的反思,这是当代东亚哲学在 20 世纪上半叶的一次伟大的破天荒的《易经》哲学的理论创造。正如熊十力自评《新唯识论》是"新论自成体系,入乎众家,出乎众家,圆融无碍"[41],《新唯识论》在文化沟通上,确实有其重要性。

熊十力以《易经》哲学的体用论为本位,来会通儒释道,乃至于西方哲学,有其 20 世纪中国国运衰败而救亡图存的时代背景,熊十力的中国文化本位主义、儒家本位的《易经》哲学创造,则不同于一般的保守顽固的本位主义,正如他在 1949 年 11 月 29 日所写的〈复唐君毅〉中所说,"余志在发挥孔子六经之精蕴以贻后之人。至于宋汉群儒,以及诸子与佛氏,其长宜抉择,其短宜辩明"[42],有其苦

---

[40] 参见成中英:〈儒学的探索与人人世界构成的层次问题〉,载于《合内外之道:儒家哲学论》,第 369—376 页。
[41] 熊十力:〈纪念北京大学五十年并为林宰平祝嘏〉,收于《十力语要初续》,见《熊十力全集》第五卷,武汉:湖北教育出版社,2001 年,第 28 页。
[42] 熊十力:《熊十力全集》第八卷,第 637 页。

心。当代谈"跨文化沟通"(Intercultural Communication),不是要去除文化的特色和独特性,也不是盲目地破除自身文化的主体性,而是要在跨文化的互为主体性之中,承认彼此的主体性和此中的差异性,开放沟通。就此而言,熊十力对于文化沟通而创造新学,也有其方法论,他说:"至理无穷无尽,中外古今乃至未来,任何上圣,其学之所造,总有异点,总有同点,乃至同中有异,乃至异中有同,大同大异,小同小异,互相观待,纷纭复杂,妙不可诘,唯无门户见而善观会通者,乃可渐近于真理。"[43]

"唯无门户见而善观会通者,乃可渐近于真理",真理是朝向未来的继续创造的,或许熊十力的《易经》哲学的体用论,仍因其时代限制而有一些局限,但也正因这样而提示了未来的发展方向。就此,可举牟宗三、成中英两人为例。牟宗三是熊十力的嫡传弟子,牟氏对于《易经》哲学和康德哲学十分熟悉,在《圆善论》中创造了当代判教理论,判东西哲学为境界形态和实体形态的形上学、或说是无执的存有论和有执的存有论;又判儒家哲学是纵贯纵讲,而佛道是横贯横讲;又援引了康德哲学对于自由意志和道德底形上学的解说,来阐明纵贯纵讲的儒家圆教,并批判天台佛教的圆教只是"团团转的圆",不能终极地贞定人文价值的方向。牟宗三对于其师可谓是善绍其志,可谓一麟足矣。牟宗三的当代判教,不仅是吸收了康德、黑格尔、海德格尔哲学来对比解说中国哲学的圆教,也借助于道家和佛教的理论力量来壮大当代儒家哲学,在此一策略地运用之后,却归本于儒家,而批判佛家究极而言,沉空溺寂,不能安立人文价值的终极基础。

从跨文化沟通的角度来看,牟宗三的哲学诠释系统也会遭遇到一些问题,简言之:(1)牟宗三的会通儒佛而归宗儒家,受限于他对于佛教思想史与佛教哲学的了解的片面性。(2)牟宗三借助于道家和佛教的理论力量来壮大了当代儒家哲学,在此一策略运用之后,却归本于儒家,而批判佛家。虽然他会通三家的理论颇见深度,但是这毕竟是一本位主义的"策略运用",对于跨文化沟通的发展,是颇为不利的。

相对于牟宗三的情况,成中英阐明了他的易学本体论,也就是他的本体

---

[43] 熊十力:〈新论平章儒佛诸大问题之申述(黄艮庸答子琴)〉,收入《十力语要初续》,见《熊十力全集》第五卷,第127—128页。

诠释学，从事于更为广大精微的跨文化哲学的理论建构。一如前述，在成中英易学本体论的本体诠释学之中，本是根源，体是作用。本是本体理解，体是文化诠释，含弘光大，品物流行，深达跨文化哲学沟通之妙。

首先，在成中英的深受《易经》哲学影响的本体诠释学之中，本是根源，体是作用，所以有体有用，用不为无体之用，不是现象论和科学化约论；体非无用之体，不是价值的虚无主义。成中英又展开了"非方法的方法论"，欲以含摄释道两家关于"空"、"无"的见解。

其次，在成中英的深受《易经》哲学影响的本体诠释学之中，本是本体理解，体是文化诠释。成中英在此主要是运用了海德格尔的此有诠释学和伽达默尔的哲学诠释学，运用了本体理解和文化诠释的本体学循环。此外，成中英也运用了分析哲学，将之吸收到他自己的本体诠释学之中。

最后，在成中英的深受《易经》哲学影响的本体诠释学之中，成中英的本体诠释学不仅是对于形上本体的诠释，也不只是对于文化诠释的本体理解的阐明，他也将本体诠释学在价值论上展开。其中，在伦理学上的展开，这是整合了德性与知识、德性伦理学与义务论伦理学。在美学上，在宗教哲学上，也都有许多的论文，来阐明本体诠释学的整合论。

结 论

本文就"整合创生与多元开放"、"本体与方法"与"价值与知识的融合"三项，来分别展开成中英本体诠释学在道论形上学、知识论和价值论上的涵义，阐明它们与《易经》哲学的关系。这三个基本论题，可以说是成中英本体诠释学的"本体形上学"、"本体方法论"和"本体价值论"的基本论题，可以看出，此三项基本论题皆与易学体用论的思想启发有关。成中英本体诠释学的"本体形上学"发源于《易传》的"生生之谓易"等论题。成中英本体诠释学的"非方法论的方法论"的本体方法论，与《易传》的"书不尽言，言不尽意……圣人立象以尽意"等论题有密切关系。成中英本体诠释学的"价值与知识的融合"的本体价值论深受《易传》的"乾知大始，坤作成物"、"显诸仁，藏诸用"论题的启发。以下就此三点，加以展开：

对于"本体"的体会，乃是理解成中英本体诠释学的关键所在。值得指出的是,成中英关于"本体"的体会与相关的诠释开展,乃是基于《易传》的本体体验,从而汇会东西方的哲学,展开当代诠释。例如成中英整合的十条诠释学原则[㊹],不仅整合了侧重方法的贝蒂的诠释学和侧重本体(存有意义)的海德格尔－伽达默尔的哲学诠释学,也整合了一般逻辑和思维方法与奎因为主的逻辑哲学和英美语言哲学。因此,我们就有一套完整的本体诠释学概念,尤其是有一套新的本体诠释学的方法概念。

成中英所提出的新的本体诠释学的方法概念,是出自于易学和道学的传统,他的本体理解所包含的本与体之间的循环、本源与系统之间的循环、本体与方法之间的循环、本体宇宙与生命主体等等之间的循环,是"本体诠释学的循环"(onto-hermeneutical circle)。此种循环不是逻辑论证的恶性循环,而是类似于海德格尔所说的存有意义问题所涉及的循环[㊺],更多是来自于《易经》哲学的体用论和成中英自己对于中西哲学的体会,"本体诠释学的循环"是经由沟通与交流而不断丰富其意义、深化其内涵、产生新的界域的回环,具有中西哲学对话和跨文化哲学的深刻涵义。

本文指出:就方法与本体的合二为一而言,就价值与本体的相生共融而言,《易经》体用论的象、理、数、意、义、辞、兼三才而两之、六位成章等论题,除了方法论上的意义外,也具有价值论与形上学的意义。就价值论而言,成中英倡导确立"价值的知识论"与"知识的价值论"。这是来自于《易经》的乾坤并建,仁智双彰。"乾"是"知大始"的"成象"的"价值的知识能力","坤"是"作成物"的"效法"的"知识的价值能力"。

从成中英的新的本体诠释学的易学体用论和方法论出发,同时也是从本体与价值合一的价值论重新着眼,成中英对于当代新儒家哲学的理论建构也重新加以检讨。本文指出:相较于熊十力和牟宗三,成中英提出一个更具有跨文化沟通的意义的理论建构。

成中英的本体诠释学与易学体用论的理论建构,散见于他的许多论文,目前还未整理出版成书,但是已经初步规划将整理为数本专著。他所从事的相关理论建构深具当代中西哲学创造与跨文化沟通的意义,深深值得吾

㊹ 成中英:〈方法概念与本体诠释学〉,载于《知识与价值:成中英新儒学论著辑要》,第158页。

㊺ 海德格尔:《存有与时间》(Sein und Zeit)第2节。

人加以注意。本文只是就其散列各处的论点加以整理,建构一个系统,也就是说:1.整合创生与多元开放:本体诠释学的道论形上学的涵义;2.方法概念与本体诠释学、非方法论的方法论:本体诠释学的知识论涵义;3.价值与知识的融合:本体诠释学的价值论的涵义。本文阐明易经哲学易学体用论对于他的这三个论题的影响,也阐明融汇西方哲学之处,对于成中英继熊十力、方东美而起而从事的易经当代哲学创造与跨文化哲学沟通,实在是深具意义。

　　本文的一部分取材于旧稿〈本体与诠释:从成中英的本体诠释学到当代佛教诠释〉(收于潘德荣、赖贤宗主编:《东西哲学与本体诠释:成中英先生70寿辰论文集》,台北:康德出版社,2005年),但是此文已经经过改写,强调成中英的《易经》哲学与本体诠释学的关系。

认真贯彻"双百方针" 努力推进哲学繁荣
——纪念"中国哲学史座谈会"五十周年学术研讨会综述

杨学功 郗 戈

提 要：1956年，中共中央提出繁荣学术文化的"百花齐放、百家争鸣"方针。为了贯彻"双百方针"，北京大学哲学系于1957年1月22日至26日召开了"中国哲学史座谈会"。会上集中讨论了中国哲学史的对象和范围、如何适当估价唯心主义、中国哲学遗产的继承等问题，引起了哲学界的热烈争鸣，在中国当代哲学史上产生了重要的历史性影响。为了纪念此次盛会，2007年1月22日至23日，北京大学哲学系发起并主办了"纪念'双百方针'暨'中国哲学史座谈会'五十周年"学术研讨会。与会专家学者围绕"'双百方针'的历史经验与现实意义"，"哲学研究与新时代文化建设的关系"，"哲学理论创新与哲学史研究的互动"，"中国哲学、西方哲学、马克思主义哲学的对话与沟通"，"开展学术争鸣的问题与方式"，"学术规范、学术氛围与学科建设"等问题，进行了广泛而深入的研讨。

关键词：中国哲学史座谈会 纪念研讨会 综述

2007年1月22日至23日，由北京大学哲学系发起和主办的"纪念'双百方针'暨'中国哲学史座谈会'五十周年"学术研讨会，在北京大学百周年纪念讲堂举行。来自全国高等院校、科研院所和北京大学等60多位专家学

杨学功，1963年生，哲学博士，北京大学哲学系副教授。
郗 戈，1981年生，北京大学哲学系2006级博士生。

者,围绕"'双百方针'的历史经验与现实意义","哲学研究与新时代文化建设的关系","哲学理论创新与哲学史研究的互动","中国哲学、西方哲学、马克思主义哲学的对话与沟通","开展学术争鸣的问题与方式","学术规范、学术氛围与学科建设"等问题,进行了广泛而深入的研讨。

1956年,中共中央提出繁荣学术文化的"百花齐放、百家争鸣"方针。为了贯彻"双百方针",北京大学哲学系于1957年1月22日至26日召开"中国哲学史座谈会"。参加这次座谈会的有国内著名哲学家、哲学教学和研究工作者一百余人。会上集中讨论了中国哲学史的对象和范围、如何适当估价唯心主义、中国哲学遗产的继承等问题,引起哲学界的热烈争鸣,在中国当代哲学史上产生了重要的历史性影响。会后由《哲学研究》编辑部编辑、科学出版社1957年7月出版的《中国哲学史问题讨论专辑》,已经成为当代中国哲学史上的珍贵历史文献。

此次与会专家认为,50年前的那场讨论已经成为历史,但当时所讨论的问题并未终结。会上提出的问题和论点,以及展开争鸣的盛况,使人耳目一新,催人深刻思考。今天纪念这次会议,是为了认真贯彻"双百方针",继承和发扬老一辈学者严谨治学、探求真理、潜心学术的精神。专家们呼吁:哲学界应在马克思主义指导下,积极开展中西马等哲学分支学科和各个学派的学术交流与争鸣,处理好哲学史研究与哲学理论创新的关系,在充分继承中国哲学和西方哲学合理思想资源的基础上,大力倡导哲学研究的原创性,进一步推进哲学的繁荣发展,推进新时代中国的文化建设。

一、"双百方针"与学术发展

1."双百方针"的理论内涵

与会专家就如何理解"双百方针"的内涵展开了热烈的讨论。杨河教授认为,"百花齐放、百家争鸣"是中国共产党指导文化艺术发展和科学学术研究的基本方针,体现了党的解放思想、实事求是的思想路线。"双百方针"中的"百花"和"百家",应该是指参与学术研究的自由,人人皆可,更不用说各家各派;"双百方针"所讲的"齐放"和"争鸣",主要是指各自坚持自己观点(包括不同意他人观点、批评他人观点)的自由,真理面前人人平等。他认为,蔡元培先生提出的"思想自由、兼容并包"办学方针,以及由此而形成的"北大精神"与"双百方针"是相通的。深入贯彻"双百方针",应该与发扬"北大精神"更好地有机地结合起来。余敦康研究员认为,"双百方针"体现了学术发展的规律,政治家也不能违背这个规律。"双百方针"的要义在于学术自由。学术自由是每个学者自身的权利,而不单纯是某种"自上而下"贯彻的政策。许全兴教授认为,"学术民主"的提法值得商榷,学术上应当讲自由,学术上的是非不是靠民主的办法来解决的,只能靠学术讨论、争鸣,最终靠实践来检验。在学术自由的前提下,学术上要提倡建立各种不同的学派。有不同的理解、有争论,学术才能发展,有分化才有发展。综合以上几个方面的观点,俞吾金教授认为,首先,应把"双百方针"理解为学术发展不可违背的"客观规律",然后再理解为对"客观规律"进行正确概括的"主观方针"。其次,"双百方针"的关键是学术自由。学术民主和学术自由这两个概念一定要区分清楚,它们分别适用于两类不同的学术行为:在需要民主程序的学术活动(如学术评审)中,必须坚持学术民主;而在学术研究中,只能实行学术自由。再次,"双百方针"是一个描述性的表述,它还需要补充学术规范作为其规则,这个规则不是政治规则,而是国际通行的学术规则。从更高的层次来讲,还需要学术操守,即把学术研究的第一动机理解为追求真理和弄清问题,而不是其他。只有这样,才可能对学术有所推进。

与会专家还从哲学高度对"双百方针"的学理意义进行了阐发。乔瑞金教授认为,理解"双百方针"的真正意义的基础,首先是从认识论的角度来进行分析,而不是首先从政治哲学的视角来分析。"双百方针"讲的是学术自身的一个规律性问题,主要是指导学术研究、学术活动的,而学术活动本身,我们可以把它看成是追求真理的一种人类的活动形式,这种形式首先不应该在意识形态的意义上来讨论,而应该在学术自身的规范中去思考。任平教授则从主体际交往理论的视野,突出了"双百方针"的社会内涵和现实意义。他认为认识论研究本身光讲认识主体和客体之间的认识关系是不够的,还必须引入社会关系,即认识的交往关系。只有这样才能真正地探讨"双百方针"所赖以建构的边界条件和认识论关系。在这个意义上,没有一种民主的社会风气和社会建构,就不可能有大众认识主体的生成。我们今天哲学求真的过程,不能离开社会建制的变动,不能离开社会结构的转型和社会的改造。建立一个平等的对话激励机制和认识交往机制,是思想发展的强大动力,"双百方针"对于求真过程的真正意义就在于建立了这样的机制。

2. "双百方针"的历史经验和现实意义

与会专家就 50 年来"双百方针"贯彻实施中的成功经验和沉痛教训进行了深入的反思。杨河教授认为,"双百方针"的提出,在当时对于反对各种影响科学文化发展的错误倾向,例如教条主义、宗派主义和形式主义,解除广大知识分子和科学工作者的思想束缚,促进科学文化事业的发展和学术思想的繁荣产生了重要而积极的影响。在"双百方针"的指引下,我国思想理论界、文化艺术界一度出现了非常活跃的局面,呈现出良好的发展趋势。但遗憾的是,由于各种原因,特别是"左"倾思想的影响,在后来贯彻"双百方针"的过程中发生了一些不应有的失误,为我们留下了深刻的教训。党的十一届三中全会以后,纠正了"左"的错误,在改革开放中开始了中国特色社会主义的实践,恢复和发展了"双百方针",积累了新的经验,迈出了新的步伐。王雨田教授强调应该区分清楚作为党的指导思想理论基础的哲学和作为学术研究的哲学这两种不同类型,它们具有不同的性质和功能,可以互相补充,但不能互相取代。如果用前者取代后者,势必会阻碍"双百方针"的贯彻实施。

3. 如何贯彻"双百方针"

与会专家就贯彻方针的具体措施展开了广泛的讨论。杨河教授认为,贯彻"双百方针",首先要求我们要学会尊重差异,包容多样,和而不同。其次要严格区分学术问题和政治问题,不能把学术和政治混淆在一起,更不能用解决政治问题的方法来对待学术问题。在学术研究领域,应提倡和尊重实事求是、独立思考的自由,创作和批评的自由,允许不同学术观点、学术流派的存在和发展,提倡公平、公正、平等、平和的争鸣和讨论,允许说理充分、言之凿凿、追求真理、坦诚相见的批评与自我批评,支持和保证不同形式、风格的学术的自由发展和相互了解、相互切磋、取长补短、共同进步。再次,要将它统一于实践是检验真理的唯一标准这个马克思主义的基本原理。"双百方针"只有建立在实践的基础上才能真正体现出它的生命力和作用,也只有在实践中才能丰富和发展。谢地坤研究员支持杨河教授的观点,他认为,要真正贯彻"双百方针",实现哲学社会科学的繁荣,必须要注重下面三个维度:第一个维度是多样性,允许不同的学术观点、不同的学术流派充分地表达自己的观点。如果只有一家,不可能"百家争鸣";如果只有一朵花,就不是"百花齐放"。第二个维度是自由,即学术自由、思想自由。真正的学术自由、思想自由,是实现"双百方针"的前提条件,没有这个条件,就不能实现哲学社会科学繁荣发展的局面。第三个维度是宽容。宽容有两方面的意义:一是领导者对学术的宽容,允许学者说话;二是学者之间的宽容,防止出现"学霸"现象。

与会专家还就贯彻实施"双百方针"潜存的现实障碍进行了探讨。韩庆祥教授从"社会整体结构"的角度探讨了实施"双百方针"的现实阻力和可能出路。他认为,"双百方针"在贯彻执行的过程中,最大的阻力就是权力至上、自上而下、高低有别的金字塔式的社会层级结构,这个社会层级结构是根据人与人之间的权力大小、地位高低、身份有别而形成的层级关系结构。这个社会层级结构使"双百方针"的贯彻在许多方面都存在着阻力。当然,中国共产党人现在从各个方面在改造这个社会层级结构,也取得了一定的成就,对此我们应该满怀信心。

二、哲学研究与新时代文化建设的关系

1. 哲学教育体制急需改革

与会专家一致认为,当前我国哲学教育体制存在着众多问题,哲学理论创新和新时代文化建设的顺利开展,迫切需要进行深度的教育改革。一部分学者强调了中国传统哲学遗产被严重忽视所导致的危害。楼宇烈教授指出,近一百年来,中国人的思维方式已经被大大改造了,已经很难按照中国思想真正的方法来把握中国思想的本来精神。我们接受了大量西方哲学的方法来研究中国哲学,这样的中国哲学研究难以还原它的本来面目。对于21世纪中国文化发展,他呼吁实现两个改变:一是调整中国文化与西方文化在教育体制中的比重,使它们取得相对平衡,现在的状况是完全失衡,西方文化占主导,而中国文化是极其微弱的;二是科学教育与人文教育取得相对平衡。王树人研究员认为,从明末清初中西文化碰撞以来,中国文化就陷入

了一种被动局面。自"五四"以来整个教育制度西化以后,我们同自己的文化传统之间的关系被割断了,这导致很多问题。

哲学专业划分过细和考试制度的弊端也引起了专家们的普遍关注。专家们呼吁,哲学研究要承担起新时代文化建设的重任,迫切需要改革现行哲学教育体制。

2. 哲学研究需要发扬传统、解放思想、综合创新

许多与会专家认为,哲学理论创新和新时代文化建设需要深入发掘思想文化资源。叶朗教授指出,从"五四"以来,在人文领域出现了一批大学者,如汤用彤、金岳霖、冯友兰、贺麟、朱光潜、宗白华等。这批大学者有几个共同的特点:第一,他们都有深厚的中国学术的根底;第二,他们在西方文化方面也有深厚的学养;第三,他们都力图把中国文化和西方文化加以沟通,在中西文化的融合方面做了不同程度的贡献。我们今天进行哲学理论创新和新时代文化建设,需要充分继承和吸收这批学者的成果。在人文学科里面,必须要"接着讲",不能割断学脉。他建议细读这些前辈学者的著作,认为这是我们推动人文学科发展和创新的一条重要途径。

与会专家各抒己见,表明了自己关于哲学理论创新的不同构想。王东教授认为,哲学是一种文化的基因,文化基因是思维方式和价值观念凝练到哲学中的结果。哲学的使命就是提炼和传承这种文化基因,创新这种文化基因。他认为,创建哲学新形态,应该把中西马综合起来,创造出现代的大智慧,迎接中国哲学的大融合、大创新、大发展。韩水法教授强调,哲学创新不能仅仅停留在呼吁上,最终还是要落实到学者个人的研究工作中。哲学创新需要一种踏实肯干的精神,需要即使不被体制承认,也甘于坐冷板凳的勇气。

3. 哲学创新需要树立民族文化的主体意识

很多与会专家对我国文化主体意识的丧失深感忧虑,强烈呼吁重新树立中国文化的主体意识,并认为这种主体意识正是新时代哲学理论创新的根基。楼宇烈教授指出,21世纪中国文化的发展,需要重新反思我们的思维方法,重新树立民族文化的主体意识。只有我们确立了文化的主体意识,才能与其他文化进行交流,才能辨别其他文化的优点缺点,才能积极吸收别的文化的优点来补充自己,使自己进一步发展。如果失去了文化主体意识,就

不会用中国人的思维方式去思考问题,只能跟在别人的文化后面跛行。李翔海教授认为,哲学创新首先应该"去"西方中心论之"蔽",特别是现代性迷失之蔽,这是推进中国哲学创新的一个非常基本的方面。西方中心论就是把西方标准看作评判学术、哲学、文化的是非、对错的根本标准,这实际上是现代性的立场。学术必须有所本,应该是将自己的学术生命和民族的生命紧密联系在一起的,我们作为中国人,有所本的只能是民族传统文化。中国学人在生命存在的层面上与西方文化有着内在的疏离,进入其中的是浅层次,没有深厚基础,缺乏源泉,无法进行创新,更不用说成为大师了。因此,在今天,必须树立民族文化精神的主体性,这是哲学创新的必要前提。

4. 以哲学创新推动新时代的文化建设

与会专家一致认为,在新时代的社会条件下,哲学家不应该退回到书斋里去,把话语权完全交给社会科学家,应该对现实发表一些有分量的见解,在"被边缘化"的现实处境中保持主动介入的姿态,避免"自我放逐"。张曙光教授认为,对于中国现代学术来说,有两个方面的工作,一方面是一般文化的意见,另一方面是对中国的历史尤其是近代以来的历史进行梳理。第一方面的工作做得比较好,第二方面的工作却做得比较差。哲学家应当对1840年以来的中国历史在哲学上给出一个满意的回答,目前这方面的研究还是比较贫乏的。他认为,近代以来的中国社会是一个悖论式的社会,一个充满矛盾的社会,应该从哲学上对这种悖论、矛盾的特殊性进行把握和概括。

俞吾金教授指出,从大的方面来把握哲学研究与新时代文化建设的关系,首先要改变对哲学的传统观点。哲学并不是高于其他学科之上的,而是为人文社会科学奠定基础,也是为自然科学和其他科学澄清基础的。澄清基础的关键在于价值引导,哲学研究应该对新时代文化建设起到一个价值引导的作用,在价值混乱的状况中给整个文化的奠基和发展指出一个根本性的方向。在当代中国前现代、现代和后现代性因素并存的背景下,哲学应该坚持追求现代性的基本价值立场,而又同时兼具后现代主义反省和批判现代性的眼光。朱德生教授认为,1978年之后,出现了两条道路之争,即走西方社会发展道路还是中国化的社会发展道路。事实上,中国应该有自己特殊的发展道路,这又关系到中国是否有自己的哲学的问题。今天理论工作者应该深入反思哲学的地位问题,以及中国化的发展道路到底是什么的问题。孙利天教授指出,主导意识形态的变化和调整,需要学者们的理论研究作为基础。他认为,马克思主义哲学的理论宣传、理论教育与马克思主义哲学的理论研究有区分但也有联系。随着社会状况的变化,主流意识形态也必然会有相应的改变;而主流意识形态的变化,只能由专家学者们超前的理论研究来提供理论资源,没有理论资源的未来意识形态的导向将失去根基。所以在这样的意义上,哲学工作者应该破除内在的思想禁锢,以一种充分自由、舒展的心态获得一种原创性的哲学思想,为我国的主流意识形态提供坚实的理论基础。

三、哲学史研究的方法论反思与哲学理论创新

1. 继承和发扬"中国哲学史座谈会"的反思精神

与会专家一致认为,1957 年"中国哲学史座谈会"的主题是质疑日丹诺夫的哲学史定义,反思哲学史研究的方法,它所提出的问题、体现的反思精神,对于我们当前的哲学研究仍然具有十分重要的借鉴意义。冯俊教授概括和阐述了"中国哲学史座谈会"的意义:第一,它是对于 50 年代学习和贯彻日丹诺夫关于西欧哲学史讲话的一次历史反省;第二,它是贯彻"双百方针"的具体体现,同时又进一步促进了"双百方针"的贯彻落实;第三,它为改革开放后解放思想、恢复和深化西方哲学的研究和教学起到了基础性和指导性的作用。梁志学研究员认为,1957 年的"中国哲学史座谈会"的实质,就是一批全面坚持辩证法的人与一批片面歪曲辩证法的人之间的斗争。而具体到哲学史的定义上就是:日丹诺夫是片面的,而冯先生、贺先生等则是全面地坚持马克思主义的观点。那次会议的最大意义在于:中国哲学界的健康力量对于那些歪曲和偏离马克思主义辩证法的独断论者和教条主义者提出的第一次抗议。独断论是过时的思维方式,与真正的马克思主义、与现代文明是背道而驰的。

2. 哲学史研究方法论和哲学史观的深度反思

与会专家就日丹诺夫的哲学观、哲学史观的弊端和危害展开了深入探讨,并以此为基础,阐发自己关于哲学观、哲学史观的新理解。黄楠森教授

指出,日丹诺夫的错误主要在于把哲学史简单归结为唯物主义与唯心主义的斗争史,把唯物主义说成是绝对正确的,唯心主义是绝对错误的。同时认为,哲学史是马克思主义哲学作为一门科学萌芽、形成、发展的历史。这些思想在今天基本被抛弃了,但我们应该对这个问题作进一步思考。他提出了一系列问题:首先,哲学、哲学史这门学科,是否有个从非科学到科学的过程?哲学史是否最后有个归宿呢?其次,哲学史上是否存在唯物主义与唯心主义的斗争?第三,唯心主义与唯物主义是否有是非之分呢?是否应该肯定唯物主义的基本观点是正确的,唯心主义的基本观点是错误的?唯物主义的基本观点应该在各个领域加以贯彻,而唯心主义的基本观点应该在各个领域加以防止呢?乔清举教授认为,日丹诺夫的模式基本上就是"斗争史观"、"对应史观"和"服务史观",还有一个以前强调得比较少、但可能更为严重的"目的史观"。按照"目的史观",中国哲学史将面临学科存在的意义危机。王东教授区分了马克思主义哲学的两种形态以及与之对应的两种根本不同的哲学史观。他认为,马克思主义有两种,一种是原生形态、创造形态的马克思主义,另一种是教条主义的马克思主义;马克思主义哲学史观也有两种,一种是以马克思和列宁为代表的,原生形态或者创造性的马克思主义哲学史观,另一种是以斯大林和日丹诺夫、苏联模式哲学教科书体系为代表的教条主义的马克思主义的哲学史观。我们今天应该反思、批判和扬弃教条主义的哲学史观,但应该坚持原生形态和创造形态的马克思主义哲学史观。

3. 哲学理论创新与哲学史研究的互动

在深入反思教条主义哲学观、哲学史观的基础上,与会专家还就哲学理论创新与哲学史研究的互动问题展开了进一步讨论。黄楠森教授指出,哲学史在哲学中占有非常重要的地位,这与自然科学很不一样。学物理学的要学一点物理学史,但学得很少;学哲学,大量的是学哲学史,以致有人认为"哲学就是哲学史"。没有一个什么东西叫哲学,没有一套理论叫哲学,哲学史上的许多理论就构成了哲学,哲学与哲学史是完全等值的。这个问题值得思考。孙正聿教授指出,哲学理论创新与哲学史研究之间应该是相互统一、良性互动的。哲学研究包括两个方面:一个是寻找理论资源,一个是发现理论困难。所谓哲学理论创新,首先需要有比较深厚的哲学理论资源,同时能够发现真正的理论困难,在理论资源和发现理论困难的基础上,才可能有哲学理论创新。陈卫平教授认为,关于中国哲学合法性的讨论,更深层的意义在于如何使哲学理论创新与中国传统的哲学资源相互对接,如何建立哲学史与哲学相统一的学术基础。我们要建立新的哲学理论,不能不借用传统的哲学资源。牟宗三、张岱年、冯友兰、熊十力等老一辈大学者,都是借用中国哲学的传统理论资源来建立自己的哲学体系,来"接着"中国哲学的传统讲。现在我们为什么缺少哲学家,就是因为缺少哲学理论建构的学术基础,即哲学史和哲学的统一。

四、中国哲学、西方哲学和马克思主义哲学的对话与沟通

1. 中西马对话的应然性与可能性

与会专家就中西马对话的应然性和可能性展开了讨论。樊志辉教授从语义上分析了"中西马的对话与沟通"问题,并提出了自己的疑问和理解。他认为,这是一个真实的问题,也是一个不精确的、甚至虚假的提法。首先,中西马本身作为人类文化的思想资源,它们自己是不会进行对话的,对话只能是哲学家的对话,但是没有人能全面代表中西马,我们只是某一方面的偏好者。另一方面,就中西马本身来说,它们不是哲学流派,划分标准难于确定。所以,中西马这种提法是空泛的。虽然这个提法本身是虚假的,但它表明了当前学术研究的一种现状:由于学科建设形成的壁垒所造成的学者相互之间的不理解和思想隔膜,这影响了我们民族的哲学创造力。朱德生教授则通过历史过程的梳理凸现了中西马对话的应然性。他指出,1952年院系调整之前,没有中西马这样的一个问题。今天所谓的中西马,只是中西马研究的分工,中国的哲学工作者不能把自己孤立起来,而应该把中西马结合起来进行研究,这样才能使自己获得话语权。

赵敦华教授对这一问题做了总结。他认为,"打通中西马"不是一个口号,而是一个事实。有的学者,例如张岱年、冯契等,实际上都已经打通了。我们现在之所以还要争论这个问题,是因为在目前哲学二级学科相互分离的情况下,确实打不通。中西马的对话和会通不是一个应该不应该的问题,而是如何去做的问题。他还提出以西方哲学作为中西马对话的中介的主

张:西哲和马哲本来是同源的,西哲和中哲的很多问题也是相通的;中哲和马哲直接对话可能很困难,但是有了西哲作为中介,就可以在中哲和马哲之间实现交流。与会专家高度评价了中西马对话、沟通的意义,认为这是新时代哲学理论创新的关键。

2. 中西马对话需要发挥各学科自身的特点和优势

与会专家认为,推进中西马对话与沟通,需要发掘各学科自身的特点,发挥各学科自身的优势。王东教授认为,在中国哲学研究中,不能把马克思主义简单套到中国哲学上,应该认真发掘中国哲学自身的特点、自身的规律、自身的历史地位。张文儒教授进一步指出,中国古人有许多思想智慧,可以与马克思的思想进行比照研究。这里包括三个层次:在中国传统文化中有一些思想与马克思主义哲学接近或吻合,可以帮助我们深化对马克思主义哲学的理解与认识;中国传统文化中有一些有特长的思想,如辩证法思想,可以在一定层面上与马克思主义哲学产生互补效应;中国传统文化中有一些思想是马克思主义哲学比较欠缺或比较薄弱的,如人生哲学,应该发扬光大。

3. 中西马对话需要突破学科壁垒、思想樊篱

与会专家认为,为了推进中西马对话与沟通,还需要突破学科壁垒,解除思想禁锢。李翔海教授认为,推进中西马对话需要解放思想,也就是"去蔽"。"去蔽"的工作主要包括以下几个方面:第一,去除简单化的马克思主义之蔽;第二,去除西方中心论之蔽;第三,去除中国文化中心论之蔽。推进中西马的对话与沟通,在方法上应该双向诠释,不能单向度言说,这样才能形成共鸣,达到真正的对话和理解。此外,对话不能仅仅停留在理论层面,而应回到理论所对应的原初的事实本身,再做哲学上的形上思考。只有立足于多方面的、不同的思想资源,在面对问题时才能提供更为合理的解决之道。对此问题,赵敦华教授做了总结。他认为,打通中西马,需要思想的内在自由。自由有外在的自由和内在的自由,外在的自由是消极的自由;内在自由则是积极的自由。中西马会通还没有达到目标,在很大程度上是因为我们在内心还没有达到自由,受到一些僵化观念的束缚,无论中哲、西哲还是马哲都没有从这些束缚之下解放出来。今天,要尽我们所能更多地行使我们积极的、内心的自由,解放思想,把我们自己设定的一些不必要的思想

禁锢除去,才能在中西马的会通上取得更多的成果。

4. 如何开展中西马对话与沟通

与会学者进一步就开展中西马对话和沟通的方式进行了探讨。徐小跃教授认为,今天讲中西马的会通是必要的,但要为这种对话找到一个会通的标准。中西马的会通特别是中哲和马哲的会通,不能以一个独断的标准来宰制中国哲学,这不是真正的会通。要确定一个马克思主义和中国哲学解释"人之所以为人"的标准,这样的比较和会通才是有意义的会通,对人性的发展、生命的提升才能起到积极作用。杨君武教授认为,中西马对话还有一些问题需要进一步明确化。首先,对话的角色还不明确,哲学二级学科的划分在逻辑上就有问题。其次,对话的方式没有确定下来,从理论上讲,在对话之前不应该事先确定任何中心或主宰,但事实上,不同学术立场的学者在对话之前早就预设了一个中心或主宰。再次,对话的目的还不明确。他认为,中西马对话最根本的目的,是利用中西马三方面的资源,为一种未来形态的中国哲学建构提供可能性。

戴晖:《尼采的"查拉图斯特拉"》

北京:商务印书馆,2006年1月

尼采在其身后或是为人不屑一顾,或者青睐有加,只是在海德格尔之后,他在哲学史上的地位才逐渐清晰起来。海德格尔的解释让前者惊叹在那些在他们看来支离破碎的格言后面竟然有着和历史上一切伟大的哲学家一样对存在者整体的解释;让后者在一种时代精神的感召下,从对尼采伟大尝试的直接感受中走出来,获得一种思想上的明确规定——也就是将尼采视为西方最后一个形而上学家。

正像作者在书中所说的那样:海德格尔乃是从哲学上来理解尼采的第一人。勒维纳斯曾说当代所有的学者多多少少对海德格尔都有些债务关系,这点就对尼采思想的认识来说更是如此。书中自序首先就抬出海德格尔并这样称赞道:"海德格尔是第一个从哲学上评价尼采的思想家,他对《查拉图斯特拉如是说》的解读和对荷尔德林诗的阐释一样,可谓历久弥新。"这种开篇的表白从某种程度上可以被看做是对勒维纳斯论述的一个佐证,但是这并不意味着作者就是一个"海德格尔主义者",用海德格尔去阐释尼采。而事情似乎更是如此:这种开篇的表白同时就是一种分离,一种争执,这种争执将尼采的思想从海德格尔的关于存在者存在的延续的形而上学的历史阐释中脱离出来,从而将他们的思想共同放入"现代性的核心反思"中去进行考察。

海德格尔在现代思想的核心处思考尼采,这使他能够认识到尼采思想的位置——他所处的虚无主义的历史危机。在这种危机下他要求人和自身做出区分,所以要进行一切价值的转换。这些洞见无疑都触及了尼采思想的核心,但是海德格尔由于他自己的思想的任务,从而把尼采所处的虚无主义的危机看做是思想的危机的产物,也就是整个形而上学思想用存在者代替了存在者的存在的必然结果,并因此把尼采看做"西方最后一个形而上学家"。无论如何,这点对于处在与海德格尔思想息息相关的时代危机之外的人们是很难接受的。洛维特在海德格尔生前就出版了他的非常重要的专著《从黑格尔到尼采》,而这本书的副标题是"19世纪思维中的革命性决裂"。

作为海德格尔的得意门生,洛维特所要阐释的从黑格尔到尼采的这段历史已经不再是一段完整的、连续的形而上学的历史,毋宁说他想要表明的却是这段历史中一次"革命性的决裂"。这个决裂划开了两个截然不同的时代,而每个时代都为自己独特的"时代精神"所规定。他称黑格尔的历史具有"世界历史和精神历史之完成的终极史意义",而尼采则是"我们时代的哲学家"。和海德格尔从西方思想的命运这一核心区域去思考整个哲学史不同,洛维特是从思想史和文化史的角度去考察从黑格尔到尼采中间的决裂的。在海德格尔之后,在他所处的形而上学思想的危机之外,在他的学生那里,传统的形而上学的历史和一个新的时代的思想之间的巨大的差异就变得显而易见了。

尽管通篇明确提到海德格尔的地方寥寥可数,但是我们可以感觉到这里面总是暗含着他和老师之间的分歧。这种分歧将尼采从形而上学的历史中脱离出来,把由尼采所规定的后形而上学时代凸显了出来,而海德格尔自己也正是属于这个时代的。在〈存在主义的问题与背景〉一文中,洛维特说道:"我们都是存在主义者,或自知,或无奈,或尚未察觉,因为我们由于处在一个与以前的信仰和确定相脱离的时代而或多或少被预先置入'现代'。"洛维特凭着他对思想史的敏锐的洞察发现了两个时代之间的天壤之别,这多少是从现象上对这段历史进行把握,而博德(H. Boeder)——海德格尔晚期弟子——则从哲学核心处,从理性的关系出发对整个历史进行整体的把握。从近代向现代的转变,乃是两种不同的理性的交替,是从自然理性向世界理性的过渡。前者在自身给存在者以规定,以自身为原则;而后者则要祈求于先行的"存在",并不是以自身为根据。这也正是洛维特认为以前的时代充满信仰和确定性,而随后的世界则漂泊无居的原因。

两种不同的理性乃是区分两个不同的时代的内在根据。在自然理性那里,理性以自身为根据建筑了各个完满的整体,这些整体在海德格尔的短语"思想之事的规定"中得到完善的表达。世界理性虽然不再具有这种完满性,但是它在自身之内却要求彻底性,并构成了现代的整体的理性结构。而这种整体性分别在存在的历史性、世界性和语言性中得到完善的表达。尼采和海德格尔一样,他们思想所展示的理性关系不再是形而上学的理性关系,而是与之有别的现代世界理性的思维方式。现代哲学从其对现代社会人的本质性的创造力的被剥夺的深刻体验出发(这种对剥夺的体验分别表现在马克思、尼采和海德格尔的哲学中,依次是力量,意志和知),从而把现代的危机投射到迄今为止的历史之上,最终要求一个彻底的转变,并把这种转变寄托于对未来的期待中(三者依次是共产主义、超人以及未来之思)。这一切最终都指向人与其自身的区分(在马克思那里是被异化的人和自由的人,尼采那里是末人和超人,海德格尔那里是能够赴死的人和无法赴死的人之间的区分),正是这种区分赋予现代思想以彻底性。从而使得自己与形而上学的思维方式区分开来的同时,也同样与后现代区分开来。后现代的哲学家自称自己是某个现代哲学家的继承者,比如德里达之与海德格尔,福柯之与尼采,但是在他们那里完全丧失了现代哲学关于世界的彻底地转变以及人与自身相区分的要求,一切都永无止境地"延异"下去。现代哲学在形而上学和后现代的相互构成的边界中表明自己对历史的认识乃是阐释的历史,这种阐释因而并没有使得历史如其自身那样得到一个整体性的把握。但是这种对历史的阐释与后现代有别,乃是为自己独特的时代危机以及对此危机进行彻底地解决的要求。将尼采从海德格尔那里"解放"出来,从而将形而上学的历史从现代哲学那里解放出来,乃是把他们放到各自的位置上,让业已完成的持留于其完满当中。所以,当现代已经远离我们而去,即便是后现代也已完成,一切都尘埃落定之时,我们所能做的只是让各个时代的思想的整体自身显现出来。

这本对尼采思想进行整体把握的小册子,正是在和海德格尔和福柯的潜在的对话中把尼采的思想放到它自身所处的时代及其独特的理性中加以理解。这种把握将尼采思想一方面从一个线形的形而上学的历史中解放出来,另一方面从对永无止境的权力运作的进行谱系学考察中区分出来。尼采的思想最终表明自身乃是为虚无主义历史危机所规定的,在世界理性的思维方式下要求整个生存的世界的彻底地转化,并在新的语言中达成新的知。尼采思想在其历史、世界、语言中形成了一个完美的整体。将尼采的思想放入其自身所处的时代和理性范式之内,以及更进一步地,把尼采思想的各个具体的环节放到其独特的理性关系内的具体的位置上,正是此书的用意之所在,只不过前者隐而后者显,而两者又是不可分的。在作者对文本的细致的解读过程中,我们最终能够看清楚在尼采看似混乱的诗体和格言之中,他的思想的各个元素是如何在其理性关系中表明自己乃是一个完满整体的,这个整体在每个细致的环节上都将自己与其他的理性范式区分开来。

在哲学史上,对尼采思想的解释与评述不计其数且各不相同,这不得不叫人暗自称奇并产生一种消极的看法:所有的解释不过都是一种阐释罢了,只不过是一家之言。至于尼采自己到底说了什么,他又想干什么——谁知道呢?甚或这怎么可能呢?我们不禁这样自问。因为现代阐释学告诉我们哪有什么文本本身?有的只不过是各自背景下的阐释而已。那么这本书是不是仅仅在本来就纷繁复杂的各种解释中添加一个新的解释呢?这点对我们这个时代的惯性思维来说几乎是肯定的。但是在这些所有的思想都业已过去,他们所处的时代及其任务已经完成时,我们在自己的生存的当下应该对这些思想表示尊敬,用中国古代的方式就是对已逝者"盖棺定论",然而即便是这种起码的尊敬在我们的时代也成为一件难事。我们所要做的也许应该是随作者一起仔细地阅读那些业已完成的思想,并且让它们持留于其自身的时代和任务当中。当我们真的这样做的时候,我们会发现一切都已尘埃落定。

(章　林,南京大学哲学系,210093)

郝大维、安乐哲:《通过孔子而思》

David L. Hall and Roger T. Ames, *Thinking Through Confucius*, New York: State University of New York Press, 1987

近几年来,关于中西文化的优劣对比以及中国哲学的合法性问题在国内学界被炒得沸沸扬扬。而在西方学术史上,学者们对此问题所持的观点也是判然分为两营:如以德国大哲学家莱布尼茨、法国"百科全书派"领袖狄德罗等为代表的学者就充分肯定了中国哲学的存在及其价值;而黑格尔以自己所划定的哲学领域而对中国哲学多有非义,认为中国哲学不属于哲学史,进而否定了中国哲学的意义。由于黑格尔在哲学史上的崇高地位及其巨大影响,他的这一观点成为了西方哲学界的主流观点,如当代西方最负盛名的哲学家之一,法国的德里达,2002年在上海就宣称"中国没有哲学"。对此问题,两位美国学者郝大维(David L. Hall)和安乐哲(Roger T. Ames)通过其合著《通过孔子而思》(Thinking Through Confucius)①提出了自己的看法。

郝大维是一位具有深厚西方学术功底的西方哲学家,而安乐哲则是一位精通中国文化的汉学家,故而两人的合著多涉及中西文化及其哲学的比较研究。之前,笔者通过他们两位所著的《道不远人——比较哲学视域中的〈老子〉》(Daodejing Making This Life Significant: A Philosophical Translation)②,已对他们有所了解,而《通过孔子而思》一书则加深了笔者对他们的敬仰之情。对这两位有着近25年成功合作历程的西方中国学者来说,这是一部奠定了他们形成自己对中国思想独特诠释方法的优秀著作。此书结构的复杂、精妙,思考的深邃以及翻译、诠释、理论表达等整体的内在一致性是令人叹服的。笔者不避浅陋,现将此书介绍于广大读者。

一、写作目的:批判文化简化主义,厉行文化重建

作者写作此书的目的就是要提醒广大读者,由于"哲学"一词在中国和西方的不同含义,而造成在西方汉学界出现了一个根本性的问题:到目前为止,专业哲学家很少参与向西方学术界介绍中国哲学的工作。大体上,可以说,西方哲学界一直都"无视"中国哲学,而且是纯粹意义上的"无视",至今仍然如此。③ 在作者看来:在中国,哲学远非只指对由哲学系统和理论组成的范型与传统的专业性讨论、扩展,而是指包含了存在主义的、实践的、坚定的历史主义特质的一种外延更加广泛的哲学。正因为这一原因,"中国哲学"的价值在西方学术界就遭到了否定,基本上被排除在了专业哲学研究的

---

① 该书中文版由何金俐译,北京大学出版社2005年出版。
② 该书中文版由何金俐译,学苑出版社2004年出版。
③ 当然,时下随着中国综合国力的逐步提高,承担着传播中国文化重任的孔子学院在世界各地扎根、开花、结果,但是孔子学院主要从事对外汉语教学,在西方,中国哲学思想介绍与传播的力度还有待于加强。

领域之外,使得"中国哲学"这一说法显得非常尴尬。作者认为,中国和西方都存在各自的文化中心主义立场,但两者的立场是迥异的:传统上,中国的自我文化中心观念并不否认西方文化的存在,而是否认它对中国现实的价值和相关性。也就是说,中国式的自我文化中心论基本上是植根于一种文化自足感,即中国不需要西方的文化,而对于西方文化的存在及其对自身的价值方面并不予以否定;而西方的自我文化中心论则建立在普遍主义信仰之上,这一点颇有讽刺性。至今,西方主流哲学对包容中国哲学的可能性仍态度冷漠,而各种形式的简化主义成了此种冷漠的借口。作者所指摘的文化简化主义的根源在于自笛卡尔以来就一直主导现代西方哲学的启蒙主义。在方法论上,它通常以西方文化④作为具有普遍主义的参照标准;这种态度就是以西方的某种普遍主义的理论网络,例如笛卡尔的几何方法、黑格尔的理念、科学的普遍合理性,或是唯一的真神等为前提,对不同的文化进行观照,凡是不符合其参照标准的就统统予以否定。这种文化简化主义实际上是西方文化霸权和大国沙文主义情愫的真实体现,它使得大多数的西方职业哲学家,在其学术实践中过分强调所谓的西方哲学与非西方哲学的区别,有意无意地表现出其自我文化中心主义。它的存在,严重堵塞了西方对于其他文化的了解,阻碍了不同文化之间的交流,也不利于西方文化自身的进一步发展。

基于此,两位肩负着"厉行重建工作"使命的哲学家,对这种"有害的文化简化主义"进行了批判。与许多现代西方学者一样,郝大维和安乐哲也要求解构自我语言对于盎格鲁—欧洲文化传统的代表性;但是不同于那些消极的只力行于破坏传统文化工作的解构主义者,他们厉行一种重建工作,主张深入细致地研究中国和西方传统文化,使之成为丰富和改造现今世界文化的一种资源,即加强中西两种文化的沟通和交流,以重建当代西方和儒家文化。因而,《通过孔子而思》一书的一个中心问题就是文化翻译的问题。当然,此处所谓的"翻译"并不是简单地指在技术层面、操作层面寻找两种语言之间的"对应词",作为一种方法论问题,究其实际是一个对文化和思想进

---

④ 在作者的思想中,由于美国的实用主义哲学与中国哲学具有更多的进行文化对话的切入点,故此处所谓的西方文化特指盎格鲁—欧洲文化而言。

行比较、沟通的根本问题,是一个涉及比较哲学的问题。作者认为,必须重新规范现有的西方语言、概念资源,以便在进行翻译和文化交流之时能够正确地传达中国古典文化精神。但是,由于西方文化中没有足够、恰当的术语能够对以孔子为代表的中国文化进行准确地翻译,因此更应当建构能够与中国文化产生共鸣,使这一灿烂多姿、丰富且又珍贵的文化财产获得完满表达的新术语。而安乐哲与郝大维所谓的文化重建"就是希望开创出某种能够将'翻译'提高到一个新层面的学术和文化互惠事业,在创造性重建各自文化传统的过程中,形成欣赏他者文化的敏感性"(参见南乐山为此书所写的前言)。

二、内容的丰富性与结构的复杂、精妙性

基于以上目的,作者主张,对于西方学者来说,不能仅仅将《论语》视为与中国古典文化传统一脉相传、密切相关,且仅仅局限于中国文化传统内部的伦理规范宝典;而应该将孔子的学说看做是当前中西哲学对话的一个媒介、潜在的参与者。而此书的题目"*Thinking Through Confucius*"(通过孔子而思)揭示了此书的写作内容:一方面就是要"Through Confucius"("通过孔子"),也就是要将孔子的主要思想作一个清晰明了的阐明,以揭示在"原语境"下孔子的真实思想,而不是后世儒家们所发展了的孔子思想。这实际上是作者在阐述中国哲学思想方面的内容。作者按照孔子"自述"而将文章的内容分作了"At fifteen my heart-and-mind were set upon learning…"("十有五而志于学")、"…at thirty I took my stance…"("三十而立")、"…at forty I was no longer of two minds…"("四十而不惑")、"…at fifty I realized the ming of T'ien…"("五十而知天命")、"…at sixty my ear was attuned…"("六十而耳顺")、"…and at seventy I could give my heart-and-mind free rein without overstpping the mark."("七十而从心所欲,不逾矩")等六章,从而完整系统地阐释了孔子的思想。每一章又自成系统,阐述了孔子思想某一方面的内容。在每一方面的内容之中,又独立成节揭示了该思想内容之内涵,例如 Leaning(学)、Reflecting(思)、Realizing(知)、Ritual Action(礼)、Signification(义)、Jen(仁)等概念和命题。而且对于每一个概念和命题是从文献学的角度,对

其来源、发展、在孔子思想之中所包括的内涵及其在其他哲学流派,尤其是在以老子、庄子为代表的道家思想之中所包含的内涵,进行了阐释。例如,第四章"…at fifty I realized the ming of T'ien…"("五十而知天命"),该章的内容是涉关孔子的宇宙论,故而第一节为 The Question of Confucius' Cosmology("孔子宇宙论"),其下依次为 T'ien and T'ien Ming("天和天命")、Te ("德")、Tao("道")、T'ien-jen("天人")、Confucian Cosmology as Ars Contextualis("儒家宇宙论:情境化艺术"),从而完整清楚地阐述了孔子的宇宙论思想,而且又使之包含了丰富的文献内容。另一方面的内容就是"思" (Thinking),就是将孔子的思想作为实践自我之"思"(Thinking)的媒介。这是一个涉及盎格鲁—欧洲哲学、文化与中国哲学、文化的关系问题。故而,作者首先是从西方传统哲学的角度对孔子思想进行观照,在阐述了孔子对一些哲学问题的观点和看法的基础之上,历数了盎格鲁—欧洲哲学从古希腊时期的哲学家,如柏拉图、亚里士多德、德谟克利特、芝诺等,到中世纪神学运动中的奥古斯丁、司各脱、奥卡姆等,再到近代欧洲哲学运动之中的笛卡尔、休谟、莱布尼茨、康德等,最后还涉及现当代哲学流派,如以维特根斯坦为代表的实证主义哲学、马克思主义哲学、海德格尔为代表的现象学、存在主义哲学、诠释学、实用主义哲学、分析哲学、解构主义哲学等在相应问题上的观点;接着作者对于孔子思想和《论语》之中所出现的许多概念,阐述了现代西方学者对此的理解和他们所进行的相应的英语翻译。而作者并没有止步于此,而是在深入研究孔子思想的基础之上,扬弃了众多学者的译法,对每一个概念和命题提出了自己的翻译,也就是提出了自己对于孔子思想的独特的理解。而对于概念和命题的理解则是本书的重点,在此意义上,作者说"《通过孔子而思》一书的一个中心问题就是文化翻译的问题",因为"翻译"就像一个焦点,它凝结了当代不同哲学与文化的比较问题,同时它又折射出文化传统所承载的人类之"思"这一哲学研究的根本问题,因而文化的比较和沟通就成为此书的主要写作内容。

至于此书的写作结构,在上文的内容介绍之中已有所提及。但是作者在写作孔子与中国哲学、文化和西方哲学、文化的关系问题时,最有特色的结构模式是采用了"点域"(focus and field)模式。所谓"点域"模式,是在处理整体与部分之间的关系时所采用的一种模式,是指部分在预示的意义上反映或包含整体,这是一种全息模式。从全息的观点来看,"个别是一个焦点,它既为语境(它的场域)所限定又限定后者。域是全息性的,也即,它的建构方式使得每一个可识别的'部分'都包含整体。从根本上说,一个既定部分与其整体会在场域被以某种特别强烈的方式聚焦时变得完全一致"(第238页)。故此,作者采用了杂融哲学汉学的诠释方法,并且将单一的诠释学循环置换为开放性的椭圆,其关联的两个中心就是古典中国和西方文化。将这两个中心作为焦点,将"翻译"这一载体作为比较的工具,通过对孔子思想在当代文化视野下的追问和重构,以辐射出当代比较文化所面临的"思"的问题以及文化重构的大场域:首先,作者通过诠释孔子思想及其思想之中所包含的概念和命题、中国文化的基础,以此对文化简化主义、大国沙文主义情愫对文化对话的阻碍做了批判;其次,作者希望通过对西方实体本体论与中国现象本体论、西方超验世界观与中国内在宇宙论进行对比,以及通过对当代西方存在主义、过程哲学与中国哲学的融合和沟通,有效地解决当代思想、文化问题。在这一诠释过程中,每一诠释所构织出的自成一体又彼此关联的许多圆融"小域",形成了本书层层推进、环环相扣、循环衍生的浑然一体的"大域"。这是一个循环的开放式的结构模式:作者从比较文化的"翻译问题"开始着手到比较文化的可能性结束,使文本的内在性、循环式、动态的过程性结构与作者对孔子思想的深入系统地分析研究紧密结合在了一起。因而是非常复杂又精妙的。

三、独特的比较方法与新颖的观点

"尽管从文体上来说,《通过孔子而思》似乎属于一种文献学、哲学学术研究成果,但其实质却是一本比较文化门类哲学著作。"(参见南乐山为此书所著前言)作者穿梭在中西两种文化之间,在某种明显的历史参照框架之下进行文化比较研究。就比较方法而言,此书采用了一种分享"跨文化(intercultural)比较"和"超文化(transcultural)比较"的比较方法。"跨文化比较"和"超文化比较"是比较学之中两大对立的阵营。前者以寻求差异性作为文化比较的主要任务,这一方法是以诺思罗普(F. S. C. Northrop)所做的关于东方偏爱"直觉概念"(concepts by intuition)而西方喜好"公设概念"(concepts by postulation)的对比作为代表；而后者则以找寻文化之间的相似性作为根本,是以康德的《纯粹理性批判》所提供的理念开其端的。作者认为,这两种比较方法尽管不同,但它们都假定了差异性的不可化约性:不管这些差异是植根于文化背景的不同,还是立基于某些超越文化边界的理论规划。作者认为这两种比较方法是较为幼稚、浅陋、笨拙的,因为它们无法对中国和盎格鲁—欧洲文化进行科学合理的比较。故此,作者采用了一种既不是建立在文化差异不可化约性上,也不是建立在理论差异不可化约性上的比较方法,而是在承认文化差异性的前提之下,具有超文化的倾向,以寻求促进文化间的彼此认可,最终实现把共性和差异性作为处理理论和实践重要问题的比较方法。在具体的写作过程之中,就是首先出于对西方文化现象某特定问题的关注,继而将孔子思想作为理论工具,准确分析这些问题的征候所在并且提出解决该问题的办法。这种共享的方法就是会使包括汉学家和专业哲学家在内的读者感到惊异,进而产生争议的"跨文化时代误植"(cross-cultural anachronism)的方法。这种独特的方法就是说,作者寻求理解孔子的思想,是通过借助孔子确然没有经历过的、而是在当代西方哲学内部产生的问题来展开讨论的。"尽管这种方法需要不断借助这些时代误植的资源,但我们最终的目的却是要建构出独立于该参照的基础,以便对孔子思想进行更为精确的剖析。"(参见此书的作者辩言)

此书的魅力不仅限于以上方面,也在于其新颖的观点。它充满了摧枯拉朽的力量和新鲜的思考,对中西文化某些习以为常的观点和认识进行了大胆质疑,提出了自己的看法和见解,从而也会引起广泛的争议。例如,作者在写作过程中的一个主导思路就是,中国古代文化是由内在性术语表达的,而西方文化则强调超验性,由于对此的不明了从而导致了许多学者对两种文化的误读。为了解释说明这一新颖的观点,作者在书中,尤其是最后几章对中西文化的这一差别进行了详尽而又生动的阐释。此外,作者观点的新颖之处还表现在对于审美秩序与理性秩序的区分上。他们认为,尽管中西文化之中都承认了二者的存在,但是在西方文化传统之中理性秩序在私人和社会生活之中所承担的角色,在儒家思想之中则是由审美秩序担当。据此他们得出一个结论,那就是儒家伟大的思想家都是"审美的",而非按照西方观点所认为的由某种表面理性秩序规范支配的"道德的"。这一点体现在作者对儒家"仁者"、"圣人"等概念所进行的富有卓识的诠释之中。这些全新的观点必将会在儒学和中西文化的比较研究之中引起巨大的争议,产生革命性的影响。

总之,《通过孔子而思》作为一本比较门类的书,具有丰富的内容、精妙的结构、独特的方法、新颖的观点,它对于中西文化的介绍和比较研究,对于批判文化霸权主义、重建当今世界文化都具有重要的作用,此书"不仅是百年学术努力的一个新成就,而且开启了东西方思想家哲学理解的新篇章"[5],颇具里程碑意义,值得每一位对中西传统文化有兴趣的人一读。在此,笔者做引玉之砖,作一简要介绍。

(高书文,北京师范大学哲学与社会学学院中国哲学专业2005级博士研究生,100875)

齐思敏:《物质道德:古代中国的伦理和身体》
Mark Csikszentmihalyi, *Material Virtue: Ethics and the Body in Early China*, Leiden and London: Brill, 2004

在20世纪,Material是对中国哲学影响至深、至广的一个范畴。由Material引申而出的唯物主义,将中国古代哲学硬生生地劈成了两半:凡是谈论过"气"的,都是唯物主义的萌芽;论及"心"、"理"的,则与Material背道而驰。在这样的框架下,先秦儒家中孟子一系的思想与Material的关系被尽可能地剥离,孟子的道德哲学于是不可避免地带上了"神秘主义"的色彩。

齐思敏(Mark Csikszentmihalyi)的新书《物质道德》(*Material Virtue*)通过对近四十年以来出土文献的诠释,将先秦道德哲学特别是孟子的道德哲学和Material联系在了一起。Material由此成为了此书之"睛"。那么,它在此书中究竟有何意义?

---

[5] Seeing Foreword by Robert Cummings Neville.(参见南乐山所写此书英文版编者前言。)

在我看来，Material 首先可以理解为材料——研究先秦儒家思想的材料。在新一代汉学家中，越来越多的人开始主张将孔子翻译成 Kongzi，把"儒"翻译成 Ru，而不是传统的 Confucius 和 Confucian。齐思敏正是其中的代表。这一细微变化的背后，并不是汉语拼音对拉丁语的胜利，而是他们对孔子以及先秦儒家思想解释学式的理解。在齐思敏看来，Confucius 是历代学者所塑造的"孔子"，他承载了太多由后人对孔子的理解，从而彻底失去了历史上孔子的真正形象。因此齐思敏希望用 Kongzi 来指代未经后代学者描绘的"原始"孔子。同样，Ru 在他看来是活跃在先秦以"儒"为业的人，而不是经过汉代诠释的"儒家"。当然，齐思敏以及持此观念的其他汉学家决不认为我们可以认识真正的孔子，但是，他们认为我们可以剥落后人涂抹在孔子和儒身上的浓墨重彩，然后再尝试直面先秦儒者的真容。齐思敏将近四十年出土的材料视为还先秦思想真身的"卸妆水"。他希望用这些材料来审视那些被人忽视或误读的传世材料，从而对先秦儒家道德思想——特别是孟子道德哲学——有一个重新的认识。用他的话来说，这些出土材料就是道德"被感知的物质性"（perceived materiality）。

如果 Material 是可以让我们还原历史的材料，那么它也是如何使用这些材料的方法。从睡虎地到包山，从马王堆到郭店，众多的新鲜材料让学者们迫不及待地用它们来填补传世材料中的空白，"把某些内容早已遗佚的文献名强加在这些出土材料上"（第1页），或是用它们来重新构建中国哲学的发展体系。齐思敏虽然没有对这些方法提出具体批评，但是他明确指出"那种认为一个人可以用静态的传世文献和出土材料构建一个贯穿两千年的'对话'的想法是必然有问题的"（第2页）。因此，他只希望通过熔合出土材料和（与出土材料同时的）传世文献，将两者重铸成"对话"的一个"局部"。对他来说，这个局部就是先秦的儒家道德哲学——用他自己的术语则是"物质道德"（Material Virtue）。

这便是 Material 在此书中最后也是最重要的意义。那么，何为"物质道德"呢？齐思敏所谓的中国物质道德传统，指的是"礼"对每一个个体参与者的身体（body）造成的影响，以及"礼"在自我修养实践中所扮演的角色。齐思敏认为"非礼勿视、非礼勿听、非礼勿言、非礼勿动"（《论语·颜渊》）充分说明了礼的重要性。齐思敏所理解的道德，不是一种只存于心的抽象理论，而是可以触摸的具体规则。换言之,身体和伦理成为了"礼"的两个载体,正是在"礼"之上身体和伦理得以合二为一。因此这样的道德被他称为物质道德。我认为他对道德的理解与柏拉图在《法律篇》中的观点相近。

20世纪70年代和90年代,在马王堆和郭店分别出土了被学者定名为《五行》的文献。很多学者认为这一文献与子思有关。齐思敏部分接受了这一观点,并且以《五行》为基础,重新疏理《孟子》道德哲学的发展。

在他看来,马王堆的《五行》对道德动机在道德心理学的高度作了充分的分析,其道德心理学的重点在于道德反应的真实性。我认为这种真实性也就是亚里士多德在《尼各马可伦理学》中反复强调的道德行为的主动性。而郭店的《五行》则侧重于探讨各种道德,并指出了如何达到这些道德之路以及与身体的联系——也就是"道德生理学"的萌芽。齐思敏认为两个《五行》给我们提供了一个将伦理和身体紧密联系起来的范例。通过分析从墨子、庄子到韩非子对儒家道德思想的批判,他指出儒家道德思想所面临的问题主要有三个:1. 儒家的礼和道德培养方法是伪善的;2. 由于人的行为受到外界环境控制,儒家的自我修养是不可能的;3. 即使成功,这种道德修养方法也与社会整体利益相悖。齐思敏认为《五行》中对于道德心理的论述正是对于这些抨击的回应。通过区分真实和非真实的道德行为,《五行》强调了内在道德冲动相对于外界环境的独立性,从而对于物质道德的真诚性提供了理论基础。身体和道德的紧密联系使道德的"透明性"成为可能,而《五行》将道德的各方面先化整为零、再化零为整的论述,也使道德具有实行的实际可能。齐思敏指出,在《普罗泰格拉篇》中苏格拉底也对五种道德的现实性作了带有"道德生理学"色彩的论述,其他西方伦理学者如玛莎·诺斯鲍姆(Martha Nussbaum)也对西方早期伦理学中"生理学"的因素有所论述。因此,他认为在"道德生理学"的基础上,中国哲学可以和西方哲学展开对话。

但是,一个尖锐的问题出现在我们面前:既然《五行》成功地回应了其他思想家的攻击,为何荀子在《非十二子》中还要如此激烈地批评它的作者子思?齐思敏的回答和他区分 Kongzi 和 Confucius 的初衷一致:荀子所攻击的子思是"战国时代的子思",而我们现在所认为的子思是由刘向塑造并经后人层层累积而成的,且孔子之孙的身份也是由这些人加在子思之上的。所以,他不完全同意李学勤等学者认为出土《五行》为(孔子之孙)子思所做的观点。在他看来,孔子之孙和"战国时代的子思"并没有必然联系。因此,出土《五行》的作者,即使和后人所熟悉的子思思想相合,也只能证明他就是那个已经过了历史诠释的"子思",而我们无法追溯他的真正身份。也就是说,荀子所抨击的不是《五行》的作者,而《五行》的作者只是后人眼里的子思——一个历史塑造的角色。

这一论证并不是对细节的拘泥。虽然齐思敏并没有给我们足够的理由,但是我认为他执著于区分子思身份的努力,向我们清楚展现了他的方法论。既然现有的体系或多或少受到了汉代以来学者不断诠释的影响,那么我们——齐思敏认为——就应该就文献论文献。因此,他承认《五行》和《孟子》在文献上的关联,但是否认从《五行》到《孟子》即是所谓"思孟学派"的发展脉络(也就是否认了作者间的必然联系),而他用《五行》来解读《孟子》也正基于这一点。

齐思敏指出,《孟子》对"心"的功用的论述比《五行》走得更远。《孟子》将"气"融入了道德修养之中,从而道德和身体有了直接而紧密地联系。因此,《五行》和《孟子》都主张自我修养会导致身体的变化。"在这一领域,《孟子》所关注的和《五行》相一致,而《孟子》将道德和生理学相融合的理论标志着明确一个'话语'的开始。这一话语明确关注伦理和身体的交集。"(第103页)

《孟子》和《五行》都说:"善人道也,得天道也。"齐思敏认为"天"与物质道德有着重要的关系。圣人通过自我修养,在物质道德完备的情况下,可以超越而与天相连。在齐思敏看来,《孟子》和《五行》向我们展示的圣人和天之关联主要体现在三点上:1. 古代中国对人与外物关系一直进行着探讨,在这种关系中,天不但与圣人之德有关,而且与圣人本身有关;2. 同时出现于两个文献的"金声而玉振之"是理解圣人之"诚"及其超人力量的关键;3. 圣人与天之关联亦可解释《孟子》中圣人五百年一出的理论。

我认为他所指出的后两点尤其值得关注。齐思敏通过引用《中庸》"至诚之道……动乎四体"来说明"金声而玉振之"这一比喻展示了道德的"生理学"特点。他认为"金声而玉振之"表明了圣人对他人的影响,而圣人这种可以改变他人身体的道德力量"诚"使外在的"天"和内在的道德修养有了联系,从而使人道德发展和身体变化具有了"神圣性"。

对于《孟子》中圣人五百年一出的理论,齐思敏认为这一理论关注的是常人如何通过视与闻来认识圣人。对这一理论普通的解读是圣人五百年才能出现一次,由此也产生了不少理解上的矛盾。齐思敏指出,《五行》中耳是用来聆听并认识圣人的器官,而眼则是智者学习圣人的器官。随着时代的变化,"天"之"气"也不停地改变其显现的方式,而圣人自身可以用固定的规律来认识"天"。圣人们通过"听"来履行五百年前先圣之言,而智者则通过看来效仿圣人之行。根据这一理论,齐思敏认为我们可以把《孟子·尽心》中所提到的圣贤分为三类:1. 具有圣人之道的是尧、舜、汤和文王;2. 看见圣人的禹、皋陶、伊尹和莱朱;3. 听见先圣之道的圣人是汤、文王和孔子。这样,第二类知识看到了圣人之道的就是和圣人同时的贤哲,而第三类中能听到圣人之道的才和先圣同样达到了圣人的高度。这样尧舜两位圣人同时存在与"五百年圣人一出"的"矛盾"得到了解决。这当然只是对孟子理论的一种解读可能,但是,齐思敏这一将身体器官功能和道德修养成就相联系的诠释,充分向我们展示了美国汉学家分析问题的视角。

书中最后的部分探讨了物质道德在帝国时代早期的影响,并试图发掘《五行》在汉代失传的原因。他认为在公元前3—前2世纪,《五行》仍然在汉朝的儒生中流传并拥有广泛的影响。贾谊的"胎教"理论、扬雄、王充等人运用"气"来论证人性正是《五行》中物质道德思想的继续。但是与此同时,儒生的利益和帝国利益开始紧密相连,而《五行》中宣扬圣人巨大影响的思想与官方的意识形态相左,于是《五行》这一儒家文献慢慢地被压制,直至最后失传。

这一解释自然会引起读者的质疑:武帝以后独尊儒术的汉朝意识形态为何与《五行》中的儒家思想相抵触?为何其他儒家文献没有失传?我们需要再次谈及齐思敏对于 Ru 和 Confucian 的区分。当他说《五行》是儒家思想时,他指的是先秦时的儒,而不是经过汉朝学者加工过的儒家。所以,我们虽然使用同一个能指"儒",但是其所指在不同时期有着不同的意义。因此,齐思敏也暗示我们,汉朝的儒家与先秦的儒有着根本的不同。关于这一点,他和戴梅可(Michael Nylan)等美国学者在诸多论文和专著中已经指明。

我们可以清楚看到,齐思敏使用"物质道德"这一术语,绝非马克思唯物论的回归,而是对"身体"的关注。对中国思想中有关"身体"内容的探讨,美国汉学家一直非常重视,但是大多限于房中、养生等方面,像齐思敏这样明确以"物质道德"作为道德哲学范畴的,尚属创新。虽然对于大多数中国学者(包括我自己)来说,生理学在道德修养中扮演着如此重要的角色依然是一个充满疑问的论断,但是把某些道德哲学体系中"气"视为身体的一部分而不是自然之"气",毫无疑问给我们提供了一个新的视角。就我看来,齐思敏非常清楚地知道用出土文献来全面重新解释先秦思想的不可能性,因此他并没有试图构建一个宏大的体系来诠释先秦儒家道德哲学,这样自然不免使他的论点显得零碎。不过我认为他处理《五行》和《孟子》关系的方法非常谨慎而严谨,对于如何使用出土文献来分析现有传世文献颇有借鉴意义。而其通贯全书所坚持的 Ru 与 Confucian、Kongzi 与 Confucius 之分,对于从历史的角度(而不是纯粹哲学命题的角度)重新审视哲学史的发展,也给人以启示。

读完《物质道德》,我不禁想:如果我们谈到物质,不再需要探究万物的本原,而只是现实生活中活生生的躯体,那么,我们在分析道德之时,是不是可以不必拘泥于形上形下之分呢?

(董铁柱,美国加州大学伯克利分校东亚语言文化系)

瓦格纳:《语言、本体论和中国政治哲学——王弼对玄学的学术性探究》

Rudolf G. Wagner, *Language, Ontology, and Political Philosophy in China*, State University of New York, 2003

瓦格纳历时二十三年潜心研究王弼,这恰与王弼在世的年龄相等。其多年的心血凝结成关于王弼的三本著作:*The Craft of a Chinese Commentator: Wang Bi on the Laozi* 和 *A Chinese Reading of Daodejing: Wang Bi's Commentarty on the Laozi* 以及此书。第一本书通过分析王弼老子注解

的方法来揭示王弼老子注的特色;第二本书则试图通过对王弼《老子》注文的分析,重构和恢复王弼所注《老子》的原貌;以这两本书的分析为基础,在第三本书(也就是此处将要介绍的书)中,系统全面而概括地展现了他对王弼研究的成果。

瓦格纳从语言、本体论和政治哲学三个角度切入,用历史而分析的眼光开展了自己的研究。首先,在讨论王弼对语言的态度之前,瓦格纳回顾了从先秦到魏晋以来各种关于"文—辞—志"(或者"象—言—意"、"辞—指—道")的观点,这些观点又与他们对待经典的态度直接联系在一起。这种分析的背后,其实就是对中国注释历史的简单分析。在瓦格纳看来,《系辞》"书不尽言,言不尽意"的思想是极具影响力的,语言的确定性在言说圣人之道时遭遇了困境。他认为面对这种语言的困境时,大体有两种态度:辩护的立场(defensive position)和激进的立场(radical position)。辩护的立场认识到了语言表达圣人思想的不可能性,但同时他们也致力于发展出一些方法来尽力表达圣人之道。而激进的立场则认为现在留下的典籍只是圣人之"陈迹"和"糟粕",不值得如此慎重对待。这两种立场贯穿了从先秦、汉代的哲学史,到了魏时,这两种立场的论辩体现为文人对汉代注经方法的反思,以及先秦激进立场的重新出现。汉代学者公认,圣人的思想伴随着圣人的死亡已经走向了终结,但他们中大多数人仍然认为我们拥有对思想的一些记忆。但是值得赞赏的是,魏晋思想家,特别是正始时代的思想家们认为要想恢复圣人之道,最好的办法就是通过"清谈"的方式来重构圣人之思。在王弼之前,汉魏时人已经就一些重要的问题取得了一定的共识,但正是王弼的出现,将这些还很模糊而且并不明确的分析和结论用清晰而明确的观点表达了出来,除此之外,王弼还就一些问题开启了自己的新的看法。

瓦格纳认为王弼承认圣人之道是不能被尽说的,但他也认为我们可以对道的一些方面进行指认。这体现在王弼对"名"和"称"的区别上,王弼用"取"、"涉"、"字"来描述道或玄,对道的不可名性和表述的局限性进行刻画。瓦格纳认为,王弼对本体可以认知的方面的重视具有特殊的意义。他的分析帮助确立起哲学上独立的主体,而这个主体是我们接近圣人思想的唯一途径。我们要解读圣人的思想,必须以圣人自己关于语言本质和象征的思考和使用为指导。除此以外,王弼的注解也为道的不可表述性提供了详尽的哲学推理的基础。

王弼的本体论,在瓦格纳看来,是对"实体的存在的研究"。王弼将"所以"(That-by-which)凸显出来,认为它是唯一有意义的哲学问题,这一发现成为中国哲学史上具有革命意义的转折点。王弼哲学探讨的核心是"所以"与万物之间的关系,瓦格纳认为,王弼树立《老子》的基础就在于《老子》对万物"所以生"、"所以成"的必然性特征的阐述。王弼通过自己的注解和《老子微旨略例》将《老子》文本中分散的本体要素整合起来,形成一个系统的整体。在王弼这里,"物"与"事"是万物的二元结构,道与万物的关系是一与多的关系,多只得一偏,故不能全,所主者必一。道法自然,是万物得以生、成的原因,万物自相治理,复归于道。

但是瓦格纳也认为,王弼在注释《老子》时,对老子思想本体论感兴趣的原因,与其说是出于纯哲学的兴趣,不如说是因为这种分析将对政治哲学产生重大影响。王弼阅读、分析和注解的一般立场是,政治哲学不是"多中之一"(one among the many),而是"多之一"(one of the many)。一般关于王弼研究的成果总是将王弼置于魏晋这个特殊的时代背景中,认为王弼政治思想的暗线中有着汉魏变革的历史背景。但瓦格纳认为王弼政治哲学的指向不是以某个时期或时代作为标准,他的政治哲学是没有时间性的。

自然的规则是万物和"所以"之间的"反"的互动,而人类社会因为违反了这一规则,居成失母,邪淫并起。这其中最为重要的就是,统治者本身舍弃了自己的根本——道,这种背离造成的直接后果就是管理办法与管理目的互相违背。在王弼看来,也只有统治者才能把社会重新带入和谐的无为而自然的状态。瓦格纳通过对《老子》第17、18、38章《老子》原文和注文的分析,对管理的四种状态(知有之、亲而誉之、畏之、侮之)及其对应的治理技巧进行了概括和分析,这种分析有效地把本体论的一与多的关系引入进来,将政治哲学和本体论贯穿起来进行对解,这么一来,分析的本体论成为了政治哲学的理论基础,而本体论却也以政治哲学为指归,而王弼关于语言的探讨就贯穿于其中。

以第一本书对文本的恢复为基础,瓦格纳通过主语的查找发现了王弼政治哲学的理想主体。比如在注释《老子》第23章"故从事于道者,道者同于道"时,王弼的注文中所出现的"以无言为君,不言为教",就直接来自《老子》的第 2 章原文,在那里这句话的主语是"圣人",因此瓦格纳认为王弼《老子注》隐含的读者对象是统治者,王弼的政治哲学中的理想统治者就是圣人。圣人之治的主要任务就是"息邪去淫",如果专注于"息邪去淫"之术,那么得到的只是与意图相反的结果,这也就是"仁"、"义"、"礼"产生却不能根本解决问题的原因。圣人应该运用仿效的原则和否定的反的原则,发挥自己的示范作用,体无而无为,利用独特的统治地位来管理和影响万物,消除人类社会的迷、惑、乱。

瓦格纳虽然是一名研究中国哲学的西方学者,但在他的分析过程中我们可以发现他对中国哲学内在思想的深入了解和体会。他搜集了中国内地和台湾以及日本的一些研究著作和论文,这些研究成果覆盖了文本、思想史、文献研究的各个方面。在思想创建上,我们可以看到他继承了汤用彤、冯友兰等研究王弼的先驱学者的成果,同时也能察觉到他在踏寻前人足迹的过程中开掘的新方向:

第一,关于王弼的研究,自从汤用彤的《魏晋玄学论稿》和冯友兰的《中国哲学史新编》之后,后继学者大体沿袭了他们的思路,注重从言意之辩、辨名析理入手,把王弼当做魏晋哲学史上正始时期的重要思想家加以研究,但关于王弼的具体研究却并不多见。瓦格纳认为,概括性的研究固然能够指导具体的研究,但是具体的研究也可以推动多年来形成的固定意见。瓦格纳试图通过对王弼这样高度形而上学的思想的具体研究来启发当代政治科学和哲学的研究。这种立意已经突破了过去解读型、搭桥型思想家的研究,而进入到了"规范型"的研究进程中①。瓦格纳的王弼研究不仅推进了我们对王弼思想的认识,也让魏晋玄学在中国思想演变过程中的曲折的脉络清晰起来。

第二,在切入点上,在王弼研究中,语言、本体论和政治哲学这些问题都曾被人论及,但瓦格纳用政治哲学将三者内在地联系在一起,不仅深化了前

---

① 关于这三种类型的区分,见南乐山(Robert C. Neville): *Boston Confucianism* (State University of New York Press,2000)第 3 章。南乐山认为,解读型的哲学家研究的目的是为了让西方人能够理解中国思想;搭桥型哲学家明确地比较中国和西方哲学的观点;规范型哲学家把一些中国学派界定为自己传统的核心,但是他们主要的哲学意图并不是解读或者比较,而是用中国哲学的资源规范地参与当代哲学问题的讨论。瓦格纳已经走上了这一道路,但很显然,在他面前,这条路还有更长的旅程。

两者的研究深度,而且为政治哲学的研究开辟了新的天地。在语言方面,瓦格纳对中国注释历史和传统的重视,使他把中国传统中各种对经典的态度用时间的网线连接起来,在这其中发掘出魏晋关于语言讨论的特色。尤为值得一提的是,瓦格纳注意到汤用彤关于汉魏之际思想重心从宇宙论到本体论转变的结论性成果,也注意到冯友兰对这个结论的反驳(冯友兰认为王弼及其同时期的思想家并没有像汤用彤宣称的那样,对宇宙论和本体论做出严格的区分),但他同时指出很多学者在沿用这个结论的时候,并没有考虑到这里所指的本体论到底是什么。所以他的本体论研究是以王弼本身关于本体论的思想为出发点展开讨论的。在政治哲学上,尽管瓦格纳关于王弼注释所隐含的读者是统治者这一结论还有待商榷,但他对王弼注释句法的平行结构的发现、对圣人这一主语的发现为我们研究王弼政治思想打开了新的视野。

第三,瓦格纳在分析过程中,注意对比和区分《老子》原文和王弼注文,这种对比使读者能够区分开《老子》本来的思想和王弼思想之间的差异,从而理解王弼在注解中的独立创建,这对历史地理解王弼在中国思想史的地位和贡献是非常必要的。此外,瓦格纳回避了"以易注老"和"以老注易"的论争,认为王弼并不自认自己是一位儒家或道家,相反,他主张对王弼来说,《周易》、《老子》和《论语》都是圣人之言,这使得他在论证时可以自由运用这些材料而不必顾忌使用材料时的其他问题。

第四,在对王弼进行历史评价时,瓦格纳认为,"王弼不是一位哲学的历史学家,而是一位哲学家"(第7页)。这一结论对评价和估量王弼在中国哲学史的贡献是非常中允的。不同于余敦康《魏晋玄学史》一书中的历史分析方法,瓦格纳除了注意分析从先秦到魏晋以来的学术流程,也特别注意王弼与同时期思想的互动。瓦格纳认为,王弼对当时的思想界探讨的核心问题非常熟悉,并且在同一问题上他也面对着很多同时期优秀思想家的智力挑战。但是王弼的思考使得那些悬而未决(或者看似已经解决)的问题有了新的讨论空间,并且系统化了当时的一些结论性观点。这些分析结果有力地反驳了最近出现的一些对王弼成就的非议。

瓦格纳的研究,作为为数很少的专门研究王弼思想的专著,是我们研究王弼思想以及魏晋哲学过程中不应忽视的材料。此书最后所附的参考文献,也是研究王弼思想不可多得的资料汇录。由于瓦格纳本人在德国和美国的研究经历,文献中除了涵盖了大量日本的研究成果以外,也包含了很多德文和英文的资料。瓦格纳的这三本书的中文译本不久将要出版,相信会有更多的人能从中获得启发,这也是瓦格纳写作此书时的最大期望。

(蒋丽梅,北京大学哲学系2004级博士研究生,100871)

杨柱才:《道学宗主——周敦颐哲学思想研究》
北京:人民出版社,2004年

在中国思想史上,周敦颐无疑是位奇人,其可奇之处在于:既素好山水之趣,抱吟风弄月之怀,却又刚果严恕,尽心职事;造诣之高罕有其比,却无有师传友箴,全由自造默契以达圣域;仅以六千余文,创上接洙泗、下启河洛之濂学,如江河之不废,与日月而争辉。

可就是这样一位对中国思想文化有着极大影响的哲学家,学术界除了相关论著点到之外,居然罕有一部专著对其进行研究。这确实和周敦颐哲学思想以及其对后世的影响太过不称。或许与周敦颐哲学资料之单薄贫乏、哲学思想之深刻复杂、哲学论述之简约含蓄不无有关。

基于以上现实,杨柱才先生知难而上,穷十年心力,撰成《道学宗主——周敦颐哲学思想研究》一书,对周氏思想进行了全面系统的研究。该书三十万字,分为上下两篇。上篇以文献考辨为主,对周敦颐的著作特别是《太极图》的渊源问题做了深入细致的考订,对南宋迄清有代表性的各种说法进行了深入辨析。他认为《太极图》及《太极图说》应为周敦颐自作,《太极图说》和《通书》既有彼此独立的哲学思想,又共同组成一个关系紧密的思想系统。而下篇则侧重于诠释周氏的哲学思想:一方面将周氏的易学思想与张载、二程的易学实行比照,以此凸显周氏易学思想特质;另一方面,从整个宋明理学思潮出发,对周氏哲学中的重要哲学问题"天人合一、孔颜乐处和主静与一为要"展开深入探讨,揭示了周氏道学宗主、理学开山的历史地位。

此书优点甚多,除主题集中鲜明,内容充实紧凑;结构井然有序,文字洗练简古;视野开阔恢弘,立论严谨不苟之外,其荦荦大者,大概言之,有以下三处:

一、考订平正翔实,方法丰富多样

研究周敦颐哲学思想的一大难处在于资料的缺乏和不确定性。据《周敦颐评传》说法,周氏的全部传世著作才 6248 个字,除诗文之外,其系统的哲学著作仅为《太极图说》和《通书》两部。而且由于史上诸家说法的差异,对其著作还有不少悬疑。面对这种"少而悬"的困难,此书首先在资料的考证上下了极大功夫,纠正、澄清了众多讹误、混淆之说,为周氏哲学思想的研究扫清了障碍。此书考订精审,优点突出;其态度公正平和;其原则有疑必究;其方法变化多样。

首先,此书考订首要特色在于态度客观公正,语气平和谦逊,一以事实为本。既不唯权威之说是瞻,亦不受流俗之见所弊;既不嫌与人同解,亦不妄标新说,全以实理为归依。多有得,却不为己甚,终始以谦和平淡之语述之。此种态度贯穿全书,个中例子比比皆是。比如刘因提出朱子对《太极图》的看法有前后四说,本书对此一一分析,分别指出其得失之处,认为"其于朱震以来诸家之见逐一批驳,虽其间不无小失,然大体而言,当可成立"(此书第 60 页)。

其次,此书考订原则在于穷尽求索,真正达到了有疑必究,毫发不舍的地步。这不仅表现在对诸如朱熹对《太极图》的校订、陈抟与《太极图》的关系等重大问题的考辨上,而且还体现于对其中所涉及的相关"微小"可疑之点的一一抉发。比如在讨论朱熹关于《太极图》渊源的看法中,就对束景南的〈周敦颐《太极图》新考〉一文中的疏忽可疑之处进行了辨正。(第 41—43 页)

再次,此书考订最大特色则在于方法的变化多样。作者对考证方法的运用达到炉火纯青的地步,其方法之娴熟多端,运用之巧妙合理,令人拍案叫好。

笔者将其方法约略归纳为以下几种:

1. 寻源溯流法。该方法紧紧抓住问题的源头,由此顺流而下,寻幽探赜,问题就由此而一一剖决。这种方法贯穿此书始终。仅以对周氏著作的考辨来说,此书就从有关周氏著作的最早记录潘兴嗣、祁宽入手,然后落实到周氏著作的最后校订者朱熹,再归结于朱熹之后学者的看法。这就使得考辨过程线索清楚,一目了然。

2. 聚焦中心法。该方法紧扣问题的症结所在,集中突破,不但解决了主要问题,而且还附带处理了相关问题。如在对《太极图》的考辨中,著者在按时间顺序,梳理从南宋至清焦点之争的基础上,发现最关键问题在于朱震很明确地谈论了周氏《太极图》传自陈抟的渊源但却没有给出根据和解释,由此引发后世无数争论。故此书就集中专章对"朱震问题"进行判决。再如对黄宗炎、朱彝尊之说的辨析,此书也紧紧抓住其中提到的关键人物河上公、魏伯阳、钟离权、吕洞宾进行了有力论证。

3. 义理事实互证法。事实论证和义理论证是此书最常用的方法,可贵的是,著者认为有时光靠某一方面不足以证成己说,说服异说,因而还尽量将这两种论证结合起来,使论证具有了无比犀利的锋芒。如在对《太极图》渊源的看法上,主要有两种观点,一种是朱子认为的周氏自造说;另一种就是朱震的传自陈抟说。此书就从事实和义理两方面论证朱子的看法是成立的。就对朱震的驳斥来说,著者指出尽管元明的多数学者从义理角度否定了朱震之说,可是因为没有客观事实证据,因而还是引发了清人的考据,故此问题的解决还是要落实到二者的结合论证上。再如,书末对周、程关系的辨议也采用了这种结合论证法。

4. 攻其矛盾法。以对方自身的矛盾来攻破其说法的荒谬是非常有效的方法。在对毛奇龄《太极图说》的辨议中,此书就很精彩地运用毛氏自身说法的不一致来反驳其说,认为毛氏"设障以阻限周子之说,却又不以此阻限列子、圭峰之论,……岂非断其源而截其流。毛氏此方面辨析,大率类此,不足据信"(第84页)。

5. 抽丝剥茧法。此书考证的精密很大程度在于这一方法的运用。著者对值得辨议的说法总是先将其分成几条,然后由此进行针对性地逐一驳斥,层层辨正,步步深入,如剥笋,似抽丝,卒至其真相昭然若揭。如对毛奇龄《太极图》问题的驳斥就是将毛氏的三条证据列出,然后极其详尽地逐条驳议,使毛氏勤巧之用心与立案之伪,无所逃遁。

6.前呼后应,反复考辨法。对前面已经有所专门考辨的问题,在后面的相关论述中再次从不同的角度进行辨议,这种不厌其详、穷追不舍的方法极尽考辨之功效。如此书第三章已经对黄宗炎、朱彝尊、毛奇龄之说进行了专章辨析,在第五章的《太极图》之流变中,著者再次根据南宋后大量存在与周氏《太极图》相同或相似图式这一新的角度点评黄、朱、毛说之误。

7.比堪对照法。对有争议的疑点直接端出事实,加以比照说明,是非对错就不言自明了。如有关《通书》文字异同的问题,此书直接将《通书》的《诸儒鸣道集》本、通行本、延平本/九江本进行对比,其中异同就毫厘毕现了。再如《太极图》和道教的关系问题,此书将朱熹校订之图与诸多道士之图进行比较,在比照之下,孰是孰非,孰先孰后就无需费辞了。

二、诠释紧扣文本,阐发一依独悟

周敦颐思想复杂,却以简要提纲的形式出之,这更增加了把握其思想的难度。著者凭借多年的钻研和扎实的学养,对周氏的哲学思想进行了颇为独到而肯中的诠释,发掘出其思想的关键内核,从而使周氏的思想系统清晰地呈现在世人面前。此书的诠释颇具特色,胜义纷呈。要之有以下三点:

首先,此书体现了诠释当从文本出的原则。著者认为对周氏思想的诠释有着多种可能,理学和道教的解释虽不为无见,但毕竟从既成思维出发,难免有所遮蔽。因而此书就直接从周氏著作来诠释其哲学思想,真实彰显周氏思想的本来面目,很好地贯彻了诠释当从文本出的原则,并且提出了不少独到见解。在对《太极图说》哲学意义的阐发中,著者提出从宇宙论和价值论两方面来综合看待。前者传达的客观世界和后者的意义世界是融为一体的,前者具有伦理价值意义,后者有生生不息的运动性。著者高度精炼地提出将"无极而太极"这一范畴表述为"太极一诚",并对"动静阴阳"、"五行万物"、"立人极"等相关范畴作出了富有新意的精妙阐发。著者不同意学界通行的将《太极图说》割裂成宇宙论和人生论两段的看法,特别强调应将前后两段看成一个整体,因为它们体现了宇宙论和价值形上学的交融一体。这些精妙之解,开人耳目,益人心思,实发前人所未发也。

其次，本书在坚持诠释当从文本出的基础上，还运用了历史比较法进行诠释，这种比较诠释法将周氏易学哲学特质呈现得异常鲜明。基于周氏哲学思想源自《周易》这一认定，著者对周氏的易学实行了考察，将探讨"性命之源"视为其易学的根本宗旨，它具体通过诚精故明、神妙万物、神应故妙、几微故幽、思而无不通等四个方面得以展开；它还是诚、神、几的统一，是对主体道德知性的强调，也是对形上道德本体和个体心理动机统一的重视；它们统一的基础是"思"，圣人凭借"思"知几通微，既保持了诚的本真状态和理想境界，又将诚的意义和价值展现出来。著者认为张载、程颐的易学受到周氏的一定影响，并从《周易》性质、易学根本原则、易学中的性命学说三方面进行了比较。认为周氏没有对《周易》进行具体的系统说明，而是更着重于从总体观念来理解《周易》，"性命之源"为其易学的根本宗旨，诚、神、几、思是具体展开。书中这等透辟之见所在多有，在此不胜言之。

再次，此书精要地提炼出周氏对宋明理学影响最大的三个课题：天人合一、孔颜乐处和主静与一为要，并将其置于历史的背景之下，诠释出其中蕴含的重大意义，从而阐发了周氏道学宗主的实质。周氏地位的确立主要来自这三大问题的提出，宋儒对此课题的阐发都是在周氏开启的路向上前行的。

周氏的天人合一指圣人通过实现"太极——诚"和主体道德智性与精神境界的统一而为现实人生树立道德修养目标，在此基础上求得天人间的圆通和融合，获得超脱的精神自由和快乐。

孔颜乐处是周氏的独悟之处，二程自谓于周氏有得。其目的是为了恢复儒家的内圣外王之学，并且从中获得超越的精神境界与人生之乐，树立正确的价值目标。同时也是反对崇尚文辞，提倡文以载道的需要。著者还认为它是一个相互关联的系统，包括志伊尹之志，学颜子所学，心泰道充，笃实去文辞，闻过迁善，进德修业以及师友之道等相关内容。这里既提出了道德理想和道德价值关怀为方向，又有了消除杂染确保实现方向的工夫保障。

主静与一为要是达到圣贤境界的修养功夫。主静的方法在于排除一切感性欲望，使人心保持虚灵境界；一为要也是指无欲，指心体纯一虚静，内心无杂无染。

从历史的角度看待周氏这三个命题的意义无疑体现了著者非凡的学术眼光，对这三个命题的独到诠释更是融入了著者多年的体悟探究，实为此书的又一精彩所在。

三、客观纠讹正误，公允辟旧倡新

此书的另一优胜不凡在于体现了客观纠讹正误,公允辟旧倡新的良好学术品格。著者本着学术乃天下公器之思想,以客观公正的态度,平和谦逊的语气展开学术探讨。无论是矫正谬误,还是提出新说,此书都能既不依傍前人,剿袭陈说;又能持议公正,不囿己见。做到是其所是,非其所非;不以述异为高,不以见同为卑,充分展现了著者的良好学术风范。此种风格氤氲全书,处处皆有。此书著者坚持己见,发明新解之处甚多,然往往在驳斥谬解,裁断众说中呈现,故须细细读之,方能见其佳处。比如此书著者认为朱熹厘定周氏的书目大体上可靠,《太极图》为独立篇章,包含《图说》、《易通》(即《通书》),而《易说》已佚;同时作者又认为《易通》并不一定是《通书》。因为朱熹校订太极通书之前,周氏著作普遍称为《通书》,故《通书》可视为周氏著作的总名,它包含了《太极图》(含图说)、《易通》、《易说》,《通书》一名实为周氏死后四五十年间形成。末了著者以"此聊备一说,就教方家"的客观谦和语气结束之。

再如在讨论《通书》和《太极图说》成书先后时,朱子说法和牟宗三有不同处,牟氏从义理出发,认为《通书》为根本,早于《图说》。著者运用材料和义理的双向互证,认为牟氏虽未作出具体论证,却与自己看法相合。这也足见著者客观求实的严谨治学态度。又如对戴东原误解宋明理学得自释氏的批驳,亦充分展现了著者的这种优良的学术品格。

当然,此书作为对周敦颐哲学思想的第一本系统研究之作,不能说毫无缺憾。然而,它以精良的考辨,对史上诸多问题进行了厘清、矫正;它以合理的诠释,对周氏哲学展开了独到阐发,而且这些都不乏方法论的意味。这无疑显示了学界对周敦颐研究的实绩,为周敦颐的研究奠定了扎实的基础。

(许家星,北京师范大学哲学与社会学学院,100875)

李煌明:《宋明理学中的"孔颜之乐"问题》

昆明:云南人民出版社,2006 年

什么是幸福,幸福在哪里?这个困扰众生的问题,古今中外,无数的哲人、思想家和普通人,都曾认真思考过。人们都希望能寻找到属于自己的幸福。但正如精神分析学家弗洛姆所说:在今天这个富足的消费社会中,人在富足生活状态下产生的厌倦症,以及富足社会中幸福感的普遍缺失,已成为现代人的一种通病。什么是幸福?活着的幸福何在?早在十年前,李煌明先生就开始了对这一问题的思考,并被"幸福问题"所深深困扰。为此,在求教于李文英先生门下选择博士论文题目时,他便自然地选择了"孔颜之乐",这便有了现在的《宋明理学中的"孔颜之乐"问题》(以下简称《宋》)。此书从学术层面分析了现代社会关注的人生目的、人生价值及其精神健康等诸多问题,系统地阐述了宋明儒者对人生最幸福状态的诠释、达到这种最幸福状态的途径及其现实意义,这为我们如何理解幸福、如何在现代社会生活中寻找自己的幸福提供了一种新的视角和方向。

一、幸福是一种超越

《宋》书通过对"孔颜之乐"的发掘、梳理和诠释,指出:不论颜回之乐与物质生活的关系,还是曾点之乐与事功、道德之间的关系,都是一样的,都是属于超越的关系。

在宋明理学中,不同的思想家们对"孔颜之乐"也有着不同的诠释,对获得此"乐"也提出了不同的方法。周敦颐主张通过"无欲"与静悟的自修与礼乐教化而获得的"乐"主要是与"生成"万物之道即"诚"合一的境界,此"乐"既有"生生不息"之意,又有"以仁育万物,以义正万民"的"成人"、"成物"之志。为此,他心中"孔颜之乐"既表现出"吟风弄月"的洒脱与自由,又蕴涵着"正"、"义"的道德厚重感与人格崇高感;程颢发展了周敦颐"乐"中"生"、"和"的一面,认为"孔颜之乐"是"浑然与物同体"的"仁者"体验,而程颐则发展了周敦颐"乐"中"正"与"义"的一面,所以程颢心中之"乐"有

"望花随柳"的闲情而程颐心中之"乐"则是一心"纯粹天理"的顺泰。因而程颢在获得"乐"的方法上提倡"不须防检,不须穷索"、"勿忘勿助长"。也就是说,"孔颜之乐"不仅是超越贫富等物质享受的,也是超越事功的,同时还是超越于社会道德伦理。张载、王夫之等认为"乐"并不仅仅是遵循规律、规范就够了,如果只满足于个体自身"循道"的体验,那么就是只能"玩弄风光",便与释老之乐并没有多少区别。他们认为"乐"不能离开"事",只有在做"事"之中才能获得"孔颜之乐"。虽然,他们认为真乐是在做"事"的过程中得到的体会,但是并不是以个人的功业为怀,"乐"并不是因为建功立业而"乐",并不是以事功作为乐的对象,正如王夫之所说的"乐不因事,但必与事相丽"。所以他们所提倡的"孔颜之乐"的特点在于对事功的超越,即真乐有事也有功,但又高于事功。这种超越事功之乐的优点在于:它克服了以个体心性修养之乐中"闲时袖手谈心性,临危一死报君王"的缺点。超越事功之乐给我们提供了人生之乐的又一思路:做事在实质上给精神之乐提供了有力的物质基础,也给他人,给社会以直接的贡献。我们也认为精神境界的乐固然不是由物质所带来的,也不是物欲的满足,更不是功业所带来的"荣誉"。但是一个完全离开物质而纯粹精神的乐,那么就不可避免地要走向禁欲主义。这一点上,事功超越之"乐"有着重要的启发意义。这里所谓"超越"并不是不要物质财富,不是不要功业,也不是不要伦理道德,更不是否定事迹与功业,破坏社会道德伦理规范,或者与之相矛盾冲突,而是"有之却又高于之"。

二、幸福是一种精神境界

"孔颜之乐"实际主要是在人与社会的和谐、人与自然的和谐、个体身心的和谐之中所体会到的自由、自然与安畅,是对人生进行深刻反思之后所达到的一种很高的精神境界。所谓"精神境界"是指主体对人生及主体自身与他人、社会、宇宙互相关系的自觉理解与自觉体会,并形成相对稳定的精神状态。

范仲淹、张载、叶适、王渐逵、吕柟、王夫之等则主要从"气体道用"出发,认为"孔颜之乐"是真正实现万物"顺生遂性"的"仁人"之乐,从而把"乐"的重心放在"致诚"、"实为"的一面。为此,范、张、叶、王等人心中的"孔颜之乐"是"理事合一"之乐或"心事合一"之乐。如果说宋代理学家们心中的"孔颜之乐"是循"理"自乐,那么明代心学家们心中的"孔颜之乐"则是顺"心"而乐。陈献章、王守仁、王艮、王襞、罗汝芳等人从"心即理"出发,认为"乐"便是"心"固有的状态,言行思虑顺应自家"良知"时,此"心安处"即是"乐",从而把"乐"看做是"顺适我心"的自然、自在与自由。上述宋明理学中的"孔颜之乐"都指向人与社会、人与自然的和谐,特别是人内心的平静与和谐,都指向人的自由,特别是精神上的自由;他们获得"乐"的方法都建立在孟子"性善论"思想基础之上,都重视心性涵养工夫,都是对自我、对现实的一种超越。同时,这些"孔颜之乐"论也有个演变发展的过程:由遵循外在自然、社会规律、规范到顺适个体内心,由道德理性到生活感性,由精英思想到平民心态,由理想追求到现实现成等。"孔颜之乐"便是通过对人生的终极意义的思考,以及对主体与他人、社会、宇宙关系的自觉理解与自觉体会而形成的儒家最高层次的精神境界。

三、幸福是一种感受

对于个体来说,幸福是一种感受,是一种精神的体验,是对生活感到愉快的满足感。在伦理学上,人们对"乐"("快乐"之"乐")下的定义是"人们在物质生活和精神生活中,由于实现了自己的理想和目标而引起的精神满足"。

《宋》一书正是基于这一认识进行了细致入微的阐述和分析。"孔颜之乐"源自《论语》,但是有关"孔颜之乐"的理论问题则到了宋初时期才由周敦颐首先提出来,并加以一定的理论诠释。此后这一问题成了宋明理学中的一个重要论题。总的来看,宋代理学家们心中的"孔颜之乐"是循"理"自乐,明代心学家们心中的"孔颜之乐"则是顺"心"而乐。同时,宋明理学中的诠释也存在着共同点,如,这些"乐"都有一定的伦理道德成分,都指向人与社会、人与自然的和谐,特别是人内心的平静与和谐,都指向人的自由,特别是精神上的自由;他们获得"乐"的方法都建立在孟子"性善论"的思想基础之上,都重视心性涵养工夫,都是对自我、对现实的一种超越。这些"孔颜之乐"论在时代演变中也经历了一个发展过程:由遵循外在自然、社会规律、规范到顺适个体内心,由道德理性到生活感性,由精英思想到平民心态,由理想追求到现实现成等。当外在的一面难以达到目标时,便自然地朝内在转向。于是,内在的"良知"就替代了外在"天理",同时,也由完全的理性追求变成了个体生命、生活的内在体验。这便是通向最幸福状态的情感途径,然而这并不是所有的情感,主要是指"道德情感",并且,这种途径受到个体自身的差别影响极大,也往往难以达到最幸福的状态。

李煌明先生本人曾经很长一段时期,一边受到物质匮乏的煎熬,一边沉浸在精神与哲学的思考中不能自拔,他对人生的思考对矛盾的探究超越了常人,因此他对选择"孔颜乐处"这个命题是有切肤之痛的。因为有"痛"所以他思考得比一般研究者深刻。作者认为宋明理学的"孔颜之乐"是一个"至乐"的问题,对何为人生幸福,如何才能获得这种幸福都有一定的帮助。正如作者在后记中说:"'人为何而活?'近十年来,这个问题一直困扰着我。因为这个困惑,在伍雄武先生的指引下,我踏上了哲学之路。也因为这个困惑,我选择了'宋明理学中的孔颜之乐问题'作为我的博士毕业论文。"

幸福何在,通向幸福的道路在何方?《宋》书不是一剂药方,只是从历史中找到的一种可能。它不仅告诉我们古人如何看"至乐",也启发我们思考并从中反省什么才是现代人应有的"至乐",如何才能达到最理想、最幸福的状态。

(杜以芬,济南大学法学院副教授,250022)

陈苏镇:《汉代政治与〈春秋〉学》

北京:中国广播电视出版社,2001年

2004年,余英时先生所著《朱熹的历史世界》的出版立刻吸引了大陆史学界甚至整个学术界的注意力,好评如潮,相关的讨论纷纷举行,文史学界几位著名学者极有分量的书评更是把这种讨论以及该书的影响提高到了一个新高度。虽然陈苏镇先生三年前出版的《汉代政治与〈春秋〉学》在相关研究领域颇受推重,与余先生著作所造成的轩然大波相比,却要黯淡得多。除了余英时的赫赫大名以及朱熹的理学宗师地位等因素之外,也与秦汉之际及两汉魏晋南北朝的历史发展较少受学术界关注有关,尽管人们总在不厌其烦地谈论先秦诸子、歌颂秦皇汉武、严厉谴责秦王朝的暴政,也随口能对魏晋玄学和竹林七贤发表一些高见,但笔者读完此书,不但惊奇于严谨的史实考辨所带来的简洁谨饬,也深感陈先生对相关历史史实的叙述和阐释有向读者推荐的必要。

此书共分五章:其中第一章要揭示究竟什么原因导致了秦王朝在短短的时间里土崩瓦解、为什么"楚人"在反秦斗争中成为了左右局势的巨大力量、出自"楚人"阵营的刘邦集团为什么能够在艰苦条件下最终击败项羽集团、汉初施行"郡国并行制"的意义何在以及儒学如何逐渐兴起并从汉武帝开始便对汉王朝的内政外交产生巨大的影响;第二章则主要展示儒学在武帝一朝逐渐兴起并被独尊的历史脉络、武帝选择了儒学中哪一派来作为自己施政的终极依据以及昭宣两朝怎样继续执行武帝的政策,并最终完成了武帝的事业,使汉家之帝业臻于鼎盛。这两章的内容最多,接近全书的一半。第三章交代荀子后学和董仲舒的政治学说,因内容较多,也单独列为一章。第四章关于西汉后期和王莽改制运动,第五章则是东汉兴起前后的情况,因为有前几章的分析论证作为铺垫,故内容相对较少。

正如祝总斌先生在序言中所说的那样,多年来有关秦汉之际以及汉代政治史、思想史的研究著作,大致可以分为两类:一种侧重在对汉代政治的变化过程进行描述,以及分析原因评价功过等,在涉及有关黄老之学、儒学思想、《春秋》学的时候,往往做出很简单的处理——对其学说或学者群体内在的发展脉络及其与现实政治运作的互动不做深究,往往一笔带过;第二类则仅仅关注学说内部发展的过程和阶段、叙述并评价"思想家"的思想,而根本没有关注到这些学说、"思想家"对政治的总体构想以及参与实际政治运作的动机和过程,虽然那些对思想、"思想家"和学派的叙述以及评价很难说有多少是正确的理解。与上述两类著作不同,陈先生此书"总体上是以政治史为主而以思想史为辅的,中心线索是汉代的政治变迁,故有关政治史的叙述较详,思想史的内容则根据文章主旨的需要而决定取舍。汉代政治变迁有着复杂的背景和原因,本书所要揭示的主要是《春秋》学在其间的作用和影响……本书所要探讨的是个中等层次的问题,主要观点来自对史实的分析。为使立论坚实有力,笔者对史实做了较多的考证和描述,笔者希望能在这个方面有较多创获,在扎实的基础上求创新,使全书的论述不致天马行空。笔者认为深入揭示和理解史实,是历史研究的基本任务,因为这项任务只有历史学家能够胜任"。通过对史料的深入理解以及整体地考察秦汉之际和汉代的学说和政治演变,陈先生确实达到了他的目标:"陈苏镇先生这部专著引进政治文化的概念,重点放在《春秋》学对汉代政治演变的影响、作用之研究上,因而极大地突出了上述两类著作所疏略的部分,并将二者有机地、具体地结合起来。这是一个未曾着眼或未曾认真着眼的课题。"(祝总斌先生序言)。

虽然作者说他舍弃了汉代政治变迁"许多复杂的背景和原因",也"不求全面周到,但求片面深刻",但在这些谦辞背后我们看到的是严肃地对待历史和古人以及对史料进行严谨的考辨和整体的理解,故而在陈先生笔下那一时期的历史呈现出不同于流行表述的新面貌:秦汉之际,由于自然和地理条件的制约,由于各地政治、经济、文化发展的不平衡,关中和关东、西方和东方之间仍存在较大差异和对立。相对而言,关中地区在政治、军事上占有优势,关东地区则在文化上占有优势。这一客观形势决定了政治的统一只能是关中统一关东,西方兼并东方;而文化的统一必须是关东统一关中,东方压倒西方。关中的政治、军事优势在战国后期,特别是秦的统一战争中已清晰地表现出来,在汉朝重建帝业的过程中再次得到证明。关东的文化优势则在秦王朝灭亡后才引起人们的重视,又迟至武帝以后才被最高统治者认可,从而在朝廷制定政策的过程中逐渐占据主导地位。汉朝能够战胜西楚再建帝业,关键在它得以承秦。汉朝能够避开亡秦覆辙,使其帝业巩固下来,固然与汉初七十年之东西异制、清静无为的政策有关,但真正具有决定性意义的还是武帝以后的尊儒更化,是由此而发生的帝国文化重心向东方的转移。

汉武尊儒有利于儒学的传播和繁荣,使儒生大量进入各级政府,从而获得参与和改造朝廷政治的机会。但更重要的是,武帝在尊儒的旗帜下采纳了《公羊》家"《春秋》决狱"的主张,将儒家思想纳入承秦而来的汉家律令,使帝国法律初步儒家化了。宣帝在武帝改革律令的基础上,又对吏治进行了改良。西汉中期之儒术,虽然只是用来缘饰法律,虽然只是法治的辅助手段,但它毕竟介入了"汉家制度",使得"王道"在朝廷政策中与霸道相杂,从而使东西方的文化对立和冲突得到进一步缓解,使关中和关东不再像以前那样格格不入,使文化上的战国局面宣告结束。然而西汉中期,帝国的规模在进一步扩大,开边拓土成为第一位的事业,支持对外战争是朝廷政策的重心。在这方面,《公羊》家的"三世异治"说也起了推动作用。但承秦而来的军国主义体制和法制传统更适合战争的需要,因而仍是朝廷制定政策的主要基础。这一局面直到宣元之际才得以扭转。在那之后,朝廷政策的重心终于转到内政上来。

宣帝时,《公羊》家受到排抑,而《谷梁》之学大盛。受其影响,自元帝以后出现了一场托古改制运动。元帝改制一度轰轰烈烈,但由于宦官、外戚势力的干扰和儒家今文经学固有的弱点,改制过程困难重重,无法深入。成、哀时期,王莽的出现和将《左氏》义理奉为正统学说,又模仿周公制礼作乐,改制运动便进入了高潮,在帝国版图之内实现文化的整合与统一,是秦汉王朝所肩负的最为艰巨的历史使命。正是在完成这一使命的过程中,秦王朝因操之过急而灭亡,西汉因迟迟不能满足人们的愿望而被赶下历史舞台。王莽企图通过制礼作乐为这一过程画上圆满的句号,结果也遭到惨败,与秦王朝殊途同归。东汉是西汉的继续,继承了西汉二百余年政治和文化发展的成果。它定都洛阳,跳出了以关中为本位的旧政治格局,进一步摆脱了军国主义体制和法制传统的束缚。它也吸收了西汉的经验教训,否定了新莽及西汉后期的改制运动,对《春秋》三家之学,对儒家的两种"德教"主张,作出了最后的抉择。于是,《公羊》学重新获得独尊地位,《公羊》家的政治主张深深影响了东汉的内外政策,使东汉一朝在大量沿用西汉制度的同时,又表现出许多与西汉明显不同的特色。

上述时期的历史一直也是很多学者关注的目标,但有的关注于具体问题的分析考证,有的停留在宏观层面的概括,还有大多数在进行着批判或赞扬。这些都不能给我们一个对历史的整全理解(整全不等于巨细无遗,而是一种深入本质圆融无碍的"同情之了解"),很多流行的阐释内部充满了冲突、矛盾和解释盲点。正如前面说过的,作者达到了他所希望的"在扎实的基础上求创新"的目标,考辨史料、还原史实及其所形成的简洁文风成了此书的最大特色,这在他对秦王朝崩溃原因的解释上尤为明显。关于秦王朝何以在统一六国之后却迅速土崩瓦解,秦王朝的苛酷暴政成了汉初大多数人论证自身正当性和总结教训的不二法门,也成了很多学者们解释这一历史事件的终极依据。但陈先生重新审视了这种说法以及秦汉之际的历史,通过对史料的深入解读和详细论证,从区域文化的差异和冲突这一角度出发,向我们指出:秦王朝失败的主要原因在于"它(秦王朝)完成了对六国的军事征服和政治统一后,未能成功地实现对六国旧地特别是楚、齐、赵地的文化统一。秦王朝统一文化的手段是向全国推广'秦法'。由于当时文化上的战国局面依然存在,其中尤以秦、楚之间的冲突最为严重。楚人在推翻秦王朝的战争中充当了主力,不仅因为他们有反秦的实力,也因为他们对秦王朝的统治更加反感。东方人'苦秦'主要是苦于律令刑罚太苛,楚人苦之特甚则是由于秦法与楚俗之间存在更大差异。这些事实后来因'天下苦秦'之说的流行而被人们遗忘了,但汉初统治者对之是有清醒认识的。"如果对这一时期的历史有一定了解,我们便会知道秦灭楚虽然经过了艰苦的战斗,但持续时间并不长,楚国的实力并没有受到摧毁。所以陈胜起义之后楚境震动,关东嚣然,齐、赵、燕、韩、魏等地纷纷爆发了反秦暴动,但激烈程度都不如楚人。陈先生归结为:首先,楚人表现出鲜明的自发性,《史记·太史公自序》说"秦即暴虐,楚人发难",楚将武臣页曾对赵地豪杰说:陈胜"王楚之地,方二千里,莫不响应,家自为怒,人自为斗,各抱其怨而攻其仇,县杀其令丞,郡杀其守尉",反映出楚人普遍怨秦的情况;其次,除了那些伺机而动的"豪杰"之外,楚地百姓也积极支持并参加反秦;再有就是楚军上下皆以"亡秦"为己任,斗争矛头始终指向咸阳。而且,秦末之赵、燕、韩、魏等国之所以能复国,都是楚人打败秦军,攻城略地的衍生品。那么为什么楚人的反秦意志要远远胜过其他五国呢?为什么秦王朝末年会流行"亡秦必楚"说呢?陈先生认为主要并不是因为沉重的赋税力役,因为"汉武帝对外用兵的规模比秦王朝更大,时间也更长,关东包括楚地人民的兵役徭役负担和付出的牺牲也比秦王朝更重,却并未激起像秦王朝末年那样的农民暴动"。通过对《睡虎地秦墓竹简》中《语书》几则材料以及其他文献史料的分析,陈先生向我们指出,秦王朝十分坚决地要用法律变易风俗、统一文化,清除各地原有的风俗习惯,尤其是大量"恶俗",表现在楚地就是热衷商贾、不务本业、奢靡成风、淫僻通奸,以及尚武、好私斗、复仇等。而春秋末年以来楚国版图的不断扩张,几乎统一了南中国,而更重要的是,在楚国庞大版图内形成了得到境内居民普遍认同的楚文化。这种文化(包括秦人眼中的"恶俗")与秦国法律强制的剧烈冲突激起了楚人的抱怨和反感,并迅速形成轰轰烈烈的反秦战争,最后导致秦王朝的灭亡。

此本书的引言中,陈先生说"本书虽然涉及政治史和政治思想史两个领域,但所关注的主要是二者相互关联和交叉的那个部分。为了这一特定视角需要,笔者引进了'政治文化'这个现代政治学概念",并引用了 G. A. 阿尔蒙德、S. 韦伯以及高毅等学者对"政治文化"的定义,认为"与'政治学说'、'政治思想'、'政治哲学'等概念相比,'政治文化'属于'群体'、'社会'或'民族',其中不仅包括'精英',也包括'大众'。政治思想通常要在被人们普遍理解和接受从而形成某种政治文化之后,才能对实际政治生活产生深刻影响。而这正是本书所关注的一个重要环节"。但在古人的理解中,是否存在着"政治文化"这样一个能被形成和塑造的东西,能对实际政治生活产生影响?假如有政治文化,那是否还有经济文化、学术文化、艺术文化、道德文化等等?这是否符合至少在秦汉时期的古人对一种整全的政治生活的理解?即使有政治文化这样"一套政治态度、信仰和情感",它也并不是自我生成并能发展演变的东西,而是少数儒士通过理论建构和实际参与政治的努力结果,所以不应该成为研究的直接对象,更加值得关注的应是儒士的自我理解、政治构想以及实际的政治参与和斗争过程。所谓"由本民族的历史和现在社会、经济、政治活动进程所形成"也只是一个非常外在的和隔膜化的表述,因为本民族完全会有另外的发展形态。之所以会形成我们观察到的样子,关键的形成时期在什么时候?是哪些个人以及群体通过参与和斗争的方式塑造了这种形态?这些参与和斗争的过程是怎样的?作者认为"在适当层次和规模的课题中,我们应当让这些概念为我所用,因为它们常常能为我们的研究提供新的视角、方法和灵感",但任何概念和理论,尤其是西方舶来品,往往是西方学者对本身传统或当代的归纳与阐释、是西方人对自身的一种当代理解,而且这些概念和理论还往往具有语言深处不可消除的现代价值评判标准,所以在运用这些概念进入中国研究,尤其是古代研究时,会造成对历史真实及古人自我理解的扭曲。不过作者只是在序言和后记中提到这些概念,正文中只在几个不重要的地方用作标题,没有对正文的叙述和阐释形成直接的影响,仍然做到了"主要观点来自对史实的分析"。对此书来说,实际上"政治文化"仅仅是响尾蛇没有蜕尽的尾骨,不会影响此书对史实的发掘论证和对古人的理解,这不仅是陈先生自己的治史原则,也是史学保证自己的客观性和权威的唯一路径。

(李 鹏,北京大学历史系2006级硕士生,100871)

《哲学门》稿约

为了不断提高我国哲学研究的水准、完善我国的哲学学科建设、促进海内外哲学同行的交流,北京大学哲学系创办立足全国、面向世界的哲学学术刊物《哲学门》,每年出版一卷二册(每册约25万字)。自2000年以来,本刊深受国内外哲学界瞩目,颇受读者好评。

《哲学门》的宗旨,是倡导对哲学问题的原创性研究,注重对当代中国哲学的"批评性"评论。发表范围包括哲学的各个门类,马克思主义哲学、中国哲学、西方哲学、东方哲学、宗教哲学、美学、伦理学、科学哲学、逻辑学等领域,追求学科之间的交叉整合,还原论文写作务求创见的本意。目前,《哲学门》下设三个主要栏目:论文,字数不限,通常为1—2万字;评论,主要就某一思潮、哲学问题或观点、某类著作展开深入的批评与探讨,允许有较长的篇幅;书评,主要是介绍某部重要的哲学著作,并有相当份量的扼要评价(决不允许有过度的溢美之词)。

为保证学术水平,《哲学门》实行国际通行的双盲审稿制度。在您惠赐大作之时,务必了解以下有关技术规定:

1. <u>本刊原则上只接受电子投稿</u>,投稿者请通过电子信箱发来稿件的电子版。个别无法电子化的汉字、符号、图表,请同时投寄纸本。
2. 电子版请采用 word 格式,正文 5 号字,注释引文一律脚注。
3. 正文之前务请附上文章的<u>英文标题、关键词、摘要和作者简介</u>。
4. 通过电邮的投稿,收到后即回电邮确认,3个月内通报初审情况。其他形式的投稿,3个月内未接回信者可自行处理。

在您的大作发表以后,我们即付稿酬;同时,版权归属北京大学哲学系所有。我们欢迎其他出版物转载,但是必须得到我们的书面授权,否则视为侵权。

《哲学门》参考文献的格式规范

第 1 条 正文中引用参考文献,一律用页脚注。对正文的注释性文字说明,也一律用页脚注,但请尽量简短,过长的注文会给排版带来麻烦。为了查考的需要,外文文献不要译成中文。

第 2 条 参考文献的书写格式分**完全格式**和**简略格式**两种。

第 3 条 **完全格式**的构成,举例如下(方括号[ ]中的项为可替换项):

著作:作者、著作名、出版者及出版年、页码

  吴国盛:《科学的历程》,湖南科学技术出版社 1995 年版,第 100 页[第 1—10 页]。

  R. Poidevin, *The Philosophy of Time*, Oxford University Press, 1985, p. 100[pp. 1-10]。

译作:作者、著作名、译者、出版者及出版年、页码

  柯林武德:《自然的观念》,吴国盛等译,华夏出版社 1990 年版,第 100 页。

  Martin Heidegger, *Being and Time*, tr. by John Macquarrie & Edward Robinson, Harper & Row, 1962, p. 100[pp. 1-10]。

载于期刊的论文(译文参照译作格式在译文题目后加译者):

  吴国盛:〈希腊人的空间概念〉,《哲学研究》1992 年第 11 期。

  A. H. Maslow, "The Fusion of Facts and Value", *American Journal of Psychoanalysis*, 23(1963)。

载于书籍的论文(译文参照译作格式在译文题目后加译者):

  吴国盛:〈自然哲学的复兴〉,载《自然哲学》(第 1 辑),吴国盛主编,中国社会科学出版社 1994 年版。

  T. Kuhn, "The History of Science", in *International Encyclopedia of the Social Sciences*, ed. by D. L. Sills, Macmillan, 1968.

说明与注意事项:

1, 无论中外文注释,结尾必须有句号。中文是圆圈,西文是圆点。

2, 外文页码标符用小写 p.,页码起止用小写 pp.。

3，外文的句点有两种用途，一种用做句号，一种用做单词或人名等的简写（如 tr. 和 ed.），在后一种用途时，句点后可以接任何其他必需的标点符号。

4，书名和期刊名，中文用书名号，外文则用斜体（手写时用加底线表示）；论文名无论中外一律用正体加引号。

5，引文出自著（译）作的必须标页码，出自论（译）文的则不标页码。

6，中文文献作者名后用冒号（：），外文文献作者名后用逗号（，）。

7，中文文献的版本或期号的写法从中文习惯与外文略有不同。

第 4 条   简略格式有如下三种：

第一种   只写作者、书（文）名、页码（文章无此项），这几项的写法同完全格式，如：

  吴国盛：《科学的历程》，第 100 页。

  Martin Heidegger, *Being and Time*, p.100.

  吴国盛：〈自然哲学的复兴〉。

  T. Kuhn, "The History of Science".

第二种   用"前引文献"（英文用 op. cit.）字样代替第一种简略格式中的书名或文章名（此时中文作者名后不再用冒号而改用逗号），如：

  吴国盛，前引文献，第 100 页。

  吴国盛，前引文献。

  Martin Heidegger, op. cit., p.100.

  T. Kuhn, op. cit..

第三种   中文只写"同上。"字样，西文只写"ibid."字样。

第 5 条   完全格式与简略格式的使用规定：

说明与注意事项：

1，参考文献在文章中第一次出现时必须用完全格式。

2，只有在同一页紧挨着两次完全一样的征引的情况下，其中的第二次可以用第三种简略格式，这意味着第三种简略格式不可能出现在每页的第一个注中。

3，在同一页对同一作者同一文献（同一版本）的多次引用（不必是紧挨着）的情况下，第一次出现时用第一种简略格式，以后出现时用第二种简略格式。下面是假想的某一页的脚注：

① 吴国盛:《科学的历程》,第100页。
② M. Heidegger, *Being and Time*, p.100.
③ 吴国盛,前引文献,第200页。
④ 同上。
⑤ M. Heidegger, op. cit., p.200.
⑥ T. Kuhn, "The History of Science".
⑦ ibid.

4. 在同一页出现对同一作者不同文献(或同一文献的不同版本)的多次引用时,禁止对该文献使用第二种简略格式。

编辑部联系方式:
电子信箱:journal@phil.pku.edu.cn
通信地址:100871 北京大学哲学系《哲学门》编辑部
传真:010-62751671

北京大学哲学系
北京大学出版社

Dao: A Journal of Comparative Philosophy

Volume 6 No. 1 March 2007

Special Topic: Filial Piety: Root morality or Sources of Corruption

L_{IU} Qingping/Confucianism and Corruption: An Analysis of Shun's Two
    Actions Described by Mencius   1 – 19

Guo Qiyong/IS Confucian Ethics a" Consanguinism" ?   21 – 37

Articles

Yu Ying – shih/Clio's New Cultural Turn and the Rediscovery of Tradition
    in Asia   39 – 51

Marty Heitz/Knocking on Heaven's Door: Meister Eckhart and Zhuangzi on
    the Breakthrough   53 – 61

Sandra A. Wawrytko/Holding Up the Mirror to Buddha – nature: Discerning the
    Ghee in the Lotus Sūtra

     63 – 81

Book Reviews

Y_{AN} Jinfen/Fang, Litian 方立天, *The Essence of Chinese Buddhist*
    Philosophy 中国佛教哲学义.   83 – 88

Eske Møllgaard/Faure, Bernard, *Double Exposure: Cutting Across Buddhist*
    and Western Discourses. Translated by Janet Lloyd.   88 – 90

Wu Kuangming/Huang, Chun – chieh 黃俊杰, *Treatises on the History*
    of Tokugawa Japan's Analects – hermeneutics 德川日本《论語》诠释史论.   90 – 93

Ronnie Littlejohn/Kern, Martin, ed., *Text and Ritual in Early China.*   93 – 97

Thomas H. C. Lee/Ng, On – cho and Q. Edward Wang, *Mirroring the Past:*
    The Writing and Use of History in Imperial China.   97 – 99

Vincent Shen/Wang, Qingjie 王庆节, *Heidegger and a Hermeneutical*
    Interpretation of Confucianism and Daoism 解释学、海德格尔与儒道今释.   99 – 104